近代仏教儀礼論序説

武井謙悟

法藏館

近代仏教儀礼論序説＊目次

序　章　問題の所在……3
第一節　本書の目的　4
第二節　先行研究の整理と本書の位置づけ　6
第一項　近代仏教研究と儀礼　6
第二項　仏教儀礼研究の変遷　8
第三項　語られなかった近代の仏教儀礼　17
第三節　資料と手法　19
第四節　各章の概略　24
第一章　葬儀問題への対応……35
はじめに　35
第一節　国家統制への対応　37
第一項　明治初期　37
第二項　明治後期以後　41
第二節　キリスト教への対応　44
第一項　自葬禁止下の先行研究　44

第二項　自葬解禁後の仏・基対立　45
第三節　社会動向への対応　50
第一項　仏教葬儀の優位性と新たな問題　50
第二項　「永眠」という言葉をめぐって　52
おわりに　57

第二章　施餓鬼の諸相
——明治期を中心に——……………………………67
はじめに　67
第一節　新聞供養大施餓鬼　69
第一項　儀礼内容　70
第二項　新聞記者の祭文　72
第三項　評判とその後　75
第二節　社会事業と施餓鬼　77
第一項　福田会　78
第二項　養育院　79

第三節　明治の震災と施餓鬼　81
第一項　濃尾地震　82
第二項　三陸地震津波　84
第四節　日清・日露戦争と施餓鬼　85
第一項　日清戦争　86
第二項　日露戦争　88
第五節　鉄道・動物——場所と対象の拡張　95
第一項　鉄道と施餓鬼　96
第二項　動物と施餓鬼　98
おわりに　100

第三章　開帳の変遷
——「近代開帳年表」と大雄山最乗寺の出開帳に注目して——……………111
はじめに　111
第一節　近世と近代の開帳年表　114
第一項　開帳年表の概略　114

第二項　宗　派　115
第三項　開催主体の内訳　116
第四項　開帳神仏　119
第五項　地域性と全体数の推移　122
第二節　近代における開帳の諸相　124
第一項　開帳批判　124
第二項　開帳を制限する政策　125
第三項　福田会と開帳　127
第四項　疫病と開帳　128
第五項　鉄道・戦争と開帳　128
第三節　一九三〇年における大雄山最乗寺の出開帳　130
第一項　大雄山最乗寺の概略　130
第二項　出開帳開催の経緯　131
第三項　警備の問題　134
第四項　メディア戦略　137
第五項　巡錫中の儀礼　139
おわりに　144

第四章　授戒会の動向
——曹洞宗機関誌を中心として——……151
はじめに　151
第一節　授戒会に関する布達　155
第二節　授戒会数の推移　163
第三節　授戒会の分析　171
第一項　貫首による授戒会　171
第二項　地域性　173
第三項　授戒会数減少の要因　174
おわりに　176

第五章　禅会の普及
——『禅道』『大乗禅』の記事を中心として——……187
はじめに　187
第一節　『禅道』に見られる禅会　190
第二節　『大乗禅』に見られる禅会　197

第三節　居士禅に対する評価の対立　200
第四節　一九三〇年以降の動向――参加者の多様化　205
おわりに　209

第六章　近代曹洞宗における遠忌の変容……217
はじめに　217
第一節　前近代の遠忌　219
第二節　近代の遠忌　222
第一項　瑩山五五〇回忌　222
第二項　懐奘六〇〇回忌　225
第三項　道元六五〇回忌　226
第四項　峨山五五〇回忌　231
第五項　瑩山六〇〇回忌　235
第六項　懐奘六五〇回忌　239
第七項　後醍醐天皇六〇〇回忌　244
おわりに　249

第七章　仏前結婚式の変遷……257
はじめに　257
第一節　キリスト教の影響　260
第一項　在家同士の結婚式　260
第二項　藤井宣正と井上瑞枝の結婚式　262
第二節　来馬琢道の結婚式　265
第三節　宗派別の展開　270
第一項　浄土宗　270
第二項　浄土真宗　273
第三項　曹洞宗　276
第四節　神前結婚式との関係　281
おわりに　284
補　論　近代仏教資料の整備史……297
はじめに　297
第一節　近代仏教資料の困難　300

第二節　戦前の動向　302
第三節　戦後の動向　305
第一項　龍谷大学の取り組み　305
第二項　仏教系雑誌の活用　308
第三項　一般新聞の動向　312
第四節　電子化する近代仏教　313
おわりに　319

終　章　近代日本の仏教儀礼とは何だったのか……329
第一節　本書の結論と意義　329
第二節　新たな視座と今後の課題　336
第一項　大衆と仏教　336
第二項　今後の課題　338

資料編……343
第一節　近代開帳年表（三九七件うち中止五件）　344

第二節　近代開帳年表（出典）　368
第三節　『禅道』掲載の禅会一覧表（六三会）　402
第四節　『大乗禅』掲載の禅会一覧表（五四〇会）　406
第五節　仏前結婚式一覧表（一二七件）　440

初出一覧　455
あとがき　457
索　引　*1*

近代仏教儀礼論序説

凡例

・引用文中の旧字体は、原則として新字体に改めた。
・引用文中の仮名遣いは、原則として原文のままとした。
・引用文中の／（斜線）は改行、……（リーダー）は省略を示す。
・引用文は、読みやすさを考慮し、句読点を補った箇所がある。
・雑誌の出典表記は、原則として、『誌名』号数、西暦年月（月刊以外の隔日、週刊等の場合は日付を記載）、頁とした。
・日刊新聞の出典表記は、『新聞名』西暦年月日、頁（朝刊・夕刊・別刷等の別がある場合記載）とした。

序　章　問題の所在

本書は、近代日本における仏教儀礼とは何かを検討するものである。

仏教儀礼は、修行道場や寺院のなかでの口伝による身体実践、伝統的な儀礼書による記録、または、僧侶のみならず多くの人々が様々な解釈や場所で行う儀礼、といった回路を通じて継承されている。こうした多様な継承方法のある仏教儀礼であるが、本書が扱う近代という時代において、仏教儀礼を考える上で無くてはならない特徴は、数多くの媒体で語られ、記録されている点であろう。近代に発達した新聞・雑誌・ラジオ・映画といったメディアによって儀礼が記録され、伝達される。このなかで、本書は主に新聞・雑誌というメディアに着目し、仏教儀礼を検討する。

この序章では、まず、本書の問題意識と目的を示し、次に、近代仏教研究および仏教儀礼研究の研究史を整理した上で、本書の研究史上における意義を明確にしておきたい。そして本書の主たる資料である仏教系雑誌に関する筆者の見解を述べ、最後に全体の概略を示す。

第一節　本書の目的

信念体系（ビリーフ）を重んじるプロテスタント的な「宗教」概念を導入したとされる近代日本では、非言語的な慣習行為（プラクティス）に対する評価は、下位に置かれたと言われている。その代表的な論者である磯前順一は、現世利益的な信仰を批判する島地黙雷《しまじもくらい》（一八三八～一九一一）の発言を引用した上で、日本の「宗教」概念の受容に関して、信仰が優位に立つ過程を例示した。そこでは、一八七二（明治五）年の修験宗の廃止、翌年の市子・梓弓・憑祈禱の禁止などが挙げられ、「キリスト教を軸とするビリーフ的な「宗教」観が形成されてゆく一方で、近世に信心や信仰と呼ばれた庶民の宗教的生活の一部は、淫祠邪教として著しく貶められていったのである。この段階でプラクティス的なものは明らかにビリーフの下位におかれ、その一部は反文明的なものとして社会から排されていった(1)」と述べている。

また嶋田義仁も、プロテスタント的な世俗主義のもとで儀礼実践が置かれた状況を「二重の困難」と呼び、個人の内面においてのみ宗教の市民権を認める現代市民社会と、内面的な宗教論からの批判にさらされていたとし、近代社会の特色とも言える宗教性を弱める世俗主義自体が、「反儀礼主義」の宗教思想であると指摘している(2)。

磯前が挙げた事例以外にも、例えば京都では、一八七二年の京都府令書第一五七号で七月一五日前後に行われる盂蘭盆に関わる習俗が禁止された。これにより、現在も有名な「五山の送り火」は、一八八三年の解禁まで実施されていなかった。さらに、近世において、寺社と結縁を結び境内の維持費等を獲得する役割を持った他府県での開帳の実施（いわゆる出開帳）も、一八七六年六月一四日の教部省布達第四号によって禁止され、この禁制は一八八四年まで継続した。

また、啓蒙知識人の団体・明六社のメンバーであった津田真道《つだまみち》（一八二九〜一九〇三）は、「人は死を以て終わる」という考え方から、仏教葬儀・追善供養にとって重要な概念である故人への功徳の回向を否定した。この津田の意見に対して、臨済宗妙心寺派の機関誌『正法輪』では、「太だ酷論にして人倫を破壊するの嫌あり[3]」と反論がなされている。しかしながら同じ仏教界においても、一九〇〇年代の新仏教徒同志会による機関誌『新仏教』掲載の要綱に「我徒は従来の宗教的制度及び儀式を保持するの必要を認めず」とあるように、仏教儀礼は批判の対象となっていた。

以上のように、明治維新後、廃仏毀釈の嵐とともに、仏教儀礼は、法令・知識人の言論・仏教界といった様々な角度から規制、批判され、価値の低いものと見なされていった。しかしながら、現代でも「葬式仏教」はいまだに存続し、テレビで坐禅体験が取り上げられることも多く、仏教儀礼が至るところに存在していることもまた事実である。近代における仏教儀礼に対する批判は先行研究でも指摘されてきたものの、現在も続く仏教儀礼が近代においてどのような変遷を辿ったのか、という「史的力学[4]」の検討は十分になされていない。よって本書では、近代における仏教儀礼がいかに評価され、いかに隆盛または衰退していくのか、その過程を描くことを試みる。次節では、本書に関わる二つの研究史を整理することで、問題意識をより明確に提示していきたい。

第二節　先行研究の整理と本書の位置づけ

第一項　近代仏教研究と儀礼

近代仏教研究は、一九六〇年代の吉田久一《よしだきゅういち》（一九一五〜二〇〇五）、柏原祐泉《かしわはらゆうせん》（一九一六〜二〇〇二）、池田英俊《いけだえいしゅん》（一九二九〜二〇〇四）の成果を端緒とし、二〇〇〇年代以降、宗教学・社会学・歴史学の研究者らによって学際的に発展している分野である。同分野の研究動向は、大谷栄一によって定期的にまとめられているため[5]、全体の研究動向はそこに譲るが、ここでは、儀礼に関する言及を近年の成果から遡る。

二〇一八（平成三〇）年七月一五日に開催された近代仏教研究を牽引する四名の研究者による座談会では、一九六〇年代の吉田・柏原・池田らの成果を「第一のピーク」、二一世紀以降から現在に至る隆盛を「第二のピーク」とし、現在のピークが続くようにと締めくくられている。同座談会では、様々なテーマが論じられているが、「仏教研究におけるマテリアルとプラクティス[6]」という項目があり、仏像を扱った碧海寿広《おおみとしひろ》の著作[7]に関する討論がなされたのち、儀礼へと話題が転換する。ここでは、大谷が、現在の坐禅・プチ修行・巡礼といった体験型の仏教を挙げ、儀礼を近代仏教研究で取り上げてこなかった点と、仏前結婚式研究を例示し主題化の必要性を提起している。それに対して林淳《はやしまこと》は、各宗派が実施している儀礼は近代的だと述べつつも、いつ、どのように作られ、変化したのか、という点は当事者でも分からず、記録の保存も曖昧であると指摘した。続けて碧海は、身体的なものによって伝承されているプラクティス研究の難しさに言及し、近藤俊太郎は、知識人の書いた著作が研究対象になる傾向が強い、と各々が儀礼研究の困難さを述べている。

「第二のピーク」の象徴とも言える二〇一六年刊行の入門書『近代仏教スタディーズ――仏教からみたもうひとつの近代』においても、儀礼は課題として提示されていた。その理由として、大谷は、広義の近代仏教を、出家／在家および信仰／実践の区分を用いて四象限に分類した上で、狭義の近代仏教（在家・信仰）がこれまでの近代仏教研究の大多数を占め、実践部分は民俗学、新宗教研究が担ってきた、という棲み分けを指摘している[8]。また、同書で儀礼の項目を担当した江島尚俊は、明治から続く、知識人たちの儀礼を単なる習慣とする理解がアカデミズムにも引き継がれた結果、儀礼研究が語られなかった[9]、と述べている。なお、二〇二三年の増補改訂版にて拙稿「儀礼とメディア」の項目が追加されたものの、儀礼研究はいまだ少ない[10]。

さらに遡れば、二〇〇九年に碧海が、雑誌『新仏教』誌上に見られる葬式不要論や読経廃止論などの論争を扱ったが[11]、その際にも、末木《すえき》文美《ふみ》士《ひこ》の「葬式仏教などの儀礼的要素もまた、近代の仏教思想家、仏教研究者たちによって隠蔽され、それを論ずることはタブー視されてきた[12]」という文を引用しているように、近代仏教研究において儀礼が対象とならない傾向は一〇年以上継続していると言えよう。

一方で「仏教の近代化」に重きを置き、改革運動の軌跡を近代仏教のモデルの核心とする研究、大谷の言う「狭義の近代仏教」や碧海の言う「改革パラダイム」の代表である清沢満之研究[13]は近年も活発である。ドナルド・ロペスは「伝統仏教」に対立する形で「近代仏教」の特徴を挙げ、「それまでの仏教の諸形態に見られる多くの儀礼的、呪術的要素を拒否し、階層差別よりも平等を、地域性よりも普遍性を強調し、しばしば共同体よりも個人を高く評価する[14]」ものとしている。同様に、デヴィッド・マクマハンの提唱する「仏教モダニズム[15]」においても、儀礼的・呪術的要素は排除される。彼らの定義によれば、革新的な仏教者こそ「近代仏教」の象徴であり、その研究蓄積が多いことは当然である。

このような動向に対して末木は、「葬式仏教」を日本の近代天皇制国家の基盤となる先祖の位牌と墓をシンボルとする「家父長制的なイエ制度」[16]を支えるものとして位置づけ、前近代の遺物と見なすことを否定する。[17]この西洋の視点からの「近代仏教」が日本に当てはまらないとする末木の指摘は、本書にとって重要である。このような観点から声楽の知識を用いて近代真言宗のご詠歌の形成過程を明らかにした新堀歓乃『近代仏教教団とご詠歌』（勉誠出版、二〇一三年）や、近現代の民間精神療法から呪術の近代化を検証した、栗田英彦・塚田穂高・吉永進一編『近現代日本の民間精神療法――不可視《オカルト》なエネルギーの諸相』（国書刊行会、二〇一九年）といった成果も見られるが、ごく少数である。他方、「学と行」に着目した蓑輪顕量『日本仏教史』（春秋社、二〇一五年）においても「明治・大正・昭和（戦前）までの仏教界の行の側面」（二三八～二四一頁）が扱われている。しかし、紙幅が少なく、福田行誡・釈雲照らによる戒律復興運動の記述が中心である。

近代仏教研究において、儀礼実践はその重要性が指摘されつつも、問題提起に留まっている。また、実践に関する研究であっても、仏教者の社会事業実践（プラクシス）を扱うものや、碧海の儀礼論や亀山光明の戒律論など、儀礼の思想性を問うものであった。[18]こうした課題から本書は、僧侶や知識人が、儀礼をどのように考えていたか、という思想史的アプローチのみではなく、次項で述べる宗教人類学や、儀礼が実施された情報の推移といった社会史的アプローチもふまえつつ、近代における仏教儀礼がどのように変遷したいったのか、という点を検討する。[19]

第二項　仏教儀礼研究の変遷

儀礼が、研究上どのように扱われてきたかは、福島正人や飯嶋秀治らの論考[20]によって批判的に再検討されてきた。これらは国内外の文化人類学の成果[21]を中心に論じてきたが、ここでは主に日本国内の仏教儀礼をめぐる研究の形成過程に着目し、その課題を指摘する。

タラル・アサドは、儀礼概念の形成を『大英百科』‘ritual’の項目から検討している。[22] 一七七一年の初版では、「ある特定の教会、教区、修道会などにおいて、宗教的儀式《セレモニー》を挙行し、礼拝を挙げるに際して従うべき規定と作法を指示する本《ブック》」[23]という説明であったritualが、一九一〇年の一一版で改訂され、行動を規制する「台本」から「行為」へと変化した、とアサドは指摘した。

日本でも、中国の書のことを示す『儀礼《ぎらい》』と行為を示す「儀礼《ぎれい》」の語が併存していたと考えられるが、宗教実践を示すものとして「儀式」や、仏教では「法会」「法式」、神道では「祭祀」「祭礼」といった様々な用語が使用されている。また、雑誌記事索引集成データベース「ざっさくプラス」[24]を使用しても、現在までの「儀礼」を含む記事約六六〇〇のうち戦前の記事は一六〇件程度と、あまり使用されていない。そもそも宗教の行為的側面として「儀礼」の語が認識され、研究対象になる経緯がどのようなものだったか。戦前の日本における儀礼研究にまで遡って、その動向を追ってみたい。

「日本宗教学の祖」とされる姉崎正治《あねさきまさはる》（一八七三～一九四九）は、一九〇〇（明治三三）年の『宗教学概論』の第二部「宗教倫理学」において、「儀礼（Kult・Cult）」を扱っている。姉崎は、儀礼を神人融合の手段として捉え、具体例として、目前の利害を祈願する儀式・神意を畏敬して神法を奉ずる行動・霊化成仏のために意を浄くして行う道徳、という三種を挙げ、儀礼を宗教的意識の行動的発表とした。[25] 姉崎は儀礼を道徳や規範の一部としており、儀礼自体を主体としなかったが、儀礼を主題化したのは、姉崎門下で「宗教民族学」を確立した浄土真宗本願寺派寺院出身の宇野《うの》円空《えんくう》（一八八五～一九四九）であった。

宇野は、「宗教的儀礼とその態度」（『宗教研究』新四巻五号、一九二七年）にて、儀礼先行論や、宗教的な意識と行為との関係性といった欧米の研究動向を紹介している。その後、『宗教民族学』（岡書院、一九二九年）、『宗教学』（岩波書店、一九三一年）で理論をまとめたのち、『マライシヤに於ける稲米儀礼』（東洋文庫、一九四一年）を刊行した。同書は、文献整理に関して単に欧米言語の翻訳ではなく、インドネシア系諸語から直接の邦訳を試みるなど、「欧米学者の到達し得ざる境地を開拓した」(26)と評され、日本学士院恩賜賞を受賞した。なお、宇野は晩年、『社会学大系』に「儀礼」の項目を執筆している(27)。

宇野は「宗教民族学」を確立し、儀礼を積極的に主題化したが、彼の影響を大きく受けて儀礼研究を行ったのが、棚瀬《たなせ》襄爾《じょうじ》と竹中信常《たけなかしんじょう》である。

棚瀬襄爾（一九一〇～六四）は、宇野と同じく浄土真宗本願寺派の寺院に生まれた。「宗教儀礼の序論的考察」（『宗教研究』新一二巻四号、一九三五年）にて、宗教儀礼を「宗教における外部的なるものの称」(28)と広く定義し、宗教性の有無によって、ceremony（儀式）、custom（一般的慣習）に分けられるとした。同論文では、宇野の儀礼研究に加え、フランス社会学派の宗教研究をもとに儀礼の社会的拘束性を説いた古野《ふるの》清人《きよと》（一八九九～一九七九）の論考も紹介しており(29)、当時の儀礼研究の動向が明瞭に把握できる。棚瀬は、『民族宗教の研究』（畝傍書房、一九四一年）、『東亜の民族と宗教』（河出書房、一九四四年）を上梓し、戦後も『宗教文化史学序説』（青山書院、一九四八年）を刊行するなど、宇野の正統後継者(30)として精力的に研究していたが、心臓発作により急逝した。その死は、堀《ほり》一郎《いちろう》（一九一〇～七四）によって惜しまれている(31)。

一方、浄土宗寺院出身の竹中信常（一九一三～九二）は、「宗教儀礼の衝動性」（『宗教研究』季刊三年一輯、一九四一年）を発表し、宇野の著作と心理学を併用して、個々の宗教的儀礼の基底に横たわる心理的動因の究明を目指した。竹中は、僧侶としての教化実践と学理探求を日課とする立場から、「宗教」を「信仰」と「実践」という二つの面の相即の上にのみ成り立つものと定義した[32]。そして、信仰面に関して『宗教心理の研究』（青山書院、一九五七年）、実践面に関して『宗教儀礼の研究』（青山書院、一九六〇年）を上梓した。後者は、大正大学へ提出した博士論文『比較宗教学よりみたる儀礼の理論と様態』を骨子とし、マレット、マリノフスキー、ロバートソン・スミスや、宇野円空、松村武雄の説を参照しながら儀礼を論じている。

　姉崎が宗教倫理学の一部として扱った儀礼は、宇野によって宗教民族学研究の主要なテーマとなり、その後、棚瀬と竹中が宗教儀礼研究を定着させた。これらの成果の中心は、欧州の研究動向の紹介や、台湾、マレーシアなどを対象とする研究であり、日本国内の儀礼に関してはほとんど言及が見られない点が特徴と言える。また、植民地と占領地における人類学的調査活動を検証した中生勝美の著作に対する書評にて大澤広嗣が指摘するように[33]、近代日本の人類学史の形成には浄土真宗本願寺派の僧侶が深く関わっていた。

　以上のような戦前の宗教儀礼研究を浄土系の寺院出身者が担ったという点は、儀礼に対する見方に偏りがある可能性を示唆している。例えば宇野は、「礼拝や祈願のような普通にはそれ自体宗教的と考えられてる行動でも、畏敬の態度をもって行われるのでなくては、真に宗教するものとは言えず、その代りにこんな宗教的態（度）をもってすれば、いかなる生活行動でもそのまゝ宗教の当体である[34]」とし、竹中は、「儀礼とは聖なる宗教的境地（仏教でいうならばさとりの心境）に到達し、あるいはこれに近づくために、ある定められた儀軌に従っておこなう行為をいうので、その裏には「信仰心」がなければならない。信仰をともなわぬ儀礼はいわゆる「儀礼主義」と呼ばれるみせかけの儀礼にすぎない[35]」と述べている。これらは、聖なるものへの畏怖を前提にした儀礼観であり、身体性よりも精神性を重視している。また、柳川啓一《やながわけいいち》（一九二六〜九〇）が、「浄土真宗本願寺派は、私も檀徒の一人であるが、アメリカ本土布教を始めて八〇年、いまだに日系人の枠の中の宗教にとどまっている。原因の一つは、浄土真宗に「儀礼」の乏しいこと、あるいは、教学の体系の中に儀礼の高い位置づけのないことであろう[36]」と、浄土真宗の儀礼への態度について言及している。これによれば、戦前に儀礼研究の礎を築いた研究者たちは、儀礼を信仰にもとづくものとして捉えていると考えられ、その儀礼観は限定されていたと思われる。

一方で、戦後の国内の儀礼研究は、主に民俗学が担うこととなる。第一章で詳述するが、柳田国男《やなぎたくにお》（一八七五～一九六二）は、「常民」がいまも実施している習俗や行事に日本の原点を見出そうとし、そこでは外来宗教である仏教的要素を否定したために、仏教儀礼は見過ごされてきた。そういった動向に異を唱えたのが、五来重《ごらいしげる》（一九〇八～九三）による「仏教民俗学」であり、五来自身がこう定義している。

> 仏教が日本で庶民にまで受容されるには、これに類する日本民族の固有宗教との夾雑や習合、あるいは日本社会への適合、もしくは仏教の文学化（縁起・唱導）や芸能化（踊念仏、延年など）などがなければならなかった。そのように日本の宗教、文化、社会にとけ込んだ仏教は、庶民のあいだの民俗となって伝承されて来た。このようにして成立した民俗が仏教民俗であって、仏教と接触しないままに伝承された民俗と、区別して研究の対象化する必要がある。したがって仏教民俗を対象として、仏教の変容や日本の庶民仏教史を研究することもできるし、庶民宗教や庶民文化を研究することもできる。このような仏教民俗を対象とする民俗学的・文化史的・社会史的研究の総体を私は仏教民俗学とよんでいる。
>
> （五来重「総説」〈五来重ほか編『講座　日本の民俗宗教2　仏教民俗学』弘文堂、一九八〇年〉、四頁）

五来は関西を拠点に、民俗のなかの仏教的要素を、①仏教的年中行事、②法会（祈禱と供養）、③葬送習俗、④仏教講、⑤仏教芸能、⑥仏教伝承、⑦仏教的俗信の七つに分類し、[37]多大な功績を残した。しかし、「仏教民俗」と「仏教と接触しないままに伝承された民俗」とを区分する点は、仏教と関連のない「民俗」を設定していることと同義であり、その意味では仏教的要素を排除する柳田の固有民俗論との同質性を持っていた。さらに、林淳によれば、晩年の五来は、自身の学問を「宗教民俗学」とし、仏教に限定して民俗を語ることがなかったために、五来の「仏教民俗学」は、学問分野として体系化しなかったという。[38]

関西を中心とする五来の活動に対して関東では、一九五六（昭和三一）年三月、大正大学で当時文学部長であった星野俊英をはじめとして、中村康隆・加藤章一・竹中信常・吉岡義豊・古江亮仁ら大正大学関係者と井之口章次・高野進芳を幹事に加え、「仏教民俗学会」が発足した。浄土宗寺院出身の中村康隆《なかむらこうりゅう》（一九〇六～二〇〇八）による回顧録には、当初、柳田の固有民俗の解明を志す流れに反すると非難され、仏教研究と民俗学研究の両者から異端視された仏教民俗学を開拓する意義が述べられており、[39]会員の成果は、加藤章一の古稀記念論文集である『仏教と儀礼』（国書刊行会、一九七七年）にまとめられている。

以上のような流れを経て、民俗学のなかから仏教的要素を見直すものとして起こった仏教民俗学と人類学の理論を合わせて仏教儀礼研究を確立させたのが、藤井正雄《ふじいまさお》（一九三四～二〇一八）であった。藤井は、竹中信常と同じく浄土宗寺院出身であり、学生時代に竹中の『宗教儀礼の研究』の索引と英文レジメ作成を手伝っている。[40]一九七三年に「仏教儀礼の構造比較」[41]などの成果によって日本宗教学会賞を受賞した藤井は、『仏教儀礼辞典』（東京堂出版、一九七七年）を編集した。その後、倉林正次《くらばやししょうじ》（一九二五～二〇二四）主唱のもと発足された「儀礼文化学会」の取り組みとして『儀礼文化叢書2　日本仏教の儀礼――その形と心』（桜楓社、一九八三年）、中村元監修『日本人の仏教10　仏教の儀礼』（東京書籍、一九八三年）の編著を担い、「仏教儀礼」という用語を浸透させた。藤井は、民俗学を中心に仏教学・宗学（仏教学派の教学）の研究をふまえながら人類学的・社会学的・心理学的アプローチを行い[42]、学問横断的な手法で仏教儀礼研究の発展に貢献した。

藤井の編集した『仏教儀礼辞典』が登場した一九七七年は、儀礼を象徴的な行為と見なす研究の先駆的存在[43]であるファン・ヘネップの『通過儀礼』が翻訳された年でもあり、儀礼研究の転換点とも言える。同年には、先述の仏教民俗学会の『仏教と儀礼』が刊行され、また九月一〇、一一日には立正大学で第四七回日本仏教学会が、「仏教儀礼――その理念と実践」をテーマに実施された。翌年、平楽寺書店から発行された同大会の発表論文集の序文では、「（日本仏教は―筆者註）儀式仏教として終始しているに過ぎない」という批判を耳にしながらも、それを見過ごしてきた仏教界の現状を振り返り、「今日まで、自ら儀式の執行をこととしているにもかかわらず、そのことのもつ積極的な意義を、仏教の教義に照らして明らかにしようとする試みは、余りにも稀に過ぎたといわねばならない。そして、このことが、仏教における実践の確かな方途を、明朗な意識のもとに頷くことを阻止していたのではないかとすら考えられる[44]」と、儀礼実践を検討する意義が強く主張されている。

このように一九七〇年代後半に「仏教儀礼」の語が定着していくが、柳川の指摘にあるように、この背景には、一九六〇年代後半に、ヴィクター・ターナー『儀礼の過程』（思索社、一九七六年〈原著一九六九年〉）などによって、「宗教とは、信仰、信心を中心とするものであって、儀礼は二次的なものとするプロテスタントの傾向の影響を受けた宗教概念」の見直しが進んだことも影響している[45]。また、ロジャー・グレンジャーの『言語としての儀礼』（紀伊國屋書店、一九七七年〈原著一九七四年〉）など、プロテスタント神学からも儀礼の見直しが図られた。なお、近年では儀礼理論の大著を刊行したキャサリン・ベル（一九五三～二〇〇八）の日本語訳が相次いで上梓され[46]、儀礼理論研究の間口が広まっている。

一方で国内の研究者でも、人類学的アプローチを援用しつつ修験道儀礼を分析した宮家準《みやけひとし》『修験道儀礼の研究』（春秋社、一九七〇年、一九八五年増補版、一九九九年増補決定版）、仏教学者の鎌田茂雄《かまたしげお》（一九二七〜二〇〇一）を代表とする中国・香港・台湾・シンガポールにおける仏教儀礼の調査報告書『中国の仏教儀礼』（大蔵出版、一九八六年）といった大著が上梓され、文化人類学では、青木保《あおきたもつ》『儀礼の象徴性』（岩波書店、一九八四年）の刊行以降、儀礼研究が盛んになる。(47)

国内外の儀礼研究が活発となり、「仏教儀礼」の語が受容されていくなかで、各宗門でも儀礼を対象とした取り組みが図られる。浄土宗が竹中信常を問題提起者として一九七七（昭和五二）年にシンポジウム「宗義と儀礼」を開催したのを嚆矢として、浄土真宗では、一九九五（平成七）年の『教学研究所紀要』三号で「儀礼問題特集」が組まれ、真言宗智山派では、同年の『現代密教』七号にて特集総合研究「真言密教における儀礼」が掲載された。(48)また、曹洞宗では『曹洞宗布教選書　14巻　儀礼・清規』（同朋舎出版、一九八四年）、日蓮宗関連では、中尾堯『日蓮信仰の系譜と儀礼』（吉川弘文館、一九九九年）が刊行され、「儀礼」が各宗門に受容されていった。

以降の仏教儀礼研究は、東大寺・興福寺・薬師寺といった南都寺院における古代・中世の法会を扱った、奈良女子大学古代学学術研究センター設立準備室編『儀礼にみる日本の仏教――東大寺・興福寺・薬師寺』（法藏館、二〇〇一年）、井原今朝男の総論、松尾恒一の修正会・修二会研究を収録した『歴史研究の最前線　Vol.7　「儀礼を読みとく」』（吉川弘文館、二〇〇六年）、欧米の儀礼論をふまえ、中世の社会と儀礼の関係性から生まれる力学を検証した、ルチア・ドルチェ、松本郁代編『儀礼の力』（法藏館、二〇一〇年）といった論文集が定期的に刊行されている。また、儀礼の執行者と神仏の関係を通じて、儀礼の動態を検証した、舩田淳一『神仏と儀礼の中世』（法藏館、二〇一一年）、「儀礼軽視」が特に強いとされる真宗における儀礼の変遷を論じた山田雅教『中世真宗の儀礼と空間』

（法藏館、二〇二一年）など、中世の儀礼研究が活性化している。

中世から近世を射程とし、文学・芸能・音楽・美術・神道と儀礼の関係を論じた末木文美士編『岩波講座　日本の思想　7巻　儀礼と創造』（岩波書店、二〇一三年）、近世から近代の仏教を歴史と社会のなかで考察した安丸良夫編『大系　仏教と日本人11　近代化と伝統――近世仏教の変質と転換』（春秋社、一九八六年）などの近世を中心とする研究が見られるが、近代の研究は手薄である。

近代の儀礼に関係するものとしては、慰霊研究を中心に一定程度の蓄積がある[49]。特に、本書と関係するものに、白川哲夫『「戦没者慰霊」と近代日本――殉難者と護国神社の成立史』（勉誠出版、二〇一五年）や小林惇道『近代仏教教団と戦争――日清・日露戦争期を中心に』（法藏館、二〇二二年）が挙げられる。また、追善供養を通史的に検証した徳野崇行『日本禅宗における追善供養の展開』（国書刊行会、二〇一八年）の第八章「近代禅宗における追善供養の展開とその再編」も曹洞宗の戦死者追弔巡錫を『宗報』から追っており、本書の手法と共通している。

以上、戦前の「宗教民族学」から「仏教民俗学」を経て、藤井正雄を中心に一九七〇年代に仏教儀礼研究が活性化し、各宗門で受容、発展する変遷を辿った。現在の仏教儀礼研究は西洋的な価値観を受けていない中世の儀礼研究が多く、近代の儀礼は対象となることが稀である。他方、仏教儀礼研究の特徴を述べれば、「いま、まさに行われている」儀礼や「民俗」の象徴・意味を、フィールドワークにより解釈するものや、藤井の研究に代表される、一宗派の儀礼の変遷や宗派間の儀礼構造を比較し、共通点・相違点を見出すものが多い。また、宇野・竹中・藤井といった浄土系寺院出身者による儀礼研究の系譜が仏教儀礼研究の中心であった。宗派の特徴をふまえれば、「信仰」にもとづく儀礼の意味づけに着目しており、儀礼そのものの変遷に着目する観点は少なかったと言える。

本書に関連する二系統の先行研究を見てきたが、「近代仏教研究における儀礼」と「仏教儀礼研究における近代」

は、これまで主題とされてこなかった。これらのテーマをつなぐ意義を本節の最後に述べたい。

第三項　語られなかった近代の仏教儀礼

中世切紙の研究で知られる石川力山《いしかわりきざん》（一九四三～九七）は、内山愚童《うちやまぐどう》（一八七四～一九一一）に関する論文を執筆するなど、近代仏教研究にも取り組んでいた。石川は、立正大学の糸久宝賢《いとひさほうけん》（一九五四～九四）とともに、日本近代仏教史研究会の発会に尽力した(50)こともあり、石川が五三歳で急逝した後の『近代仏教』誌上に、同研究会初代会長・池田英俊が追悼文を書いている(51)。

他方、駒澤大学で教鞭をとっていた石川を慕う人物は多く、追悼文集が刊行されている。ここから奈良康明《ならやすあき》（一九二九～二〇一七）と佐々木宏幹《ささきこうかん》（一九三〇～二〇二四）の石川に対する評価を見ていこう。

> 私は仏教文化史を専門としている。地域としてはインドが中心だが、中国、日本の仏教文化の流れにも大きな関心がある。教理、教学としての仏教ではなく、建て前としての教学が仏教徒の現実の生活の場でどのように受容され、民俗信仰と融合していくのか。こうしたことに興味があるのだが、特に儀礼研究は具体的な形として出てくるので格好の研究対象となる。／力山さんは曹洞宗の切紙を丹念に集め、整理し、テキストとして校訂し、解説を加える、という仕事を地道に続けていた。その中には葬儀法などがあり、私には素敵に面白く、自分の論文にも使わせてもらったことがある。
>
> （奈良康明「石川先生の冥福を祈る」〈『石川力山先生追悼文集』汲古書院、一九九八年〉、三頁）

彼の学問的関心領域は実に広かった。禅宗史や仏教史関係の学会は無論のこと、宗教学、民俗学、人類学、修験道などの学会や研究会にも必ずと言ってよいほど彼の姿があった。……教理としての禅よりも生活としての禅に関心をもつ私には、禅の修行が力を生み、その力が民衆レベルの救いとして受け止められるという過程がすこぶる重要に見える。この〝力としての禅〟は大きな研究テーマであると思うが、従来この種のテーマを扱った研究者を私は知らない。もしも石川さんが七十歳、八十歳まで生きておられたら、民俗仏教や民俗禅とでも呼ぶべき領野の開拓がいちじるしく進んだのではないかと悔やまれる。

〈佐々木宏幹「石川力山さんを偲んで」〈同前〉、四六〜四八頁〉

「仏教文化史」「民俗仏教や民俗禅」と表現は異なるものの、奈良と佐々木は、現実の仏教にはエリート〈教理・教学を担う一部の僧侶や教祖〉とマス〈仏教に携わる一般の僧侶や民衆〉の両者が関わっているのにもかかわらず、研究では前者の蓄積が圧倒的であり、後者を対象としたり、両者の関係性を検討したりする研究が少ない、と主張している。そして、その格好の対象が「儀礼」であると。

第一項で述べたように二〇〇〇年以降の近代仏教研究の活性化は著しい。しかし、石川によって開拓されるはずであった儀礼研究・民俗仏教・民俗禅の研究は、未開拓のままである。近代仏教研究と「仏教文化史・宗教人類学」を架橋し、一般大衆を含めた人々が体験した仏教を考察する試みが本書である。その試みにあたって、本書では、近代に発行された仏教系雑誌や新聞記事を主たる資料として仏教儀礼を検討していく。

第三節　資料と手法

本書の資料と手法に関して、まず「仏教系雑誌[52]」に対する筆者の見解を示す。

一五世紀半ばのグーテンベルク活版印刷術の発明に端を発し、大量印刷が可能となり、近代の仏教界でも様々な機関の主義・主張を伝えるため、活字メディアが利用された。仏教系雑誌はその代表的なものであり、基本的には、編集者や高僧の巻頭言、学者の論説、典籍の解説、当時のニュースを反映した雑報・彙報欄などから構成される。刊行形態は、隔日（『明教新誌』『中外日報』）、週刊（『通俗仏教新聞』）、月二回（曹洞宗『宗報』『正法輪』）、月刊（『婦人教会雑誌』『大乗禅』『六大新報』等々）などがあり、頁数は一〇〜一〇〇頁前後と雑誌によって異なる。仏教系雑誌に関する研究動向は補論で詳述しているが、最新の研究では、明治時代だけで八八〇種の仏教系雑誌が確認されている[53]。

近代仏教研究の礎を築いた吉田久一は、

明治期に発刊された仏教関係の雑誌新聞（新聞は僅かであるが）の数は、明治史の各分野でも最も多く、判明しているだけでも七百種に余る。そして一般の新聞雑誌と異なって、各教団の機関誌も多く、公文書である宗報その他を掲載しているから、基本史料となり得るものである。無論教団の機関誌である以上、その論説や思想等に護教的態度が現われるのは避けられないが、その点を注意すれば基礎史料に使用できる。

（吉田久一『日本近代仏教社会史研究』吉川弘文館、一九六四年、八頁）

と仏教系雑誌の有用性を述べ、自著でも多くの記事を引用した。しかし、新仏教運動などの革新運動に重きを置いた吉田の研究において儀礼への言及は少なく、仏教系雑誌から儀礼を検証する本書は、吉田によって拓かれた近代仏教研究の批判的継承につながると考えている。一方で吉田は、こうした仏教系雑誌の有用性とともに、その限界点として、「護教的態度」の存在を指摘していることも付言しておきたい。

例えば、一八九一（明治二四）年の内村鑑三不敬事件に関して、武田清子が指摘したように、仏教系雑誌には、キリスト教に対するねつ造記事が見られ[54]、それらを底本として、井上哲次郎による内村批判が行われた、と鈴木範久が述べている[55]。仏教系のみならずキリスト教の雑誌においても、本書第一章でも述べるように待井扶美子が、自葬の禁止下でもキリスト教式の葬儀報告が多数あったと、「記事の操作性」を問題視した[56]。また、刊行スパンが短い雑誌や日刊新聞などには、誤植も見られる。こういった点は十分に注意を払うべきであるが、近代の雑誌に登場した儀礼記事は一定の影響力を持っており、資料として活用できると考えている。ここでは、筆者の仏教系雑誌の儀礼記事に対する見方を提示したい。

本書の対象とする仏教系雑誌で扱われる儀礼に関する情報は、儀礼に関する個人の見解と、儀礼の実施状況を記したものに大別される。前者は基本的に著者名入りで儀礼に関する主張が記述されているのに対し、後者は無記名で、儀礼の実施状況や開催予定といった、記者や編者が作成した記事とされる。これらの記事は、母体となる機関の理念を反映しており、禅の普及を目的とした団体の雑誌であれば、禅関係の情報が多くなることになる。

ここで、機関の理念に沿って掲載された儀礼の記事はどのように選択されたのだろうか、という疑問が生じる。「当時話題となった」「他の媒体に掲載されていた」「記者の好み」など様々な理由が考えられるが、筆者が調べた限りでは[57]、禅宗、特に曹洞宗に関係する雑誌に儀礼情報が多い傾向が見られた。もちろん、筆者が大学院時代に所属していた駒澤大学所蔵の資料を中心に調査したということも大きく関係しているが、他にも要因が考えられる。それは、禅宗が身体性を重視している、という点である。

かつて北宋の儒学者・程明道《ていめいどう》（程顥《ていこう》、一〇三二〜八五）が禅宗寺院を訪問した際、「三代の礼楽ここにあり」と、夏・殷・周三王朝の礼儀作法、奏楽が凝縮されていると評した(58)。その理由として、禅堂の日常生活、儀礼の細則をまとめた様々な『清規《しんぎ》』の存在が影響しており、曹洞宗では、それらを継承した『行持軌範』が近代に編纂されている。總持寺貫首を務めた新井《あらい》石禅《せきぜん》（一八六五〜一九二七）は、「臨済宗は知を重んずる風があり、曹洞宗は行を重んずる風がある(59)」と述べ、曹洞宗の特徴は、「威儀即仏法、作法是宗旨」として、行によって宗旨が体現されている点とした。現代でも、鶴岡賀雄《つるおかよしお》が道元の言葉から、「宗教の真理との関わりにおいて身体を用いること、使うこと、そのこと自体が当の真理が真理であることの証しであり、実現である、との事情を、「証」の意味を少しずらして、「修証一等」（道元『弁道話』）といった言葉でつかまえることもできるのではないか(60)」と提唱したように、曹洞宗は身体性を重視し、教義が身体性によって継承されてきた教団とも言える。例えば、僧堂での修行を経た僧侶たちは、拝礼の方法や、鐘のリズムを聞き分けて動作の方法を変えるといった、身体性を共有している。曹洞宗系の仏教系雑誌の編者に僧侶関係者が多いとするならば、曹洞宗の身体性を共有した編者や記者たちが選別し、重要だと感じた儀礼情報が仏教系雑誌に記載されていると推察される。

ここで筆者が主張したい点は、身体性を重んじる宗派の雑誌に儀礼の記事が多いということは、近代的メディアであっても、思想や信仰のみではなく、身体的な実践に言説が左右されている、という点である。つまり、曹洞宗以外でも仏教系雑誌の儀礼記事の変遷は、前近代の身体性を持った編者・記者たちが、自覚的もしくは無自覚的に前近代から続く／近代に創出された身体性を近代のメディアを通じて継承しようとした過程である、と筆者は考えている。

仏教系雑誌の「送信側」に関する意見を述べてきたが、「受信側」に関しても、分かる範囲で記しておきたい。高岡隆真《たかおかりゅうしん》の指摘によれば、一八八九（明治二二）年の『明教新誌』の発行部数は、月合計二万七三七二部で、一号に換算すると二〇〇〇部弱となる。東京の主要新聞の一日発行部数概算は、『郵便報知新聞』一万四九六四部、『読売新聞』一万一七八五部、『東京日日新聞』一万六三九部、『時事新報』八五四八部、『朝野新聞』五七六一部、『東京絵入新聞』五三七一部であり、『明教新誌』の発行部数は、当時の新聞の三から八分の一程度であった[61]。大正期では、『通俗仏教新聞』の改題誌『仏教新聞』に、一九二一（大正一〇）年六月三〇日時点の文部省宗教局による宗教関係新聞雑誌の発行高が掲載されている[62]。この記事によれば（以下、括弧内は雑誌種類・発行部数総計）、神道系（一九種・四万一〇六七部）、仏教系（一〇一種・二一万六三六〇部）、キリスト教系（四八種・五万五七三一部）、その他大本教に属するもの（三種・一万六六〇部）とあり、仏教系が種類・発行部数総計ともに最も多い。宗教関係の新聞雑誌のなかでは、仏教系雑誌の占める位置は高かったと推察される。

閲覧に関しては、一八九五年に、上野国（現・群馬県）の東禅寺に「仏教新聞雑誌書籍無料観覧場」が設立されたと報じられており[63]、個人の購入以外にも閲覧する機会があったことがうかがえる。

雑誌の性質として、『宗報』などは寺院関係者を中心に流通していたと思われるが、本書でも多く引用している曹洞宗・高田道見《たかだどうけん》（一八五八～一九二三）主筆の週刊雑誌『通俗仏教新聞』は、在家に分かりやすく仏教を伝えるという指針のもと、ルビつきで書かれている。また、第五章で扱う『大乗禅』には、「読者を仮に十分とすれば六分が在俗、四分が教界[64]」との記載があり、仏教系雑誌は、必ずしも僧侶だけが読むものではなかった。発行部数の推移などは不明な点が多く、筆者の力量ではここまでの考察しかできないが、一〇年以上継続して出版されている場合は安定的な刊行を維持する購読者がいたと考えられ、本書では刊行期間の長い雑誌を中心に扱っている。これらの仏教系雑誌の儀礼記事によって、近代の仏教儀礼の変遷を一定程度判断できると考えている。

以上の仏教系雑誌への視座にもとづき、本書では、数ある仏教儀礼のなかから、筆者が調査した仏教系雑誌に多く登場した儀礼（葬儀・施餓鬼・授戒会・開帳・坐禅・遠忌・結婚式）を、禅宗、特に曹洞宗の事例を中心に検証していく。これらは、在家との関係が深い仏教儀礼であり、章の配列は、概ねその関係性が古い順序、つまり身体的な実践が形成（習慣化）されてきた順に並べてある。大まかに分ければ、葬儀・施餓鬼・授戒会・開帳は中世から近世、坐禅・遠忌・結婚式は近世から近代にかけて在家に対して実践を構築している。(65) なお、葬儀・施餓鬼・開帳・結婚式に関しては他宗の動向もふまえているが、全体を通じて、曹洞宗の事例が中心となる。言うまでもなく、近代仏教儀礼の変遷を明らかにするためには、全ての宗派の動向をふまえねばならない。しかしながら、曹洞宗は、浄土真宗（本願寺派・大谷派の合計一万八五〇二カ寺）に次ぐ規模（一万四四七〇カ寺、いずれも二〇二一年一二月現在、『宗教年鑑　令和五年版』〈文化庁、二〇二三年〉による）の「巨大教団」(66) である。曹洞宗を中心とした儀礼の変遷は、日本仏教全体にも影響力を持つと考えられる。(67)

また、仏教系雑誌の記事を中心としつつ、必要に応じて、一般新聞(68)・書籍・寺誌を利用した。なお、近代のメディアには、ラジオや活動写真（映画）といったものもあるが、その普及は大正期後半であり、近代を通じて影響力を持った活字メディアを本書の主たる対象としている。(69)

各章では冒頭に関連する先行研究を提示し、近代での変遷を明確にするため、明治維新から第二次世界大戦終戦までの明治・大正・昭和を通じた事例を概ね時系列順に挙げ、記事数の変化や記事の内容から、仏教儀礼の変遷過程を明らかにしていく。

第四節　各章の概略

本書は、序章、個別儀礼を扱う第一～七章、手法に関する補論、終章、資料編からなる。

第一章は、民俗学を中心に研究蓄積が豊富な「葬儀」を対象とする。中世より教線拡大に貢献してきた葬儀は、近世の寺檀制度により、寺院経済の基盤として確固たる地位を築いた。これまでの葬儀研究は、民俗学の分野で扱われることが多かった。第一章では、葬儀研究で用いられることの少なかった仏教系雑誌の記事から、社会状況への対応を迫られる仏教葬儀の動向を検討する。国家・他宗教・社会の合理化、という三つの関係性を軸に、仏教界の対応を挙げながら、仏教葬儀がどのように優位を保とうとしてきたかを明らかにする。

第二章は、追善供養の一形態である「施餓鬼」を扱う。施餓鬼は、非業の死を遂げた報われない死者に対する追善供養の一形態であり、中世から実施されてきた。第二章では、メディアと関連する新聞供養大施餓鬼、孤児院での施餓鬼、濃尾地震・三陸地震津波後の施餓鬼、日清・日露戦争時の施餓鬼、鉄道・動物に関連する施餓鬼という、様々な要素と結びつきながら実施された施餓鬼の事例を挙げる。同時に、拡張していった施餓鬼の存在感が、明治・大正の移行期から徐々に低下していく要因を検討する。

第三章は、近世の江戸を中心に盛んに実施された「開帳」の近代における変遷を描く。まず、『武江年表《ぶこうねんぴょう》』や「開帳差免帳《さしゆるしちょう》」を用いた「近世開帳年表」と、一般新聞から筆者が作成した「近代開帳年表」を比較する。宗派、居開帳・出開帳別の開催主体、開帳神仏、地域性、時代ごとの回数の統計データを提示する。次に、開帳に対する批判の内容や法令内容などから検討し、近代の開帳の諸相を示す。最後に「道了尊帝都御巡錫」と呼ばれた大雄山最乗寺の出開帳を事例として、近代における開帳の特徴を明らかにする。

第四章は、曹洞宗の「授戒会」を対象とする。授戒会は在家向けの儀礼であり、近世に形式が整えられたとされる。出家の戒を受ける一度のみの得度式と異なり、何度も参加できる授戒会は布教と宗門の収益源の中心となっていた。第四章では曹洞宗の機関誌をもとに授戒会に関する法令整備の動向を追い、宗門が授戒会の統制を強めていく過程を示す。次に、先行研究で手薄であった明治末期から大正期にかけての授戒会の推移を『宗報』の記事から数値化し、地域ごとの特性や授戒会数の変遷を示し、天皇の巡幸や女性の参加との関係を明らかにする。

第五章は、「坐禅」の実践を行う団体である禅会を対象とする。まず、『禅道』『大乗禅』という禅の普及を目的とした雑誌に見られる、禅会の日時・師家・場所・講本が書かれた「禅会案内」の推移をもとに、禅の普及を数量的に示す。そのデータを参考に、僧侶や在家居士の言説から、明治末に釈宗演の積極的な布教や修養ブームの影響により禅会が普及した後、居士禅をめぐる解釈の対立期を経て、一九三〇年代後半に国家政策と連動してピークを迎える禅会の動向を明らかにする。

第六章は、曹洞宗の「遠忌」を対象とする。遠忌は宗祖や中興の祖に対して行われる五〇年ごとの法要であり、曹洞宗では、一六〇二（慶長七）年の道元三五〇回忌が初出とされる。近世の遠忌は、遠忌の際に全国の末派寺院へ勧募して伽藍整備を行っている点、僧侶中心の法会という点が主な特徴であった。第六章では、近代に実施された七度の遠忌に着目し、時系列順にそれぞれの遠忌の特徴を把握する。僧侶中心の儀礼であった遠忌が、次第に観光を目的とする参加者を受け入れていく過程や国家との関係を述べ、曹洞宗の遠忌の特徴を明らかにする。

第七章は、第一～六章までの儀礼と異なり、近代に創出された仏教式の「結婚式」を対象とする。まず、キリスト教を意識し、僧侶が式師となる在家同士の結婚式から、一九〇二（明治三五）年に曹洞宗の来馬琢道がメディア報道を伴う式を実施したことで僧侶の結婚式が認知され、次第に各宗で形式が整備されていく過程を追う。次に、多くの式を実施していた浄土宗・浄土真宗・曹洞宗の動向を述べ、利用者の特徴や、神前結婚式との競合、寺院運営の安定化としての側面を検討し、普及が進まなかった要因を明らかにする。

補論は、仏教系雑誌に関する、目録・目次・資料集・復刻版・インターネット上の目次などの変遷を整理した論考であり、本書の手法を補うものである。関東大震災後の資料保全の危機意識に端を発し、各機関で仏教系雑誌の「保存」がなされてきた。一九七〇年代ころから特定の人物の思想解明のために「利用」された仏教系雑誌が、二一世紀前後に電子化を伴う「活用」の段階へと至る経緯を明らかにし、儀礼研究へつながる可能性を指摘する。

終章では、本書の結論と意義を述べ、仏教儀礼が扱われてこなかった理由として「仏教系雑誌の限定性」と「戦争協力への反省」という二点を挙げる。次に新たな視座として、近代仏教と現代仏教を架橋する「大衆と仏教」の関係を指摘し、最後に今後の課題を述べる。

資料編では、第三章で用いた「近代開帳年表」とその出典（三九七件）、第五章で扱った『禅道』（六三会）・『大乗禅』（五四〇会）の「禅会一覧表」、第七章で用いた「仏前結婚式一覧表」（一二七件）を収録した。いずれも先行研究で検討されていないものであり、資料的価値があると判断し、掲載している。

註

（1）　磯前順一『近代日本の宗教言説とその系譜――宗教・国家・神道』（岩波書店、二〇〇三年）、四一頁。

（2）　嶋田義仁「儀礼とエートス――「世俗主義」の再考から」（池上良正ほか編『岩波講座宗教2　宗教への視座』岩波書店、二〇〇四年）、八五～八六頁。

（3）「厚葬排斥」『正法輪』五一号、一八九六年二月一五日、二三頁。

（4）関一敏は、明治初頭の若者組の解体と神道祭祀の奨励を具体例として挙げ、「プラクティスの集積からなる生活世界が、明治初期からの啓蒙的仕分けと政治的イデオロギーの選別をへて、一方は除外され、他方は国家的装置として吸収されてきたことを示していよう。われわれが現在の目で宗教とか民俗とよぶものは、いわばこれらの両極をふくみこんだ近代の磁場の内部に属しているのであり、この史的力学を微細に追うことがすなわちはじまりとしての近代をめぐる比較宗教学の一歩であるだろう」と述べている。関一敏「プラクティス／ビリーフ」（大谷栄一・菊地暁・永岡崇編著『日本宗教史のキーワード――近代主義を超えて』慶應義塾大学出版会、二〇一八年）、一二九頁。

（5）大谷栄一「仏教が（日本の）寺院から出て行く――近代仏教研究の射程」（『現代思想』四六巻一六号、二〇一八年）、同「「近代仏教になる」という物語――日本近代仏教史研究の新たな視座」（『近代仏教という視座――戦争・アジア・社会主義』ぺりかん社、二〇一二年〈初出二〇〇九年〉）、同「近代仏教史研究の現状と課題」（『近代仏教』一八号、二〇一一年）、同「近代仏教研究は何を問うのか――とくに二〇〇〇年代以降の研究動向を中心に」（『日本思想史学』四六号、二〇一四年）。

（6）碧海寿広・大谷栄一・近藤俊太郎・林淳「いまなぜ近代仏教なのか」（『現代思想』四六巻一六号、二〇一八年）、一七七～一七九頁。

（7）碧海寿広『仏像と日本人――宗教と美の近現代』（中公新書、二〇一八年）。

（8）大谷栄一・吉永進一・近藤俊太郎編『増補改訂　近代仏教スタディーズ――仏教からみたもうひとつの近代』（法藏館、二〇二三年）、八～九頁。

（9）江島尚俊「儀礼の伝統と新しい儀礼」（大谷ほか編前掲註（8）『増補改訂　近代仏教スタディーズ』）、一二八頁。

（10）拙稿「儀礼とメディア」（大谷ほか編前掲註（8）『増補改訂　近代仏教スタディーズ』）、一七四～一七七頁。

（11）碧海寿広「儀礼と近代仏教――『新仏教』の論説から」（『近代仏教』一六号、二〇〇九年）。同稿は、加筆修正した上で碧海寿広『近代仏教とは何か――その思想と実践』（青土社、二〇二四年）に収録された。

（12）末木文美士『鎌倉仏教展開論』（トランスビュー、二〇〇八年）、二七頁。
（13）末木文美士「清沢満之研究の今――「近代仏教」を超えられるか?」（山本伸裕・碧海寿広編『清沢満之と近代日本』法藏館、二〇一六年）に、二〇一〇年前後の清沢満之関連の研究が提示されている。
（14）Lopez, Donald S. Jr., "Introduction," in Lopez(ed.), *Modern Buddhism: Readings for the Unenlightened*, Penguin Books, 2002, p.xi.
（15）マクマハンは、「ヨーロッパ啓蒙主義や科学的合理主義・ロマン主義やその後継者・プロテスタンティズム・心理学、そして近代的社会・政治思想といった近代における支配的な文化的・知的な思潮と結びついて形成された、仏教の多様な形態」と定義している。マクマハン・デヴィッド著、田中悟訳「仏教モダニズム」（末木文美士・林淳・吉永進一・大谷栄一編『ブッダの変貌――交錯する近代仏教』法藏館、二〇一四年）、三八七頁。David L. McMahan, "Buddhist Modernism," in *Buddhism in the Modern World*, ed. by David L. McMahan, Routledge, 2012, pp.160-176の翻訳である。
（16）末木文美士「葬式仏教――日本仏教の深層2」（末木文美士編『日本仏教再入門』〈講談社学術文庫、二〇二四年〉、二七二～二七三頁。
（17）末木文美士『思想としての近代仏教』（中公選書、二〇一七年）、三〇～三一頁。
（18）前者（プラクシス）に吉田久一『日本近代仏教社会史研究』（吉川弘文館、一九六四年）、井川裕覚『近代日本の仏教と福祉――公共性と社会倫理の視点から』（法藏館、二〇二三年）、後者（プラクティスの思想性）に碧海前掲註(11)「儀礼と近代仏教」、亀山光明『釈雲照と戒律の近代』（法藏館、二〇二二年）。
（19）宗教学者の矢野秀武は、近代仏教研究における「ビリーフ・プラクティス論」を扱った論考（矢野秀武「ビリーフ・プラクティス論を巡る覚書」〈『文化』四二号、二〇二四年〉）において、本項で触れた大谷栄一の類型図における「プラクティス」の領域に配置された「儀礼」を単に扱うことによって、ビリーフ重視の研究を乗り越えられるとする状況があると指摘した。こうした状況が生じた一因として矢野は、ピエール・ブルデューの「ハビトゥス論」などを例示し、近代仏教研究における文化人類学の視点の不足を推察しているが、本書では、次項に示すように、文化（宗教）人類学の成果もふまえ、近代仏教における儀礼を考察している。

(20) 福島正人「儀礼とその釈義――形式的行動と解釈の生成」（民俗芸能研究の会・第一民俗芸能学会編『課題としての民俗芸能研究』ひつじ書房、一九九三年）。飯嶋秀治「儀礼論再考――行為の遡及的再編とその様式」（『宗教研究』七四巻三輯、二〇〇〇年）。

(21) 例えば竹沢尚一郎は、近代の儀礼研究を、①一九世紀後半から二〇世紀前半までのフレーザーやタイラーによる進化論を根底に置き、「未開社会」を対象とする時代、②一九二〇年代のマリノフスキーとラドクリフ＝ブラウンらによる機能主義の時代、③一九六〇年代のレヴィ＝ストロース、ヴィクター・ターナーらの象徴論の時代、に分類した（竹沢尚一郎『象徴と権力――儀礼の一般理論』〈勁草書房、一九八七年〉、一～一〇頁）。③の時代以降も文化人類学の儀礼研究は発展しており、綾部真雄は儀礼研究のアプローチとして、①象徴論的アプローチ、②解釈学的アプローチ、③言語行為論的アプローチ、④過程論的アプローチ、⑤行動生態学的アプローチ、⑥応用研究、の六点を挙げている（綾部真雄「イニシエーションの今日的可能性――解説に代えて」〈ラ・フォンテイン、J. S著、綾部真雄訳『イニシエーション　儀礼的〝越境〟をめぐる通文化的研究』弘文堂、二〇〇六年［原著一九八五年］〉、二七八頁）。

(22) アサド・タラル「「儀礼」概念の系譜を描くために」（中村圭志訳『宗教の系譜――キリスト教とイスラムにおける権力の根拠と訓練』岩波書店、二〇〇四年〈原著一九九三年〉）。

(23) 同前、六二頁。

(24) 【Web】「雑誌記事索引集成データベースざっさくプラス」http://info.zassaku-plus.com/（二〇二四年七月一〇日閲覧）。

(25) 姉崎正治『宗教学概論』（東京専門学校出版部、一九〇〇年）、一〇三頁。

(26) 小口偉一「書評　宇野円空『マライシヤに於ける稲米儀礼』」（『民族学研究』七巻四号、一九四一年）、一二九頁。

(27) 宇野円空「儀礼」（田辺寿利編『社会学大系6　宗教と神話』国立書院、一九四八年）。

(28) 棚瀬襄爾「宗教儀礼の序論的考察」（『宗教研究』新一二巻四号、一九三五年）、一二九頁。

(29) 古野清人「宗教儀礼における社会的拘束性」(『宗教研究』新一一巻五号、一九三四年)。

(30) 棚瀬は宇野の追悼文を投稿している(「宗教民族学者としての故宇野円空先生」〈『民族学研究』一三巻四号、一九四九年〉)。

(31) 堀一郎「棚瀬襄爾君の想い出」(『東南アジア研究』二巻四号、一九六五年)。

(32) 竹中信常『宗教儀礼の研究』(青山書院、一九六〇年)、一頁。

(33) 大澤広嗣「〈書籍紹介〉中生勝美著『近代日本の人類学史――帝国と植民地の記憶』」(『武蔵野大学仏教文化研究所紀要』三三号、二〇一七年)。ここでは、宇野円空・赤松智城・松井了穏・棚瀬襄爾といった浄土真宗本願寺派出身研究者の実績が提示されている(一〇八～一〇九頁)。ほかにも、浄土真宗西本願寺二三世法主の大谷光照《おおたにこうしょう》(一九一一～二〇〇二)が、一九三七(昭和一二)年、東京帝国大学に提出した卒業論文をもとに、『唐代の仏教儀礼』(有光社、一九三七年)を刊行している。

(34) 宇野前掲註(27)「儀礼」、二一七頁。

(35) 竹中信常「ショーよりムードで　若い世代の求める宗教儀礼」(『読売新聞』一九六二年四月一五日)、朝刊九頁。

(36) 柳川啓一『祭と儀礼の宗教学』(筑摩書房、一九八七年)、一九五～一九六頁。

(37) 五来重「仏教と民俗」(大間知篤三ほか編『日本民俗学大系　8巻　信仰と民俗』平凡社、一九五九年)、三二九～三三二頁。『続　仏教と民俗』(角川選書、一九七六年)では修験道が追加されている。

(38) 林淳「仏教民俗学」(日本仏教研究会編『日本仏教の研究法――歴史と展望』法藏館、二〇〇〇年)、二二二頁。五来の思想に関しては、碧海寿広「五来重――仏教民俗学と庶民信仰の探究」(クラウタウ・オリオン編『戦後歴史学と日本仏教』法藏館、二〇一六年)、同「仏教民俗学の思想――五来重について」(『宗教研究』八一巻一輯、二〇〇七年。のち、前掲註(11)『近代仏教とは何か』に再録)、土居浩「仏教民俗学と近代仏教研究のあいだ――五来重に焦点を当てて」(林淳・大谷栄一編『季刊日本思想史』七五号、二〇〇九年)を参照のこと。なお、岩田重則『火葬と両墓制の仏教民俗学――サンマイのフィールドから』(勉誠出版、二〇一八年)は、五来の「仏教民俗学」と異なる視座から固有民俗とされたものの再検討を行っている。

(39) 中村康隆「仏教民俗学の構想」（仏教民俗学大系編集委員会編『仏教民俗学大系1　仏教民俗学の諸問題』名著出版、一九九三年）、三四～三五頁。
(40) 竹中前掲註(32)『宗教儀礼の研究』、二頁。
(41) 藤井正雄『祖先祭祀の儀礼構造と民俗』（弘文堂、一九九三年）に収録。
(42) 藤井正雄「比較仏教民俗学　覚え書き――仏教の民俗化と民俗の仏教化をめぐって」（仏教民俗学大系編集委員会編前掲註(39)『仏教民俗学大系1　仏教民俗学の諸問題』、一七～一九頁。
(43) 松岡悦子「儀礼と時間」（桑山敬己・綾部真雄編著『詳論　文化人類学――基本と最新のトピックを深く学ぶ』ミネルヴァ書房、二〇一八年）、一四九頁。なお、綾部恒雄・綾部裕子訳（弘文堂）と秋山さと子・彌永信美訳（思索社）が一九七七年に刊行されており、前者は二〇一二年に岩波文庫から文庫版が出版された。
(44) 日本仏教学会編『仏教儀礼――その理念と実践』（平楽寺書店、一九七八年）、一頁。
(45) 柳川前掲註(36)『祭と儀礼の宗教学』、一四七頁。ほかには、ダグラス・メアリー著、江川透訳『象徴としての身体』（紀伊國屋書店、一九八三年〈原著一九七〇年〉）、リーチ・エドマンド著、青木保・宮坂敬三訳『文化とコミュニケーション』（紀伊國屋書店、一九八一年〈原著一九七六年〉）、ギアツ・クリフォード著、小泉潤二訳『ヌガラ』（みすず書房、一九九〇年〈原著一九八〇年〉）といった成果が挙げられている。
(46) ベル・キャサリン著、木村敏明・早川敦訳『儀礼学概論』（仏教出版、二〇一七年〈原著一九九七年〉）、同著、森下三郎・早川敦・木村敏明訳『儀礼の理論・儀礼の実践』（金港堂、二〇二二年〈原著一九九二年〉）。
(47) 青木保・黒田悦子編『儀礼――文化と形式的行動』（東京大学出版会、一九八八年）。青木保ほか編『岩波講座文化人類学9　儀礼とパフォーマンス』（岩波書店、一九九七年）。
(48) 竹中信常ほか「シンポジウム　宗義と儀礼」（『仏教論叢』二二号、一九七八年）、一七七～二〇八頁。
(49) 岩田重則『戦死者霊魂のゆくえ――戦争と民俗』（吉川弘文館、二〇〇三年）、今井昭彦『近代日本と戦死者祭祀』（東洋書林、二〇〇五年）、同『反政府軍戦没者の慰霊』（御茶の水書房、二〇一三年）、同『対外戦争戦没者の慰霊――敗戦までの展開』（御茶の水書房、二〇一八年）、矢野敬一『慰霊・追悼・顕彰の近代』（吉川弘文館、二〇〇六年）、西村明『戦後日本と戦争死者慰霊――シズメとフルイのダイナミズム』（有志舎、二〇〇六年）、粟津賢太『記憶と追悼の宗教社会学――戦没者祭祀の成立と変容』（北海道大学出版会、二〇一七年）、村上興匡・西村明編『慰霊の系譜――死者を記憶する共同体』（森話社、二〇一三年）などが挙げられる。

(50) 渡邊寶陽「故石川力山先生追悼」（『石川力山先生追悼論文集』編集委員会『石川力山先生追悼文集』汲古書院、一九九八年）、三七～三八頁。

(51) 池田英俊「《追悼論文》石川力山氏の近代仏教史観寸描」（『近代仏教』五号、一九九八年）。

(52) 刊行形態によって、「仏教系新聞」という場合もある。本書では、「仏教系雑誌」を雑誌・新聞両方を含む、仏教系の定期刊行物という意味で使用している。

(53) 大谷栄一「明治仏教史における雑誌と結社」（『宗教研究』八七巻別冊、二〇一四年）、九九頁。

(54) 武田清子『人間観の相克』（弘文堂、一九五九年）、一五九～一六〇頁。

(55) 鈴木範久『明治宗教思潮の研究――宗教学事始』（東京大学出版会、一九七九年）、一八〇頁。

(56) 待井扶美子「自葬の禁止下におけるクリスチャンの葬儀――『七一雑報』の記事を素材として」（『文化』六七巻三・四号、二〇〇四年）、九三頁。

(57) 筆者は、関東では主に、駒澤大学図書館、成田山仏教図書館、東京大学明治新聞雑誌文庫、国立国会図書館にて雑誌の通読を行っている。また、二〇一九年六月には二週間にわたって、京都の仏教系大学（龍谷・花園・佛教・大谷）にて資料閲覧・複写を行った。同調査については、二〇一九年度公益信託大畠記念宗教史学研究助成基金の補助を受けた。記して感謝申し上げる。他方、補論で扱った近年の目録・復刻版・電子資料・データベースの発展をふまえた資料検索、文献複写依頼を利用し、各地の図書館から記事を蒐集している。二〇二二年四月からは、國學院大學図書館所蔵の仏教系雑誌調査、武蔵野大学の高楠順次郎関連雑誌（『アカツキ』『紫紅』『よろこび』等）の電子化に携わっている。よって、曹洞宗関係の雑誌だけを選別して読んではいない。

(58) 圭室諦成「儀式の研究法」（『禅の生活』一五巻一一号、一九三六年一一月）、四四頁。

(59) 新井石禅「禅の綱要　穏密なる知見と厳粛なる行持」（『禅の生活』九巻七号、一九三〇年七月）、五八頁。新井の遷化後に遺稿として掲載されている。

(60) 鶴岡賀雄「《言語と身体》序論」(池上良正ほか編『岩波講座宗教5　言語と身体』岩波書店、二〇〇四年)、一七頁。

(61) 高岡隆真「『明教新誌』の性格とその変遷」(『印度学仏教学研究』五三巻二号、二〇〇五年三月)、五一六頁。一般新聞の発行部数に関しては高岡が示した、京都精華大学、中尾ハジメのサイトを参照した。【Web】「中尾ハジメ環境ジャーナリズム　第四回　グーテンベルクの銀河系」https://www.nakaoelekishack.net/?archives=journalism_04(二〇二四年一月一〇日閲覧)。

(62)「宗教に関する新聞雑誌発行高」(『仏教新聞』一三二九号、一九二一年一二月一日)、一三頁。

(63)「仏教新聞雑誌書籍無料観覧場設立」(『正法輪』四二号、一八九五年五月一五日)、三五頁。

(64)「編輯後記」(『大乗禅』二巻一〇号、一九二五年一〇月)、一〇四頁。

(65) 曹洞宗では現在、在家布教としてご詠歌である梅花を積極的に推進している。しかし、梅花講は、一九五一(昭和二六)年の道元七〇〇回忌を機に設立されており、近代の記事には現れないため、対象としていない。

(66) 森岡清美は、一〇〇〇カ寺以上の寺院を抱える教団(天台宗・高野山真言宗・真言宗豊山派・真言宗智山派・浄土宗本派・浄土宗・臨済宗妙心寺派・日蓮宗・曹洞宗・真宗大谷派・浄土真宗本願寺派の一一宗派)を「大教団」とした。さらに、寺院数一万カ寺内外であり、日本全国、東南アジア、北米・南米にまで進出している点をふまえ、浄土真宗本願寺派、真宗大谷派、曹洞宗の三教団を「巨大教団」としている。なお一〇〇以上一〇〇〇未満を中教団、一〇〇未満を小教団と区分している(森岡清美『新版　真宗教団と「家」制度』〈法藏館、二〇一八年〉、一〇～一一頁)。

(67) 近代曹洞宗の教団史は、池田英俊『明治仏教教会・結社史の研究』(刀水書房、一九九四年)、川口高風『明治前期曹洞宗の研究』(法藏館、二〇〇二年)、曹洞宗総合研究センター編『曹洞宗近代教団史』(曹洞宗宗務庁、二〇一四年)が代表的な成果である。いずれも明治年間の制度史、『修証義』の重要性に焦点が当てられており、儀礼の観点は少ない。一方、尾崎正善『私たちの行持――宗門儀礼を考える』(曹洞宗宗務庁、二〇一〇年)は、曹洞宗の儀礼の変遷を扱った貴重な成果だが、『清規』を対象としており、仏教系雑誌に着目してはいない。

(68)『朝日新聞』『読売新聞』など。こういった新聞にも大新聞・小新聞などの区分があるが、本書では「宗教関係」ではないという意味合いで「一般新聞」と呼称する。

(69) 森覚・大澤絢子編『読んで観て聴く　近代日本の仏教文化』(法藏館、二〇二四年)は、絵本・ラジオ・テレビなど多種多様なメディアと仏教文化の関係を論じている。なお、現代の宗教とマスメディアの関係に関する研究動向については、大道晴香『イタコの誕生――マスメディアと宗教文化』(弘文堂、二〇一七年)、三〜一七頁を参照のこと。大道が提示した研究は、マスメディアによって大衆の宗教に対するイメージが形成されていく点に焦点が置かれており、儀礼に関する言及は少ない。

第一章　葬儀問題への対応

本章では、近代日本における葬儀に関する仏教系雑誌の記事の変遷を検証する。葬儀は中世から教団の拡大に貢献し、近世では寺檀制度のもと、「葬式仏教」と揶揄される程に、寺院経済の基盤となった。本章は、そのような伝統を持つ仏教葬儀が、近代における目まぐるしい変化のなかで遭遇した危機を、国家統制・他宗教・社会動向への対応という三つの視座から検討する。そこから、仏教系雑誌で葬儀問題が扱われることによって、これまでの仏教葬儀の習慣が表面化し、葬儀＝仏教の構図が強固になったことを指摘する。

はじめに

柳田国男は、一九二九（昭和四）年に発表された論文「葬制の沿革について」のなかで、「斯ういふ住民の何とも思はずに過ぎて居る生活の中に、却つて古風の尋ぬべきものがあるのでは無いかと私などは思つて居る」(1)と述べ、葬儀の不変的な部分が「民俗」の解明に役立つとした。その後、柳田は一九三七年に出版した『葬送習俗語彙』において、「幸いなことには他の色々の習俗とちがって、葬儀はその肝要な部分が甚だしく保守的である。喪家が直接にその事務に当らず、これを近隣知友に委托《(ママ)》する為に、後者はもっぱら衆議と先例に依って、思い切った改定を加えようとしないからである」[2]と、より明確な形で葬儀に保守的な部分があることを主張している。突然やってくる死に対して予てから計画できないことから、葬儀が変化しにくい儀礼であると見なす観点は、最新の研究にも継承されている。[3]

他方で、告別式の登場に見られる葬法の変化・火葬導入・墓制の変遷・葬儀社の参入・法制度との関連など、葬儀とその周辺の近代における変化を捉える研究[4]も存在する。また、個人の葬儀に着目した成果として、近代の著名人の葬儀や国葬を扱った研究も見られる。[5]本章もこれらの研究に多くを学ぶものであるが、これらの研究では仏教系雑誌が対象となることが少ない。

こうした点をふまえ本章では、『明教新誌』（一八七四～一九〇一）、『通俗仏教新聞』（一八九四～一九二三）、および『浄土教報』（一八八九～一九四四）の葬儀関係記事を主たる資料として用いる。資料的意義を述べれば、三誌とも近代において二〇年以上にわたり一〇〇〇号以上を発行し続けた雑誌であり、多くの読者がいたと推測され、人々の葬儀実践の慣習に影響を与えたと考えられる。また、三誌を併用することで近代をほぼカバーすることも可能である。

本章は三つの対応を軸に、各節で関連する先行研究を提示し、仏教葬儀をとりまく事例を扱っていく。第一節では、国家統制への対応として、明治初期の廃仏毀釈に伴う神葬祭化から、再び仏教葬儀へと「帰仏」した具体例と、明治後期以後、皇族・英霊の葬儀における国家神道化への対応を検討する。第二節では、キリスト教が引き起こした葬儀問題への対応として、葬儀をめぐる仏教とキリスト教の対立を、先行研究において手薄である一八八四（明治一七）年の自葬解禁後から一八九九（明治三二）年の内地雑居解禁前後の時期を中心に取り上げ、仏教側の対応を見ていく。第三節では、社会動向への対応として、国家神道・キリスト教などの他宗教との対立を経て優位を確認した仏教葬儀が、簡素化・合理化の流行に直面したことと、世間に受容されたキリスト教の用語「永眠」を仏教徒の死に対し使用した際の仏教教義と葬儀の関係を考察する。

近年、樹木葬や家族葬といった様々な葬儀形態が出現しているが、依然として仏教と葬儀の関係性は深い。この点は、檀家制度の残滓が要因と考えられている。檀家制度が公的には解消された明治期以降に、仏教系雑誌が発信した葬儀記事の変遷から、仏教葬儀という実践が継続する理由を検討したい。

第一節　国家統制への対応

第一項　明治初期

まず、明治初期の神葬祭に関する法令を概観する。一八七二（明治五）年六月、太政官布告第一九二号[6]「自葬の禁止」発布により、葬儀執行は神官・僧侶に限定され、太政官布告第一九三号[7]として神官の神葬祭を支援する法令が出されたことにより、神職の葬儀関与が可能となった。同年七月、東京青山に神葬墓地が造営され、一一月に雑司が谷、駒込にも府営の神葬墓地が設置される。また、同年九月、大教院から神葬祭の指導書『葬祭略式』[8]が頒布され、一八七三年七月、太政官布告第二五三号により、仏教的であることから火葬が禁止となった。そして一八七四年一月、太政官布告第一三号により、教導職への葬儀依頼が可能となる[9]。ここで、神官・僧侶以外の者による葬儀が許可され、同年一一月、教部省布達第五号により僧侶の神葬祭兼業が禁止された[10]。

このように、政府主導のもと、神葬祭を推進する法令はわずか数年の間に整備された。しかしながら、福沢諭吉（一八三五～一九〇一）は、一八八一年の宗教に関する演説において神葬祭に触れ、「近頃神葬祭杯ト云フヿアリテ「物ずき」ノ人ハ之ヲ為セドモ何ンダカ「きまりの悪るき」者ニテ矢張葬式ハ坊主ノ方ガ似合フナリ」(11)と述べている。このような意見は一時神葬祭を実施したものの、再び仏式の葬儀に戻すなどの「帰仏」の事例からも読み取ることが可能だと考える。帰仏については村田《むらた》安穂《やすお》が埼玉県域と東北地方での事例を扱っているが(12)、神葬祭運動は廃仏毀釈・神仏分離運動の一幕とされることが多く、自葬禁止後の帰仏事例については多く触れられていない。そこで本節では、『明教新誌』に見られる自葬の禁止下での帰仏の事例から、仏教葬儀に回帰する理由を検討したい。

まず、一八七六年、母親に神葬祭を行ったために幽霊に悩まされた男の記事を挙げる。福島県下須賀川の曹洞宗長禄寺檀家の松井屋子之松は、同寺の元世話人であった。しかし一昨年頃より父母妻子の反対も顧みず神葬祭への変更をすすめ、母の病死の際に「諏防（訪カ）神社」の神官に依頼し神葬祭を予約した。するとその夜より、枕元に母親の幽霊が現れ、子之松を揺り起こしては、「コリャヤイお寺へ行きたい長禄寺へ遣《やっ》て呉《く》れ」(13)と七夜連続で起こしてきたという。これを受け子之松は後悔し、母が枕元に出てきてから七日目の深夜二時頃に長禄寺住職のもとを訪れ、母の幽霊について話した。翌日住職は大施餓鬼を施し、追善供養を懇ろに行ったところ、幽霊は出なくなり、子之松は安心し、再び仏心を取り戻したという。この事例に対して記者は、幽霊の問題は子之松が安易に流行の神葬祭を真似て、もともと仏教を信仰していた母親に対して負い目を感じたことが要因だと分析している。そして、「斯んな連中は世の中に沢山ある様子だが自《みず》から心を欺むいて人真似などをやらかすと多くは斯る憂き目を見ます」(14)と軽率な「改宗改葬」を警告している。

この福島県長禄寺の事例では母親に対する追善供養を行ったことが、帰仏の契機となっている。同様に三州

（現・愛知県）北設楽郡上津貝村曹洞宗金龍寺にて、本家が神職となったため神葬祭に転じた分家の者が、西南戦争戦没者に対する大施餓鬼と懺法への参加をきっかけに、母親に対する追善供養を行い帰仏した事例がある。また、同寺では「愛国社」という結社を設立し、積極的に布教活動を行っていることも注目される(15)。ここから、個人の追善供養以外にも帰仏の要因として、講社の設立と戦没者供養への参加が考えられるが、それぞれの事例を紹介する。

まず、講社設立後神葬祭が衰微したという事例は、上州（現・群馬県）甘楽郡富岡町にて観測される。ここは近来神葬祭流行の地であったが、一八七八年九月に本願寺より梅原慧運が「報恩社」結社のため派出されて以来、社員が追々増加した。翌年一〇月に教会所にて三日間にわたって営まれた報恩講はことのほか盛会となり、「神葬も追々衰微の姿なり(16)」と報じられている。これは、本山からの積極的な布教により帰仏が図られた事例である。

もう一方の戦没者供養に関しては、神葬祭が盛んであった美濃国（現・岐阜県）における事例が挙げられる。美濃国は神道帰依の者が多く、新義真言宗の寺院は特に数も少なく、何事も覚束ない姿だったが、関谷随応を筆頭に本多村に中教院を仮設、本山から吉堀教正の派出もあり、布教の端緒を開いた。特に戊辰戦争戦死者の十三回忌として奏楽法要の土砂加持を中教院にて修行した際には、参詣の男女は数えられない程であったという(17)。

続いて、伊勢神宮のある三重県に絞り、帰仏の動向をさらに検証したい。一八七六年八月の記事によれば、三重県下では戸長指導のもと神葬祭が推進されており、仏教葬儀を志願するも実施できず、密かに寺院で追善供養を行う者もいた。また、「寺院は廃止になった」「今後廃止となる」と戸長を通じて村内に伝えられていたという。かかる状況下で仏教葬儀を行いたい旨の遺言も遺棄されたため、表向きは神葬祭を行い、裏では仏教式の読経と回向をした例も報告されている(18)。

神葬祭を強力に推進し、神職が貧困者への葬儀費を納めたという「美談(19)」も出るほどであった三重県下においても、帰仏の兆しは一八八〇年代に出現してくる。一八七二年頃より神葬祭が流行していた南牟婁郡において、神葬に改宗した者が復旧を願い出て、盂蘭盆大施餓鬼を修行し(20)、同郡曹洞宗光明寺では、橋本喜内の晋山により帰檀する者が多数あり、「永持社」という結社を設立している(21)。

この背景として、神道教化政策を推進してきた政府要人の葬式に神葬祭が多かったなか、浄土真宗本願寺派の僧侶・島地黙雷と親交の深かった木戸《きど》孝允《たかよし》（一八三三～七七）の葬儀が、一八七七年六月二九日に遺言に従って西本願寺にて仏教式で行われた(22)影響により、神葬祭の勢力が低下した可能性も考えられる。そのような状況を反映してか、一八八二年四月の『明教新誌』では、『好古雑誌』に神葬祭の元祖とされる平田《ひらた》篤胤《あつたね》（一七七六～一八四三）の師・本居宣長《もとおりのりなが》（一七三〇～一八〇一）の仏教葬儀の体裁が掲載されたことを報じるとともに、神葬祭の正当性を疑問視している(23)。さらに同年九月に、神葬祭を「流行おくれ」とし、貴顕紳士の間では仏教式の葬祭を行う者が多いとした。加えて、本来僧侶は在家に対して葬儀を行ってはならないとされるが、日本においては推古天皇の時代より、穢れを忌む(24)神官ではなく、僧尼が葬法奠法を行ってきたと論じ、「我国の葬儀を仏教式にて行なふは王法の一部分なりしなり(25)」と仏葬の正当性を主張した記事も見られる。

以上、『明教新誌』から帰仏の事例を見てきた。政府主導で急速に神葬祭普及に有利な法令が整えられたが、仏教葬儀を望む者もあり、施餓鬼・懺法・土砂加持・晋山式などの儀礼を機に帰仏する事例が見られた。この点は神葬祭の形式が未整備であり、体系的な追善供養システムを構築できておらず、不安に感じた民衆が仏教葬儀を望んだとも考えられる。一方で講・結社を設立し帰仏を図る場合もあった。ほかにも本山側より僧侶を派遣し布教に力を入れるなど、帰仏には地元の僧侶・民衆・本山僧侶という三つの異なる主体の働きかけが作用するというメカニズムが働いていた。他方、木戸孝允の葬儀に見られるように、政府要人の仏教葬儀の実施など、足並みの揃わない事例も帰仏に影響したと考えられる。これらの記事を『明教新誌』は掲載し、仏教葬儀という実践がいかに正しいかを伝えていった。こうした記事の影響もあり、一八八二年一月二四日の内務省達乙第七号において神官教導職分離・官国幣社神官葬儀不関与の通知がなされ、神社神職は原則として葬儀から排除されることとなった。

第二項　明治後期以後

藤田大誠が指摘するように、一八八二（明治一五）年の神社神職葬儀不関与により、葬儀から排除された神社神職らによる反発の感情は、日露戦争前後から戦没者に対する仏式公葬批判などの具体的な対抗措置として展開される(26)。例えば、一九〇四年八月一七日の『通俗仏教新聞』では、同年六月二二日の戦死者葬儀を神式に統一すべき旨を主張した三河国（現・愛知県）碧海郡神職一同による檄文を掲載している(27)。類似した文書は全国の至る所に配布され、記事執筆者のもとには五、六通あるという。これらの文書に対して記事執筆者は、国家が靖国神社に祭祀するからといって神式の葬儀を戦死者に強要するのは不都合であり、「日本固有の典礼」と神職者の言う「神式葬儀」は似て非なるものと批判している。ここでは「日本固有の典礼」が神式か否かという論点が指摘されているが、国家行事として皇室の葬儀が制定されるのは、大正天皇の死去より約二カ月前の一九二六（大正一五）年一〇月二一日であり、明治期の帝室制度調査局の段階では、天皇・皇族の葬儀・墓制は制度化されていなかった(28)。つまり、大正期に入るまでの皇室の葬儀は法規化されておらず、皇室の葬儀をめぐる論争が見られる。

一八九七年二月一七日『通俗仏教新聞』掲載の記事は、英照皇太后の葬儀について考察しており、ここでは神式でも仏式でもない「国儀式」として英照皇太后の葬儀を捉えている(29)。また、翌年二月に薨去した山階宮晃親王《やましなのみやあきらしんのう》（一八一六～九八）は、仏教葬儀を希望していたものの神式と決定したため、二月二二日に山階宮邸にて泉涌寺《せんにゆうじ》の鼎僧正が導師となり内々で仏教葬儀を行った。二六日に宮邸から出棺、泉涌寺到着後に棺を祭場に据えた。神饌を供えた後に真木斎主が祭詞を読み上げ、喪主菊麿王《きくまろおう》の祭文朗読を含めた神葬祭を行っている(30)。

このように、皇族でも仏教葬儀を望む者がおり、帝室制度調査局は対応に苦心したようである。神式と宗教の区別が問題となっていることが一般新聞で報道されており、皇族の薨去に対して神式の葬儀を執行することで物議を醸すこともあったという。しかし宮内局は、「皇族の御葬儀は宗教の問題を超越し宮中の御儀式で宗教的意味ものでない(31)」という見解を押し通した。皇族の葬儀は神・仏・基等いずれの宗教にもよらない、皇室古来の儀式「神道にたもの」と規定し、仏教信仰の皇族には生物を供えないなどの便宜が図られることとなった(32)。

さて、皇族の葬儀に関する神仏の争いは一旦終止符が打たれることになるが、戦死者の葬儀については激化しており、「「戦没者慰霊」をめぐって大きな変動が起こった時期(33)」と白川哲夫が指摘した一九三〇年代の『浄土教報』を中心に具体的な事例を次に見ていきたい。

一九三三(昭和八)年八月の記事では、青森県神職会が総会において、戦病死者の葬儀を一切神式のみで執行することを決議し、それを県が容認したことに対する鰺ヶ沢町仏教各宗連合会慈善会の反対意見書を掲載している(34)。理由として、日清・日露戦争、支那事変に際して仏教葬儀を行ってきたにもかかわらず、神式に統一することは信教自由の憲法違反であり、家庭の信仰を無視し、精神界の動揺をもたらすことを挙げている。また、神職会では町村葬であるから神葬式とする、との意見だが、神社は内務省管轄の「宗教」であり、国式は神職ではなく、町村長が執行すべきとした。

神職会が公の葬儀を神式に統一する動きは他地域でも見られ、島根県では、「従来公の葬儀は仏式で執行せらるゝ向があるが将来は必ず神職でやる様に(35)」と県神職会の名で注意喚起し、仏式から神式への移行を促している。

このように、公葬を神式にすることを目論む神職の活動が積極的に行われているものの、仏教葬儀の需要も根強いため、一九三八年四月、三重県津市新東町では、『戦死者の公葬について聖地県民諸君に訴ふ』というパンフレットを配布し、公葬神式運動が強化されている(36)。

戦死者に対する公葬問題については、戦地の軍部隊長が究明を求めていることが報じられ、葬儀に関しては、神式の国家祭祀と神社祭祀を分かち(37)、前者を担う神職は一般の葬祭に関与せず、軍属祭官を設置し国家祭祀を担うべき、といった提言がなされた(38)。

また、一九四一年の大政翼賛会中央協力会議における「公葬神式の問題」を取り上げた記事では、会議を傍聴した本願寺派情報部・佐々木才正の談話を掲載した『文化』の記事を引用している(39)。内容は、右翼運動家の松永《まつなが》材《もとき》（一八九一～一九六八）を中心に、英霊の公葬やその他公葬及び私葬まで、すべて神式で実施せよと提唱し、唯一、真宗高田派僧侶で文学博士の長井《ながい》真《ま》琴《こと》（一八八一～一九七〇）のみが、「神道の排他的な態度は真面目ではなかろう」と反対した(40)。大政翼賛会においては廃仏論に近い意見が主流であったようである。

以上、本節では国家統制に対する仏教葬儀の対応を見てきた。明治初期においては、政府の法令を受けた戸長の指示のもとで神葬祭への転換が図られたことに対する民衆の反発が事例の中心であった。その際には僧侶や本山が適宜協力する場合もあり、帰仏を補助していた。一方、明治後期からは国式国礼を神道儀礼と捉え、神式葬儀の正当性を主張する神職と、国式国礼は非神道儀礼であり、その正当性は認められないとする仏教側の対立が仏教系雑誌で多く扱われた。

第二節　キリスト教への対応

第一項　自葬禁止下の先行研究

一八七二（明治五）年六月に太政官布告第一九二号「自葬の禁止」が出され、一八八四年一〇月の内務卿口達によって解禁されるまで、キリスト教による葬儀は違法行為であった。この期間におけるキリスト教徒葬儀の葛藤を扱った先駆的な研究が、小沢三郎の『日本プロテスタント史研究』（東海大学出版会、一九六四年）である。小沢は同書第四章「明治前期における「信教の自由」」内にてキリスト者の自葬事件を例示し、その性質を、

［A］仕方なしに、異教によって葬儀を行ったもの
［B］国法に従うべきであるとして、積極的に合法的葬儀を行ったもの
［C］申しわけ的に合法的葬儀を行い、それとは別に立派なキリスト教式葬儀を執行したもの
［D］キリスト教信仰に従って、自葬の禁を無視し、キリスト教葬儀を行ったもの

の四種類に分け、特に［D］に関する事例を検討した。この小沢の研究を参考にしつつ、沼謙吉は、一八八三年五月五日に亡くなった神奈川県多摩郡八王子市（現・東京都八王子市）のギリシャ正教信徒の葬儀をめぐる事件について詳述している。(41)

近年では、待井扶美子が、キリスト教系雑誌『七一雑報《しちいちざつぽう》』を丹念に読み込み、自葬禁止下におけるクリスチャン

の葬儀記事を抽出し、分析を行っている[42]。また土居浩は、一八八一年六月一四日に埋葬された白河ハリストス正教会で最初の永眠者・中村タケの自葬に関する裁判事例を報告している[43]。

自葬禁止下におけるキリスト教徒の葬儀に関しては、包括的なもの、個別事象を詳細に検討するものという二通りの研究が見られ、事例も豊富である。しかしながら、近代全体を考えた場合、一八八四年の自葬解禁後の事例研究は少なく、キリスト教側からの視点に偏る。よって本節では、自葬解禁後から一八九九（明治三二）年の内地雑居解禁前後までのキリスト教と仏教の葬儀をめぐる対立を、一般新聞の記事もふまえつつ検証したい[44]。

第二項　自葬解禁後の仏・基対立

まず、一八八七（明治二〇）年八月一八日の『朝日新聞』の記事では、キリスト教徒の大塚丑之助が、亡くなった母に対して同教の形式による埋葬を試みたところ、親族から野辺送りの拒否と今後の交際を絶つ旨を宣告され、やむを得ず寺で葬儀を行い、埋葬したと報道されている[45]。自葬の解禁後であっても個人の信仰が親族には認められていなかったという事例は、牧師・加藤覚が『東京朝日新聞』に寄稿し、一八八八年一〇月一三・一四・一六日と、三日間にわたって一面に社説として掲載された「何ぞ故《ことさ》らに基督教の公認を求めん」からも読み取れる。加藤は一八八四年一一月一八日の共葬墓地に関する内務省達乙第四〇号第三条を引き合いに出し、キリスト教徒に対する埋葬への苦情は真宗と日蓮宗の争いと同様に一般的なことであると述べ、伝道を黙許しているキリスト教を公許にすべきと主張した[46]。

仏教系雑誌からは、一八九五年三月の『浄土教報』に相州（現・神奈川県）戸塚町矢部のキリスト教徒・守屋総太郎の死去に対し、菩提寺の清源院が埋葬を拒否し、遺族が警察に相談するも受理されず、結局は仏葬したとの記載があり、(47)自葬解禁後も墓地管理は寺院が担うことが多く、キリスト教徒の埋葬をめぐる対立があったようである。(48)

そのような状況下で、丹後国（現・京都府）熊野郡湊村臨済宗妙心寺派海隣寺住職・三木祖倫の墓地使用に関する京都府への伺いが『正法輪』で取り上げられた。

御伺　丹後国熊野郡湊村共有墓地七ケ所

明治十八年三月廿四日本府甲第三十七号墓地及埋葬取締細則第三条に墓地は種族宗旨を別たず其町村に本籍を有し若くは其町村に於て死亡したる者は何人にても之に葬ることを得其従前別段の習慣ある者は此限に非ずと有之候に付拙者共の管理する右墓地の如きは従前臨済真言日蓮真宗四宗の外他宗派異教者等を葬らざる別段の習慣有之候墓地に付該地使用者の子孫の習慣に適はざる他宗派及異教者を葬り候ては共葬者の感情を害し且つ村民の治安を妨げ終に争論を喚起致し候様の恐れある時は管理上尤も支吾を生じ殆ど困却仕候依て管理者に於て之を拒絶し得べき儀と存候右様相心得候て宜く御座候哉此段将来の為め奉伺候也

京都府丹後国熊野郡湊村

墓地管理者総代　三木祖倫　印

明治二十五年三月廿三日

（『正法輪』一一号、一八九二年一〇月一五日、一七頁）

三木の管理する墓地では、臨済・真言・日蓮・真宗の四宗以外の宗派や異教徒の埋葬を認めておらず、許可した場合争論になることが申し出されている。ここでは、「子孫の習慣に適はざる他宗派及異教者」と記されているように、「習慣」を維持することが重要視され、仏教者は習慣であることを根拠に、異教徒の埋葬を断っていたと推察される。他方、埋葬時の問題のみならず、葬儀最中の争いも報じられた。

一八九八年五月、陸前国（現・宮城県と岩手県の一部）柴田郡川崎村で起こった葬儀をめぐる対立は、「天主教徒と仏教者との葬儀衝突」として『通俗仏教新聞』と『和融誌』に掲載された[49]。概略は、天主教、すなわちキリスト教カトリックを信仰していた同村曹洞宗龍雲寺の檀徒・桜田源吾が、五月一一日に死去した母タキの埋葬に関して、同寺住職・大石堅童《おおいしけんどう》（一八六八〜一九三四）と争ったというものである。『通俗仏教新聞』には概略のほかに、書面にて龍雲寺に照会し、同寺執事・佐藤参隆から得た結果を掲載している。

その照会によれば、住職・大石の主張は、共葬墓地という名義であるものの、慣習により檀信徒が使用する墓地であって、一旦異教徒となれば、使用の権利を失うというものであった。それに対し仙台天主教会長モールの代理でやって来た宣教師二人は、大日本帝国憲法の信教の自由や各地の埋葬事例を持ち出し、埋葬を許可させようと舌戦を繰り広げる。しかし住職は埋葬を認めず、宣教師たちが葬儀妨害だとして公権力（警察）に訴えると申し出ると、住職は、「異教徒の葬儀を妨害するのではなく、埋葬を拒絶するのみ」と訴えを退けた。宣教師たちは警察に申し出るも、警察は宗教上の慣習には不介入との見解を示し、困った桜田家では親族協議の上、住職に相談したところ、寺院の檀家に復帰し仏式で埋葬を行うという条件を提示され、戸主は同意の約束書を出した。

自葬の解禁に加え、一八八九年二月一一日の大日本帝国憲法発布により、制限付きとはいえ信教の自由が認められた状況下においても、キリスト教式の埋葬は困難を伴うものであった。さらに同事例で注目すべき点は、埋葬当日の様子である。埋葬当日は七時間にわたる口論の末、午後五時出棺、寺院法堂の前で仏教葬儀が行われた。無事に埋葬が済むかと思いきや、埋葬地にて宣教師が十字架を建てて祈禱を行い、キリスト教の葬儀を強行しようとし、論争が再開して午後八時まで続いた。最終的には十字架を撤去して埋葬は終了したという。先代住職の際に桜田源吾の孫の葬儀をモールが実施し埋葬を許したことがあり、それを根拠に宣教使たちは反抗したが、大石住職は再度拒否し、前述の約束書の返還にも応じなかったとのことである。また、同記事には、この件以降近隣住民の間での「外教退治運動」が開始されたことも記述されており、「全国各地の寺檀も心得置かれて然るべき事共なり」(50)とキリスト教排除の啓蒙を促している。

他方、佐賀県浄土宗寺院におけるキリスト教徒の埋葬をめぐる記事では、住職・田中智順に対し、警察がキリスト教式の埋葬を許すように説得していたが、住職はこれを拒否し、宣教師を交えた口論の末、最終的には仏教葬儀ののち埋葬したという(51)。後報では葬主が宣教使の目の前で十字架その他の儀式用具を焼棄して仏教葬儀を行った旨と、毎七日の供養を行ったことが報じられている(52)。一八九九年七月の内地雑居解禁を直前に控え、キリスト教に対する危機意識は高まり、仏教系雑誌の記事内容も過激さを増していた(53)。

このような仏・基の争いは、内地雑居解禁後も継続している。一八九九年九月に『読売新聞』と『通俗仏教新聞』に掲載された記事では、先祖代々曹洞宗の信徒であった福島庄次郎が、牧師・高島林蔵の勧めにより改宗し、福島の死後、妻のセイは親戚の反対を退け、高島とともにキリスト教式の葬儀を実施しようとした事が報じられている。しかし、娘のハツが、「高島様の仰なれど福島の家は代々の曹洞宗にてこの仏さまと母さまが耶蘇教信じられたばかりぞや、信教は自由とやら申されても夫《これ》は活《いき》てる内のこと、斯うして目を眠られた暁には葬式の定めは祭らんもの、勝手次第、此ハツが先祖へ対して立派に仏葬して見せます入《いら》ぬ耶蘇教のお世話早う退《の》いて下され(54)」と反対し、高島を帰らせ、ハツの指揮のもと仏教葬儀を行った。

なお、ここでも宣教師が埋葬の最中に「妨害」をしたとされている。加えて、遺族のなかでも母はキリスト教式、娘は仏式を望むという意見の対立が見られ、宗教者同士の対立のみではなく家族間の対立もあった。同様の事例として、東京牛込区天神町にてキリスト教を信仰する夫・鈴木幸助と日蓮宗を信仰する妻・琴が、急死した親戚の葬儀形式を争ったが、妻の支持者が多く、結果として日蓮宗寺院で葬儀を行った[55]。また、同じく日蓮宗寺院に関して、生前キリスト教信者であった埼玉県埼玉郡忍町永野長十郎の妻フサが死去し、法華寺内の共同墓所に埋葬を試みたところ、住職及び檀家一同から、「共同墓所は兎に角一切境内を通過すべからず」[56]との条件を提示されたという。埋葬自体は許可しているものの、境内地を通過しないで利用することは不可能であり、喪主は警察署に相談したが、双方譲らなかったため喪主側が折れ、仏式の葬儀後に埋葬している。

以上、自葬解禁後のキリスト教の葬儀に対する仏教側の対応を見てきた。信教の自由が憲法で保証された後も仏・基の対立は継続し、特に内地雑居解禁前後には激化する様子がうかがえた。そのような状況下では、仏教系雑誌において、キリスト教の反抗を断固として撃退した僧侶や遺族の行動は讃えられ、共有するように示唆されていた。しかしながら、本節で取り上げたようなキリスト教徒との葬儀問題は、以後、管見の限り収束していく。

例えば一九〇六年一〇月の報道では、仏葬のみの引き受けであった火葬場が神・仏・基ともに受け入れることが報じられている[57]。また、衆議院議長を務め、プロテスタントを信仰していた片岡健吉（一八四四～一九〇三）の葬儀は高知市のキリスト教会で行われたが、宗像知事を通じて祭粢料《さいしりよう》が下賜された[58]。そして、一九一二年二月二五日、政府主導で開催された「三教会同」は神道・仏教・キリスト教の関係者が集った会合であり、国家レベルでもキリスト教の受容が見られる。このように、キリスト教とその葬儀が受容されていくが、葬儀に関する仏教側のキリスト教反対運動の記事も減少しており、この点は、仏教界がキリスト教徒の葬儀を改宗させずとも、脅威にはならないと判断したためとも考えられる。

第三節　社会動向への対応

第一項　仏教葬儀の優位性と新たな問題

これまで見てきたように、国家神道・キリスト教への対応という課題に直面しても、仏教葬儀はその優位性を保持し続けてきた。それを示すものとして、一九〇二（明治三五）年八月に発行された平出《ひらで》鏗二郎《こうじろう》『東京風俗志』下の巻に、神道・仏教・キリスト教と異なる宗教の葬儀があるが、「市民の多数はほとんど仏葬に従ふものなれば、主としてこれを掲げ、余は省略することとす」[59]とある。序章でも述べたが、同時期には新仏教運動が起こり、新仏教徒同志会の綱領の一つに「我等は従来の宗教的制度及儀式を保持するの必要を認めず」と、葬祭の簡素化を図る動きが見られたが、主流とはならなかった[60]。一九一三（大正二）年の『通俗仏教新聞』の記事では「日本全国人口五千万人中、四千五百万人は仏教の檀信徒に属す[61]」と仏教の数的優位を指摘している。さらに、東京・大阪・京都において調査しても、一〇軒中八軒は大抵仏壇を備え、いずれかの仏教宗派に属しており、葬儀については、都会では神葬は一〇〇軒に一軒、キリスト教式にいたっては一〇〇〇軒に一軒とし、地方ではより一層仏式が強いという。この傾向は、神葬祭の形成と展開を丹念に追った塩川彩香によっても指摘されている。塩川の調査によれば、一八七五年の東京府下における死者数二万六六二四のうち神葬墓地利用は二四三一と、全体の約一割とされ、残りの約九割の死者は習俗のとおり寺院墓地に埋葬されたという[62]。

前節までの事例を通じても明らかなように、仏教側が認識したことは、仏教葬儀への根強い需要であった。また、仏教葬儀の優位に関する前述の『通俗仏教新聞』の記事では、キリスト教の伝道や新仏教運動のような「信仰」を醸成する活動も必要であることを認識しつつ、「仏教の究竟目的は葬祭法要にあらざるも、葬祭執行は、仏教信徒として父母眷属に対する報恩謝徳の一端にして、之を因縁として遂に仏果菩提の目的を達するに至る最勝の機会なれば、葬祭的仏教必ずしも蔑視すべきものにあらず、寧ろ之を善導し利用して以て仏教の生命を付与し、真正の宗教的勢力を扶植する機運を作らざるべからず[63]」と葬祭を利用し、仏教の勢力を拡大することを強く訴えている。

このように葬祭の重要性を再認識しつつある状況下において、仏教葬儀が新たに直面した課題は、近代化・合理化を謳う動向への対応であった。これらは一九〇一年の中江兆民（一八四七～一九〇一）の告別式に代表される無宗教式の葬儀流行や葬列の廃止[64]などと、各地の風俗改良運動が挙げられる。後者では、福井県福井市での生花放鳥及び通夜と葬列の禁止[65]、滋賀県大津市における葬儀に関する新聞広告の簡略化、質素な供物の奨励、葬列・香奠返しの廃止などの葬儀簡素化政策が仏教系雑誌で取り上げられている[66]。

これらの合理化・簡素化は、葬儀に伴う過度の浪費や長時間に及ぶ拘束を抑制するものであり、宗教性の排除や葬儀そのものの否定ではなかったが、医学博士の大沢岳太郎（一八六三～一九二〇）が遺言に、「（一）位階勲等の陞叙を辞する事、（二）葬式及び告別式等廃する事、（三）墓地及び墓標を作らざる事、（四）遺骸は東大医学部解剖教室に寄贈する事等[67]」を示し、葬儀、告別式、墓所の設置までも廃止したことが話題となった。これを『仏教新聞』（『通俗仏教新聞』の改題）では、「総ての宗教学を無視した悪例[68]」と非難している。

葬儀における仏式の優位性が認識されると同時に、このような問題が発生した。告別式に関しては、山田慎也が一九二〇（大正九）年には二五件中一〇件が仏式・神式の告別式となっていることから、「既存の宗教儀礼を排除するかたちでおこなわれ始めた告別式は、浸透するにしたがいしだいに宗教葬における弔問部分の独立という形態に変容していった[69]」と指摘している。宗教を介在させない葬儀という告別式の本来の意図は、利用者によって宗教と関係する葬儀へと変容し、仏教葬儀の脅威とならなくなったと思われる。以下では、利用者ではなく、社会に対する仏教者側の対応事例として、「永眠」という言葉の使用法に注目したい。

第二項　「永眠」という言葉をめぐって

『日本国語大辞典』における「永眠」の解説は、「死ぬことを間接にいう語。死去、また、「永眠の地」などのい い方で、葬られてそこにある意にいう」となり、用例として明治時代の小説から三点例示されている。一点目は徳富蘆花『思出の記』（一九〇〇～〇一年）であり、友人が亡くなり、キリスト教式の葬儀後に主人公が死地に訪れた際の記述。二点目は夏目漱石『吾輩は猫である』（一九〇五～〇六年）の小泉八雲が亡くなったことに対して言及する会話中。三点目は島崎藤村の『破戒』（一九〇六年）であり、主人公が父の墓参りをする際の描写である。

徳富蘆花はキリスト教信者であり、明治学院大学出身の島崎藤村も洗礼を受けている。夏目漱石は小泉八雲の後任として東京帝国大学で教鞭をとっており、八雲の葬儀は仏式で行われているものの、生家はカトリックを信仰していた。このように、「永眠」という語は、旧約聖書『ダニエル書』一二章二節「また地のちりの中に眠っている者のうち、多くの者は目をさますでしょう。そのうち永遠の生命にいたる者もあり、また恥と、限りなき恥辱をうける者もあるでしょう」や、新約聖書『マタイによる福音書』二七章五二節「また墓が開け、眠っている多くの聖徒たちの死体が生き返った」にも見られるように、復活と結びつくキリスト教徒の死を表す用語として、明治時代に使用され始めたようである。(70)

キリスト教徒の用語である「永眠」を仏教徒が使用することに対する違和感について、『通俗仏教新聞』の主筆・高田道見が、黒枠広告をもとに指摘している。その広告は、一九一二（明治四五）年五月三〇日『万朝報』に掲載された、日蓮宗系の雑誌出版社社長・加藤文雅《かとうぶんが》（一八六七～一九一二）に対する以下の広告である（図1）。

社長加藤文雅儀病気之処廿七日午後九時永眠本日午後二時当社に於て葬典相営候条此段虔告仕候
明治四十五年五月三十日　東京府池上 林昌寺内　日宗新報社
（『万朝報』六七七三号、一九一二年五月三〇日、三頁）

この黒枠広告に対して高田は、仏教徒には仏教徒の術語、キリスト教徒にはキリスト教徒の術語があるとし、加藤ほどの護法家の「遷化」に際し「永眠」の語を使用したことに対し、「世の何事も弁へざる俗人が耶蘇教信徒でも無いのに往々死去せしことを永眠と書く者があるを見受けて片腹痛く思ふこともあるに、何事もよく弁へてをらるべき日宗新報社の広告文としては近来頗る珍奇怪訝の至りに堪へぬ」[71]との意見を述べている。

また、同じく『万朝報』に掲示された仏教徒・北島トセの黒枠広告[72]に対しても、「寺院に於いて、仏式を以て葬儀を営むのに、耶蘇教の専門語たる永眠の二字を用ひたのは甚だ以て考への足らぬ人と云はねばならぬ」[73]と苦言を呈した。加えて高田は、死を表現する言葉について、浄土門ならば「往生」、僧侶には「遷化」「入寂」「円寂」、俗人へは「逝去」「命終」「落命」と、仏教徒として使用すべき単語を例示している。理由として、「永眠」という用語は、世界末日審判のある時まで一旦死した者は永く幽界に眠り込むというキリスト教の教義に拠るもので

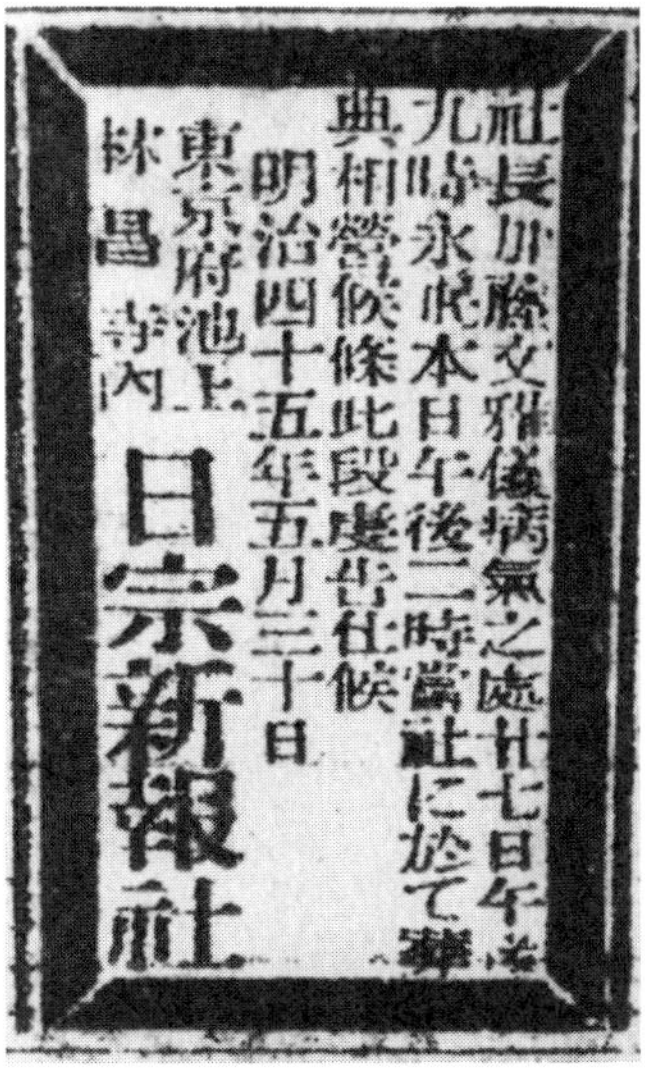
社長加藤文雅儀病氣之處廿七日午後九時永眠本日午後二時當社に於て葬典相營候條此段虔告仕候
明治四十五年五月三十日
東京府池上 林昌寺内　日宗新報社

図1　『万朝報』6773号に掲載された広告

あり、三世因果、輪廻転生を説く仏教の教義にはそぐわない点、そのような用語を仏教徒が使うことは無学無識の披露である点、他教の用語の乱用である点を挙げている。

さらに、高田は一九二〇（大正九）年にも、弁護士・鈴木充美（一八五四〜一九三〇）の妻が病死した際、仏式での告別式を行うに際し「永眠」の語を新聞広告に使用したことを、仏教徒として不適切とした。しかしながら、「今日永眠といふ成語は殆ど逝去とか死去とかいへる普通成語として何気なく使用さる、事となつてゐるので深く咎むる程の事柄ではなけれど」(74)とも述べている。ここから、大正後半に「永眠」という語は、宗教の教義にかかわらず一般的に死を表す用語として定着していた可能性が推測される。この点について、以下では黒枠広告を主に『東京日日新聞』から検証した真杉高之『黒枠のドラマ』（蒼洋社、一九八五年）を用いて、検証を行う。

表1は、『黒枠のドラマ』に掲載された広告のうち、「永眠」の語を使用した広告をまとめたものである。初出は一八九八（明治三一）年のアメリカ人宣教師C・E・ガルスト（一八五三〜九八）の葬儀広告で、「永眠」の使用方法は教義に沿って使用されたと考えられる。以後の事例は、一九一七（大正六）年の日本電報通信社の広告を含め、大正期が大半の一五件を占めている。キリスト教式の葬儀と思われるものは、二〇件中三件（1・10・16）であり、高田が指摘するように、大正期には宗教に関係なく使用されていたようである。また注目すべき点として、九〇歳

表1 『黒枠のドラマ』掲載の「永眠」を使用した広告

	氏名	死亡年	死亡日	葬儀場所	式形態	備考	掲載紙	掲載月日	広告主	頁
1	ガルスト（単税太郎）	一八九八	一二月二八日	神田青年会館		アメリカ人宣教師	『東京日日新聞』	一二月二九日	友人一同	八九

2	島村抱月	一九一八	一一月五日	青山斎場		松井須磨子の愛人	『東京日日新聞』	一一月六日	嗣子島村震也ほか八名と松井須磨子 中村吉蔵・山室貫一のものが並列	一四二
3	松井須磨子	一九一九	一月五日	青山斎場		芸術座主　自殺	『東京日日新聞』	一月六日	養女　小林勝ほか 芸術座　松竹合名社	一四四
4	飯野静子	一九二一	八月一三日			九〇歳	『東京日日新聞』	八月一五日	嗣子　飯野吉三郎 親戚総代　友人総代	一五一
5	生田　剛	一九二三	一二月二二日	柏木常円寺	告別式		『東京日日新聞』	一二月二四日	息子　生田潔	一一八
6	矢沢愛次郎	一九二四	三月二〇日	浅草西福寺			『東京日日新聞』	三月二一日	息子　矢沢料夫 つる子	一一九
7	山口諫男	一九二四	四月一一日	南山東本願寺	京城記者団による新聞葬	本人生前は遭難以来深厚なる御同情を辱うし深く御礼申上候	『東京日日新聞』	四月一三日	京城記者団	一五五～六
8	深尾初野	一九二四	八月五日	大阪		本人の素志も有之供物香典等の御配慮は一切御容赦を御願ひ致します	『東京日日新聞』	八月七日	夫　深尾隆太郎	一一九～二〇
9	佐藤密蔵	一九二五	五月二〇日	西ノ宮海清寺	告別式	本人の遺志により供物の儀は一切御断はり申します	『東京日日新聞』	五月二二日	妻　佐藤ゆき 弟　佐藤治六	一二〇
10	浜口澄子	一九二五	五月二四日	麴町富士見教会			『東京日日新聞』	五月二五日	父　浜口勇吉	一二〇
11	小山てい	一九二六	一一月五日	大阪府浜寺で荼毘 青山墓地に埋葬		遺言により香典其他一切の御供へは堅く御辞退申上ます	『東京日日新聞』	一一月九日	小山梅子 小山茂	一二三
12	松田そめ	一九二六	六月一二日			兵庫県　七六歳	『東京日日新聞』	六月一四日	喪主　村松三郎 親戚一同	一六〇～一
13	小畑マサ子	一九二六	八月一六日			渋谷　八〇歳　仏事	『東京日日新聞』	九月二二日	息子　小畑啓造	一六一

14	尾上松之助（中村鶴三）	一九二六	九月一一日	泉岳寺	告別式		『東京日日新聞』	九月一四日	日本活動写真株式会社	一六一〜二
15	久米喜代	一九二六	一〇月二三日			西大久保　九〇歳	『東京日日新聞』	一〇月二六日	息子　久米金弥	一六一
16	岡田多摩子	一九四〇	一二月三一日	一月八日：麴町公会堂 九日：芝日本キリスト教会	八日：禁酒禁煙慰霊式 九日：告別式		『朝日新聞』	一月七日	父　岡田道一	一七九
17	銭高康子	一九四四	一月二日		四日実施の葬儀お礼		『朝日新聞』	一月一一日	兄　銭高良之　静子	一七九
18	建川美次	一九四五	九月九日			陸軍中将	『毎日新聞』	九月一六日	嗣子　建川正美	一七五
19	岩波茂雄	一九四六	四月二五日	築地本願寺	仏式	岩波書店主	『朝日新聞』	四月二九日	友人総代　安倍能成	一七六
20	菊池　寛	一九四八	三月六日	小石川護国寺	告別式	日本文芸家教会会長 元文藝春秋社社長 元大映株式会社社長	『朝日新聞』	三月一一日		一八〇
※	黒枠勧誘広告	一九一七				御永眠の発表は……	『東京日日新聞』		日本電報通信社	一六四

など高齢で亡くなった者に対して「永眠」を使用しており（4・13・15）、寿命を全うした穏やかな死を意図しての用法と推察される。

　他の新聞においては、一八九〇年の『読売新聞』黒枠広告にて、キリスト教会堂で葬儀を行う予定の松田三五郎に対して「永眠」が使用されている[75]。また『東京朝日新聞』では、新島襄らの同志であった山本覚馬（一八二八〜九二）の閲歴において「永眠」を使用している[76]。すべてとは言えないものの、一般新聞紙において、明治中期の「永眠」はキリスト教関係者に対して用いられており、一九〇〇年頃から、使用数とキリスト教以外の事例への適用が増加している[77]。一般紙から「永眠」の使用法の傾向が摑めたが、本節の最後に印象的な事例を紹介したい。

『明教新誌』の主筆で、曹洞宗の教えを体系的にまとめた『修証義《しゅしょうぎ》』の編纂にも携わった近代を代表する在家居士・大内青巒《おおうちせいらん》（一八四五～一九一八）の死を報道した『読売新聞』の見出しは、「青巒居士――十六日朝永眠――」であった。[78] この記事に対して、高田は何の苦言も呈していない。つまり、「永眠」という語の受容が一般的となった状況下において、仏教的死生観を前面に出し、「永眠」の語を否定するよりも受け入れることによって、仏教葬儀を多くの人に利用してもらう姿勢を示したとも考えられる。

おわりに

政府の神葬祭奨励やキリスト教との葬儀対立に直面した仏教葬儀であったが、仏教系雑誌は、仏教葬儀を行わなかったために母が化けて出てきたという事例や、先祖代々曹洞宗の葬儀を行ってきたと主張し、キリスト教式の葬儀を実施させなかったという事例など、仏教葬儀を行わなければ「居心地が悪い」ことを発信していた。また、一八九三（明治二六）年、京都の臨済宗系の雑誌『正法輪』は、東京在住の佐藤信茂なる人物の「寺院を神葬祭に貸与することを厳禁すべし」という論説を掲載している。佐藤は、増上寺や天徳寺で行われた旧藩主の神葬祭を挙げ、毅然とした態度で断るべきと述べている。「他日旧檀徒耶蘇教信者となりたる者、其葬儀を寺院に於て行はんと欲し、勢力ある者は遂に勢力を濫用して寺院を強借するに至るべし」[79]と、京都においてもキリスト教への警戒を促している。明治一〇～三〇年代は、他宗教との争いが記事の主体であり、仏教葬儀を死守することが仏教系雑誌を通じて伝えられていた。

内地雑居解禁以降、それらの葬儀争いは、終息していったと思われる。一九一八（大正七）年の記事には、国民の九割が仏教徒であると報じられていたように、仏教葬儀の根強いニーズを仏教者たちは感じていた。一九三〇年代に、今度は戦死者葬儀や公葬をめぐって神仏間で対立が再び激化したことを指摘したが、この点に関して終戦間近の『臨済時報』(『正法輪』の改題)に興味深い記事がある。

事変以来公葬問題に就き神仏両者間及神仏の信者間に於て互ひに手前味噌を言つたりし発表したりして居るが、是れも余りに非戦時型と思ふ。／大乗的に考へる時、全国の公葬を仏式で執行しても仏教が盛んになる訳でもない。大体の九分通りが仏式で行はれている今日、決して神教が疲弊して居る訳でもない、寧ろ武運長久の御詣りには寺院よりも神社の方が沢山である。吾々の考へでは公葬は神式でやつても祈願詣りを沢山お寺の方へ引き付けたいと思ひ拙寺の部落では武運長久の祈願祭は毎月一日、十五日が神社、八日、十八日は寺院でやつて居る。又或る一部で力説される公葬の神式化は机上論に過ぎず、地方に於て神式の実行は絶対不可能である。なぜなれば第一神官を五人、十人集める事が困難である。一例として当部内清光院檀徒にて平生は〇〇教を信仰して居るが、公葬に当り神式では多額に費用が入るから仏式で御願ひすると云ふ疑ひがあつたから支所長として次の如く念を押した。(信仰でなく打算的に宗教を利用する事は真平御免)然るに今後は絶対〇〇教を信仰しない事を誓はせて公葬で行つた事がある。

(村松景邦「戦時宗教」〈『臨済時報』九五一号、一九四四年一月一日〉、一九頁)

執筆者の村松によれば、全国の公葬は九割が仏式であり、理由として、神職の人手不足と神葬祭の費用の高さを挙げて、公葬の神式化は「机上論」とした。

費用に関して、例えば、一九〇七（明治四〇）年の『東京朝日新聞』に以下の記事が掲載されている。

最も多額を要するは神葬費にて次は仏葬費なり基督教は比較的少額なり。又同じ仏教の内にても真宗なれば普通十五円より二十円ぐらゐ、法華、禅宗は廿円位なりといふ而して他家より贈り越す榊、造花等の相場は造花（普通一対）三円より五円位、生花（同）三円同様、榊（同）五円以上八円位、花瓶付生花造花（同）四円以上、花輪（一個）三円より五円位なりと

（「神、仏、基督、各宗葬式費用」〈『東京朝日新聞』一九〇七年六月一三日〉、朝刊六頁）

同記事では、「神葬・仏葬・基督教」と三つの葬儀費を紹介しており、これらは、葬儀の主要形式として捉えられている。神葬祭が最も費用が高く、仏葬、キリスト教の順に安くなっていくという。キリスト教の葬儀では、第二節で論じたように、埋葬を断られる場合もあり、葬儀以外の費用が嵩む。神葬式は、先述の村松も述べていたように高価であり、こうした費用面も仏式選択に影響を与えたと思われる。

一方で高田道見が発した「永眠」の語の使用法に対する変遷が示したのは、社会の変化に応じて、教理の浸透よりも仏教葬儀の実践を優先する僧侶の姿勢である。しかし、医学博士の大沢岳太郎のように、葬儀をせず、墓を建てないことに対して、高田は強く反対している。つまり、死に際して葬儀や墓を利用する「習慣」は仏教界にとって死守すべき実践であり、葬儀を行う段階まで至れば、大多数は仏教葬儀を選択したことが推察される。

これまでの研究では、仏教葬儀の優位性を示す根拠として、檀家制度の枠組みが継続していた点が指摘されていた。それに加え本章では、他宗教との対立の様子や、費用、他教の教義を受け入れる僧侶の姿勢などがメディアで

発信されることで仏教葬儀の利点が示され、それらを通じて、多くの人々が習慣として行っていた仏教葬儀の優位性が認識され、葬儀＝仏教の図式を強固にしていった、という点を明らかにできた。

なお、第一節で紹介した神葬祭から帰仏する事例のなかに、追善供養を機会として帰仏した事例が複数あった。追善供養の一形態である施餓鬼は、明治期に多様な要素と結びつきながら発展していく。この点について、次章では見ていくこととしよう。

註

（1）柳田国男「葬制の沿革について」（『人類学雑誌』四四巻六号、一九二九年）、九七頁。

（2）柳田国男『葬送習俗事典――葬儀の民俗学手帳』（河出書房新社、二〇一四年）、二頁。同書は『葬送習俗語彙』（岩波書店、一九三七年）を改題したもの。

（3）菊地章太『位牌の成立――儒教儀礼から仏教民俗へ』（東洋大学出版会、二〇一八年）、二六頁。

（4）村上興匡「大正期東京における葬送儀礼の変化と近代化」（『宗教研究』六四巻一輯、一九九〇年）。林英一『近代火葬の民俗学』（法藏館、二〇一〇年）。前田俊一郎『墓制の民俗学――死者儀礼の近代』（岩田書院、二〇一〇年）。問芝志保『先祖祭祀と墓制の近代――創られた国民的習俗』（春風社、二〇二〇年）。井上章一『増補新版 霊柩車の誕生』（朝日文庫、二〇一三年）。田中大介『葬儀業のエスノグラフィ』（東京大学出版会、二〇一七年）、第一章。金井重彦「わが国における葬送儀礼の自由化の道すじ――幕末から大日本帝国憲法制定の時まで」（『宗教法』二一巻、二〇〇二年）。通史として、山田慎也「近現代の葬送と墓制」（勝田至編『日本葬制史』吉川弘文館、二〇一二年）。土居浩「近代化する葬儀」（大谷栄一・吉永進一・近藤俊太郎編『増補改訂 近代仏教スタディーズ――仏教からみたもうひとつの近代』法藏館、二〇二三年）など。

（5）此経啓助『明治人のお葬式』（現代書館、二〇〇一年）、宮間純一『国葬の成立――明治国家と「功臣」の死』（勉誠出版、二〇一五年）。

（6）「近来自葬取行候者モ有之哉ニ相聞候処向後不相成候条葬儀ハ神官僧侶ノ内ヘ可相頼候事」（内閣官報局『明治五年　法令全書』〈内閣官報局、一八八九年〉、一三四頁）。以下、『法令全書』は国立国会図書館デジタルコレクションを参照した。

（7）「従来神官葬儀ニ関係不致候処自今氏子等ヨリ神葬祭相頼候節ハ喪主ヲ助ケ諸事可取扱候事」（同前）。

（8）一八七五年五月太政官布告第八九条「明治六年七月第弐百五拾三号火葬禁止ノ布告ハ自今廃シ候条此旨布告候事」（内閣官報局『明治八年　法令全書』〈内閣官報局、一八八九年〉、九九頁）により解除。衛生上の問題ともされる（山田前掲註（4）「近現代の葬送と墓制」、二五一頁）。

（9）「葬儀ハ神官僧侶ノ内ヘ可相頼旨壬申六月第百九十二号布告候処自今教導職ノ輩ヘハ信仰ニ寄葬儀相頼候儀不苦候条此旨布告候事」（内閣官報局『明治七年　法令全書』〈内閣官報局、一八八九年〉、二〇頁）。

（10）「僧侶神葬祭兼行ノ儀願出聞居置候向モ有之候処詮議ノ次第有之今後不相成候条此旨寺院ヘ布達スヘキ事」（同前、一一九一頁）。これは、仏教者のなかに檀信徒が神葬祭に変更するために狼狽し、神葬祭の兼業を願い出る者が多かったため発布された（池田英俊「大内青巒の教化政策と教会結社をめぐる問題」〈『宗教研究』六〇巻一輯、一九八六年〉、三七頁）。

（11）福沢諭吉「宗教ノ設　三田演説会ニ於テ」（『名家演説集誌』〈漸進堂出版、一八八一年〉、二七頁〈『近代演説討論集　8巻』［ゆまに書房、一九八七年］、七九頁収録〉）。

（12）村田安穂『神仏分離の地方的展開』（吉川弘文館、一九九九年）、第四章「神葬祭運動の展開」。

（13）『明教新誌』三〇〇号、一八七六年六月一五日、五頁。

（14）同前、五～六頁。

（15）『明教新誌』八七二号、一八七九年九月二二日、五～六頁。

（16）『明教新誌』九一七号、一八七九年一二月二四日、五頁。

（17）『明教新誌』九三五号、一八八〇年二月六日、七～八頁。

（18）『明教新誌』三三六号、一八七六年八月二六日、五頁。

(19)『明教新誌』九三七号、一八八〇年二月一〇日、五頁。
(20)『明教新誌』一〇三六号、一八八〇年九月八日、六頁。
(21)『明教新誌』一〇五六号、一八八〇年一〇月一八日、四頁。
(22)此経前掲註(5)『明治人のお葬式』、二六～二七頁。
(23)『明教新誌』一三二九号、一八八二年四月三〇日、四～五頁。
(24)近代の神社と穢れについての事例は「社地汚穢事件」(『東京朝日新聞』一八九三年一一月三日、朝刊三頁)、「千住の神地冒穢事件」(『東京朝日新聞』同年一一月一二日、朝刊三頁)に報道されている。概略は、増田晋五郎の伯母・わかが、腸チフス病に罹り死亡、七日午後三時警察官が付き添いのもと町谷村火葬場へ護送中、千住南組の郷社素盞雄神社境内に進入、神前を経過したと氏子から苦情が入り、「是ぞ神威を汚辱したるものなり」と巡査・木越清九郎は免職となった。
(25)『明教新誌』一三八四号、一八八二年九月一〇日、三頁。
(26)藤田大誠「戦時下の戦歿者慰霊・追悼・顕彰と神仏関係――神仏抗争前夜における通奏低音としての英霊公葬問題」(『國學院大學研究開発推進センター研究紀要』一〇号、二〇一六年)、六頁。
(27)遊六道人(高田道見か)「弁妄(上)」(『通俗仏教新聞』五一六号、一九〇四年八月一七日)、三～四頁。
(28)岩田重則『天皇墓の政治民俗史』(有志舎、二〇一七年)、三三八頁。
(29)「大葬と宗教との関係」(『通俗仏教新聞』一五四号、一八九七年二月一七日)、一二頁。
(30)「御内葬と初七日の御法要」(『通俗仏教新聞』二〇四号、一八九八年三月二日)、一一頁。「山階宮殿下の御葬儀」(『通俗仏教新聞』二〇五号、一八九八年三月九日)、一二頁。
(31)「容易に決定せぬ皇族葬儀令」(『東京朝日新聞』一九二六年六月二九日)、夕刊一頁。
(32)「皇室葬儀令大礼決定」(『東京朝日新聞』一九二六年八月一八日)、夕刊一頁。
(33)白川哲夫『「戦没者慰霊」と近代日本――殉難者と護国神社の成立史』(勉誠出版、二〇一五年)、二一三頁。
(34)「戦病死者の葬儀は神式のみでは不当」(『浄土教報』二〇〇一号、一九三三年八月一三日)、一〇頁。

(35)「島根県神職会で公の葬儀は神式と決す」(『浄土教報』二〇九七号、一九三五年七月二八日)、九頁。
(36)「公葬問題再燃　津市で公葬神式の運動」(『浄土教報』二二三一号、一九三八年四月一七日)、一一頁。
(37) 島薗進は、国家神道が「公的な秩序の領域」、諸宗教が「私的な実存の領域」を担当する分業構造を指摘し、靖国神社の問題は両方の性質を持つとしている(『国家神道と日本人』〈岩波新書、二〇一〇年〉、一五二頁)。
(38)「所謂〝公葬問題〟再燃　現地部隊長、神職、葬儀関与の可否を究明せよと警告!」(『浄土教報』二二五一号、一九三八年九月二五日)、九頁。
(39) 小橋麟瑞「協力会議傍聴者の印象　時局便乗の見本　神道葬式をほしがる」(『浄土教報』二三七五号、一九四一年八月一〇日)、一一～三頁。
(40) 仏教者のなかには今成覚禅《いまなりかくぜん》(一八八四～一九六三)のように、「仏教に本尊のあるのは正しくない。五十六派悉く各宗本尊を捨て丶、大神を本尊と奉頂せよ、それが先づ仏教新体制即応の第一歩である」と国家神道との融合を説く者もいた(「新体制は真神体制」〈『中央仏教』二五巻一号、一九四一年一月〉、一三頁)。
(41) 沼謙吉「明治前期におけるギリシャ正教受難史――八王子・葬儀事件をめぐる闘い」(『東京経済大学人文自然科学論集』八・九合併号、一九六五年)。
(42) 待井扶美子「自葬の禁止下におけるクリスチャンの葬儀――『七一雑報』の記事を素材として」(『文化』六七巻三・四号、二〇〇四年)。
(43) 土居浩「埋葬をめぐる論争――近代日本におけるいくつかの事例から」(『宗教研究』八九巻別冊、二〇一六年)。
(44) 待井は、自葬の禁止下でも『七一雑報』ではキリスト教式葬儀を行った事例が大半を占めていると「記事の操作性」の問題を指摘している(待井前掲註(42)「自葬の禁止下におけるクリスチャンの葬儀」、九三頁)。
(45)「耶蘇教の葬式」(『朝日新聞』一八八七年八月一八日)、朝刊二頁。
(46)「墓地ハ種族宗旨ヲ別タス其町村ニ本籍ヲ有シ若クハ其町村ニ於テ死シタルモノハ何人ニテモ之ニ葬ルコトヲ得其従前別段ノ習慣アルモノハ此限ニアラス　但死刑ニ処セラレタル者ハ墓地ノ一隅ヲ区割シテ其内ニ埋葬スルモノトス」(内閣官報局『明治一七年　法令全書』〈内閣官報局、一八八九年〉、五〇七頁)。

(47)「耶蘇教徒の葬儀を謝絶す」(『浄土教報』二〇九号、一八九五年三月五日、八頁)。
(48)小沢三郎『日本プロテスタント史研究』(東海大学出版会、一九六四年)、一六五～一六八頁。「「自葬の禁」解除以後の問題」では埋葬時の仏基対立の事例を提示している。問題解決のため、自葬禁止下からキリスト教者専用共同墓地、教会管理の共同墓地を創設したという例も記載されている(一八八一年の山形県天童市美以美教会員の墓地購入、一八八三年の武州八王子ギリシャ教会の墓地購入など)。
(49)「天主教徒と仏教者との葬儀衝突」(『通俗仏教新聞』二一六号、一八九八年六月一日、一四頁。『和融誌』一六号、一八九八年六月一〇日、三九頁)。
(50)同前(『通俗仏教新聞』)、一四頁。
(51)「仏耶両葬」(『浄土教報』三六二号、一八九九年六月五日)、九頁。
(52)「仏耶両葬の後報」(『浄土教報』三六三号、一八九九年六月一五日)、九頁。
(53)仏教徒の内地雑居反対に関する著作は、明治三〇年代から多数出版される。例えば、小栗栖香頂『雑居準備・日本人は必ずよむべし』(原田庄兵衛刊、一八九七年)など。この点については、稲生典太郎「仏教徒側の内地雑居反対運動とその資料について」(『中央大学文学部紀要』九号、一九五七年)、四六～四八頁参照。
(54)「牧師と僧侶と葬式を奪ひ合ふ」(『読売新聞』一八九九年九月四日)、朝刊三頁。「牧師と葬式」(『通俗仏教新聞』二七七号、一八九九年九月一三日)、一四頁。
(55)「耶蘇教と仏教の葬式争ひ」(『東京朝日新聞』一九〇一年三月一三日)、朝刊五頁。
(56)「老婆の死骸宙宇に迷ふ」(『読売新聞』一九〇一年二月一二日)、朝刊四頁。
(57)「火葬場の昨今」(『読売新聞』一九〇六年一〇月一日)、朝刊三頁。
(58)「片岡議長の葬儀」(『読売新聞』一九〇三年一一月六日)、朝刊五頁。
(59)平出鏗二郎『東京風俗志　下』(ちくま学芸文庫、二〇〇〇年)、一〇一頁。
(60)碧海寿広は、「『新仏教』の意義と限界」として、儀礼などの慣習の改革を試みた『新仏教』の活動が不十分であったと評した(「儀礼と近代仏教――『新仏教』の論説から」〈『近代仏教』一六号、二〇〇九年〉、四五頁)。しかし、加筆・修正を施した同名論文が収録された著作においては「『新仏教』の可能性」と項目を改め、慣習の見直しによって自己のあり方を問うという手法が現代にも通じると再評価している（『近代仏教とは何か――その思想と実践』〈青土社、二〇二四年〉、二五四頁）。

(61)「葬祭的仏教の勢力」（『通俗仏教新聞』九九二号、一九一三年一〇月八日）、二頁。

(62)塩川彩香『神道の喪送儀礼と近代』（弘文堂、二〇二四年）、二二四～二二七頁。

(63)前掲註(61)「葬祭的仏教の勢力」、三頁。

(64)村上前掲註(4)「大正期東京における葬送儀礼の変化と近代化」。

(65)「通夜葬列の全廃」（『仏教新聞』〈『通俗仏教新聞』の改題〉一二八七号、一九二〇年一〇月一日）、一四頁。

(66)「社会改善の移牒」（『仏教新聞』一三一六号、一九二一年七月二〇日）、一四頁。

(67)「遺書で葬儀も墓標も止し贈位を拝辞した大沢医学博士」（『読売新聞』一九二〇年一二月九日）、朝刊五頁。

(68)「反比例の非常識行為」（『仏教新聞』一二九五号、一九二〇年一二月二〇日）、七頁。

(69)山田前掲註(4)「近現代の葬送と墓制」、二七二頁。

(70)末木文美士は、「永眠」の語が造語であり、近代に普及したという示唆を真言宗豊山派僧侶で仏教学者の新井慧誉（一九三九～二〇〇七）から受けたと記述している（『近代日本の思想・再考Ⅲ　他者・死者たちの近代』〈トランスビュー、二〇一〇年〉、二二三頁）。しかし、具体的な普及過程を論じてはいない。

(71)「奇態なる仏教家の広告文　加藤文雅師の遷化に就いて」（『通俗仏教新聞』九二二号、一九一二年六月五日）、一一頁。

(72)『万朝報』六九五三号、一九一二年一一月二六日、三頁。

(73)「仏徒の永眠」（『通俗仏教新聞』九四八号、一九一二年一二月四日）、一〇頁。

(74)「仏式告別と永眠」（『仏教新聞』一二九二号、一九二〇年一一月二〇日）、五頁。

(75)『読売新聞』一八九〇年九月二九日、朝刊四頁。

(76)「山本覚馬翁の閲歴」（『東京朝日新聞』一八九三年一月七日）、朝刊二頁。

(77) 一九四五年八月一五日まで、一九〇〇年を境に記事数を二分すれば、『読売新聞』九：三一、『朝日新聞』三：五七となる（ヨミダス、朝日新聞クロスサーチ使用）。
(78) 「青巒居士――十六日朝永眠――」（『読売新聞』一九一八年一二月一七日）、朝刊五頁。
(79) 佐藤信茂「寺院を神葬祭に貸与することを厳禁すべし」（『正法輪』二六号、一八九四年一月一八日）、一六頁。

第二章　施餓鬼の諸相
――明治期を中心に――

施餓鬼は、報われない死者を弔う追善供養の一つであり、日本では中世から今日まで継続している。本章では、近代日本における施餓鬼事例を時系列順に辿り、「メディア」「社会事業」「震災」「戦争」「鉄道・動物」などの諸相と結びつきながら施餓鬼が発展していく様子を描く。近代に登場した事象への施餓鬼の適用と、従来から連綿と行われてきた施餓鬼の近代的変容、という両側面に着目した分析を通して、施餓鬼が近代において独自の深化・拡張を遂げていたことを明らかにする。と同時に、施餓鬼の存在感が時代とともに減退する要因を探りたい。

はじめに

本章の主題となる「施餓鬼《せがき》」は、餓鬼のために飲食を施す法会であり、「施食会《せじきえ》」(1)や「冥陽会《めいようえ》」とも呼ばれる(2)。施食を行う善根功徳をもって餓鬼の滅罪追福を図ることから転じ、震災・戦役・水害などで悲惨な死を迎えた「報われない死者」を救うという意味を持つ法会ともなった。日本においては空海が施餓鬼に関する経典を将来した平安中期に密教僧によって行われたのを端緒とし、以後禅宗が取り入れるなど各宗に広まり、現在でも多くの宗派で実施されている。[3]

先行研究としては、原田正俊[4]、西山美香[5]らの中世を対象とした研究や、尾崎正善[6]、徳野崇行[7]らの近世を対象とした研究など、中世・近世の禅宗に関して蓄積が見られる。

一方、宗派を限定しないものとして、各宗の施餓鬼儀礼のメカニズム・モチーフ・構造から施餓鬼法を比較した藤井正雄は、各宗施餓鬼の特徴を明らかにし、昭和期に発行された儀礼書をもとに「施餓鬼会差定対照表」を提示した。[8]また、近年では池上良正が、自らが提唱する「死者供養」システム「(A)親密な死者の救済/(B)何らかの未練や怨念を残した死者(苦しむ死者)の救済」にもとづき、(A)(B)が動態的に合体した施餓鬼の潜在力が、敬神崇祖論や家族国家論が強調される近代になって軽視されていった過程にも着目しつつ、宗教学における施餓鬼研究の意義を再検討している。[9]

施餓鬼研究は、「死者供養」において同様に重要とされる「盂蘭盆」[10]に関する研究に比して少ない。[11]そのなかでも、時代は中世・近世が中心であり、内容は儀礼構造に着目する研究が多い。特に近代の施餓鬼への言及は僅かであり、「太平洋戦争・日露戦争・日清戦争の戦没者のため」[12]に各地で行われたといった記述にとどまる。

本章は、このような施餓鬼研究の隙間を埋めるものでもあるが、論を進める前にまず、本章における「施餓鬼」の用法を三点確認する。

第一に、『禅学大辞典』は、盂蘭盆会に行われる施餓鬼を「大施餓鬼」、施主の請などによって行う普通の施餓鬼を「小施餓鬼(少施食)」として区別しているが、[13]本章で取り上げる事例のなかには、盂蘭盆会の際に行われなくとも「大施餓鬼」と称するものも多く、規模の大きい法会という意味で使用されている場合も見受けられる。したがって、上記の区別をせず、資料に現れた呼称を使用する。

第二に、近代における仏教の死者供養に関しては、「追吊法会」「追弔法会」「追悼法会」「追福法会」など様々な表記が用いられており、「施餓鬼」という言葉がなくとも実際は施餓鬼が行われた可能性も考えられる。しかしながら、本章では資料に「施餓鬼」「施食」「川施餓鬼」「音楽大施餓鬼」など施餓鬼に関する用語が明確に表記されているものを事例として採用した。

第三に、本章において「施餓鬼」と「施餓鬼会」は施餓鬼法による法会を表し、両者の区別は行わない。

第一節　新聞供養大施餓鬼

最初に取り上げるのは、近代メディアと関わりの深い「新聞供養大施餓鬼」という事例である。その初出は、一八七六（明治九）年六月二八日に東京・横浜の新聞社社員が浅草金龍山浅草寺の観音堂に集まって実施された施餓鬼会と思われる。施主を新聞各社、『明教新誌』を発行する明教社が会行事（差配役）となり、日報・報知・朝野の新聞社三社が施主の世話役となっている。個人については、明教：大内青巒、日報：福地源一郎《ふくちげんいちろう》（一八四一～一九〇六）、報知：藤田茂吉《ふじたもきち》（一八五二～九二）、朝野：成島柳北《なるしまりゅうほく》（一八三七～八四）の四名が大幹事となり、天台宗の唯我韶舜《ゆいがしょうしゅん》（一八二五～八六）が導師を務めている。

この日は言論・出版を取り締まる法令である讒謗律《ざんぼうりつ》と新聞紙条例が公布されてから一年を経た日であり、施餓鬼当日に参加した新聞社は休刊している[14]。言論の自由を求める新聞記者たちの政府への反抗という側面もあり、「大新聞」と「小新聞」という異なる形態の新聞記者が合同で参加した特異な行事であった。この施餓鬼以降小新聞も取り締まりの対象になったという土屋礼子の指摘など、ジャーナリズム史の分野では転換点として言及されている。(16)以下では施餓鬼に参加した仏教者、新聞記者の祭文、民衆の反応についての考察を補いつつ論じたい。

第一項　儀礼内容

新聞供養大施餓鬼は大きく分けて三部構成となっている。まず当日の午後一時二〇分頃より、有名な演説者であった福沢静阿による施餓鬼の功徳に関する演説が行われた。次に午後二時三〇分より、僧侶による法要が行われ、終了後、各新聞社の社員が仏前に進み焼香礼拝の後に祭文を読み、午後六時二〇分頃に諸式が終えられた。(17)表1は、当日の法要の配役と列座の僧侶を提示したものである。会行事を除けば総勢三七名の天台宗僧侶が参加している。式場の配置は本堂の正面が法事の席となり、そこに施餓鬼棚を設け、向かって右が新聞関係者の席、そして法席と新聞関係者の間に楽人が並んでいたという。(18)法要の式次第も『明教新誌』に記載されている。

先作相、装束（導師衆僧とも袍裳衲袈裟）○次に入堂（下座より次第に入る）昇楽○次に四智讃（同音より行道一匝讃引返し行道畢るを期として鈸一双）○次に導師登壇（四智讃了りて打鈸の間だ登壇の事）○次に着座讃（早鈸一双）○次に表白（事由）○次に五大願○次に九条錫杖（五大願畢りて鐃を打つ時発音略三十方此時外錫杖師座を起て別室に入る　承仕錫杖を賦す作法あり）○次に回向（随方導師独唱錫杖畢る時方に之を唱ふ）奏楽十方念仏の間○次に行道（回向畢る時衆僧一同に座を立ち十方仏を始む導師下壇して鬼壇の所に赴むき献供等作法了り返りて正面に立つ此時徐々行道を始む）奏楽十方念仏の間○次に焼香（行道了りて各々本座に着く導師鬼壇の前に赴むき焼香し相次で衆僧焼香この

間奏楽）○次に施主陳白（本尊前焼香作礼して読む此間奏楽）○次に退出（上座より次第に出堂）以上
（『明教新誌』三〇八号、一八七六年七月一日、四頁）

表1　新聞供養大施餓鬼配役表

配役	階級	僧侶名
導師	少教正	唯我韶舜
始経	大講義	今出川行全
鐃《にょう》	中講義	荒沢厳息
鈸《はち》	訓導	杉野慈純
	試補	蛭田真順
讃頭	権訓導	木津真恭
錫杖	権中講義	天納暢海
会行事	権大講義	樹下慈常
	権中講義	待乳真昭
	少講義	三輪澄諦

列座の僧侶

階級	僧侶名				
大講義	多田孝泉				
中講義	藤坂慶円	広沢諶苗			
権中講義	赤城円昭				
少講義	多々羅実心	飛木貫悟	松山邦仙		
訓導	三輪韶儼	待乳真良	西帰真晃	榎寺弁暢	蘆名章道
	薗光轍	深見深敬	篠原守慶	清水谷慶順	天野玄応
	樋口亮実	鈴木侃祐	佐伯奝延	清川弁澄	加藤慈光
権訓導	清水深厚	西誓慈賢	小野常昌	清水義邦	福田堯珍
	鈴木円弘	救護純栄			
試補	海潮音実遠				

【備考】『読売新聞』一八七六年六月二九日、二～三頁、『明教新誌』三〇八号、一八七六年七月一日、四～五頁より作成。教導職の序列は位の高い順に、大教正・権大教正・中教正・権中教正・少教正・権少教正・大講義・権大講義・中講義・権中講義・少講義・権少講義・訓導・権訓導となる。会行事は法要にて事務を司る役職であり、おそらく法要に参加していない。

具体的な名称は記載されていないものの、表白・五大願・錫杖ののちに導師による餓鬼作法が施餓鬼棚に対して行われていることから、天台宗の「光明供施餓鬼」であったことが推測される。[19]なお、外陣で使用された「深秘都錫杖」は中国の天台山から最澄が将来したものと言い伝えられている宝物であった。[20]また、天台宗管長であり権大教正の赤松光映を筆頭に、浄土宗の養鸕徹定《うがいてつじょう》・日野霊瑞、日蓮宗管長石川教正、臨済宗妙心寺派管長関無学、真言宗の高岡増隆・大崎行智、時宗の卍山実弁といった各宗派の僧侶たちも傍聴しており、[21]仏教者の間でも注目度の高い法会であった事がうかがえる。

第二項　新聞記者の祭文

表2は新聞供養大施餓鬼で祭文を読んだ記者とその所属、祭文の掲載先をまとめたものである。欠席者を除けば、七四頁の図1のように、二四名の記者が会場で祭文を読み上げている。冒頭の大内青巒の祭文では、施餓鬼会の功徳の対象を以下のように示し、新聞紙上に掲載されるような事件性のある死者への弔いとしての施餓鬼であったことがうかがえる。

> 各社の新聞紙上に記載する所の溺死縊死餓死戦死等の諸冥霊幷びに鑊湯断命放火損生《（ママ）》等の一切含識に回施し普く法界の群生を導びきて共に大宝楼閣に入らんことを（『明教新誌』三〇八号、一八七六年七月一日、一～二頁）

その他の内容は、神道・仏教・キリスト教など様々な宗教の要素を取り入れていた。注目すべき祭文を挙げれば、『郵便報知新聞』の藤田茂吉（表2-24）は春先から使用し廃棄した一五〇本の筆を擬人化し、自分の取材に帯同し

表2　新聞供養大施餓鬼列席記者一覧

	新聞社名	氏名	祭文掲載
1	明教社『明教新誌』	大内青巒	『朝野新聞』七月一日 『明教新誌』七月一日
2	日報社1『東京日日新聞』	伊東卓三	『東京日日新聞』七月四日
3	報知社1『郵便報知新聞』	栗本鋤雲（欠席）	
4	朝野新聞社1『朝野新聞』	大久保鉄作	『朝野新聞』六月三〇日
5	絵入新聞社1『東京絵入新聞』	為永春水（代人：染崎延房）	『東京絵入新聞』六月三〇日
6	集思社1『評論新聞』	中島勝義	『朝野新聞』七月四日 『評論新聞』七月一〇六号
7	九春社『東京新誌』	石井南橋（代人：林徳門）	『東京新誌』七月八日
8	日就社1『読売新聞』	鈴木彦之進	『読売新聞』七月三日
9	四通社1『広益問答新聞』	服部誠一	
10	集思社2	西川通徹	『評論新聞』七月一〇六号
11	日就社2	今川　粛	『読売新聞』七月三日
12	集成社1『めざまし新聞』	小山太三郎	
13	四通社2	中島　素（代人）	
14	朝野新聞社2	高橋基一（欠席）	
15	日報社2	市川清流	『朝野新聞』七月七日
16	日就社3	高畠藍泉	『読売新聞』七月一日
17	集成社2	斉木貴彦	『朝野新聞』七月二日
18	横浜毎日新聞社『横浜毎日新聞』	加藤正之	『横浜毎日新聞』六月三〇日
19	絵入新聞社2	前田夏繁	『東京絵入新聞』六月三〇日
20	集思社3	中山喜勢	『朝野新聞』七月四日 『評論新聞』七月一〇六号
21	日就社4	鈴木田正雄	『読売新聞』七月一日
22	曙新聞社『東京曙新聞』	上条信次	『東京曙新聞』六月二九日
23	共同社『近事評論』	横瀬文彦	『朝野新聞』七月二日
24	報知社2	藤田茂吉	『郵便報知新聞』六月三〇日
25	朝野新聞社3	成島柳北	『朝野新聞』七月一日
26	日報社3	福地源一郎	
☆	横浜毎日新聞社	仮名垣魯文	『仮名読新聞』六月三〇日
★	日就社	松村政親／野田千秋	『読売新聞』七月一日／七月三日

【備考】新聞記事の出典は全て一八七六年。参加者は六月三〇日の『朝野新聞』『東京日日新聞』、および『評論新聞』七月一〇六号をもとに作成。祭文の読み上げ順は概ねこの通り。祭文中で最短：高畠藍泉一二七文字、最長：大内青巒一一三〇文字。概ね五〇〇文字前後と一〇〇〇文字前後が中心。なお、「☆」は新聞供養大施餓鬼自体には列席していないものの、祭文を太田末吉町の浅草観音の出店にて読んだ者、「★」は同施餓鬼に遅刻したために祭文を読まずに帰った者を示す。

図１　新聞供養大施餓鬼で祭文を読む新聞記者の様子
（『東京絵入新聞』〈1876年６月30日〉、１頁）

た者として語っている。そしてこれらを供養するという物供養の側面も見られる。ほかにも、記紀神話に見立て新聞紙各社を「新聞の紙（神）」に模し、罪咎を払う存在とした『朝野新聞』記者・大久保鉄作の祭文（表2-4）、「如是我聞」で始まり、目連尊者が母を助ける『盂蘭盆経』の説話を施餓鬼の由来であると説明した市川清流（表2-15）や、同じく「如是我聞」を冒頭に発し、入獄した新聞社社員と新聞紙記載の死者を弔うという内容の『横浜毎日新聞』記者・加藤正之の祭文（表2-18）など、神道・仏教を織り交ぜてそれぞれの主張をしていた。

　そのなかでも最も多い話題は、讒謗律と新聞紙条例の一周年という日に言及するものである。国家を転覆せしめる記事を書いているにもかかわらず、三年の禁錮と一〇〇〇円の罰金で許す政府は寛容であるという皮肉を述べた成島柳北（表2-25）や、

　地震雷鳴火事親父を一束にしたよりも尚又恐れ入奉つる新聞記者の大厄日にて則ち条例讒謗律御発行の当日なり

（『仮名読新聞』一一八号、一八七六年六月三〇日、一頁）

と述べた仮名垣魯文（表2-☆）のように、言論の自由を抑圧する政府への批判や牢獄にいる同業者への激励を述べた祭文もあった。

祭文からこの施餓鬼の目的を分析すれば、①新聞紙上の死者を弔う、②現在入獄している記者への祈禱、③新聞記者の境遇を観衆に知らせる、④言論の自由を求める反政府運動、という四点を挙げることができる。

第三項　評判とその後

この大施餓鬼は、僧侶と新聞記者以外にも官員・華族や伊藤博文（一八四一～一九〇九）が参詣し[22]、福沢諭吉なども参加して五円を布施するなど、注目度の高い法会であった[23]。

他方、参加した民衆の感想としては、錫杖の有り難さに涙を流した老婆の様子の記載[24]や、酒を飲み事件を起こしても新聞に載れば新聞供養大施餓鬼の功徳で罪滅できるという投書[25]など、死後の安心が得られたと評価する好意的なものが見られる。一方では、「浅草観音をだしに使った新聞記者の茶番である[26]」や「購読料を払っているのに休刊して施餓鬼を行い、謝罪がないことはいかがなものか[27]」といった批判が投書で寄せられているように、民衆から様々な評価がなされていた。政府の言論圧迫を滑稽化した反政府運動という側面だけでなく、普段見られない錫杖を用いた儀礼に対して心を動かされたという発言など、仏教への帰依を促進したという点も見逃してはならない。

新聞供養大施餓鬼自体は取り締まられることもなく無事終了した。しかしながら、施餓鬼直後の七月五日には、太政官布告第九八号により、すでに許可を得て刊行されている新聞・雑誌・雑報についても内務省が発行禁止を行えるようになり、言論統制は強化されていく。[28] そのような情勢下において新聞供養大施餓鬼はしばらく行われることがなかったが、一八八二（明治一五）年一二月五日に石見国（現・島根県）の浄土宗寺院・長福寺にて執行されたことが『朝野新聞』に掲載されている。[29]

これ以降、新聞供養大施餓鬼の事例は管見の限り見られず、定着はしなかった。しかしながら、言論の自由を求める記者の主張、新聞社初のストライキという近代のメディアに関わる事象と、新聞媒体に載った死者への供養という形態を生み出した新聞供養大施餓鬼は注目すべきであろう。

本節の最後に、新聞供養大施餓鬼以後の変化として、導師を務めた唯我韶舜に関連する施餓鬼の事例を見ておきたい。

一八七八年一〇月二七日、浅草の観音堂で唯我導師のもと臨時大施餓鬼が修行された。これは二年前の新聞供養大施餓鬼とほぼ同様の法会であり、人力車や乗り合い馬車で各地から人が集まったという。なお、開催理由が、同年一〇月二九日の『かなよみ』（『仮名読新聞』の改題）[30] 八〇六号に二名の会話文形式で掲載されている。会話の内容は、「唯我が支那の芝居劇場を興業しようと画策し、小屋と建築道具を買うなどの準備を進めていたものの許可が下りず、準備に使った資金が無駄になってしまった。そこで新聞供養大施餓鬼で俗務を担当した大橋亘の提案で彼を施主とした施餓鬼を実施し、今回の法会に参加した者は毎年無銭で施餓鬼を修行するという口実のもと、布施を募った」というものであった。そして、その口実に対して無銭というのは方便であり、来年も銭を取るだろうと推測して、

夫《それ》じや此施餓鬼《このせがき》は亡者《もうじや》の為《ため》で無《な》くツて「浅草寺《せんそうじ》支那《しな》劇場《しばい》穴埋《あなうめ》施餓鬼《せがき》」といへばい、

（『かなよみ』八〇六号、一八七八年一〇月二九日、二頁）

という皮肉で会話が終了している。

この記事内容に対して、同年一一月一三日に東京裁判所検事局は調査を行い(31)、一一月一六日に編集長の久保田彦作が唯我の栄誉を害する科《とが》のため、讒謗律第五条により罰金五円を命じられた(32)。讒謗律に反対するという趣旨もあった新聞供養大施餓鬼の参加社の一つであった仮名読新聞社が、同施餓鬼の導師を務めた唯我に対して誹謗にあたる記事を掲載し訴えられたことから、唯我側にとっては施餓鬼を通じて言論の自由を求めるという目的意識は低く、むしろ施餓鬼会により大勢の人を集め、布教と資金集めをする意識が強かったと推察される。

以後も唯我を導師として、一八八四年一一月一九日から五日間にわたって戊辰戦争から今までの戦死者への施餓鬼を実施(33)、さらに翌年二月一五日には朝鮮事件にて無惨な死を遂げた人々のために追福大法会を執行している(34)。

唯我は、一八八六年に遷化する直前まで大規模な法会を定期的に実施していた。彼は死後、雷門再建のため百十九国立銀行より借りた金六〇〇〇円を返済していなかったことにより同行の頭取から提訴され、東京裁判所より身体限(35)の判決を受け所有地その他の資産を差し押さえられている(36)。唯我は当時の近代的なメディアや金融システムを寺勢の拡大に積極的に活用した僧侶の一人だったと言えよう。

第二節　社会事業と施餓鬼

新聞供養大施餓鬼の導師・唯我韶舜や傍聴した僧侶らが関わり、幹事であった福地源一郎と大内青巒も協力した社会活動がある。それは仏教諸宗派合同で貧窮孤児・貧児救済を目的とした福田会育児院《ふくでんかい》の事業であり、吉田久一は、「本院こそ仏教界が誇る明治の代表的社会施設であった」(37)と評している。本節では福田会の設立経緯を概説し、同会への施餓鬼の導入経緯を述べ、孤児院の先駆けであった養育院へとその施餓鬼が伝播されていく過程を検討する。

第一項　福田会

福田会は、一八七六年（明治九）に臨済宗妙心寺派の今川貞山、旧幕臣の杉浦譲、旧和歌山藩主の伊達自得の三名が福田会育児院創設の議を起こしたことを濫觴とする。有志者たちは一八七八年に真言宗の大教院に合同し、僧職の有志を「永続会友」、在俗の有志を「随喜会友」と分かち、今川は「育児院規則草案」を示した。そして一八七九年、会長を日蓮宗の新居《あらい》日薩《にっさつ》（一八三〇～八八）として事業が開始された。なお、僧侶の有志者である「永続会友」名簿には三七人の僧侶名と所属寺院、階級が示されており、そこでは新聞供養大施餓鬼に参加した唯我・赤松・関・卍山・高岡・大崎が名を連ねている(38)。また、宗派別に整理すれば、僧侶数の多い順に、真言宗九名、天台宗八名、臨済宗七名、日蓮宗五名、時宗四名、浄土宗三名、曹洞宗一名となる。池田英俊は明治初年における仏教諸宗派の教導職数をまとめているが(39)、最も多い四六六名が任命されている浄土真宗僧侶の名はない。つまり、福田会は設立当初、真宗を除いた宗派で構成されたネットワークであった。

設立から一〇年を経過し、活動も軌道に乗り、新たな展開を模索するなかで、一八八九年一〇月には福田会内に女性による組織「恵愛部」が創設される。同部は法話会によって会員数を伸ばし、翌年四月二〇日の『東京朝日新聞』では四〇〇名を超える規模となったことが報じられている(40)。そして、この年の七月三日に福田会で初めて大施餓鬼会が行われた。

『福田会沿革略史』「大施餓鬼会」の項目には、

二十三年七月三日始めて大施餓鬼会を修し、死亡会友及び院児の精霊を供養し以て毎年の定例と為す。蓋し七月十五日盂蘭盆会に於て施行すべきも、各宗寺院孰れも自坊の法要に従事し、其暇まなきを以て此日に繰り上げ執行する事とせり

（中里日勝編『福田会沿革略史』〈福田会、一九〇九年〉、一八一頁）

とあり、一八九〇年七月三日に開始され、各宗輪番により実施、定着したという。また、同書の「師僧勤務概要」によれば、大施餓鬼会は五月二八日の地久節、一二月八日の恵愛部紀念式とともに、院児一同を参列させる重要な法会として認識されている(41)。

施餓鬼会が導入された要因としては、真宗以外の宗派によるネットワークであったため、施餓鬼の導入に抵抗感が少なかった点、設立後一〇年を経過し、亡くなった子どもの数も多数となり、供養の必要性を感じた点、また、女性による慈悲の心を拡大しようとした恵愛部の活動が影響した点、などが考えられる。

第二項　養育院

福田会が育児院で実施した大施餓鬼会は、日本の救貧施設の代表とされる養育院においても行われることとなる。養育院は一八七二（明治五）年一〇月一五日に設立され、自活能力のない老人・病人・孤児を保護教育する施設であり、営繕会議所が経営にあたっていた創立当初の数年間は、生活上の現実的救済を目的として活動していた。そのため第一に経済的支援、第二に医療的支援を優先していたが、一八七六年より東京府の経営となり、教育や精神

的なケアの部分にも注力しようという姿勢を徐々に見せ始めている。そのような折り、浅草本願寺の鈴木恵淳より、収容者に対して無償で教誨するという申し出がなされている。

貴院に於て窮民救恤之方法追々完全之場に相運種々物品等漸次寄付之輩も有之候趣承及候就て者宗門教職之本分を以右窮民之徒へ教義を宣布し能　朝旨之所在を認め各自就産之目途相立愈稼業勉励候様懇篤教誨致度候条貴院之御都合次第自費を以て月並説教者差出候儀御差支無之候哉此段及御照会候也

明治九年三月九日

浅草本願寺内本山寺務出張所長

大講義　鈴木恵淳

養育院御中

〈東京市養育院『養育院六十年史』〈東京市養育院、一九三三年〉、一二七頁〉

この照会に対して養育院の会頭であった渋沢栄一（一八四〇～一九三一）は、役員と会議し過半数の賛成を得て上申。同年三月二四日に府からの許可が下りたため、東本願寺派の僧侶による教誨が開始された。一八七八年には西本願寺から説教宣布の照会があり、以後各宗派が漸次参加している。

このように明治一〇年代の養育院と仏教者の接点は教誨だったが、福田会施餓鬼実施から一年後、福田会の僧侶が出張し、養育院での施餓鬼が一八九一年六月二〇日に挙行されている。この施餓鬼について報じている『浄土教報』によれば、養育院創立当時から死亡した者は三五一四名を数え、身寄りの無い彼らを追弔する者がいないことを嘆いた瓜生岩子《うりゅういわこ》（一八二九〜九七）が福田会に施餓鬼法施があることを聞き、同会へ依頼をして行われた法会だったという(42)。

瓜生は戊辰戦争の際には傷病兵・窮民の看護を行い、福島に救育所を設立した女性社会事業家として知られ、一八九一年三月、当時六三歳の彼女は養育院の幼童世話係長に任命され上京していた。同年五月には日頃の救貧活動と飴カスを利用したパンを開発するなどの功績に対して皇后より令旨を賜るなど(43)、救済事業の実績と知名度を兼ねた女性であった。その瓜生からの声かけに対し、福田会から真言宗の高志大了《たかしだいりょう》や浄土宗の神谷大周《かみやだいしゅう》などの僧侶が出動し、施餓鬼会と法話の後、さらには若干円の寄付を行い、財法二施の功徳を施したのであった。

過去に尼僧を志していたこともあって瓜生は仏教に篤く、一八七〇年には戊辰戦争戦死者に対し施餓鬼を行い、賞賜を受けていた(44)。その瓜生が福田会での施餓鬼が開始された翌年に養育院に勤務したというタイミングの良さも相まって、福田会から養育院へと施餓鬼が伝わり、以後定着していく(45)。

福田会で導入され、やがて公的施設の養育院でも行われるようになった施餓鬼の背景には、「恵愛部」や瓜生など女性の働きかけによる力が存在していた(46)。また、真宗はすでに教誨という形で養育院と関わっていたが、真宗以外の教団が公共事業に参入する契機として施餓鬼の儀礼は強力な後ろ盾となったのである。同時に、施餓鬼を通じて、施設の子どもたちに仏教儀礼の身体性が伝わり、合掌などの「慣習」を形成したことが予想される。

第三節　明治の震災と施餓鬼

瓜生岩子は、女性初の藍綬褒章を受章した翌年の一八九七（明治三〇）年四月一九日に亡くなる。養育院を去ってから亡くなる間に彼女は二つの自然災害に遭遇し、被災地慰問などの救済活動を行っていた。それらは一八九一年一〇月二八日に発生した濃尾地震と一八九六年六月一五日の三陸地震津波であり、これらの自然災害もまた、施餓鬼が催される機会となった。

第一項　濃尾地震

濃尾地震は、岐阜県本巣郡の根尾谷を震源とし発生したマグニチュード八・〇の内陸型直下地震である。岐阜・愛知を中心に、北陸・関西の広い地域に被害をもたらした。死者数は七〇〇〇人を超えたとされる。濃尾地震と仏教者の役割について注目した先行研究としては、羽賀祥二[47]と佐々木大樹[48]の論考が挙げられる。まず、これらの研究から施餓鬼に関する事項を参照しつつ、特徴を分析したい。

羽賀は、一八九一（明治二四）年一一月の岐阜・愛知両県下での犠牲者追悼行事を『岐阜日日新聞』『新愛知』『扶桑新聞』の記事から抽出して表にまとめており[49]、計五二件の犠牲者追悼行事のうち「施餓鬼」を含むものは一三件を数える。ここで羽賀は、『岐阜日日新聞』紙上に岐阜市の豊川大楽院が大施餓鬼会を行う予告と死亡者の戒名・俗名を寺に知らせるようにと広告したことや、臨済宗妙心寺派が大垣と岐阜で震災亡霊供養施餓鬼を行う際に死者の戒名または俗名を知らせれば供養する、という旨の広告を掲載した事例に注目している[50]。つまり、震災後通常の葬儀ができない状況下においては、新聞広告を掲載することによって多くの犠牲者の追悼が可能になっていたと考えられ、メディアの発達と施餓鬼儀礼が結びついた事例と言える。

一方、佐々木は、濃尾地震後の仏教僧侶の動向に関して、仏教系雑誌の記事を一年分整理し、『明教新誌』から仏教宗派全体の動きを、『伝燈』『同学』『密厳教報』から真言宗の動向を検討している。そのなかで、震災後全国で実施された追悼法会に関して、誌上からは読み取れないとしつつも、「全体的には「施餓鬼会」がよく行われたようである」[51]と推測している。この点について補足すれば、佐々木が使用した雑誌以外にも、天台宗の機関誌『四明余霞』に掲載されている「震災横死者追弔会彙報」[52]内に、兵庫県天台宗宗務所にて大施餓鬼、滋賀県興隆寺で光明供大施餓鬼を修行し救恤義捐浄財若干円を愛知・岐阜の両県下に寄贈、岡山県円乗院で大施餓鬼と慈善演説、京都市東山真如堂にて中学林生徒が総出で大施餓鬼会を修行したことが報じられている。

濃尾地震後の施餓鬼を含めた追悼儀礼の特徴は、羽賀が言及し、佐々木の研究そのものが示しているように、新聞・雑誌を通じた広告と報道により被害の状況が伝わり、全国で儀礼が行われたという点が挙げられる。また、もう一つ注目すべきは、内地雑居解禁を控え、キリスト教の拡大を危惧した仏教側が、信仰を醸成するための仏教演説と震災追弔法会を同時開催しているという羽賀の指摘である。

さらに付言すれば、当時の新聞の追弔法会の記事には、法会の執行と同時に仏教演説会を開催している例を確認できる。これは地震後の人心が不安定のなかでキリスト教団体の活動が活発となり、人々に信仰が浸透していくのではないかという危機感が仏教側に存在していたためと考えられる。一八九〇年代に入ると、条約改正による内地雑居の問題（居留地外でのキリスト教の布教活動の自由）とも関連して、キリスト教と仏教との対抗・紛争は拡大しつつあったことも考慮しなければならないだろう。

（羽賀祥二「一八九一年濃尾震災と死者追悼——供養塔・記念碑・紀念堂の建立をめぐって」〈『名古屋大学文学部研究論集　史学』四五号、一九九九年〉、二七六頁）

この追悼儀礼と仏教演説をセットで開催する事例として、東京府下の曹洞宗寺院が、「岐阜・愛知震災救助仏教演説会大施餓鬼」の広告を掲載している。(53) こうした施餓鬼では、以後の事例でも出てくるように、演説が好んで行われた。これは、儀礼実践のみに不安を感じた仏教界が、言葉によって「信仰」を醸成しようとした動向でもある。

第二項　三陸地震津波

三陸地震津波は、一八九六（明治二九）年六月一五日に東北地方の太平洋側で午後七時半過ぎの地震から約三〇分後に発生し、死者行方不明者は二万人以上とされる自然災害となった。

この災害後の施餓鬼についても、全国各地での事例が見られる。『通俗仏教新聞』掲載の「各宗の三陸海嘯被害者救恤及び追吊法会」(54) によれば、天台宗・曹洞宗・臨済宗が施餓鬼を実施する予定であり、曹洞宗では施餓鬼の際に檀信徒から義捐金を募集している。一方、真宗については、演説会と火葬事業の補助、布教師の派遣など、仏教儀礼以外の活動を行っている点も注目される。

なお、特徴として指摘できることは、津波であったため施餓鬼の一形態である「川施餓鬼」が頻繁に行われたという点である。真言宗では、一八九六年七月一八日に日本橋区新高野山にて隅田川上流大追吊川施餓鬼会を修行。(55) 翌一九日には、埼玉県の曹洞宗第三教区寺院が連合して荒川にて川施餓鬼を修行し、義捐金を通俗仏教新聞社に委託している。(56) また、府下の浄土宗寺院は七月二五日に隅田川で三陸津波横死者のための川施餓鬼を行った。(57) このように、隅田川、荒川などの河川で各宗が川施餓鬼を実施している。

施餓鬼の実施と義捐金の募集は濃尾地震でも見られたが、最後に三陸地震津波後の法会として施餓鬼を含む多数の法会を開催した事例を紹介し、相違点に言及したい。

現在の横浜市小机にある曹洞宗寺院雲松院では、天蓋新調に伴い、一八九六年一〇月二四、二五日の二日間にわたり、三陸地震津波と各地方水害溺死者および一八九四、九五年の日清戦争で戦死病没した諸群霊を祭るという法会を開催した。[58] この法会は天蓋供養としての楞厳行道、追弔のための歎仏会、三帰戒授与、戦死者・溺死者への大施餓鬼という四つの法要と、それぞれの合間には在家居士と従軍布教師・渡辺洞水による演説が挟まれる大規模かつ複合的な法会となっている。

濃尾地震後にも施餓鬼会と演説の組み合わせは存在していたが、三陸地震津波後には法会の大規模化が進み、「従軍僧」による演説が含まれていることが相違点と言えよう。

第四節　日清・日露戦争と施餓鬼

前節の最後で注目した従軍僧の活動に関連して、本節では日清・日露という二つの対外戦争時の事例を通して、戦争と施餓鬼について検討してみたい。資料は前節にも登場し、両戦争の期間にまたがる一八九四（明治二七）年二月創刊の週刊雑誌『通俗仏教新聞』（以下、『通俗』）を主として用いる。なお、同様の手法として、日清・日露戦争期の仏教界の戦死者追悼・慰霊に関して『浄土教報』や『宗報』を用いて分析を行った白川哲夫の研究が挙げられる。白川は、仏教界の「戦死者追弔行事」が「靖国の論理」や「国家神道」に従属した副次的なものとされていることに問いを投げかけ、仏教者の説く戦争の理論や、「戦死者追弔」に対する教団の考えを検討している。[59] 本節では戦死者追悼・慰霊形式の一つとも言える施餓鬼に限定し、両戦争時の比較、検証を行いたい。

第一項　日清戦争

一八九四（明治二七）年八月一日の宣戦布告から二週間後、八月一五日の『通俗』二八号では「祈禱及び恤兵祈禱する各地の通信」として全国各地の戦捷祈禱や戦死者追悼法会の様子が報告されている。この項目は同年一〇月

表3　『通俗仏教新聞』記載一八九五年の戦死者追悼法会

	日程	場所	宗派	寺院名	法会の内容	『通俗』出典
1	四月一五日～二六日	京都	浄土宗西山派	光明寺	①派祖西山国師六百五十回忌大法会（一五日～一九日） ②宗祖円光大師御忌大法会（一九日～二五日） ③桓武天皇遷都記念大法会（二一日～二二日） ④日清戦争皇国戦死者追弔大施餓鬼（二六日）	五八号、三月一三日、一二頁
2	三月二四日	東京府堀の内	日蓮宗	妙法寺	遠征海陸軍隊戦死者追弔大法会 ①午前：音楽大施餓鬼大法会　②午後：演説	六〇号、三月二七日、一四頁
3	三月二三日	東京府大久保	曹洞宗	永福寺	北野元峰（青松寺住職）導師にて正午より征清戦死者の追弔会 ①祝国諷経　②大施餓鬼	
4	四月一五日	神奈川	曹洞宗	本覚寺	啓建（授戒会の初日）の日 ①大般若経転読祈禱 ②大施餓鬼会	六二号、四月一〇日、一二～一三頁 六四号、四月二四日、一五頁
5	四月八日～一四日	京都	臨済宗	妙心寺	京都での第四回内国勧業博覧会（四月一日～七月三一日）開催と平安京遷都記念祭に際し、全国の末寺及び信徒を集め、宝物展覧及び戒脈の授与式 ①釈尊降誕の大法会（八日） ②戒脈授与式（九日） ③花園太上法皇の御宿諱（一〇日）	六三号、四月一七日、一二～一三頁

					④法皇の御半斎と開山寒山国師の宿忌（一一日） ⑤開山国師半斎（一二日） ⑥桓武天皇遷都記念大法会（一三日） ⑦皇軍戦死者追吊大施餓鬼並びに放生会（一四日）	
6	六月八日	川崎	真言宗	平間寺	征清軍戦死病死者追悼のため、大施餓鬼奏楽大法会	七〇号、六月五日、一一頁
7	九月四日	品川湾	天台宗		導師：天台宗上野浄名院妙運律師 河野広中夫人・関子の願で戦死者病没者其他溺死者のために大施餓鬼会	八四号、九月一一日、一一頁
8	一〇月一五日	東京府麻布	曹洞宗	曹洞宗大学林	午後一時より護法会及び戦死者病没者のため大施餓鬼を修行 出勤の僧侶は両本山執事役員と同林及び中学林生徒、府下随喜の寺院等二百余名 参詣には岩倉公爵、久我公爵の代香をはじめ紳士軍人等五百余名が参加	八九号、一〇月一六日、一四頁

表4　荏原郡戦死者追吊大法会の焼香順・法式

焼香順	宗派	導師	法式
1	天　台	清香郎水	法華三昧
2	真　言	古川亮如	理趣三昧
3	浄　土	神谷大周	三部経訓読
4	臨　済	秋庭圭窓	大施餓鬼
5	曹　洞	山本探嶺	大施餓鬼
6	時　宗	小林仏眼	大施餓鬼
7	真宗両派	平松理英	起立散花
8	黄　檗	奥田墨汁	大施餓鬼

『通俗』88号、1895年10月9日、12頁より筆者作成

一七日の三七号において四二カ所が報告されたのをピークに、一一月七日の四〇号で最後となっており、戦捷祈禱は開戦から二、三カ月後に頻繁に行われていたことが分かる。施餓鬼については開戦翌年の一八九五年から出現し、同年の『通俗』には表3のように天台宗・真言宗・浄土宗西山派・臨済宗・曹洞宗・日蓮宗の六宗派、計八カ所の施餓鬼記事が見られる。

なお、京都では光明寺や妙心寺のように、平安遷都一千百年祭と第四回内国勧業博覧会に合わせた法会と施餓鬼を同時に執行している（表3-1・5）。また、妙法寺「音楽大施餓鬼大法会」（表3-2）、平間寺「大

施餓鬼奏楽大法会」（表3‐6）など奏楽を重視した施餓鬼会も実施されており、儀礼の多様化も注目される。

前節の最後に三陸地震津波（一八九六年）後の法会の大規模化を事例として挙げたが、表3からは日清戦争開戦後から大規模化が一層進んできたことが理解できる。

ここではさらに、八宗合同で行われた東京府荏原郡での戦死者追吊大法会を検討してみたい。一八九五年一〇月六日に挙行されたこの法会は、御殿山を会場とし、僧侶三百余名、遺族とその親族、近隣小学校の教員・生徒など合わせて五〇〇〇名が参加した大規模な法会であった。郡長による祭文朗読と焼香後、前頁の表4のような順序で各宗僧侶が焼香し、一斉にそれぞれの法式が始まったという。なお、施餓鬼を実施した宗派は、臨済・曹洞・黄檗の禅宗各宗と時宗であり、各宗異なる法会が実施され、一体感は希薄になる傾向が見られる。式が終わると、戦死病没者の遺族二二名の焼香、僧侶の弔辞と従軍僧・平松理英による演説があり、五〇〇〇人余りの老若男女が涙を流したという。

平松のように従軍僧が追弔法会に参加し演説を行うケースは一八九五年六月頃より見られ[60]、聴衆の心を動かしたとされる記述が多い。戦地に赴いた僧侶による演説は実体験を伴うものであり、これまで以上に迫力のある内容だったと思われる。

第二項　日露戦争

日露戦争時の施餓鬼も日清戦争時と同様に、一九〇四（明治三七）年四月の開戦直後は、全国各地で戦捷祈禱や法会と同時に実施される事例が見られる。構造は相似しているため、表5に曹洞宗寺院において行われた施餓鬼を含む法会をまとめるにとどめる。

これらの事例は、一宗を中心とする法会である。他方、日清戦争時の「荏原郡戦死者追弔大法会」のように、各宗合同で行われた戦死者追悼法会についてはどのような変化が見られるだろうか。在家仏教運動家・田中舎身《たなかしゃしん》（一八六二～一九三四）を中心に設立された東亜仏教会が企画した各宗合同の戦死者大追弔を事例として取り上げる。田中は、自著『憂国之涙』において各宗合同布教の必要性を訴えていた(61)。そのような考えのもと、日露戦争戦死者のため千僧供養を立案し、各宗の協賛を得て、各宗合同の戦死者大追弔が一九〇四年一〇月九日午後一二時より

表5　『通俗』掲載日露戦争時の曹洞宗寺院における法会

	日程	場所	寺院名	法会の内容	『通俗』出典
1	一九〇四年三月一日～三日	島根県	太平寺	大般若転読、戦捷祈禱、守護札授与、大施餓鬼	四九六号、一九〇四年三月三〇日、一四頁
2	一九〇四年四月二三日～二四日	福島県	明眼院	江湖会、法戦式、施餓鬼、戦勝祈禱、大般若転読	五〇一号、一九〇四年五月四日、一五頁
3	一九〇四年四月一四日～一五日	長野県	瑞光院	戦捷祈禱、守護札授与、大施餓鬼	五〇四号、一九〇四年五月二五日、一五頁
4	一九〇四年五月一二日～一六日	岐阜県	雲龍寺	戦捷祈禱、大般若転読、流地蔵、大施餓鬼	五〇八号、一九〇四年六月二二日、一五頁
5	一九〇四年一〇月一四日～一九日	島根県	聖徳寺	戦捷祈禱、大般若転読、大施餓鬼	五三二号、一九〇四年一二月七日、一四頁
6	一九〇四年一一月八日	山形県	長林寺	授戒会、川施餓鬼（最上川）	五三五号、一九〇四年一二月二八日、一二頁
7	一九〇五年一月二一日	東京都	青松寺	祝禱祈禱、大施餓鬼、演説（大内青巒）	五三九号、一九〇五年一月二五日、一三頁
8	一九〇五年八月二三日～二五日	福島県	天沢寺	大般若転読、大法会施食法、歎仏会	五七一号、一九〇五年九月六日、一一頁

隅田川で実施された。協賛者の所属する宗派は、天台宗・高野山真言宗・真言宗智山派・真言宗豊山派・曹洞宗・臨済宗円覚寺派・臨済宗妙心寺派・浄土宗・西山浄土宗・浄土真宗本願寺派・真宗大谷派・日蓮宗・時宗・黄檗宗の一四宗派を数えた。なお、『通俗』の記事には一六条の摘要が示されており、この法会の趣旨が理解できる。

一　追吊は陣没者の神霊を慰すべき有一の美挙なること。
一　追吊は陣没者の忠魂に感謝する絶大の情操なること。
一　追吊は世間の祝捷会に於ける裡面的精神の発動なること。
一　追吊は陣没者に対する国民永久の紀念なること。
一　陣没者に対する同情と傷病者に対する同情と毫も別異なきこと。
一　怨親平等の大悲は仏教の本領にして、皇上の聖意なれば併せて敵国陣没者の神霊をも吊慰すること。
一　此大追吊を帝国首府に於て挙行するは頗る其の体を得たること。
一　各地方は率先して此責務を尽すは実に東京市民の面目なること。
一　此追吊は各宗派の協賛により一宗一派に偏せず執行すること。
一　此千僧大供養は同胞国民の熱誠なる同情により多数の参拝者を出すべければ頗る広大の応所を要す陸上にては該当の場所なきを以て茲に川供養と決定せしこと。
一　川供養は隅田川筋大橋東側深川区西元町場先共同物揚場より乗船し、読経を為しつゝ、吾妻橋に到り、更に舵を転じて両国橋の川上字代地河岸の正面に船を停め、本供養の式を行ふこと。
一　戦死者遺族並に有志施主及び来賓参拝の式場は本供養式場の正面なる浅草区下平右衛門町、同新片町、同旅籠町地先、代地河岸の埋地を以てこれに充つること。
一　追弔執行の期日は十月九日（日曜日）正后十二時より、雨天順延のこと。
但し当日執行の相図は午前八時煙火三本揚ぐること。
一　寄付物品にして当日剰余を生じたるときは直ちに恤兵部に寄送すること。
一　本会は此の川供養当日より心力を注ぎ陣没者の一大忠魂紀念物を建造すること。
一　東亜仏教会三河支部の寄贈に係る供養煙火の種類左に（以下花火の種類の記載）
（『通俗』五二三号、一九〇四年一〇月五日、一四頁。傍線筆者）

摘要によれば、供養の方法は「川供養」と示されている。しかし、『読売新聞』では「両国の川施餓鬼」と紹介されており[62]、この法会は民衆の間では「川施餓鬼」と認識されていたと思われる。供養は一宗一派に偏らず執行することが示され、具体的には僧侶が船中で読経し、花火を打ち上げるというものであった。注目すべきは、「怨親平等の大悲は仏教の本領にして、皇上の聖意なれば併せて敵国陣没者の神霊をも吊慰すること」と、敵国の陣没者も供養の対象に含めていることである。

日露戦争期に「怨親平等」の論理が追弔儀礼に用いられるようになった点は白川も指摘しているが[63]、本節での最後に、敵国とされるロシア人捕虜が施主となった施餓鬼について言及し、「怨親平等」の論理を再検討する。

一九〇五年の『通俗』には、「ネボガトフ提督の仏式法要」と題した記事が掲載されている[64]。内容は京都智積院に収容中の露国第二艦隊の提督ネボガトフ将軍が大施主となり、同年八月一五日に同地の妙法院において仏教式の海戦死者大追吊法会を執行したというものである。導師を天台宗の村田寂順《むらたじやくじゆん》（一八三八～一九〇五）が勤め、法要の内容は四智讃、対揚、法則、錫杖、十方念仏、導師の呪願、および行道散華を行ったのち、智積院住職の焼香、これに倣う形でネボガトフ提督と俘虜将校の焼香があり、式事を終了した。『四明余霞』によれば、僧侶一二名による光明供施餓鬼であり、俘虜を含む約六〇名が参加している。(65)

この法会について地元の新聞である『京都新聞』では、

俘虜中しかも提督が自ら施主となり部下陣没将卒の為に追善法要を営むは今回を以て嚆矢となすべしと而して当日村田導師の仏前に於て奉読する祈禱追弔文は之を露文に訳してネ提督に交付し提督は之を本国に送付する筈なりと

(「俘虜将校の追弔大法要」『京都新聞』一九〇五年八月一五日、二頁)

と俘虜でかつ提督自らが施主となる法要は史上初と報じている。また、『京都日出新聞』(現・京都新聞)では法会に至る経緯を紹介しており、それによれば、ネボガトフ提督は日本の国情や仏教について研究しているなかで盂蘭盆会の存在を知り、敬慕の念からキリスト教式ではなく仏教式のロシア海戦死者の追弔会を依頼し、施餓鬼が行われたとのことである。(66)

外国人が施主である点のみならず、ロシアにも送付されたとされる村田寂順による呪願文の内容も興味深い。その全文が、前掲の『四明余霞』と八月一六日付『京都日出新聞』の第一面に掲載されている。

露西亜帝国禰母加登布提督、大施主、為戦没者、冥福祈禱会呪願文、

虔惟、心即是仏々即是心円頓妙旨、寂而常照々而常寂止観極意元是無生死何所有迷悟、方今、有露西亜帝国禰

母加登布提督、発慈悲抜済之大願、介湯浅陸軍少佐、懇請戦没者離苦得脱祈禱会執行於宿院門主、々々欣諾其旨、時恰以当盂蘭盆会、乃恭飾摩尼灌頂之壇、敬修廻願懇禱其旨趣何者夫、摩尼光赫々消五逆重罪宿業、錫杖声鏗々覚六趣長夜酔眠也、顧惟昨年二月自日露両国啓釁交兵以来彼我士民報告尽哀同一将校士卒忠戦死没者数万人、而其於日本海々戦両国戦死者亦不下数千人、誰有不痛悼而哀惜者乎哉、是則、所以禰母加登布提督、開設慈悲抜済盛会祈禱、忠戦死没将士之冥福也、熟案基督教聖書、曰敵爾者愛之、詛爾者祝之、虐遇汝者為之祈禱、如是則可為爾父在天者之子升其日於善者不善者之上、降其雨於義者不義者之上矣、於是対照諸於我釈尊所説、法華経曰、今此三界皆是我有、其中衆生悉是吾子、云云由是観之、立教雖異所帰則一、至其怨親平等自他不二極旨渾然融会、寔是不可思議之妙法門哉、況復今所修光明真言者、直至道場儀軌転凡入聖玄門、嗚呼、三障四魔競起、非総持之利剣何能斬之、五陰六賊翳動、非神呪之楯戟焉克破之、然則戦没之霊魂証三密五智之本覚、開本有之心蓮、入六趣四生之旧都、救無縁之群生、仰願酬此切徳余薫、講話協商円満無碍、各適其意、玉帛交通斉盟再尋、永善其隣、観夫池中薫蓮華闡示本有性色、峰上響松籟、遙伝温雅琴瑟景光自然、感応胡爽、祈願旨切、啓文詞疎、三宝悉知、天神洞鑑玉へ

維持明治卅八年八月十五日

大日本帝国天台宗妙法院門跡　大僧正　村田寂順敬白

（『京都日出新聞』一九〇五年八月一六日、一頁、および『四明余霞』二二〇号、一九〇五年八月、一〇～一一頁。傍線筆者）

聖書と経典を引用しつつ、怨親平等について言及している。具体的には、『マタイによる福音書』五章四四節・

四五節と『法華経』を対比し、「異なる宗教といえども帰する所は同一であり、怨親平等と自他不二が融合しており不可思議なことである」と述べ、キリスト教と仏教の教典から「すべてのものを救う」という共通認識があると例示している。国、宗教の異なる敵味方両者を弔うという呪願文からは、施主のネボガトフ提督が日露両国の戦死者の供養を願ったことが反映されたと考えられる。村田導師による呪願文の朗読中、各将校は水に打たれたかの如く謹聴し、ネボガトフ提督は終始伏し目になり感慨に耽ったという様子が『京都新聞』で報じられており(67)、言葉を超え、参加者が哀悼している様子が想像できよう。

この他、一八七八年九月に滋賀県の三井寺に建立された西南戦争戦死者の記念碑に関する式典に、ロシアのシタケルベルグ将軍と属官数名が参加したことが報道されている(68)。しかし、日露戦争の「敵国」となったロシア人が施主となり敵味方供養を行ったという事例は、その特殊性にもかかわらず、触れられることが少ない(69)。この理由について井上哲次《いのうえてつじ》郎《ろう》（一八五五～一九四四）が日清・日露戦争の勝利の要因を比較し、『通俗』に投稿した「時局雑感」を参考に考察する。

> 清国は日本に十倍する程の大国である。それに日本が打勝つことの出来たと云ふのは、全く日本が西洋の文明を輸入して居つたからの事で、是が唯一の原因である。斯う云ふ結論を来したと云ふのも、強ち無理ではないのであります。所が日露戦争となりましては、さう云ふ事では十分解釈が付かないのであります。……西洋の文明を輸入した事の外に、一つ日本固有の長所がある、即ち日本国民の精神上に、一種の長所があつて存して居る、斯う云ふ事が明瞭になつて来ました。其の長所は或は大和魂と云ふものもあり、或は武士道と云ふものあり、或は忠君愛国の精神と云ふものもあり、其他或は祖先崇拝と云ひ、或は忠孝一本と云ひ、種々様々に云

ひますけれども、それが果して何であると云ふことは暫く措て、兎に角日本の従来の文明に、一の捨つべからざる原素がある、斯う云ふ事が証明されたる以上は、斯る長所は今後無くなしてはならぬ、無くなしてはならぬのみならず、益々教育上養成して行かなければならぬ、斯う云ふ事が明かになつて来たのであります。

（井上哲次郎「時局雑感」『通俗』五七八号、一九〇五年一〇月二五日、五頁）

井上は日清戦争勝利の要因を西洋文明の導入とした一方、日露戦争については解釈が難しいとしている。要因として挙げるならば、「大和魂」「武士道」「忠君愛国の精神」「祖先崇拝」「忠孝一本」といった日本固有の長所のおかげであると井上は推測し、それらを養成すべきと主張した。敵にまで慈悲を向けるという日本の美徳を賞賛し、国として優れていることの証明としての「敵味方供養」も、井上の言う「長所」と同様の性質を持つものであった。しかしながら、村田の呪願文からも分かるように、ロシア人を施主とする施餓鬼は、キリスト教と仏教の共通性を強調しており、ナショナリズム的な個別性よりも、普遍主義的な価値を志向する性格を持っていた。それゆえ、日本の優位性を誇張する社会的風潮のもとでは、大きな注目を集めることにはならなかったと思われる。しかし、施餓鬼の所作や雰囲気は、言葉が通じなくとも、ロシア人の参加者が涙を流すほどの力を秘めており、仏教儀礼の観点からも注目すべき事例である。

第五節　鉄道・動物——場所と対象の拡張

これまで本章で扱った事例では施餓鬼の開催場所は寺院や川である場合が多く、供養の対象は人間が中心であった。本節では『読売新聞』と『朝日新聞』の記事を中心に、近代における施餓鬼の場所および供養対象の拡張に注目し、鉄道と動物に関する施餓鬼の事例を検証する。

第一項　鉄道と施餓鬼

一八七二（明治五）年六月、新橋―横浜間に開通した鉄道は、近代日本を象徴する交通機関である。鉄道と宗教の関係については、初詣を題材とした平山昇の研究[70]などが挙げられる。平山は仏教寺院に関して、成田山（新勝寺）や川崎大師（平間寺）を事例に鉄道普及後の変化を扱っている。初詣のような巡拝のみならず、仏教儀礼である施餓鬼も鉄道との関連性が高い。

埼玉県北葛飾郡高野村（現・同県北葛飾郡杉戸町）の真言宗豊山派永福寺の施餓鬼は、一三九二（明徳三）年七月二三日に初めて行われたとされ、「どじょう施餓鬼」とも呼ばれる関東三大施餓鬼の一つである。[71]東武鉄道開通後は、同施餓鬼に際し臨時列車の運行と割引切符の発売がなされている。一九〇〇（明治三三）年の『読売新聞』には、「東武鉄道株式会社の繁昌」という見出しのもと、臨時列車と割引切符を発売した旨が報道されている。

一昨日は陰暦七月廿二日に相当したれば埼玉県北葛飾郡高野村龍燈山永福寺に大施餓鬼を執行したれば同鉄道会社よりは臨時列車に割引切符を発売し其便によりて境内は参詣人に非常の雑沓を極めしとぞ

（『読売新聞』一九〇〇年八月一九日、四頁）

同紙には以降も、永福寺施餓鬼の際に東武鉄道が運賃割引するという旨が記されている。[72]また、千葉県下総布田薬王寺での施餓鬼に際しても、総武鉄道と房総鉄道が運賃を三割引したという。(73)有名寺院の開帳や彼岸会の際に臨時列車を運行し、運賃を割引する例は散在しており、施餓鬼特有の事例とは言い難いものの、鉄道会社が伝統ある施餓鬼行事の人気を見込み、収益増加の措置を講じたことは注目に値する。

一方、鉄道と施餓鬼のもう一つの関係性として、鉄道事故の被害者に対しての施餓鬼も行われている。一八八三年には、池上本門寺にて四月二二日から二八日までの七日間、鉄道事故者の追善として施餓鬼を修行するという記事が掲載されており、(74)これは鉄道開業から一〇年を経て、鉄道事故死による死者を弔うために寺院で執行された施餓鬼となっている。また、駅構内でも施餓鬼が実施されており、潮入のドック構内での施餓鬼は「汽車施餓鬼」と呼ばれた。

●汽車施餓鬼
施餓鬼は昔し《(ママ)》から川でするものと判で押したやうに極《きま》つて居たものを世に連れて今は汽車施餓鬼といふものを見るに至れり。吉原遊郭にては毎年十月日本堤の道哲にて廓内横死者の亡霊を祭るより思ひつきしものか南千住字小塚原の法華庵主は年一年鉄道轢死を遂ぐるもの多くなりしも誰一人其跡を弔はんとするものなければ其霊魂を慰めんと思ひ立ち同所南組の日慶寺、誓願寺、回向院及び通新町の公春院、真正寺等の住職と協議の上来八月十八日（旧盆）日本鉄道会社の隅田線の止りたる潮入のドツク構内を式場となし上野水戸間の鉄道列車にて汽車施餓鬼を執行する事に決し目下日本鉄道会社と交渉中なるが同会社も賛成の由なれば多分纏まるべしといふ

（『東京朝日新聞』一八九九年七月二三日、四頁）

この記事からは、川施餓鬼が定番であったが、時代に合わせて施餓鬼が拡張している様子が分かる。ほかにも四谷停留場では、芝増上寺の住職が導師となり施餓鬼が執行されている。(75)

鉄道の発展は徒歩による巡礼に比して寺社参拝を容易にし、柳田国男の言う「汽車が通じたから出てきたという人」(76)を大量に創出した。その実例として伝統的な施餓鬼が修せられる際には、鉄道会社が運行本数の増加、運賃割引を行っている。このように鉄道の普及は利便性や新たな巡礼形態を生み出した一方で、汽車による事故死も増加させた。汽車が開通すると「深夜、狸が汽車の音をまねて鉄道の上を走る」(77)と噂した当時の人々にとって、轢死は、現代にもまして、想像できない痛みを伴う悲惨な死であり、施餓鬼によって報われない死者を弔ったのだろう。

第二項　動物と施餓鬼

内藤理恵子は、中国撰述の『梵網経《ぼんもうきょう》』第四十五軽戒にもとづき、動物（畜生）供養は放生会《ほうじょうえ》などの形で古代から行われてきた、と述べた上で、飼い主と多様な関係を築き家族化したペット供養との相違点を検討している。(78)そのなかで、一八八〇（明治一三）年に僧侶が犬に対して読経・埋葬を行ったことに対して「変わりものである」と『読売新聞』に書かれた点を指摘した、佐藤千尋の説(79)を紹介している。内藤はバブル期にペットが畜生から「人間化」したと推測しており、(80)その頃よりペット供養には戒名の授与などの変化が見られると具体例を示している。近代では家畜への施餓鬼を通じてペット供養への兆しを見ることができる。その事例として本項では、近代における西信寺の家畜施餓鬼の導入と発展を考察する。

近代における動物に対する施餓鬼としては、大正前期までは肉食に伴う屠殺にまつわるものが多い。(81)例えば、一八八〇年の『朝日新聞』には、川口居留地の牛肉屋が牛供養のため尼僧五〇人を招き施餓鬼を施行、一九一三（大正二）年の『読売新聞』には、日蓮宗承教寺にて大崎中央屠殺場職員の申し合わせにより施餓鬼を執行、[82]と報道されている。

これらは肉食への移行という近代の要素から行われた施餓鬼であるが、食物への供養という前近代の性質も併せ持つ。他方、近代特有とされる軍馬祭祀と合同で行われた家畜施餓鬼のなかに、今日のペット供養にまでつながる徴候が見られることは特筆すべきである。

一九一〇年四月一七日に小石川大塚の浄土宗寺院西信寺において、家畜のための法会が執行された。同法会は日露戦争で病没病死した軍馬の七回忌と、都下の各屠殺場で葬られた家畜への施餓鬼を兼修した法会であり、増上寺貫首の堀尾《ほりお》貫務《かんむ》（一八二八〜一九一二）も役僧一〇〇名とともに看経するなど盛大な会となった。[83]なお、戦没軍馬祭祀の性格については松崎圭の論考があり、戦時中、国家戦略上兵士と同じく重要視された軍馬の祭祀は政治的意図があると指摘している。[84]西信寺の法会でも軍馬＝七回忌、家畜＝施餓鬼と区別している点が興味深い。

この法会を行った西信寺は、現在もペット供養を行うことで有名である。動物供養拡大の要因として、一九〇九年六月に当時の住職・中村広道が近隣寺院と協力し、東京家畜埋葬株式会社を設立したことが挙げられる。[85]設立後は犬や猫の死骸が多かったこともあり、翌年には月平均六〇〇から一〇〇〇頭の埋葬申し込みがあったという。[86]それまで過去帳に記してある犬猫の死亡数は二億頭を数えていたため、軍馬祭祀を兼ね施餓鬼法会を行ったのであった。

以後も家畜施餓鬼は継続して行われており、一九二三（大正一二）年に中村を導師として執行された施餓鬼を紹介する『読売新聞』の記事では、東伏見宮・竹田宮・久邇宮の各宮家、徳川侯・前田侯・大隈侯や実業家の愛犬、愛猫が埋葬されていることが記されている。[87]ここではさらに、「春秋二回彼岸の中日を命日として愛犬・愛猫から、のたれ死にした動物まで上下貴賤の別なく畜類を供養する」という同寺の方針が述べられており、この頃には「愛

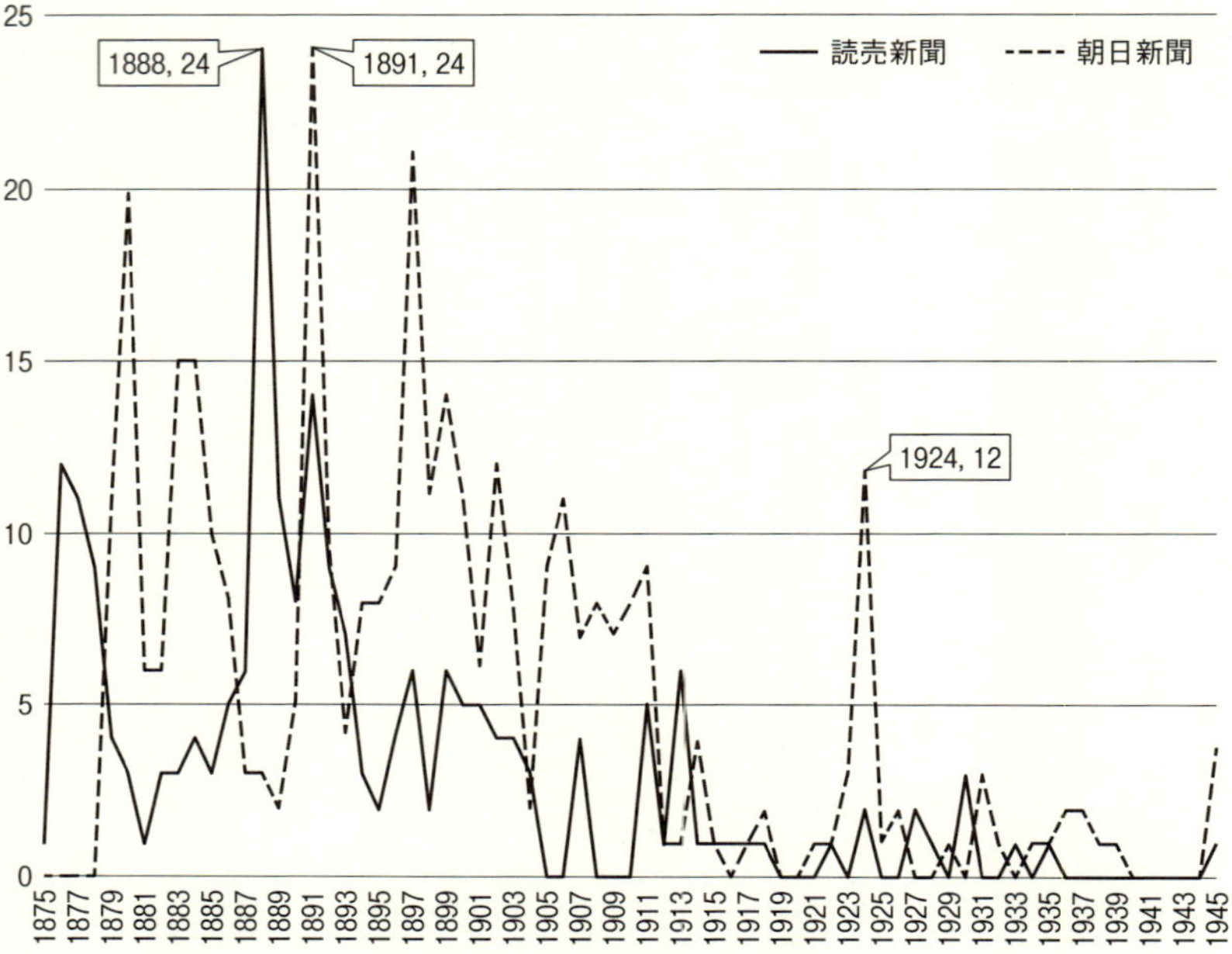

図２　施餓鬼新聞記事数の推移（総数　読売215、朝日358）

犬」「愛猫」に代表されるペット供養としての意味合いが、徐々に強くなっているようである。

おわりに

以上、多様な事例から近代施餓鬼の汎用性を確認してきたが、筆者の感覚では、仏教系雑誌においては明治期以降に施餓鬼記事が減少していく。この傾向は複数の雑誌から読み取れるものであるが、『読売新聞』と『朝日新聞』の報道記事数も参照して、施餓鬼の存在感が減退に向かう全体像を概観しておきたい。図2は『読売新聞』と『朝日新聞』の施餓鬼関連の記事及び広告数の推移を一九四五（昭和二〇）年まで示したものである。(88)

特に記事数が多い年を個別に注目すれば、『朝日新聞』一八八〇（明治一三）年は大阪のコレラ流行、『読売新聞』一八八八年は磐梯山噴火、一八九一年は安政大地震の三十七回忌と濃尾地震に関する施餓鬼が両新聞で報道されている。一八九七年の『朝日新聞』は川施餓鬼の記事が多く、前年の三陸地震津波を受けてのものと考えられる。そして一九二四（大正一三）年は関東大震災後と、流行病・震災のあった年の記事は増加する。一方、全体を通じてみれば、浮き沈みはあるものの、明治・大正の変わり目である一九一二年以降は一九二四年を除き、記事数が減少傾向にある。この点について前節で挙げた平山と松崎の指摘をもとに検討してみたい。

平山は、一九一二年九月の大喪、一九一五年の大正大礼という代替わり儀式、さらにはその間に行われた一九一四年の昭憲皇太后の大喪を挙げ、「神道式の儀式がメディアによる詳細な報道を伴いながら挙行され、神社神道のプレゼンスが高まり続けていく」(89)と述べており、また東京において同地初の求心力のある国家的神社として設立された明治神宮を挙げ、一九二〇年には「寺社」から「社寺」への初詣に移行するようになったと指摘している(90)。

他方、松崎は、一九三一年九月一八日に築地本願寺において陸軍省後援の「軍馬軍犬軍鳩慰霊祭」が神式により実施されて以降、「公的に開催される戦没軍馬祭祀は神式が中心となっていく」(91)と述べており、こちらも仏式から神式への祭礼の移行が言及されている。

このように、「初詣」と「軍馬祭祀」という異なる行事から、仏式から神式への変化が言及されている。ここで、仏教界の儀礼の状況に関する興味深い資料を提示しておく。

一九一九年に『通俗』の主筆・高田道見は、西南、日清・日露の戦役に際し、盛大に追悼法会や祈禱を行っていた仏教界に対して、

日本各宗仏教派の人々は、曽て西南の戦役、日清日露の戦役に対しては屢々盛大なる追悼法会を修行して、念《ねん》

比《ごろ》に其の戦死病没者の諸聖霊に回向したものであつた、又その神社仏閣に於いては其の戦時中に盛大なる戦勝祈禱を修したものであつた。然れども欧洲今次の大戦に対しては全く対岸の火災でも視るが如くにして聯合軍の戦勝を祈つたといふことだに聞かなかつた

〈高田道見〈法王子名義〉「大戦後追悼論」〈『仏教新聞』〔『通俗』の改題〕一二三五号、一九一九年一月一〇日〉、二頁〉

と、連合国の一員であるにもかかわらず、祈禱をしない日本仏教界を批判し、せめて追悼法会はすべきであると主張している。ここでは、第一次世界大戦の時期になると、仏教界が戦争関連の儀礼にあまり積極的ではないという不満が語られている。この要因の一つとして、第四節第一項で示した荏原の法会のような各宗合同法要の内容や法衣が不揃いであったことに対する軍人からの批判が挙げられる。

日露戦争後に湯島の麟祥院にて各宗合同で行った追弔法会に参加した軍人が、記者に以下のような不満を語ったという。

東京本郷区の各宗寺院が聯合して、湯嶋《(ママ)》の麟祥院といふ済家の名刹で、戦死者の大追吊会を修したのである。勿論各宗の共同であるから、祭壇は一箇処に設けたが、さていよ〳〵読経となると、此一祭壇の下で、彼方の一隅には真宗の一団が集りて念仏を唱へ、此方の一隅には日蓮宗の一団が集りて題目を称し、或は加持、或は施餓鬼みなそれ〴〵の分離となり、加ふるに、法衣のあまりに不揃であつたので、折角厳粛に営ませんとせし法式が頗る不体裁を極めたとのことで、余の知友たる某軍人が実感として余に語つたのである

〈記者「思ひつきたる事」〈『通俗』五九二号、一九〇六年一月三一日〉、二頁〉

祭壇は一つであるものの、念仏、題目、加持、または施餓鬼と各宗が異なる儀礼を行い、さらに法衣が不揃いであったため、軍人には不評であった。第四節第二項で扱った東亜仏教会主催の川施餓鬼のような各宗合同儀礼の兆しも見られたが、継続的には行われなかったようである。

確かに、一〇〇〇年以上の歴史を持つ仏式供養の伝統は重い。しかしながら、その伝統があるために各宗はそれぞれの儀礼にこだわり、足並みは揃わず、統一感は失われる。これは国民の統一を図り、「挙国一致」のもと世界進出を掲げる戦時体制の思想に適合しない要素であったと思われる。そのようななか、国民の一体感を醸成する神道儀礼が前面に出ることにより、仏教儀礼の価値は相対的に低下し、施餓鬼に関する一般紙の報道にも反映したと言えるだろう。また、妻帯公許、家族国家観への追随など政府に追従した仏教界の動向に加え、仏教界内部でも僧侶の世襲制浸透に伴い、寺院を「親から子」に継ぐことが重視され、近親を弔う「盂蘭盆会」への比重が高まったという可能性も指摘しておきたい。(92)

本章で見てきたように、近代の施餓鬼は、檀信徒の供養のみならず、様々な場面においてその機能を発揮し、社会情勢に対応しつつ深化・拡張を遂げていった。それはジャーナリズムと結びついて言論の自由の場を提供したり、社会事業のネットワークを創出・拡大させたり、戦争時には従軍僧の演説や敵味方供養に重用されたりもした。さらに鉄道の駅や、愛玩動物の供養など、場所や対象の拡張も見られた。しかし、日清・日露戦争時をピークに、その存在感は徐々に減退していったと見られる。本章ではその要因として、仏教宗派の統一感の欠如、神道儀礼の前面化に伴う一般新聞を含めたメディアの取り扱いの変化、仏教界内部の体制変化などに注目した。明治期には、施餓鬼に積極的に参加するという動向が生まれていたが、徐々に減退していき、現在の施餓鬼は、災害や事件の後に臨時で行われる儀礼から、檀信徒向けの年中行事としての側面が強くなっている。明治期において様々なメディアを通じて檀信徒の枠組みを越えた実践を形成していた施餓鬼は、徐々に檀信徒向けの実践へと縮小していったのである。

註

（1）曹洞宗では一九八八年発行の『昭和修訂曹洞宗行持軌範』にて、悪しき業論・誤解されやすい業観念の訂正として「施餓鬼」から「施食」に呼称変更した。経緯は、櫻井秀雄『昭和修訂曹洞宗行持軌範　どこをどのようになぜ改正したのか』（曹洞宗宗務庁、一九八九年）に詳述されている。

（2）藤井正雄編『仏教儀礼辞典』（東京堂出版、一九七七年）、一一二頁。

（3）坂本要「餓鬼と施餓鬼」（坂本要編『地獄の世界』渓水社、一九九〇年）、七二〇～七二一頁。

（4）原田正俊「五山禅林の仏事法会と中世社会――鎮魂・施餓鬼・祈禱を中心に」（『禅学研究』七七号、一九九九年）。

（5）西山美香「五山禅林の施餓鬼会について――水陸会からの影響」（『駒澤大学禅研究所年報』一七号、二〇〇六年）。

（6）尾崎正善「施餓鬼会に関する一考察（一）――宗門施餓鬼会の変遷過程」（『曹洞宗宗学研究所紀要』八号、一九九四年）。同「施餓鬼会に関する一考察（二）――真言宗との比較を通して」（『印度学仏教学研究』四三巻一号、一九九四年）。同「施餓鬼会に関する一考察（三）――諸仏光明真言灌頂陀羅尼と大宝楼閣善住秘密根本陀羅尼について」（『曹洞宗研究員研究紀要』二六号、一九九五年）。

（7）徳野崇行「近世における禅宗行法書の出版について――施餓鬼・観音懺法を中心に」（『駒澤大学仏教学部研究紀要』七四号、二〇一六年）。

（8）藤井正雄「仏教儀礼の構造比較――とくに通常法要儀礼と盆施餓鬼行事をめぐって」（『祖先祭祀の儀礼構造と民俗』弘文堂、一九九三年）、二一七～二一九頁。

（9）池上良正「宗教学の研究課題としての「施餓鬼」」（『文化』三二号、二〇一四年）。
（10）盂蘭盆と施餓鬼の習合は日本仏教において一つの特徴とされるが、本章は近代の施餓鬼を主題化し、その動態を検証することが目的のため、習合については詳述しない。
（11）池上前掲註（9）「宗教学の研究課題としての「施餓鬼」」、七一頁。
（12）西山前掲註（5）「五山禅林の施餓鬼会について」、三二頁。
（13）駒澤大学内禅学大辞典編纂所編『新版　禅学大辞典』（大修館書店、一九八五年）、五六三・六五一・八〇二頁。
（14）讒謗律は一八七五年六月二八日太政官布告第一一〇号、新聞紙条例は同年同日の太政官布告第一一一号で公布された。『朝野新聞』『郵便報知新聞』『横浜毎日新聞』『読売新聞』などが休刊している。
（15）土屋礼子『大衆紙の源流――明治期小新聞の研究』（世界思想社、二〇〇二年）、一三七頁。
（16）嶺隆『新聞人群像――操觚者たちの闘い』（中央公論新社、二〇〇七年）、六～五一頁。
（17）『明教新誌』三〇八号、一八七六年七月一日、四頁。
（18）楽人の配役は、鞨鼓：乙葉慈厚、太鼓：豊島俊吉、鉦鼓：赤羽光恭、笙：野沢勝任と中橋融次、篳篥：東儀文言と佐野栄、笛：東儀勝寿と高島朗となっている（『読売新聞』一八七六年六月二九日、二頁）。
（19）天台宗には「盂蘭盆施餓鬼」という形式もあり、回向後に伽陀が行われる（藤井前掲註（8）「仏教儀礼の構造比較」、二一四頁）。
（20）『明教新誌』三〇九号、一八七六年七月三日、四頁。
（21）『明教新誌』三〇八号、四頁。『朝野新聞』一八七六年七月一日、二頁。
（22）中山泰昌編『新聞集成明治編年史　3巻』（林泉社、一九三六年）、二五頁。
（23）『読売新聞』一八七六年七月一日、二頁。
（24）『郵便報知新聞』一八七六年六月三〇日、二頁。
（25）『読売新聞』一八七六年六月三〇日、三～四頁。
（26）『読売新聞』一八七六年七月一日、三頁。

(27)『読売新聞』一八七六年七月七日、三頁。
(28) 佐々木隆『メディアと権力』(中公文庫、二〇一三年)、六九頁。
(29) 中山泰昌編『新聞集成明治編年史　5巻』(林泉社、一九三六年)、一九二頁。
(30) 一八七七年三月一七日の三二号より改題。
(31)『かなよみ』八二〇号、一八七八年一一月一五日、三頁。
(32)『かなよみ』八二三号、一八七八年一一月一七日、二頁。
(33)『読売新聞』一八八四年一一月一八日、三頁。
(34)『読売新聞』一八八五年二月八日、二頁。
(35) 江戸時代から明治期まで、負債を支払うことができない者がいた場合、官の宣告と強制執行によってその全財産を提供させ、負債の支払いに充てるよう強制すること。この処分を受けた者は、未払いの負債を全部支払うまで、常人としての種々の権利や資格を失う。また、その未払いの負債を支払う義務は、子孫にまで及んだ。一八九一年旧商法の施行によって廃止。今の破産にあたる。身代切り。
(36)『読売新聞』一八八六年一一月一二日、二頁。
(37) 吉田久一『日本近代仏教社会史研究』(吉川弘文館、一九六四年)、一〇五頁。
(38) 野口武悟ほか「福田会育児院設立初期の規程・組織等の検討」(『専修大学社会科学年報』四五号、二〇一一年)、一四九～一五〇頁。
(39) 池田英俊『明治仏教教会・結社史の研究』(刀水書房、一九九四年)、一九頁。
(40) 野口ほか前掲註(38)「福田会育児院設立初期の規程・組織等の検討」、一四一～一四二頁。
(41) 中里日勝編『福田会沿革略史』(福田会、一九〇九年)、一三二頁。
(42)『浄土教報』七七号、一八九一年七月五日、八頁。
(43)『読売新聞』一八九一年五月八日、二頁。
(44) 吉田前掲註(37)『日本近代仏教社会史研究』、一〇三～一〇四頁。

(45)　瓜生岩子は上京して七カ月後の一八九一年一〇月に帰郷している〈奥寺龍渓『瓜生岩子』〈四恩瓜生会、一九一一年〉、二二八頁〉。以後の養育院施餓鬼は、『読売新聞』一八九二年九月八日、別刷一頁。『通俗仏教新聞』二九号、一八九四年八月二二日、一一頁。同誌八四号、一八九五年九月一一日、一〇〜一一頁。同誌一三九号、一八九六年一〇月二八日、一三頁。『浄土教報』三〇七号、一八九七年一一月二五日、六頁。『読売新聞』一九一三年一〇月一日、三頁。『浄土教報』一六二四号、一九二五年七月二七日、八頁などに見られる。

(46)　施餓鬼が行われた年に養育院の死者について土葬から火葬への移行が開始された〈東京都養育院『養育院百二十年史』〈東京都養育院、一九九五年〉、三七二〜三七三頁〉。葬法の変化により、報われない死者を弔う施餓鬼の必要性が高まったとも考えられる。

(47)　羽賀祥二「一八九一年濃尾震災と死者追悼——供養塔・記念碑・紀念堂の建立をめぐって」（『名古屋大学文学部研究論集　史学』四五号、一九九九年）。

(48)　佐々木大樹「明治二四年の濃尾地震をめぐる真言宗の動向」（『現代密教』二四号、二〇一三年）。

(49)　羽賀前掲註(47)「一八九一年濃尾震災と死者追悼」、二六〇頁。

(50)　同前、二五九頁。

(51)　佐々木前掲註(48)「明治二四年の濃尾地震をめぐる真言宗の動向」、四九頁。

(52)　『四明余霞』四七号、一八九一年一一月二四日、三五頁。

(53)　『読売新聞』一八九一年一一月三日、四頁。

(54)　『通俗仏教新聞』一二四号、一八九六年七月一日、一七〜一八頁。

(55)　『通俗仏教新聞』一二六号、一八九六年七月一五日、一二頁。

(56)　『通俗仏教新聞』一三〇号、一八九六年八月一九日、一三頁。

(57)　『通俗仏教新聞』一二八号、一八九六年八月五日、一三頁。

(58)　『通俗仏教新聞』一四〇号、一八九六年一一月四日、一二〜一三頁。

(59)　白川哲夫『「戦没者慰霊」と近代日本——殉難者と護国神社の成立史』〈勉誠出版、二〇一五年〉、一一二〜一一三頁。

(60)一八九五年の『通俗』に日蓮宗従軍僧が参加(七二号、六月一九日、一三頁)、臨済宗従軍僧が参加(七四号、七月三日、一一頁)、本願寺派従軍僧が演説(七七号、七月二四日、一三頁)、真言宗・曹洞宗従軍僧が同行(七八号、七月三一日、一一~一二頁)とある。

(61)田中舎身『憂国之涙』(金港堂書籍、一九一五年)、五二~五三頁。

(62)『読売新聞』一九〇四年一〇月九日、三頁。

(63)白川前掲註(59)『「戦没者慰霊」と近代日本』、一七〇頁。

(64)『通俗』五七〇号、一九〇五年八月二〇日、一三頁。

(65)『四明余霞』二二〇号、一九〇五年八月二五日、一〇~一一頁。

(66)「俘虜提督の大法要」(『京都日出新聞』一九〇五年八月一五日)、二頁、「ネ提督施主の法要について」(同紙同年八月一七日)、二頁参照。

(67)『京都新聞』一九〇五年八月一六日、三頁。

(68)この式典の詳細については、羽賀祥二『明治維新と宗教』(法藏館文庫、二〇二二年)、五〇三~五〇九頁。『大阪日報』一八七八年一一月二八日、朝刊二頁などで報じられている。

(69)「怨親平等」言説の元祖(藤田大誠「近代日本における「怨親平等」観の系譜」〈『明治聖徳記念学会紀要』四四号、二〇〇七年〉、一〇八頁)とされる辻善之助の著書(『日本人の博愛』〈金港堂書籍、一九三四年〉)において、この事例は扱われていない。また、呪願文を掲載した桧山真一も「今回筆者が取り上げるまですっかり忘れ去られていた」(桧山真一「日本におけるネボガートフ提督」〈『ロシア史研究』四六号、一九八八年〉、八一頁)と述べている。

(70)平山昇『初詣の社会史――鉄道が生んだ娯楽とナショナリズム』(東京大学出版会、二〇一五年)。

(71)【Web】「永福寺」http://eifukuji.net/、二〇二四年七月一〇日閲覧。

(72)『読売新聞』一九〇二年八月二三日、二頁。同紙一九〇三年九月一〇日、三頁。同紙一九〇四年八月三一日、四頁。同紙一九〇七年八月二三日、二頁。同紙一九一六年八月一八日、五頁。

(73)『読売新聞』一八九九年八月二五日、五頁。
(74)『読売新聞』一八八三年四月二六日、三頁。
(75)『東京朝日新聞』一九〇二年七月三一日、四頁。
(76)柳田国男『明治大正史　世相篇　新装版』(講談社学術文庫、一九九三年)、二一〇頁。
(77)色川大吉『明治の文化』(岩波現代文庫、二〇〇七年)、三二頁。
(78)内藤理恵子「ペットの家族化と葬送文化の変容」(『宗教研究』八五巻一輯、二〇一一年)。
(79)佐藤千尋「ペットの死後に見えてくるもの――現代日本におけるペット供養」(『東北学』二期九号、二〇〇六年)、六九頁。
(80)内藤前掲註(78)「ペットの家族化と葬送文化の変容」、一五六頁。
(81)『朝日新聞』一八八〇年一〇月二二日、一頁。
(82)『読売新聞』一九一三年九月二四日、三頁。
(83)『通俗』八一一号、一九一〇年四月一三日、一四頁。同誌八一二号、同年四月二〇日、一三頁。
(84)松崎圭「近代日本の戦没軍馬祭祀」(中村生雄・三浦佑之編『人と動物の日本史4　信仰のなかの動物たち』〈吉川弘文館、二〇〇九年〉)、二二七頁。
(85)『東京朝日新聞』一九〇九年六月二〇日、五頁。
(86)『東京朝日新聞』一九一〇年二月一六日、五頁。
(87)『読売新聞』一九二三年三月二二日、四頁。
(88)『朝日新聞』は一八七九年一月二五日、大阪創刊。東京での発行は一八八八年七月一〇日『東京朝日新聞』として開始。一八八八年以前は大阪発の記事のみ、以降は『東京朝日新聞』も含まれる。なお、一八八九年一月三日より、大阪発行のものを『大阪朝日新聞』と改題。題号が並存していたが、一九四〇年九月一日『朝日新聞』に統合された。

(89) 平山前掲註(70)『初詣の社会史』、一二六頁。
(90) 同前、一三〇頁。
(91) 松崎前掲註(84)「近代日本の戦没軍馬祭祀」、一五〇頁。
(92) 池上前掲註(9)「宗教学の研究課題としての「施餓鬼」」、七七～七八頁。

第三章　開帳の変遷

――「近代開帳年表」と大雄山最乗寺の出開帳に注目して――

本章では、近世が主な研究対象時期となっている開帳の近代における変遷を検討したい。まず、一般新聞の記事をもとに筆者が作成した「近代開帳年表」（巻末資料編第一節・第二節）のデータを近世と比較しつつ、近代における開帳の全体像を把握する。次に、「近代開帳年表」の事例から、開帳に対する批判や規制、鉄道や戦争との関係といった近代の特徴を述べる。最後に、一九三〇年に実施された大雄山最乗寺の出開帳（「帝都巡錫」）を事例として、準備段階の警備交渉、メディアでの報道、巡錫当日の経路や実施された儀礼を検討し、近代における開帳の特徴を明らかにする。

はじめに

二〇二二（令和四）年四月三日から六月二九日までの八八日間にわたり、長野善光寺で前立本尊の開帳が実施された。本来は前年の二〇二一年開催の予定であったが、新型コロナウイルス流行のため一年延期し、七年に一度の開帳周期を変更しての実施であった。感染症下にもかかわらず、前回開帳の約九割にあたる参詣者数六三六万、経済効果は一〇九五億円にのぼり、[1]人気の高さがうかがえた。

この開帳とは、普段は秘仏として参拝を許さない仏像を一定期間、その帳《とばり》を開いて信者に結縁の機会を与えることである。[2]起源は中国唐代に求められ、唐の憲宗八一八（元和一三）年に鳳翔法門寺護国真身塔内で釈迦牟尼仏の指骨の一節を開き、翌年勅によって開帳されたことが、『資治通鑑』（巻二四〇、唐紀五十六）に記されている。[3]一方、日本では『明月記』の一二三五（嘉禎元）年「閏六月十九日の条」に、善光寺仏を写した三尊仏を京中の道俗が競って礼拝したという記述があり、これが開帳記事として確認できる最も早い時期のものとされる。[4]開帳は近世に入ると全国的に普及し、とくに京都・大坂・江戸では盛んに行われるようになり、名古屋をはじめ三都につぐ大きな都市はもちろん、農村の寺社でも実施された。

開帳には二種類あり、冒頭の善光寺のように、普段仏像が安置されている寺院にて開催するものを「居開帳《いがいちょう》」、普段安置してある場所から他の寺院などへ遷して開催するものを「出開帳《でがいちょう》」と呼ぶ。居開帳に際して開扉、中回向、閉扉の法会、出開帳の遷座式などが行われ、仏教儀礼とも関連が深い。

こうした開帳に関する研究は、主に近世のものを対象として蓄積されてきたのが特徴である。比留間《ひるま》尚《ひさし》は、『武《ぶ》江年表《こうねんぴょう》』「開帳差免《さしゆるし》帳」『享保世話』を用いた「江戸開帳年表」を作成し、開帳研究の礎を築いた。[5]その内容は、『江戸の開帳』（吉川弘文館、一九八〇年）としてまとめられている。続いて、日蓮宗寺院における開帳を主題に比留間の研究をさらに発展させたのが、北村行遠《きたむらぎょうおん》の『近世開帳の研究』（名著出版、一九八九年）である。北村は、開帳の実施主体である寺社とそれを積極的に享受し支えていた民衆との関係を、宗教社会史的側面から検討した。

比留間と北村の成果が開帳研究の代表的なものであるが、江戸の開帳については、各地の事例を丹念に追った研究がほかにも存在する(6)。また近年では、滝口正哉が開帳の意義に関して、秘仏・秘宝などの公開をもとに賽銭・守札などの収入を期待する寺社側のあり方と、開帳の場に奉納物を飾ることに意義を見出す民衆側のあり方を指摘し、開帳そのものを民衆が変えていく構図を「自己表現の機能」とし、近代における民衆の作品披露の展示へと継承された、と推察している(7)。

以上のように、近世を対象とする開帳研究の蓄積が見られるものの、近代の開帳への言及は少ない。管見の限りでは、一九三七（昭和一二）年に実施された四国八十八ヶ所霊場の大阪への出開帳を扱った森正人の研究が挙げられるのみである。この森の研究は、本章とも関わる重要なもののため、詳述しておく。

森は、一九三七年の出開帳を、札所寺院が揃って成功をおさめた初の事例とした。これまでも出開帳は企画されていたが、寺院間で費用負担に格差があることへの批判を要因として難航していた。しかし今回の出開帳は、一九三六年八月に「四国八十八ヶ所霊場出開帳奉賛会」を大阪に設立し、①「皇道精神ノ発揚」「思想善導」に資すること、②鎮護国家万民快楽の祈願をすること、③一九三四年に近畿地方を襲った風水害から三周年を機に被災者を慰霊すること、という三題目を掲げ、本格的に始動した。

メディア戦略として『六大新報』『毎日新聞』『大阪朝日新聞』『夕刊大阪』『大阪日日新聞』へ大々的な広告を出し、一九三七年四月二三日の新聞広告には「空前絶後！」の見出しが掲げられた。こういった宣伝に対し森は、「都市において山伏の法螺貝や金の衣に包まれた手輿などの非日常的な光景が出現し、多くの人々がそれを見物していたことが読みとれる。しかもこの非日常性的な祝祭は鉄道会社という資本により演出されたものであった(8)」と、この出開帳が南海鉄道主導のものであり、宗教性から行楽性を徐々に強調し始めるなど、「商品というモノと化してしまった四国遍路は、「スペクタクル」と呼ぶにふさわしい様相を呈したのである(9)」と指摘している。

雑誌や新聞を用いた宣伝、鉄道会社の関与、宗教性を除いた観光の強調、という森の指摘は大変興味深いものの、一九三七年の事例のみであり、近代を通じて開帳がどのような変遷を辿ったか、という点は明らかになっていない。

このような近代開帳研究の不足をふまえ、本章の前半は、比留間の「江戸開帳年表」の近代版として、第二章の施餓鬼報道数の推移で参照した『読売新聞』と『朝日新聞』のデータベースをもとに筆者が作成した「近代開帳年表」の分析を行う。「近代開帳年表」の事例をもとに、開帳を実施した宗派・開催主体・神仏の種類・開催地域・年ごとの開催数といった情報を整理し、近世と比較しつつ近代開帳の全体像を把握する。後半は、近代に出現した出開帳の具体的事例として、一九三〇年に実施された大雄山最乗寺の「帝都巡錫」を検討し、近代開帳の特徴を明らかにしたい。

第一節　近世と近代の開帳年表

第一項　開帳年表の概略

比留間尚による「江戸開帳年表」は、主に『武江年表』と「開帳差免帳」に記載された情報をもとに作成されている。『武江年表』は、江戸神田雉子町の名主・斎藤月岑《さいとうげっしん》（一八〇四〜七八）が一五九〇（天正一八）年から一八七三（明治六）年に至る二八四年間の江戸市中の事跡・遺聞などを年次に従って叙述したものである。開帳の記事は、一六五四（承応三）年以降から明治に至るまで細かに収録してある。

一方、「開帳差免帳」は、一七三三（享保一八）年から一八六八（明治元）年までの一三六年間にわたる寺社の開帳願を、幕府が年代順・四季別に整理記述したもので、これによって開帳寺社名・寺院の宗派・開帳理由・開帳神仏および霊宝・開帳期間・開帳場所（宿寺）などを知ることができる。旧幕府引継書の一部であり、上・中・下の三冊の横綴が国立国会図書館に所蔵されている。

比留間の研究によれば、『武江年表』のみ記載の開帳は二五九件、「開帳差免帳」のみは四一七件、両者に共通するものが七四一件と、合計一四一七件の開帳が観測できる。承応三年から慶応四年までの二一五年間に三三七カ寺社八二四回の居開帳と、四四一カ寺社七四一回の出開帳、計七七八カ寺社一五六五回の開帳が記録されている。[10]

他方、筆者による「近代開帳年表」は、『読売新聞』と『朝日新聞』のデータベースにおいて「開帳」とキーワード検索を行い、そのなかから「賭博の開帳」といった関連しない記事や開帳開催情報の記載されていない記事を除いたものである。結果、『読売新聞』は全八八〇件中五八一件、『朝日新聞』は全七四四件中五〇九件の開帳開催情報の記載がある記事が見られた。それらの記事内容によれば、一八七四（明治七）年から一九四五（昭和二〇）年までの七二年間で、一六八カ寺社（百貨店等含む）一八五件の居開帳と八二カ寺社一〇八件の出開帳、計二五〇カ寺社三九二件の開帳が観測できた。無論、全ての開帳を網羅してはいないが、全体の傾向は摑めると考えている。以下では比留間の「江戸開帳年表」にもとづく分析内容と、「近代開帳年表」との比較を行いたい。

第二項　宗　派

近世において宗派が判明している開帳のうち、四四％弱が日蓮宗であり、同宗は比留間によって、「江戸の開帳行事を通じて最も強く民衆に働きかけ、民衆の心を摑んでいた」と評されている。[11]近代においても、居開帳・出開帳ともに最も多く実施していたのは日蓮宗であり、全体の約三〇％を占め、成田山新勝寺の所属する新義真言宗、浅草寺の所属する天台宗がそれに続く。比留間は宗派が二派以上に所属する善光寺を除いているが、筆者の「近代

表1　開帳寺社院宗派別延回数一覧（近世）

宗　派	居開帳	出開帳	合　計
日蓮宗	107	179	286
天台宗	204	53	257
新義真言宗	125	86	211
浄土宗	78	92	170
曹洞宗	35	39	74
古義真言宗	15	22	37
臨済宗	8	19	27
一向宗（浄土真宗）	8	19	27
真言宗	17	2	19
時宗	0	9	9
黄檗宗	1	2	3
律宗	0	2	2

比留間尚「江戸の開帳」西山松之助編『江戸町人の研究　第二巻』吉川弘文館、1973年、436頁、第25表「開帳寺院宗派別延回数一覧」をもとに筆者作成。

表2　開帳寺社宗派別延回数一覧（近代）

宗　派	居開帳	出開帳	合　計
日蓮宗	82	40	122
新義真言宗	79	17	96
天台宗	51	8	59
古義真言宗	36	10	46
浄土宗	35	7	42
天台宗・浄土宗	18	7	25
曹洞宗	18	2	20
神社	11	2	13
臨済宗	6	1	7
真宗大谷派	4	3	7
浄土真宗本願寺派	4	2	6
浄土宗・真言宗	3	1	4
顕本法華宗	2	1	3
華厳宗	2	0	2
西山浄土宗	1	1	2
聖徳宗	1	0	1
真言律宗	1	0	1

「近代開帳年表」をもとに筆者作成。

開帳年表」では計測したため、「天台宗・浄土宗」が比較的上位に名を連ねている。近世から浄土真宗の開帳が少ない点が指摘されていたが、この傾向は近代になっても継続していると言える。また、禅宗についても近代に入り開帳回数が減少する傾向にある（表1・2）。

第三項　開催主体の内訳

次に、具体的な開催主体の傾向を検討する。まず、居開帳を見ていく。

表3・4では、近世に五回以上、近代に二回以上登場した開催主体を挙げたが、その結果、浅草寺・善光寺・江ノ島弁天が近世に引き続き多くの実施回数を誇っている。一方、近世で三番目であった如意輪観音を本尊とする真

言宗豊山派の護国寺は、一八八三（明治一六）年、一九二六（大正一五）年の火災の影響もあってか、近代においては開帳数が少ない。

表3　居開帳回数開催主体別一覧（近世　5回以上）

開催主体	回数	開催主体	回数	開催主体	回数
浅草寺	31	青山善光寺	7	根津権現	6
江ノ島弁天	16	市ヶ谷八幡	7	茅場町薬師	6
護国寺	15	目黒龍泉寺	7	芝神明	6
亀戸天満宮	13	浅草寺中日音院	7	浅草清水寺	5
洲崎弁天	12	浅草寺中松寿院	7	千駄ヶ谷聖輪寺	5
三田浄閑寺	10	増上寺宝珠院	7	高田穴八幡	5
木下川浄光寺	10	品川海晏寺	7	目白新長谷寺	5
永代寺	10	平間寺	7	小日向妙足院	5
湯島天神	9	川口善光寺	7	浅草寺中顕松院	5
上野清水堂	9	春日明神	6	麻布善福寺	5
王子権現・稲荷	9	弥勒寺	6	麻布天現寺	5
牛島牛御前子権現	9	麴町天神	6	真先稲荷	5
不忍弁天	8	泉岳寺	6	西新井総持寺	5
回向院	8	六阿弥陀	6		

比留間尚「江戸の開帳」第21表「居開帳寺社回数別一覧」、427頁より筆者作成。

表4　居開帳回数開催主体別一覧（近代　2回以上）

開催主体	回数	開催主体	回数
日本橋白木屋呉服店	16	井の頭弁天大盛寺	2
長野善光寺	10	牛込神楽坂善国寺	2
成田山新勝寺	10	雑司ヶ谷鬼子母神法明寺	2
浅草寺	9	芝公園弁財天宝珠院	2
西新井総持寺	7	小石川伝通院	2
神奈川平間寺	7	小伝馬町祖師堂身延別院	2
堀之内妙法寺	7	上渋谷慈雲山長泉寺	2
目黒祐天寺	7	巣鴨高岩寺	2
神奈川江ノ島弁天	6	大雄山最乗寺	2
武州高尾山薬王院	5	池上本門寺	2
目黒不動瀧泉寺	5	奈良当麻寺	2
寛永寺不忍弁天堂	4	奈良東大寺	2
高輪泉岳寺	4	日本橋区茅場町薬師堂智泉院	2
新田郡太田町大光院	4	浜町熊本本妙寺出張所清正公寺	2
石神井村東高野山長命寺	4	大阪北野太融寺	2
下総宗吾霊堂東勝寺	3	本所高野山千蔵院出張所（吾妻橋向旧佐竹邸）	2
柴又帝釈天題経寺	3	護国寺	2
新井薬師梅照院	3		
深川成田不動	3		

居開帳開催主体数全168のうち、2回以上のものを掲載。

表5　出開帳開催主体・出開帳先別一覧（近世）

①出開帳開催主体別回数

近世（承応～慶応　4回以上）

寺社名	回数	寺社名	回数	寺社名	回数
下総新勝寺	12	相模妙法寺	6	下野岩船山	4
山城清凉寺	10	近江竹生島弁天	5	相模光則寺	4
下総法華経寺	9	上総称念寺	5	武蔵高尾山	4
下野高田山	7	甲斐善光寺	5	伊豆為朝大明神	4
武蔵浄山寺	7	武蔵秩父権現	5	駿河実相寺	4
相模鶴岡八幡	6	山城本国寺	5	武蔵妙顕寺	4
信濃善光寺	6	下総法宣寺	5	身延山奥院	4
武蔵大盛寺	6	佐渡根本寺	5	相模龍泉寺	4
大和二月堂	6	甲斐妙法寺	5	駿河富士浅間	4
山城北野天神	6	武蔵本門寺	4	秩父三十四所観音	4
甲斐身延山	6	相模杉本寺	4		

②出開帳先（宿寺）回数

近世（承応～慶応　10回以上）

寺社名	回数	寺社名	回数	寺社名	回数
両国回向院	166	浅草玉泉寺	20	市ヶ谷八幡	12
深川永代寺	58	浅草正覚寺	18	浅草寺	12
湯島天神	31	浅草本法寺	15	浅草妙音寺	11
大塚護国寺	25	茅場町薬師	15		
深川浄心寺	23	浅草本蔵寺	15		

①比留間尚、1973年、第22表「出開帳寺社回数別一覧」、429頁より筆者作成。
②同第23表「出開帳場所（宿寺）一覧（2）」、430～432頁より筆者作成。

前頁の表4の近代において注目すべき点としてまず、最も多い一六回を数えたのが日本橋の百貨店（呉服店から転換）白木屋の屋上で毎年開催されていた開帳という点である。開帳仏である白木観音は、江戸時代初期の近江商人で、後に東急百貨店に合併される白木屋の二代目・大村安全が一七一一（正徳元）年の頃、井戸掘りの工事中に発見したという由来のものである。[12]『読売新聞』（一九一七年七月九日、朝刊五頁）に開帳の案内がはじめて報道され（【事例329】[13]）、以後毎年七月にセールのお知らせとともに記事が掲載されている。

一方、近世に比して回数が増えたのが、平間寺と西新井総持寺である。これらは、川崎大師・西新井大師として親しまれている新義真言宗の名刹だ。京急と東武の「大師線」上に位置するこれらの寺院は、特に前者について鈴木勇一郎が指摘するように(14)、鉄道の発展とともに、参拝者数を伸ばしてきた。これが開帳数にも影響していると考えられる。

次に、出開帳については、出開帳を実施する寺院と受け入れ先である宿寺が異なる。表5に示すように江戸開帳の「四天王」(15)、嵯峨の清涼寺釈迦如来、信濃の善光寺阿弥陀如来、甲州の身延山久遠寺祖師像、下総の成田不動尊の開催回数は多い。清涼寺・善光寺は回向院、新勝寺の不動は永代寺〈富岡〈深川〉八幡宮〉へ、久遠寺の祖師像は同宗の浄心寺と宿寺が決まっていた。近代においても、近世に引き続き出開帳の上位はこの「四天王」のままであった（表6）。出開帳先も、近世から継続して回向院が一位となった。近世で二番目の深川永代寺は、神仏分離により廃寺となり、跡地は深川公園地や成田山不動堂となり、近代でも成田山新勝寺の出開帳などで利用されている。最も開帳数が多い日蓮宗は、出開帳の際に同宗の寺院を宿寺とすることが多く、近代でも、深川浄心寺・浅草土富店長遠寺・浅草本覚寺・日本橋清正公寺と日蓮宗寺院を宿寺として複数回実施されている。

表6　出開帳開催主体・出開帳先別一覧（近代）

①出開帳開催主体回数
近代（２回以上）

寺社名	回数
信州善光寺	7
身延山久遠寺	7
京都嵯峨清凉寺	4
成田山新勝寺	4
甲州小室妙法寺	2

寺社名	回数
田螺不動尊菅谷寺	2
柴又帝釈天題経寺	2
芝山仁王尊観音教寺	2
大阪四天王寺	2
池上本門寺	2

②出開帳先（宿寺）回数
近代（3回以上）

寺社名	回数
回向院	14
深川浄心寺	10
浅草土富店長遠寺	7
浅草誓願寺	5

寺社名	回数
深川公園地 成田山不動堂	4
小石川伝通院	4
浅草本覚寺	3
日本橋清正公寺	3

①全83寺社から抜粋。②全73寺社から抜粋。

第四項　開帳神仏

近世・近代を通じて最も開帳回数が多いのは観音であり、不動・阿弥陀・弁天・薬師・釈迦の人気も高い（表7・8）。

表 7　開帳神仏一覧（近世）　全92種

開帳神仏	回数
観音	303
日蓮	240
阿弥陀	144
弁天	105
薬師	81
不動	77
地蔵	50
天満宮	42
稲荷	34
釈迦	33
八幡	30
弘法	23
聖徳太子	23
大日	20
法然	17
毘沙門	17
虚空蔵	13
庚申	10
愛染明王	10
大黒	10
摩利支天	9
王子権現	6
普賢	5
善導	5
祐天	5
梅若丸	4
親鸞	4
了海	4
帝釈	4
子権現	4
吾妻大権現	4
淡島大明神	4
将門	3
えびす	3
勢至	3
文殊	3
五大尊	3
蓮生	3
元三	3
為朝	3
飯縄大権現	3
秋葉大権現	3
御嶽山権現	3
熊野権現	3
金比羅権現	3
諏訪大明神	3
船玉大明神	3
曽我兄弟	2
吉祥天	2
荼枳尼天	2
閻魔	2
雨宝童子	2
役行者	2
弘智法印	2
仁王	2
加藤清正	2
橋姫	2
三社権現	2
壺井権現	2
鷲大明神	2
白髯大明神	2
赤童子	1
幡随上人	1
小野・照手姫	1
紀主禅師	1
一遍	1
三宝荒神	1
霊厳	1
賓頭盧	1
苅萱	1
牛王	1
義国	1
海尊	1
信如	1
日光・月光	1
十二神	1
三十番神	1
牛頭天王	1
日本武尊・橘姫命	1
応神・神功	1
木花開耶姫	1
弥勒	1
四天王	1
湯殿大権現	1
中嶽大権現	1
妙義山大権現	1
道了権現	1
箱根権現	1
蚕影権現	1
氷室大明神	1
三田神明	1
玉川大明神	1

比留間尚、1973年、第26表「江戸開帳神仏一覧」、434〜435頁をもとに筆者作成。

表8　開帳神仏一覧（近代）　全65種

開帳神仏	回数	開帳神仏	回数	開帳神仏	回数
観音	64	聖徳太子	3	秋葉三尺坊	1
日蓮	46	祐天	3	円仁	1
不動	42	法然	2	七裏大善神	1
阿弥陀	29	親鸞	2	春日局	1
弘法	28	金比羅大権現	2	小野小町	1
弁天	18	蓮如	2	千体荒神	1
薬師	14	元三	2	中将姫	1
釈迦	10	天海	2	天神	1
大黒	9	道了薩埵	2	天得如来	1
呑龍	7	飯縄	2	僧妙心の木乃伊	1
毘沙門	7	北向庚申	2	最澄	1
地蔵	6	役行者	2	二十八品画像	1
鬼子母神	6	恵比寿	2	日朝	1
加藤清正	6	半僧坊	2	猫入大涅槃像	1
帝釈	5	愛染明王	1	豊太閤護持仏大建碑	1
宗吾	4	嫁威し肉付の面	1	北条時宗	1
大日	4	久米仙人	1	摩利支天	1
七面天女	4	熊谷文殊大師	1	二十四輩（親鸞高弟）	1
義士の遺物	3	源翁	1	蓮生	1
六大天王	3	源海上人の遺体	1	曼荼羅	1
妙見	3	刈萱道心	1	荼枳尼天	1
仁王	3	三光天子	1	稲荷	1

「近代開帳年表」をもとに筆者作成。

祖師像のなかでは日蓮と空海が開帳仏として代表的である。

近世と近代の相違点を述べれば、天満宮や稲荷といった神社関連のものが近代では上位に登場しない点、そしてまた、聖徳太子の登場回数が減少している点が挙げられる。その一端とも考えられる事例を挙げる。

一八七五（明治八）年六月一五日から八月一二日まで、大阪四天王寺の聖徳太子像の出開帳が五三年ぶりに東京両国の回向院で開催された（【事例5】）。投書では、「開化に沿わぬ講中の開帳騒ぎ、無駄をやめて家業と学問に励め」（『読売新聞』一八七五年六月三日、朝刊二頁）、「聖徳太子像の開帳で騒ぐより学校の増築に協力しようと左官同士で相談」（『読売新聞』一八七五年六月一七日、朝刊二頁）といった記事が見られる。大工の信仰を集める聖徳太子像の開帳に対し、文明開化と初等教育への関心から、大工の本業として学校建築をせよ、という内容が語られている。明治初頭の近代化に開帳はそぐわないという意見が同時期に出ていたことがうかがえ、開帳数減少の要因の一つと考えられる。

第五項　地域性と全体数の推移

比留間によれば、近世京都の開帳と江戸の開帳を比較した際、後者の特色は、早くから出開帳が盛んであり、遠方から江戸に来る事例が多かった点である。近世以前に遡る名刹が江戸にはないものの、参勤交代などで全国的な往来があり、文化の発展も著しかった。そのため、江戸の寺社が京都で開帳することはなかったが、京都の寺社の

表9　近代開帳開催主体所在（都道府県別）

地　域	回　数
東　京	164
千　葉	41
神奈川	31
長　野	21
奈　良	19
京　都	18
山　梨	14
埼　玉	13
大　阪	13
群　馬	8
静　岡	7
新　潟	7
滋　賀	6
岐　阜	5
山　形	3
茨　城	3
兵　庫	3
和歌山	3
熊　本	3
栃　木	2
岩　手	1
富　山	1
福　井	1
福　岡	1
その他・不明	9

・「その他・不明」には、複数箇所で開催された札所の開帳を含む。
・複数地域での出開帳はそれぞれ計測した。

表10　近代出開帳先（宿寺）所在（都道府県別）

地　域	回　数
東　京	100
大　阪	8
神奈川	4
埼　玉	2
千　葉	2
茨　城	1
群　馬	1
福　井	1
滋　賀	1
京　都	1
兵　庫	1
奈　良	1
福　岡	1

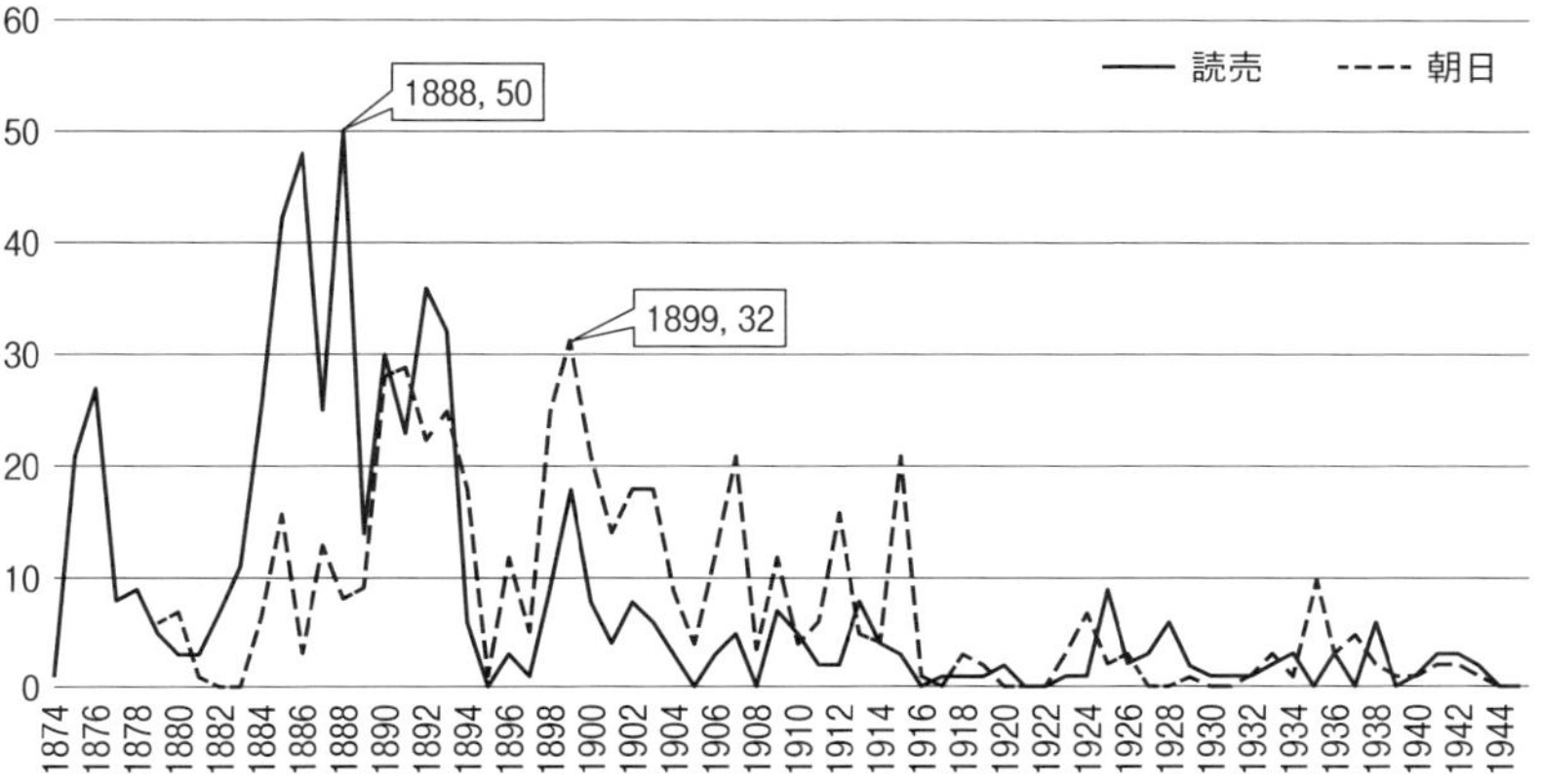

図1　開帳開催情報記載新聞記事数の推移（読売581、朝日509）

江戸への開帳は六六件と、開帳の中心が江戸に移っていた(16)。

近代においても、開帳寺社の所在地、出開帳先ともに東京が中心であり、近世の傾向を一層強めた結果になっている。そして、千葉の新勝寺、神奈川の平間寺、長野の善光寺という有名寺社のある地域と、大寺院の多い奈良・京都での開帳が、それに続く結果となった（表9・10）。

時代ごとの開帳開催数の推移について、近世においては承応～元文が年二・九回、寛保から天明が年一三・五回、寛政～慶応が八・三回となっている(17)。寛保から天明にかけての時期が最も多く、江戸の末期にはやや勢いが衰えている。

近代においては、第二章末で提示した施餓鬼の新聞記事数推移と同様に、明治の終わり頃から、開帳関連記事は減少傾向にある（図1）。一方、相違点としては、災害や戦争など世情が不安定なときにも施餓鬼は実施されていたが、開帳の場合は、不景気や緊急事態時には実施されていないことが挙げられる。例えば「開帳少なき年」（『読売新聞』一八九二年五月一二日、別刷一頁）という記事では、「普段は居開帳または出開帳が春過ぎに二、三〇あるのに、今年は目黒祐天寺、高輪泉岳寺、回向院仁王等のみ、不景気の影響か」と報じられている。

また、【事例×-5】では、予定されていた善光寺の居開帳が、時局下物資統制に伴い、参詣者を迎える準備ができないため無期延期となった（『読売新聞』一九四一年三月一二日、朝刊七頁）。「開帳」をキーワードとする記事も、近代の後半になるにつれて賭博関連の割合が多くなり、神仏の開帳の話題は、記事として扱われなくなっていく。

以上、近世と近代の開帳年表をもとに、宗派・開催主体・開帳神仏・地域・全体数の推移を比較しながら検証してきた。宗派の傾向として、日蓮宗・真言宗の開催が多く、浄土真宗・禅宗は少ないという傾向は近世から近代にかけて継続している。また、江戸の開帳「四天王」と言われた嵯峨清凉寺・成田山新勝寺・信濃善光寺・身延山久遠寺は近代に入っても精力的に開帳を続けており、出開帳先（宿寺）は回向院が江戸期から引き続き最も多く利用されていた。開帳神仏は観音の回数が最も多く、祖師では日蓮と空海の回数が多い。地域は東京での開催が最も多く、千葉（新勝寺）・神奈川（平間寺）・長野（善光寺）・奈良・京都といった有名寺院のある府県がそれに続いた。

ここまで統計的な情報を中心に見てきたが、次節では引き続き「近代開帳年表」を用いて、開帳に関する動向をさらに見ていきたい。

第二節　近代における開帳の諸相

第一項　開帳批判

普段は秘蔵されている神仏と結縁する開帳は、大変有意義な機会のように思える。しかし、金儲けのために仏像を利用する寺院や、開帳仏に群がる民衆の姿が、近世においては西村遠里や平賀源内らによって批判されている[18]。同様の批判は、近代でも見られる。

は、

開帳を批判する「由来も知らずに諸仏の開帳　金もうけに走る寺僧たち」という一八七五（明治八）年の投書で

仏といふ者は神さまとならべて尊信する者で有ります。神さまは御神体を拝む事を許さず又持歩行事もせず西洋にては偶像を作ツて拝む事を嫌ひ抔しますに仏ばかりは僧共が銭儲けのために諸方へ持歩行て見せ物に致しますが悪い事で有ります。既に三重県にては何日と日を限ツた開帳を禁ぜられましたが天下一般そう致したく思ひます。

排仏老人

（『読売新聞』一八七五年六月二九日、朝刊二頁）

と、西洋における偶像崇拝の禁止と、期間を限定し開帳が貴重な機会であることを演出することを禁止した三重県の政策に賛同している。

四天王寺の聖徳太子像開帳に関する批判のなかで学校建築を優先せよ、という批判を前節で挙げたが、同様に学校に関する批判として、一八七六年の小石川伝通院の大黒天開帳（【事例16】）では、近所の学校から客寄せで気が散るという苦情が入り、客足が少ないという（『読売新聞』一八七六年四月一九日、三頁）。

第二項　開帳を制限する政策

政策に関連する点では、東京府権知事の楠本正隆（一八三八～一九〇二）は、葬儀後の飲食などとともに、開帳の送り迎えなどで信心と称して揃いの着物や旗幟《はたのぼり》をたて、わいわい騒ぎちらし飲食《のみくい》したり、神仏を出しに使って勧化や奉加を勧め、加持や祈禱といって病人を医師へかけず親類に迷いを起こさせ医師を妨げたりすることを、「馬鹿もの」とした。このような非合理的な側面を、楠本は、諸宗の教導職が説教時に諭して聞かせるよう口達した（『読売新聞』一八七六年六月一二日、朝刊二頁）。

さらに、全国的にも開帳は制限される。一八七六（明治九）年六月一四日、教部省布達第四号「各寺院ノ仏像他ノ管内へ持出シ開帳候儀自今令停止候条此旨寺院へ布達スベキ事」によって、寺院の仏像を他府県へ持ち出す開帳が禁止された。同布達は、教導職廃止の年と同じ一八八四年の三月一九日内務省達により該当寺院の住職檀家総代（無檀家の寺院は信徒総代）及び本寺法類連署の上、本山の添書を甲乙両管庁へ出願（宝物持出しは不要）する条件付きで解除された。一連の神道優遇政策の一環ととれるだろう。

このような批判や制限のあった開帳であったが、博物館による展示という仏像と人々の新たな接点が出現すると、好意的な評価も登場してくる。以下の「神体の評価、仏像の翫弄」という記事では、帝国京都博物館（後の京都帝室博物館〈現・京都国立博物館〉）の仏像展示に対して、展示と開帳を比較してこう述べられている。

> 人或は博物館の陳列を以て開帳の類と為すものあらんと雖も開帳は信仰の範囲内に在るも陳列に至ては信仰の域を脱して翫弄の境に陥れり
>
> （『朝日新聞』一八九七年六月三〇日、朝刊二頁）

両者を同一視する者もいるが、僧侶が毎日読経をして信仰の対象としている仏像の「開帳」と、博物館での「陳列」は異なるもので、博物館を仏を弄ぶものと批判することで開帳の意義を高めている。

第三項　福田会と開帳

制限が解除された一八八四年の六月には早速、京都嵯峨清凉寺の釈迦如来の出開帳（【事例62】）が、浅草西福寺・小石川伝通院・芝増上寺を回る行程で実施された。この開帳には、第二章で扱った福田会が関わっている。一〇月一〇日に増上寺で結願法要が実施された際、福田会育児院の子どもと教母らは、内拝を許可され、さらに福田《ふくだ》行誡《ぎょうかい》（一八〇九～八八）から十念を授けられ、菓子を与えられたという（『読売新聞』一八八四年一〇月一八日、朝刊三頁）。ほかにも、成田山新勝寺の深川公園地における出開帳（【事例65】）では一日の上がり高のうち金一三五円五三銭ずつを養育院と福田会育児院へ寄付（『読売新聞』一八八五年六月二三日、朝刊二頁）、京都光明寺の法然像と親鸞像が回向院で出開帳（【事例67】）した際にも福田会育児院の小児が参拝（『読売新聞』一八八五年五月一五日、朝刊三頁）、寛永寺不忍弁天堂の居開帳（【事例97】）で日延べ中の収入金額を福田会育児院へ寄付（『読売新聞』一八八七年五月一〇日、朝刊二頁）、和歌山県根来寺の東京出開帳（【事例110】）後、開帳時の賽物を育児院と学校に寄贈（『読売新聞』一八八八年六月五日、朝刊四頁）、芝増上寺の黒本尊の居開帳（【事例148】）で福田会恵愛部が臨時法話会を実施（『読売新聞』一八九〇年四月二〇日、朝刊三頁）と、開帳と育児院に関係する記事が見られる。開帳は子どもたちにとっても仏教を学ぶ良い機会であり、福田会では積極的に参加させている。また、寺院側にとっても育児院に寄付を行い、それが報道されることでイメージアップにつながるため、好意的に受け入れたと考えられる。近世においては、開帳で得た収益の用途は伽藍修復が主であったが、寄付を通じて他団体への貢献を行う点は、近代開帳の特徴の一つと言える。

第四項　疫病と開帳

本章の冒頭で、コロナウイルス感染症流行によって善光寺の開帳が延期されたことを述べた。近代においてもコレラが猛威を振るい、一八七九（明治一二）年に京都府知事の槇村正直が「神社仏寺祭礼開帳等諸人を集むる事都て延引申付候事」と密集を抑止する布達二三五号を出している（『朝日新聞』一八七九年六月二七日、朝刊一頁）。一段落した同年一〇月九日に解除されたが（『朝日新聞』同年一〇月一二日、朝刊一頁）、現代と同様に、感染症の流行は繰り返される。一八八六年五月一五日、大阪府知事・建野郷三は、「目今府下に発生する虎列拉は其勢猛劇にして蔓延の兆有之に付本日より神仏祭礼開帳等の為め人民の群集を停止す」との通達を出したが、京都と同様に同年一〇月一八日に流行の鎮静化のため解除された（『朝日新聞』一八八六年一〇月二八日、朝刊二頁）。

他方、寺院の判断において開催中止もなされている。例えば、新潟県新発田《しばた》市の真言宗醍醐派菅谷寺《かんこくじ》の不動明王像は、一八八六（明治一九）年八月一日から九月一四日まで開帳を予定（【事例×-3】）していたが、コレラ病蔓延の兆候のため中止する広告が出された（『読売新聞』一八八六年八月一五日、朝刊四頁）。これらの事例を通じて理解できることは、コレラ対策の通達に「開帳」が記されるほど、近代に入っても開帳は人々が集まる行事であったということである。

第五項　鉄道・戦争と開帳

鉄道会社が広告した最初期の事例として、成田鉄道株式会社が、一八九九（明治三二）年の成田山における開基一〇〇〇年大開帳（【事例229】）の際に、運賃割引きの広告を絵入りで掲載している（『読売新聞』一八九九年四月九日、朝刊二頁など）。先に、川崎大師と西新井大師の事例を述べたが、群馬県太田市の大光院における呑龍上人像の開帳（【事例300】）も、東武鉄道が延伸したことで注目を集めた（『読売新聞』一九〇九年九月二五日、朝刊三頁）。

他方、一九三七（昭和一二）年一〇月一日から一一月二日まで開催された坂東三十三札所の出開帳（【事例382】）は、東京と横浜の鉄道会社が後援した。趣旨として、「観音信仰ヲ顕揚シテ国恩ニ報ズ」「皇軍将兵ノ武運長久祈願」「殉国将兵追悼会及供養塔建立」の三点が掲げられた(19)。なお、九月一二・二一日、一〇月八日に皇軍武運長久祈願が日比谷公会堂において修されている。このような戦争勝利への祈願は、施餓鬼同様、開帳時にも見られる。例えば、一九〇四年四月に、川崎大師が皇軍戦捷海陸軍人武運長久祈念開帳（【事例267】）を実施している。また、一九〇六年四月に実施された信州善光寺の居開帳（【事例273】）は、日露戦争海軍忠死者の大追吊会を兼ねており、参詣者は五〇万人を超えたという（『朝日新聞』一九〇六年五月二九日、朝刊六頁）。そして一九四三年一一月の目黒不動瀧泉寺の居開帳（【事例392】）は、「聖戦完遂必勝祈願」の開帳とされている。第二章の施餓鬼と同様に、開帳においても鉄道会社との関連や戦勝祈禱の同時実施が見られる。

以上、「近代開帳年表」を用いて近代における開帳の諸相を述べてきた。しかし、ここまで主に資料として用いてきた一般の新聞記事では、実際の開帳の状況が詳細に報じられていない。次節では、その点を考察すべく、近代の開帳の一事例として大雄山最乗寺の開帳に注目し、近代における開帳の特徴をより具体的に明らかにしたい。

第三節　一九三〇年における大雄山最乗寺の出開帳

第一項　大雄山最乗寺の概略

大雄山最乗寺は、神奈川県南足柄市に位置し、一三九四（応永元）年に了庵慧明《りょうあんえみょう》（一三三七～一四一一）によって開創された曹洞宗寺院である。現在は大本山總持寺の直末であり、末寺の数は全国に約四〇〇〇カ寺を数える。修行道場として僧侶を育成する一方で、愛知県妙厳寺、山形県善宝寺とともに曹洞宗三大祈禱所として知られている。祈禱は御真殿《ごしんでん》で行われ、願主は僧侶の読経を通じて、そこに祀られている「道了薩埵《どうりょうさつた》」の神通力の加護を受け、「身体健全」「受験合格」といった願目の成就を願う。祈禱を目的とする参拝も多いため、「ドーリョーさん」「ドーリューさん」といった愛称で親しまれている。(20)

道了薩埵は、近江の三井寺で修行した相模国出身の修験者とされ、十一面観音の秘法を用いた。了庵を師と仰ぎ、大雄山開山時、京都より天狗の姿となり相模に向い、本堂や庫院建築の現場監督を一身に引き受け、「五百人力」の怪力で土木工事を成し遂げた。了庵の死後は、天狗に姿を変えて山中に住み続けたとされる。現在でも修行に専念する期間である制中における配役では、各修行僧とともに、道了和尚として「監寺《かんす》」という配役が与えられ、あたかも日々修行する僧侶のように、生きた禅宗僧侶として扱われている。(21)御真殿に祀られる道了薩埵は、普段は秘仏とされ、大祭のある一月、五月、九月の二八日に居開帳が実施される。一方で出開帳は、これまでに江戸期に二回、明治期に一回、昭和期に一回、平成期に一回の計五回行われた。(22)

大雄山最乗寺に関しては、定期的な寺誌の刊行に加え、一九八〇年代に「解脱志向性（仏教）と現世利益性（民俗宗教）を修行と祈禱にあてはめ、大雄山の持つ両義的、複合的特性を明らかにする」[23]研究が行われた。そのなかで、開帳について論じたものに渡部正英の「禅宗寺院の開帳について」が挙げられる。渡部は、四度実施された出開帳の概略をまとめ、出開帳後に講中が増加する点を指摘した。[24]開帳に関する最も重要な資料は、渡部も編纂に関わり、一九八六（昭和六一）年に大雄山より刊行された『道了尊帝都御巡錫記』（以下『巡錫』）である。同書は、複数の場所（東京・横浜・平塚・小田原）で順々に出開帳を実施した「巡錫」に参加した宗教社会学者・伊《い》藤道学《とうどうがく》（一八九九〜?）に随行記を依頼し、本来は巡錫後直ちに出版される予定であった。しかし、諸般の事情により実現せず、一九八一（昭和五六）年に伊藤が当時の山主・余《よ》語《ご》翠巌《すいがん》（一九一二〜九六）に原稿を渡したことで、山内の僧侶・三沢智証と渡部を編集に加え、半世紀の時を経て刊行された。巡錫に関わる資料の翻刻、写真、報道機関の新聞記事一〇〇記事以上、雑誌『大雄』（一九三一年創刊、後に『大雄新聞』に改題）の記事、巡錫参加者のインタビューなどが掲載されている。同書は巡錫に関する資料が幅広く蒐集され、二〇一三年の巡錫について記録した『六百回大遠忌記念誌』においても重要資料として参照されている。しかしながら、『巡錫』は刊行までに時間を要したこともあり、「帝都巡錫」自体、研究上大きく注目されなかった。以下ではこの『巡錫』をもとに、大雄山が一九三〇（昭和五）年に実施した出開帳「帝都巡錫」について検討する。

第二項　出開帳開催の経緯

「帝都巡錫」は、伊《い》藤道海《とうどうかい》（一八七四〜一九四〇）が山主の時代に企画された。道海は、こののち總持寺に晋住し、第六章で扱う後醍醐天皇の遠忌を実施した僧侶でもある。

大雄山の山主に就任した際には、

わしがこの山へきてみて一番感じたことは、従来この寺へ住職した方はみな偉い方ばかりで、りっぱな方であったが、真の住職として、つねにおてらにおって、万事をきりまわした方は近来少なかったようである。そのために全部役僧にまかせたきりで山門の綱紀も弛緩しきっていることを見てとった。／普通の商家でも、旦那がつねに店をあけておって、店のことは一切番頭まかせにしておくと、その番頭が、神さまや仏さまのように偉い人間でないかぎり、主人のようには目がとゞかない

（『巡錫』、三九八頁）

と述べている。住職であっても年に一、二度しか寺に来ず、名義のみの名ばかり住職を道海は批判し、自身は、宗門の役員、名誉職を一切捨て、大雄山の住職の任務に専念することを決心したという。

このような強い責任感を持って山主の任に当たっていた道海は、明治初頭から交渉していた山内官有地払い下げが、一九三〇年に完了したことをきっかけに、巡錫を思いつく。払い下げを受けた皇室への感謝と、関東大震災後、東京の内外、および神奈川県下に浮かばれずにいる死人の霊を弔うという目的のため、「箱根の霊山にまします関八州の守護神たる、道了大薩埵が、下界にくだられて、親しくその土地を巡錫せらるにまさるものはない[25]」と巡錫を企画した。

当初、道海がこの巡錫について相談すると、山内の役僧、友人たちからは反対の声が上がり、誰ひとりとして賛成しなかったという。道海は、断行すべきか中止すべきかを人間の普通の知恵では判断できないと考え、道了薩埵に真意を問おうと思い立った。七日間、毎日夜の一二時に道了薩埵の前で祈願を捧げ、最後の夜に、「断行」「否」と書かれた神籤を引いた。すると「断行」を引き、これを道了薩埵が「やれ」と言っていると解釈した道海は、巡錫の遂行に向けて決意を固め、「帝都巡錫」は実施されることになった。表11は、「帝都巡錫」の行程を概略で示し

たものである。東京・横浜・平塚・小田原と移動し、各地で行列しつつ、祈禱や施餓鬼を修している。以下では、警備の問題、メディアとの関連、巡錫中に実施された儀礼を検討していきたい。

表11　「帝都巡錫」日程一覧

日　程	日付・天候	概　　要
1日目	11月14日（金）晴	午前9時最乗寺を発錫。檀家総代鈴木善兵衛宅前で祈禱。個人宅での祈禱は初。村役場、小学校などへ停錫し、松田駅前広場で留錫昼食。松田駅午後2時36分の列車に乗り、品川駅午後4時4分到着。高輪泉岳寺に仮泊。
2日目	11月15日（土）晴	午前8時泉岳寺を発錫。行列参加者８０００名。11時宮城前大祈禱、伊藤山主参内。日比谷公園新音楽堂にて留錫昼食後、同所にて東京市民大祈禱。報知新聞社に仮泊。
3日目	11月16日（日）晴	午前9時報知新聞社を発錫。佃政金子政吉宅に停錫し休憩。明治4年に留錫した縁で、三越呉服店の求めにより留錫昼食。上野松坂屋に仮泊。
4日目	11月17日（月）晴	午前9時上野松坂屋を発錫。千束町木樽弥惣治宅で停錫し、吉原公園に留錫、祈禱と大施餓鬼を行う。浅草寺に停錫し大祈禱。出羽ノ海部屋に停錫後、両国国技館に仮泊。なお、午後1時より上野松坂屋大ホールにて「道了様奉賛デー」開催。
5日目	11月18日（火）晴	午前9時両国国技館を発錫。震災記念堂にて慰霊。深川仲木場にて留錫昼食。洲崎三業組合事務所にて祈禱、福寿講篠崎了全宅、深川仲町三業組合事務所で祈禱。深川公園に仮泊。
6日目	11月19日（水）晴	深川公園を発錫し、蛎殻町大真講の休憩所に停錫。岩本町和泉広場にて留錫昼食。帝大赤門前に停錫し、浜口雄幸の見舞。本郷追分大雄山出張所に仮泊（20日も）。
7日目	11月20日（木）雨	雨のため休錫。報知新聞社社長野間清治、伊信講、鳥居安太郎、音羽講連を施主とする昼食。
8日目	11月21日（金）晴	午前9時大雄山出張所発錫。肴町酒井八右衛門宅停錫、小石川野間清治宅前にて祈禱。江戸川公園にて留錫昼食、新宿三越呉服店に仮泊。
9日目	11月22日（土）晴	午前8時新宿三越呉服店発錫。自動車にて移動。元代々木講杉田賢清宅、杉並天柱寺、渋谷、品川、大井町の講に停錫。川崎市稲毛神社前参拝、鶴見大本山總持寺に拝登し、神奈川公園前でお札授与、横浜貿易新報社に自動

		車を停車し、午後1時横浜巡錫。神奈川県庁に停錫、横浜公園音楽堂で留錫昼食後、横浜市民大祈禱。元町渡辺伊八宅、横浜市役所、真砂町忽那惟次郎宅に停錫し野沢屋に仮泊。
10日目	11月23日（日）晴	午前9時野沢屋を発錫。末吉町高橋竹松宅に停錫。阪東橋岡本浅次郎宅にて留錫昼食。真金町勢州楼矢島泰次郎宅に停錫、相模屋呉服店に仮泊。
11日目	11月24日（月）晴	汽車で平塚に向かう予定であったが、平塚復興講平田忠心の懇請により、横浜から平塚まで自動車行列。浅間町浅間神社前、戸塚町雄宝講鈴木与助宅に停錫。途中藤沢福徳講、藤沢榎本貞次郎宅に停錫し、平塚に午前10時50分到着。平塚町内巡錫し、平塚第一小学校に停錫。花水橋停錫を経て、大磯柳田しな宅、大磯大信講前停錫。二宮山口弥三郎宅停錫、午後3時国府津館で留錫昼食。唐沢海岸で大漁満足祈禱。東華軒、真誠講、酒匂村での停錫を経て、午後4時50分小田原到着。小田原町役場で町内安全大祈禱。旧役場跡に仮泊。
12・13日目	11月25日（火）晴 26日（水）晴	午前9時、寺町奉安所発錫。小田原町内巡錫し、箱根神社遙拝、山角町美の政本店で留錫昼食。小田原町浜で大漁満足祈禱。近藤重兵衛宅、江島平八宅、浜田呉服店に停錫。午後5時、池上大橋広場にて留錫夕食。午後6時発錫、井細田安間幸太郎宅、五百羅漢玉宝寺前、北ノ窪奉迎所停錫。午後7時、塚原大雄丸奉迎所留錫夕食。狩野極楽寺に停錫し、矢倉神社遙拝。大雄山駅前広場にて停錫。飯沢八幡神社前で帰錫報告祈禱。鈴木善兵衛宅で上山準備の停錫。午前12時帰山安置祈禱。

第三項　警備の問題

近代に入って初めて行われた一八七一（明治四）年の出開帳は、二月一七日に高輪泉岳寺を出発し、二〇日より両国回向院において六〇日間の出開帳を催したもので、行列自体は、泉岳寺から日本橋、そして大伝馬町に向かい、両国橋を渡って回向院に至る経路で、約一〇キロメートルであった。当時の警護は、江戸の顔役であった剣幕長兵衛なる人物に依頼しており、行列の移動距離が短いため大がかりな警護ではなかった。しかし、一九三〇年の「帝都巡錫」では、東京全市を行列するため、主たる顔役に交渉を行う必要があった。

もう一つ警備を厳重にする理由として、一九二八（昭和三）年四月八日、仏教連合主催の日比谷公園花まつりにおいて、突然数名の暴漢が現れ、花御堂やその他の荘厳を蹴散らすという妨害行為があったことが挙げられている(26)。暴力行為を伴う宗教批判が横行していた状況をふまえ、東京各区の消防組頭連、俠骨である佃政・大宮組・武部組の大親分、日本相撲協会の力士に警備を依頼した。

まず、一〇月一一日、山主の命を受けた赤星隆禅事務長が、消防組東京第五方面第一一番組・榎本吉之助に巡錫の趣意を伝え、警備を依頼した。榎本は、「私は、子供時分より、先輩、剣幕長兵衛の名を聞いていますし、また、その遺族をも知っています。長兵衛大親分のごときには、到底及びつくせないけれども、その心持ちでは、それ以上劣らず御奉仕致しやしょう。東京各区の消防組頭にも、この旨を伝えたら、さぞかし喜んで、参加協力を惜しまないでしょう(27)」と、長兵衛の偉大さを述べ、協力を申し出たという。

次に、佃政の大親分・金子《かねこ》政吉《まさきち》（一八五七〜一九三四）との交渉である。金子はしばしば大雄山に参詣しており、山主との関係も決して浅くはなかった。そして、「今回図らずも、御警備の大任を仰せつかることは、私としても、得がたい機会だから、子分共とともに力の及ぶ限りやりやしょう(28)」と、御輿奉舁《ほうよ》と山主の駕籠《かご》脇の警護を担当することとなった。

また、大宮組組長・長嶋源次郎は、山主の主治医の伯父であった関係から、かねてより交友があった。ある日、長嶋が本郷の大雄山最乗寺東京出張所を訪れた際、御真殿の基礎工事を申し出ていることから、巡錫前より親密な関係を結んでいたことがうかがえる。「今回道了様の巡錫については、いわばウチのものだから、若い者をどんなことでもいいから奉仕させて頂きたい(29)」と、巡錫の行列整理とその雑務を引き受けたという。

最後に、洲崎に入る際、顔役の武部仲策親分の許可が必要であった。大宮組の長嶋が、「あれ（武部）は、俺のいわば弟分だから、渡りつけの際、大宮のオヤジが後盾だとひと言云ってもらえば、必ら（ママ）ず承知してもらえる(30)」と保証していたとおり、巡錫は武部に歓迎されたという。

親分たちとの交渉に加え、行列を組み大勢が練り歩く巡錫では交通の妨げにもなるため、警視庁の許可を得る必要もあった。道海が、警視総監・丸山鶴吉《まるやまつるきち》（一八八三〜一九五六）のもとへ出向いたとき、丸山は、「近ごろの坊さんはなか〳〵商売が上手になって、そういうことをして金もうけをやるので困る。このあいだもある信州の坊さんのために東京市の建物を無料で貸してあげるように世話をしたところが、これが金儲けのために上京しているんだった。それはそれとして第一、そんな大勢の人数がねり歩かれては、警衛が大変だ」(31)と、難色を示した。これに対し道海は、天皇が摂政宮のとき大雄山に登山したことと山林払い下げ交渉が落着したことに対するお礼に加え、関東大震災による死者慰霊がこの巡錫の趣旨であること、警備については佃政が引き受ける手はずになっていることを述べたところ、丸山は鶴見擾乱を解決した佃政の名前を聞き、安心して許可を与えたという。

このように、山主の人脈を利用した交渉を通じて警察の協力も取り付けたことにより、一週間にわたる約六〇〇〇人の大行列であった「帝都巡錫」も、妨害されることなく、完遂したとされている。

他方、道了薩埵の乗る御輿の担ぎ手に関しても難しい交渉があった。一八七一年の出開帳、一八八三年の本郷の大雄山最乗寺東京出張所入仏式の際には、両国の力士が御輿を担いでいた。その事実を交渉材料に、大雄山側の交渉役には相撲部屋と懇意にしている中西逸平が抜擢された。しかし、一九二五（大正一四）年に財団法人相撲協会が設立され、相撲協会の規則としては、巡業中は宮内省からの依頼以外は断ることになっていた。協会は、一九三〇年九月の招魂祭における奉納相撲も断っており、相撲協会取締役の入間川は、引き受けられないと一旦断りを入れている。しかし、大雄山側が過去の実績を持ち出し懇願すると、入間川は、「前に御話しした通り、協会として奉舁し得ないのは動かせない原則ですが、一部屋として、信仰上より奉舁に奉仕するなら、差支えないという意見に一致したから、現在の部屋で一番大きい出羽ノ海、およびその一門の春日野部屋が、これを引受《（ママ）》けることとなったから御承知を願いたい。しかし、二五人というお申込みであるが、営業政策上出来難いことだから、一二名にして、勘弁してもらいたい[32]」と、協会としてではなく、あくまでも一部屋の信仰を根拠として、人数の減少を条件に奉昇を引き受けたという。

　ここで注目すべきは、巡業中は「宮内省からの依頼以外」は受けられないという点である。東京における天皇制儀礼を地理や建築の観点から詳細に分析した長谷川香は、儀礼における警備の問題として、大正大礼東京市奉祝会（一九一五年一一月）と昭和大礼東京市奉祝会（一九二八年一一月）ではほぼ同じ経路がとられていたにもかかわらず、後者では市内の交通遮断範囲が拡張されていた点を指摘し、「沿道における警備体制や鹵簿の護衛体制、交通規制の変遷をより詳細に解明する必要があるだろう[33]」と課題を提示している。天皇制儀礼の場合、警備は警察や軍が担っている。私的な儀礼である「帝都巡錫」では、警察の許可は得られたものの、「交通整理上やむを得ない場合の外」干渉をしない、という態度であった。そのため、消防組や「大親分」への依頼によって私設の警備体制を構築している。その依頼は、過去の関係や、山主および事務局の人脈を利用してなされている。また、相撲協会との交渉では、巡業中は、宮内省以外からの依頼は受けないという協会の姿勢があり、これも交渉が困難となる要因となっている。これは裏を返せば、天皇制儀礼に関しては、力士の関与も容易にできるということであり、仏教儀礼を実施する際の難点が浮かび上がる。

第四項　メディア戦略

「帝都巡錫」は、メディアとの関連も深い。後援が報知新聞社となっており、後述するように当時の報知新聞社社長であった野間清治《のませいじ》（一八七八〜一九三八）宅でも祈禱を修した。また、同社講堂で決起集会や会議を行っている(34)。この協力関係の背景には釈黙笑《しやくもくしよう》（一八九五〜一九三六）の存在があった。出家前の名は藤沢順教であった釈は、秋田出身の曹洞宗僧侶であり、かつ『報知新聞』の宮内省担当記者であった。釈は一九一八（大正七）年には、南満州鉄道の援助で蒙古各地のラマ僧十余名を同伴して帰国するなど海外の僧侶との交流を図っていた(35)。他方、宮内省に特別の縁故があり(36)、「立正大師（日蓮）」勅額奉戴の申請方法を指導(37)、「円通大応国師（南浦紹明）」の諡号宣下の方法を助言するなど(38)、皇室と仏教界とのパイプ役となっていた。また、こうした事情をふまえてか、帝都巡錫における「宮城前大祈禱」の際には、釈が指揮を執っている。

他方、メディアを用いた宣伝に関して道海は、ラジオ放送の修養講座で講話を行い、巡錫の意義を分かりやすく伝えた。新聞でも準備から当日の様子にいたるまで、一九三〇年一〇月と一一月だけで（以下、括弧内は記事数）『横浜貿易新報』（二二）、『報知新聞』（二一）、『東京日日新聞』（一三）、『横浜毎日新聞』（九）、『都新聞』（八）、『国民新聞』（七）、『豆相新聞』（六）、『時事新報』（四）、『読売新聞』（三）、『万朝報』（三）、『中外日報』（二）、『東海新報』（二）、『東京朝日新聞』（二）、『東京民友新聞』（二）、『ジャパンタイムズ』（一）、『東海新聞』（一）、『東京大勢新聞』（一）、掲載紙不明（二）と一七紙全一〇九件の記事で報道されている。なかには、『ジャパンタイムズ』の英語記事や、写真を伴う記事も七件ある。そして、『横浜貿易新報』や『豆相新聞』といった地方紙の報道が多い点も注目される。

このように、「帝都巡錫」はメディアとの協力関係を築きながら、当日を迎える。

第五項　巡錫中の儀礼

一四〇・一四一頁の図2は、東京での巡錫経路と主な停錫先と儀礼内容を書き入れたものである。注目すべき仏教儀礼を挙げてみよう。

一一月一五日（土）には、「宮城前大祈禱」が行われ、大きな話題を呼んだ（図3〈一四二頁〉）。午前七時半の時点で、参列者は六〇〇〇人を数えた。法螺貝六〇名、講旗七〇〇本、東京各区消防組頭連、榎本吉之助・赤坂長次郎ほか二〇〇名、各組頭、筒先、纏、はしごなど数百名、大本山總持寺の孤峰副監院《かんにん》、鏡島副寺《ふうす》など随喜雲納約一〇〇名が行列に加わり、午前八時の出発時には八〇〇〇人に達した。「江戸開闢以来、かくも盛大なる行列は、徳川三百年の大名行列以来のことであろう」と評されている(39)。行列は芝橋・芝口を経由し、桜田本郷町・南佐久町一番地先の角を右折。国会議事堂前を通過し、凱旋道路から宮城を眺める頃には、待機していた信者、奉拝者は一万人に達していたという。

二重橋前広場には先述したように『報知新聞』記者・釈黙笑指揮のもとに大祈禱場を設け、白木造りの前机・香華灯燭を荘厳し、真菰を敷き詰めて同一行を待っていた。そして午前一一時、山主導師のもとに大祈禱会が厳修され、今上天皇陛下の玉体安寧・聖壽万歳・国家安康・万民富楽が祈念された。一一時半、道海は赤星事務長と釈を秘書官として随伴し、宮内省に参内。関屋宮内次官を通じて宝牘《ほうとく》（祈禱札）を献上した。

宮内省より道海が戻ると、馬場先門より市役所表門を入り、市役所正面玄関を左より右に通過した。御輿を市役所構内に入れ、玄関前に安置することは前例がなかった。市役所構内を一巡すると、横裏門から出て、日比谷公園東門より新音楽堂へ向かうと、東京市信徒の大歓迎があり、彼らの家内安全・福祉増進を記念した祈禱が以下の式

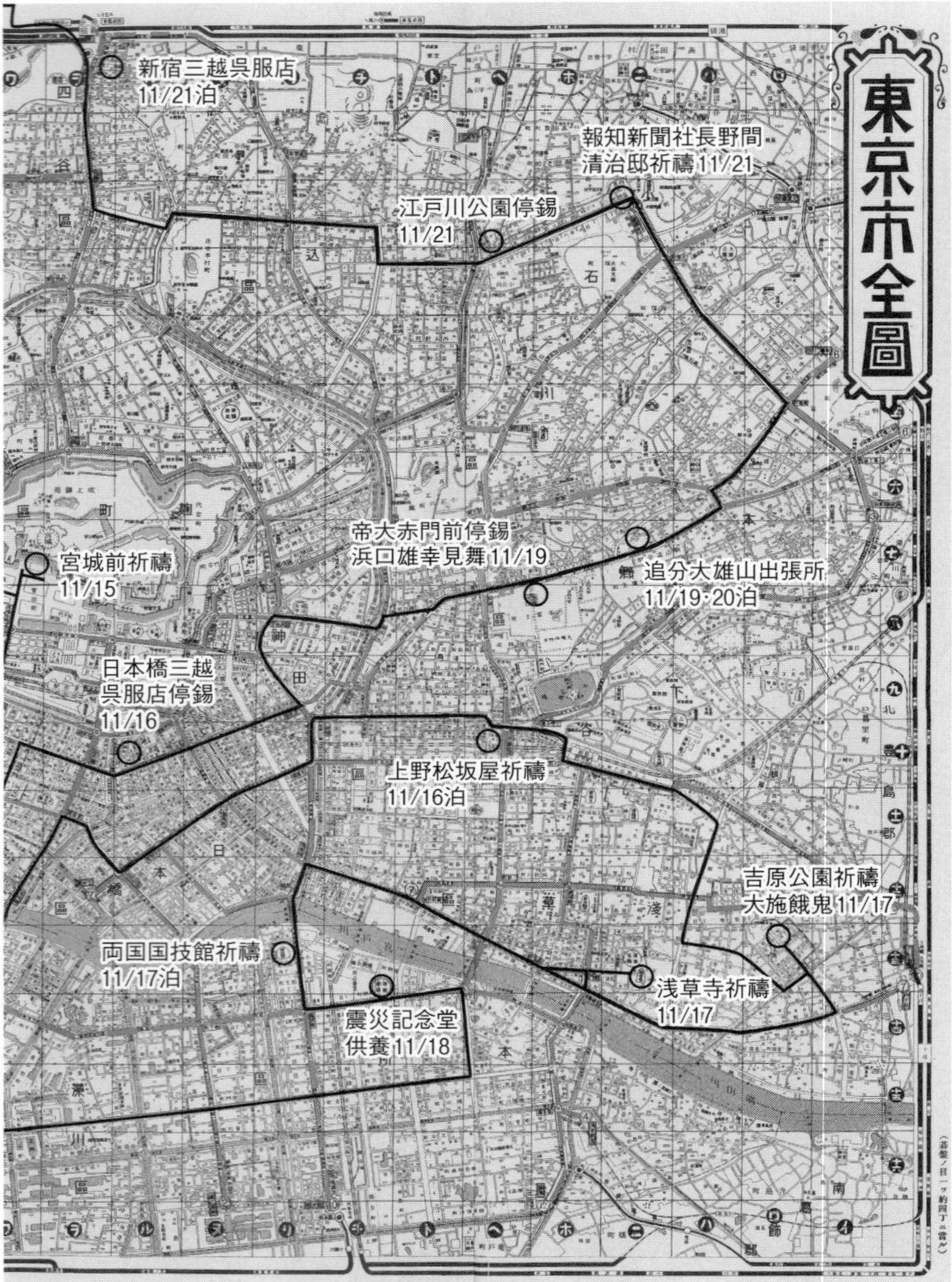

図２　帝都巡錫経路

（『巡錫』234〜235頁をもとに『東京市全図』〈1927年〉を下図にして筆者作成）

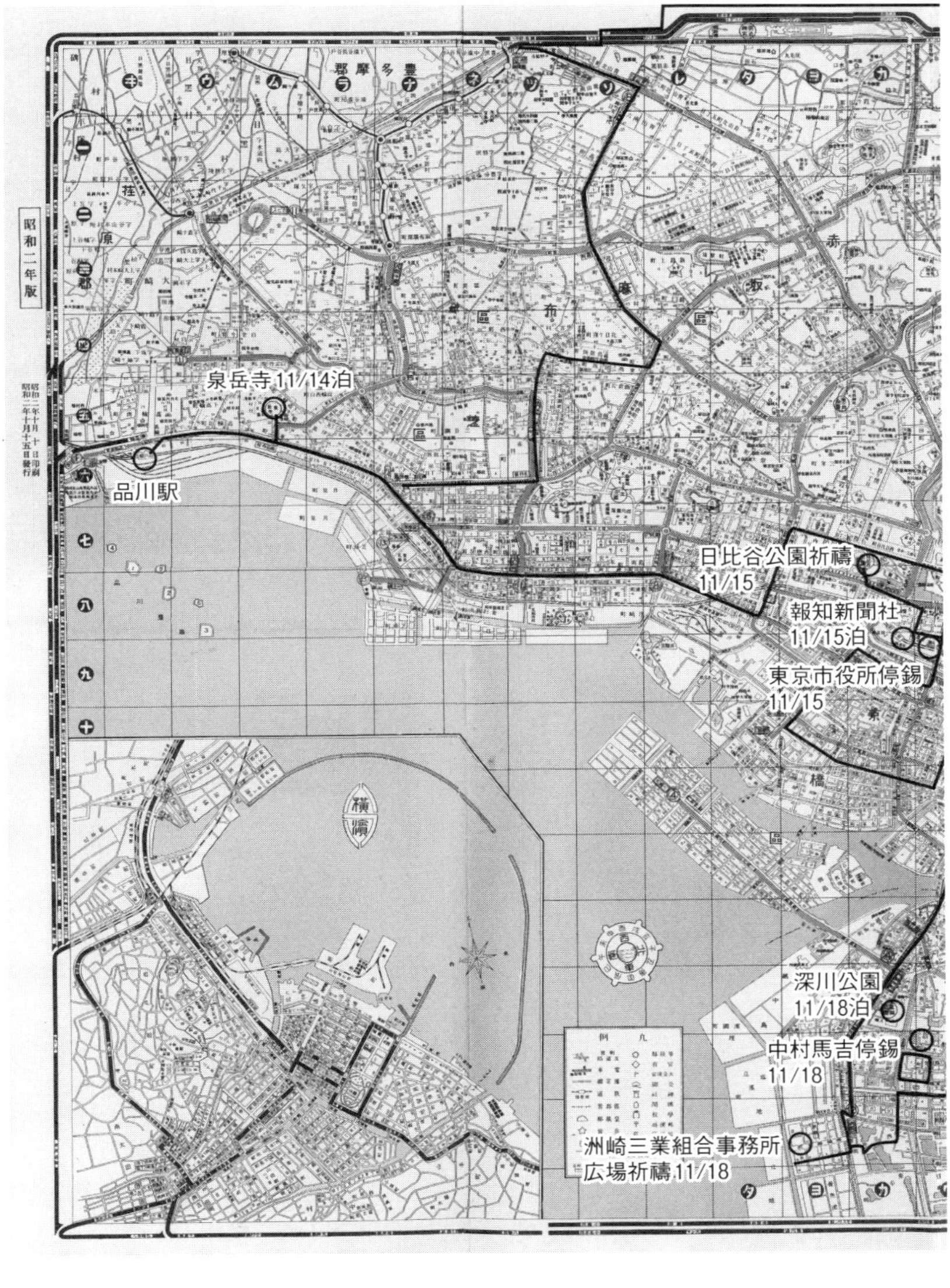
昭和二年版
昭和二年十月十日印刷
昭和二年十月十五日發行
泉岳寺11/14泊
品川駅
日比谷公園祈禱
11/15
報知新聞社
11/15泊
東京市役所停錫
11/15
深川公園
11/18泊
中村馬吉停錫
11/18
洲崎三業組合事務所
広場祈禱11/18

図3　宮城前に安置された御輿（『巡錫』、179頁より）

次第の順で行われた。

宮内省雅楽、大祈禱会、五大誓願、牛塚府知事焼香、永田市長代理焼香、床次竹次郎焼香、
報知新聞社副社長寺田四郎挨拶、牛塚府知事祝辞、永田市長祝辞代理代読、大雄山信徒総代池上谷之助祝辞、大神楽、宮内省雅楽
（『巡錫』、四一～四二頁）

宮内省の雅楽、府知事と市長の焼香、祝辞があったことから、行政も関与する祈禱であったことが分かる。この祈禱後、二時間の休憩をとり、仮宿泊所の報知新聞社に入っている。

なお、この日は首相・浜口雄幸《はまぐちおさち》（一八七〇～一九三一）が襲撃された事件の翌日であり、回復祈願の宝牘を官邸に送り、また久邇宮家にも宝牘を献上している。参拝者には、場所柄のモダンボーイ・モダンガールや紳士淑女といった連中が多く、その他の参拝者を数えて九〇〇〇人に上ったという[40]。

一一月一六日（日）は、午前一一時三〇分に日本橋室町の三越呉服店に到着した。三越呉服店への留錫は一八七一年の際と同様に、同店から依頼を受けてのものだった。前日の宮城前大祈禱が新聞で報道されたことに加え、日曜日ということもあって大勢の人で賑わった。

三越呉服店での赤飯の饗応を伴う二時間の休憩ののち、行列は須田町に出て万世橋を渡り、御成街道を経て、午後四時頃、上野松坂屋に到着した。上野松坂屋では、道了尊を安置後、店内安全・商業繁昌の祈禱を行った。空也念仏講も参加し、参詣人は三万人となった。

一一月一七日（月）、上野公園ガード前に整列した行列は、電車通りに沿って上野山下を右へ、車坂電車交叉点を左折、入谷町三二〇番地先を右へ入り、入谷通りに出て、浅草千束二丁目一二九番地角を左に進んだ。途中、木樽弥惣治宅前で停錫し、茶菓と神酒の奉納を受けた。田町二丁目巡査派出所前を左に入り、五十軒町を左に折れて、吉原大門に入った。吉原公園では、廓内安全・営業繁昌・開運満足の祈禱と同時に震災被害の精霊に対して『甘露門』を読誦して大施餓鬼を厳修した。

一一月一八日（火）は、午前九時に国技館を出発し、本所緑町一丁目電車交叉点を左折し、被服廠跡震災記念堂前広場に御輿を据える。一行は、その堂内で数万の遭難者の霊に対して弔いを行った。

ほかにも、報知新聞社社長・野間清治や講元の自宅などで商売繁盛・家内安全の祈禱を行っている。「帝都巡錫」で実施された個人宅前での祈禱は、これまでにない試みであった。

各地で話題となったこの巡錫は、「民衆は、極めて大なるセンセイションを起し「大薩埵が六〇年目に世直しの為めに、帝都に上られる」と云ふ、京浜各新聞の記事と共に、直ちに人気のパロメーターたる、株式市場に反映して、東株の如き一五日以後は、上騰の傾向を呈した」(41)と、株価にも影響を与えたと伝えられている。

「帝都巡錫」を通じて、沿道に群集して巡錫を拝した者は一〇〇万人、東京の民衆に頒布した宝牘は三〇万枚、東京以外では二〇万枚となった。参加者の感想によれば、子どもに合掌礼拝をさせた後、自らも合掌礼拝する母親、交通巡査の制するのも聞かず、どうぞ道了様を拝ましてくださいと歎願する婦人、霊輿を安置するとき危ないと言っても、死んでもよいから近くで拝みたいと言う老婆、背の子に御札を渡してくださいと頼む母親など、女性の熱心な様子が強く印象に残っているという。[42] その様子に道海も共感する一方で、四〇歳から五〇歳前後の男性、とくに知識階級と思われる者の中には、ほとんど一人として脱帽または合掌する者は見受けられず、その宗教に対する無礼な態度にはマルクス主義の影響があるとしている。[43]

巡錫後、大雄山は一九三一年に雑誌『大雄』（後に『大雄新聞』に改題）を創刊し、一九三五年には信仰と科学、信仰と医療を合した「大雄病院」を設立するなど、「帝都巡錫」が大雄山最乗寺の発展に寄与したと考えられる。従来の一カ所の宿寺に定住する出開帳と異なり、各地を回って慰霊や祈禱を行う「帝都巡錫」は、天狗に姿を変え、空を自由に飛び回るという道了薩埵の伝承と結びつき、「縦横無尽」という表現が似合う。こうした巡錫を支えたのが、これまでの大雄山最乗寺との関係を維持し、協力してきた講中、私的な警備団、百貨店の協力であった。

おわりに

近代における開帳は、鉄道会社の主導によって宗教性のない観光メインの行事となる点や金儲けの手段としての側面が先行研究で注目されていた。本章では、「近代開帳年表」を作成し、近世との共通点、相違点を明らかにし、具体例として大雄山最乗寺の出開帳を検討した。

江戸を中心に盛んに行われた近世の開帳は、江戸末期になると徐々に勢いを失っていった。明治期に入ると、文明開化に適さないという批判が見られたものの、コレラの流行に伴う開帳を抑制する通達から、いまだ開帳が人々の集う機会として影響力を持っていたことがうかがえる。近世と近代を通じて開帳を実施する宗派は日蓮宗と真言宗が中心であり、また江戸の開帳「四天王」と呼ばれた寺院も、回向院を宿寺として近代においても積極的に開帳を行っていた。開帳の実施へ大きな影響を与えたのが、他府県への開帳を禁止した一八七六（明治九）年の教部省布達であった。教導職制度が終了する一八八四年に他府県への開帳が解禁されると、福田会育児院の児童を参加させる、または同院へ開帳で得た収益を寄付するなど、社会貢献を意識した活動が見られた。第二章で論じた施餓鬼と同様に、鉄道会社との協同や戦争必勝祈願を目的とした開帳も近代の特徴と言える。

また、博物館での仏像展示との比較を通じて、信仰に基づいて実施される開帳への評価が高まったこともあった。この点は、北澤憲昭が「礼拝から鑑賞へ、宗教から美術へ」の変化と指摘した点とも関連する。(44)その一方で、『帝国新報』記者・川上都喜子の以下の意見は興味深い。

仏像を守護することは決して僧侶の仕事の全部ではないにも拘らず、彼等、既成宗教団の現在の仕事は、単なる一体の仏像を守護する事に在ると云つても過言でありますまい。そこへ――その廃墟にも等しい伽藍へ、吾々が一日の日暮しを犠牲にして詣でるとき、僅かに一種の脅威的、誘惑的の儀式を見せられるだけで、其の他、私し共が彼等に依つて如何なる功徳を授けられる事が出来るのでせう。

（「全国新聞記者の信仰と仏教観（二）」〈『中央仏教』七巻六号、一九二三年六月〉、四〇頁）

新聞記者の川上は、既成仏教教団が仏像の守護ばかりに目を向け、一般の人々の救済を行っていないと批判する。

単なる金儲けの手段として仏像を利用する点への批判は、本章第二節第一項で見たように、近世から継続していた。

そうしたなか、関東大震災後の慰霊と寺内の官有林払い下げへの感謝を目的として実施された大雄山最乗寺の出開帳「帝都巡錫」は、人々のニーズに応えた儀礼だったと言える。天皇制儀礼に比べて警備体制の構築が困難である点が本章で明らかとなったが、「帝都巡錫」の特徴は、寺院空間での安置が原則とされていた開帳に新たな手法を導入した点にあった。それは、祈禱の力の源泉である道了薩埵が各地を巡錫し、宮城前・百貨店・公園・個人宅前などで祈禱を行うという、儀礼空間の創出機能でもある。これを実現させたのは、鉄道や自動車といった交通機関の発展による移動時間の短縮とメディアを通じた話題作りであり、これらを通じて近代特有の儀礼空間の形成がなされたと言えよう。

今後の課題として、東京における大礼などの天皇制儀礼との詳細な比較が挙げられる。加えて、すでに指摘されているように、江戸以外の地域における出開帳の研究は、非常に乏しい(45)。本章でも東京の事例が中心であったが、地方新聞を含めた各地の報道内容の詳細な検討も必要とされる。この点に関して、次章では、地方寺院でも儀礼空間を形成した授戒会の動向を検討する。

註

(1) 『朝日新聞』二〇二一年八月二二日、朝刊一七頁。
(2) 比留間尚『江戸の開帳』(吉川弘文館、一九八〇年)、二一頁。
(3) 北村行遠『近世開帳の研究』(名著出版、一九八九年)、三～七頁。
(4) 同前。

(5) 比留間尚「江戸の開帳」(西山松之助編『江戸町人の研究　第二巻』吉川弘文館、一九七三年収録)。

(6) 塚本俊孝「嵯峨釈迦仏の江戸出開帳について」(『仏教文化研究』六・七号、一九五八年)。鷹司誓玉「善光寺の江戸開帳について」(『佛教大学研究紀要』四四・四五号、一九六三年)。長谷川匡俊「近世の飯沼観音と庶民信仰――開帳と本堂再建勧化をとおしてみたる」(『淑徳大学研究紀要』八巻、一九七四年)。湯浅隆「江戸の開帳における十八世紀後半の変化」(『国立歴史民俗博物館研究報告』三三号、一九九一年)。久我美咲「近世寺院における出開帳と講中の研究――水口山蓮華寺の例をもとに」(『愛知県立大学大学院国際文化研究科論集　日本文化編』一四号、二〇一三年)。

(7) 滝口正哉「都市における富くじ・開帳・祭礼」(島薗進・高埜利彦・林淳・若尾政希編『シリーズ日本人と宗教――近世から近代へ　第四巻　勧進・参詣・祝祭』春秋社、二〇一五年)、一四二頁。

(8) 森正人『四国遍路の近現代――「モダン遍路」から「癒やしの旅」まで』(創元社、二〇〇五年)、八三頁。

(9) 同前、八九頁。

(10) 比留間前掲註(5)「江戸の開帳」、三四四頁。

(11) 同前、四三七頁。

(12) 現在は、京都建仁寺の塔頭寺院・両足院に安置されている。「しろき観音特別御開帳について」https://ryo-sokuin.com/special/%E3%81%97%E3%82%8D%E3%81%8D%E8%A6%B3%E9%9F%B3%E7%89%B9%E5%88%A5%E5%BE%A1%E9%96%8B%E5%B8%B3%E3%81%AB%E3%81%A4%E3%81%84%E3%81%A6/ (二〇二四年七月一〇日閲覧)。

(13) 以下【 】内の番号は巻末資料編収録の「近代開帳年表」の事例を示す。

(14) 鈴木勇一郎『電鉄は聖地をめざす――都市と鉄道の日本近代史』(講談社選書メチエ、二〇一九年)、とくに第二章「寺門興隆と名所開発――川崎大師平間寺と京浜電鉄」参照。

(15) 比留間前掲註(2)『江戸の開帳』、六頁。

(16) 比留間前掲註(5)「江戸の開帳」、二七九頁。

(17) 同前、三四八頁。
(18) 比留間前掲註(2)『江戸の開帳』、六三〜七六頁。
(19) 『朝日新聞』一九三七年九月六日、朝刊一〇頁。
(20) 松田文雄『大雄山と御開山さま　了庵慧明禅師の足跡をたずねて』(大雄山最乗寺、一九八四年)、八〜九頁。
(21) 志賀明彦「大雄山最乗寺の開創縁起について(二)」(『曹洞宗研究員研究紀要』二〇号、一九八八年)、二一〜二二頁。
(22) 荻須梅信編『大雄山誌』(最乗寺、一九一二年)。岩沢義雄『大雄山と道了薩埵』(大雄山最乗寺、一九三五年)。伊藤峰宗編『大雄山誌』(大雄山最乗寺、一九六一年)。
(23) 佐々木宏幹「生活仏教の諸相——宗教人類学的視点から」(『宗教研究』七四巻四輯、二〇〇一年)、三九〜四〇頁。代表的な成果に、山岡隆晃「大雄山最乗寺における仏教的複合について」(『宗教研究』五七巻三輯)、一九八三年。
(24) 渡部正英「禅宗寺院の開帳について——大雄山最乗寺の場合」(『曹洞宗研究員研究生研究紀要』一八号、一九八六年)、一二四頁。
(25) 伊藤道海『禅による人間形成——人生問答』(世界文庫〈初版一九三五年〉、一九六四年)、五九〜六一頁。
(26) 道了尊帝都御巡錫記編集委員会編『道了尊帝都御巡錫記』(大雄山最乗寺、一九八六年)、一五頁。
(27) 同前、一六頁。
(28) 同前。
(29) 同前、一七頁。
(30) 同前。
(31) 同前、四〇四〜四〇五頁。
(32) 同前、一九頁。
(33) 長谷川香『近代天皇制と東京——儀礼空間からみた都市・建築史』(東京大学出版会、二〇二〇年)、三三七頁。

(34) 道了尊帝都御巡錫記編集委員会編前掲註(26)『道了尊帝都御巡錫記』、一二一～一二三頁。
(35) 中濃教篤『近代日本の宗教と政治』(アポロン社、一九六八年)、一四三頁。
(36) 佐川良視ほか『横手郷土史年表――明治元年―昭和四十三年』(東洋書院、一九七七年)、二四一～二四二頁。
(37) 新倉善之『池上本門寺百年史』(池上本門寺、一九八一年)、二八一頁。「釈黙照」とあるが黙笑のことと思われる。
(38) 妙心寺派宗務本所編『大本山妙心寺開創六百年記念・再興本源円通国師四百五十年遠諱大法会記録』(妙心寺派宗務本所、一九三七年)、九二頁。
(39) 道了尊帝都御巡錫記編集委員会編前掲註(26)『道了尊帝都御巡錫記』、四〇頁。
(40) 同前、四二頁。
(41) 同前、四一四～四一五頁。
(42) 同前、四六〇頁。
(43) 同前、四一五～四一六頁。
(44) 北澤憲昭「文庫版解説　「ことば」と「機構」――自己探求としての日本近代美術史論」(佐藤道信『〈日本美術〉誕生――近代日本の「ことば」と戦略』〈ちくま学芸文庫、二〇二一年〉)、二七九頁。
(45) 久我前掲註(6)「近世寺院における出開帳と講中の研究」、一二四頁。

第四章　授戒会の動向
――曹洞宗機関誌を中心として――

本章では、近代における曹洞宗の授戒会の動向を検証する。授戒会は、在家に対して血脈を授与する法会である。七日間にわたる修行を基本とし、時間的・精神的にも負担が大きいが、行を終え、血脈が授けられた時の充足感は高く、在家布教に効果的な儀礼とされる。先行研究においては、明治期の授戒会の動向に関して若干蓄積があるが、大正・昭和期の検証は見られない。本章では主たる資料として曹洞宗機関誌の記事を用い、授戒会修行数の変遷や地域別の特徴を示し、女性の参加や天皇の行幸啓との関係を考察する。

はじめに

道元（一二〇〇～五三）は、これまで日本の大乗戒の基本であった『梵網経』の十重四十八戒軽戒と、『瓔珞経《ようらくきょう》』の「三聚浄戒」から成る「円頓戒」を改め、「三帰戒」「三聚浄戒」「十重禁戒」の十六条を「菩薩戒」として規定した。これらは、中国で道元が師である如浄（一一六三～一二二八）から受けた戒であり、その時の次第・作法は

『仏祖正伝菩薩戒作法』に記されている。現在の曹洞宗の授戒会も如浄と道元に倣い、『仏祖正伝菩薩戒作法』に従って行われているとされる。

仏教史学者の今枝愛真《いまえだあいしん》（一九二三～二〇一〇）が、中世には江湖会《ごうこえ》とともに戦国大名の間で盛んに興行され、別個の本末関係によって発展をしていた各門派が、江湖会や授戒会を媒介に戦国大名の領国単位ごとに横の結びつきを形成した[1]、と指摘するように、授戒会は、教団発展の上で注目すべき儀礼である。一般民衆を対象とした授戒会は江戸時代にはじまったとされ、同時代中期に大成され、現在の授戒会の基本ができた[2]。曹洞宗においては、江戸時代後期の宗統復古運動の一環として体系化され、形式が整えられる。

現行の授戒会では、仏祖に代わり血脈を授ける戒師《かいし》、戒師とともに仏の教えを説く教授師《きょうじゅし》、仏弟子となる道を示し、戒弟を引っ張っていく引請師《いんじょうし》という三師のほかに、少なくとも三〇名以上の僧侶が必要とされ、戒弟は四衆（比丘・比丘尼・優婆夷・優婆塞）が参加する。両大本山（永平寺・總持寺）では毎年四月に七日間の「報恩授戒会」が修行されているが、一般寺院において七日間の拘束は難しく、現在では五日間の授戒会や、二から五日の法脈会、一から三日の因脈会といった簡略化した授戒会も行われている。表1は、七日間の授戒会の例である。第二章で扱った施餓鬼（施食）や、次章で扱う坐禅など、授戒会のなかには多くの儀礼が含まれている。

管見の限り、曹洞宗における授戒会研究の端緒は、一九三五（昭和一〇）年の田島柏堂「洞上戸羅会の成立とその展開」（『駒澤大学実践宗乗研究会年報』三号）である。田島は、中国宋代に始まる授戒会の事例を紹介し、江戸時代の月舟宗胡《げっしゅうそうこ》（一六一八～九六）・卍山道白《まんざんどうはく》（一六三六～一七一五）・面山瑞方《めんざんずいほう》（一六八三～一七六九）に関する授戒会の資料から、曹洞宗における授戒会の展開を考察し、明治期の布達にも言及している。また一九三九年には、法式の専門家である永久岳水《ながひさがくすい》によって『授戒会の仕方』（代々木書院）が上梓された。

表1「授戒会行持日鑑」（一例）

時刻／日時	午前			午後			夜間	
	早晩	早晨	禺中	午時	下午	哺時	黄昏	初夜
第一日	暁天坐禅 朝課諷経	小食 内外清掃	戒弟受付 迎聖諷経 啓建歎仏 礼仏	献供諷経 供養諷経 午時飯台	因脈授与 説戒 礼仏	亡戒諷経 供養諷経 薬石	壇上礼 仏祖礼	説教 戒弟打眠 大衆夜坐 梵網経真読
第二日	暁天坐禅 朝課諷経 歎仏 説教	献粥諷経 戒源師諷経 供養諷経 小参 朝参の拝 小食飯台 巡堂	歎仏 説教 礼仏	（以下前日	と同じ）			
第三日		戒弟順列決定	（前日と同じ）					
第四日	（前日と	同じ）		中日法要				
第五日	懺悔道場打合	（前日と	同じ）					仏祖礼 懺悔道場 壇上礼
第六日	（前日と同じ） 教授道場 正授道場打合		須弥遶帀 請拝式 壇上礼 満散歎仏	（前日と	同じ）			教授道場 正授道場
第七日	暁天坐禅		無縁大施食会 送聖諷経 謝拝乞暇 完戒上堂 四衆開敬					

曹洞宗宗務庁教学部『昭和修訂曹洞宗行持軌範』曹洞宗宗務庁、一九八八年、三〇七～三〇八頁参照。

戦後、しばらく授戒会研究は見られないが、一九六五年に松井昭典が、曹洞宗伝道史として江戸期を中心に授戒会の歴史的展開を整理した(3)。同年、曹洞宗では、家庭内に本尊を祀る「本尊奉祀運動」が展開された。その後、家庭内に本尊を祀ることを経てさらに自己の信心を徹底する、という指針のもと実施されたのが一九八一年度の「総授戒運動」である。この運動が開始されたことで、授戒会研究が新たな展開を迎える。

まず、天台宗・高野山真言宗・真言宗智山派・浄土宗・臨済宗妙心寺派の授戒会を比較した報告が、曹洞宗教化研修所によってなされた(4)。次に、「総授戒運動」の中間報告書として出版されたのが、『授戒会の研究』(曹洞宗宗務庁、一九八五年)である。同書では、櫻井秀雄を司会として、松本皓一(宗教学)・山折哲雄(哲学)・松田文雄(宗学)の研究者三名と、有馬実成・鈴木鉄心の現役僧侶二名によるシンポジウム「授戒の現代的意義」の記録をはじめ、授戒会に関する報告と参考文献がまとめられている。

これまでは曹洞宗の専門機関による研究が多数を占めてきたが、『仏教民俗学大系1』(名著出版、一九九三年)には「諸宗派の授戒会」として、天台宗・禅宗・浄土宗・日蓮宗の授戒会に関する論考が収められている。以降、一九九五(平成七)年から現代の授戒会に関する報告がなされ(5)、近年では秋央文が、曹洞宗の伝戒儀軌の原点とされる道元が如浄から授戒を受けた記録『仏祖正伝菩薩戒作法』と現行の授戒会の差定比較を行った(6)。中世に関しては、広瀬良弘が、近江徳昌寺や美濃禅幢寺で一五三五(天文四)年以降、三二年三カ月の間に四一九名の戒弟を出した禅僧の記録「当寺前住数代之戒帳」の分析を行っている(7)。

以上、授戒会研究の動向を振り返った。大別すれば、禅戒思想と授戒会の関係を考察する宗学的研究(8)、授戒会の成立に関する歴史学的研究、授戒会の開催方法に関する現代の布教研究、の三つに分類される。時代としては、現行の授戒会の発祥とされる近世と現代が中心であり、近代が対象となることは少ない(9)。『授戒会の研究』の付表において、明治時代の授戒会についての修行数が掲載されているものの、大正・昭和を含めてはいない。

本章では、授戒会研究の近代に関する言及を振り返りつつ、曹洞宗機関誌の記事から[10]、近代における授戒会の動向を検証する。なお「機関誌」とは、曹洞宗の告示・報告を含む刊行物を指す。具体的には、『曹洞宗両本山布達全書』（一八七二〜七八年）、『曹洞宗務局普達全書』（一八七九〜一九〇三年）、『曹洞宗報』（一八九四年八月一〇日〜一八九五年三月二日）、『宗報』（一八九六年一二月一五日〜一九四〇年九月一日の一〇三八号。以後『曹洞宗社会課時報』と合併し、『曹洞宗報』と改題）を指す。曹洞宗機関誌の情報は、曹洞宗寺院の住職に影響を与えていると考えられ、そこから、檀信徒を中心とする人々へと授戒会の実践が拡がる過程を検証したい。

第一節　授戒会に関する布達

「はじめに」で紹介した田島柏堂の論文では、「月宗卍山の戒会創設の真意を了解し、再び明治時代の醜態を演ぜざる様、廃悪修善、法式の改正を試み、形式的に吾両祖道の真髄と合致せしむる事が肝要である[11]」と、明治時代の授戒会は「醜態」と評されている。田島は、『曹洞宗両本山布達全書』から授戒会に関する項目を紹介しているが、田島が挙げた授戒会に関する布達は簡略的なものであるため、明治初頭の授戒会に関する布達六点を再度確認していく。

①明治五年十月三十日　　　全国録司

一、戒会ノ儀近来最モ弊ヲ生シ外謗不少依テ正則相立布達ニ及候迄興行相見合可申事

（『自明治五年至明治十一年曹洞宗両本山布達全書』、八丁表）

②戒会口宣　明治六年三月　　日闕　　全国末派寺院

一、授戒ハ宗門ノ大法用タル処時運澆季ニ属シ弊害ヲ醸スヿ尠カラス依テ儘地方官ノ嫌厭ヲ生シ停止ノ令出ルモ亦難測是レ無他流弊ヲ革メス事ヲ戒会ニ托シ自利ヲ営ムニ至ルニ在リ是教家ノ賊ニ非スヤ因テ先般差留置キ今度新ニ略則相定候間其旨違背無之遵行致スヘキ事

一、戒師ハ教導ノ大任タルヲ以徳行碩学ヲ精撰シ方今ノ国体ヲ洞察シ公布ハ勿論事理ニ悖戻セサル様四衆ヲ説諭シ盛世ニ裨益アルヲ要トス教授師亦能ク此ニ注意シ以テ戒師ヲ補翼スヘキ事

一、戒金ハ地方ノ適宜ト雖公評ヲ以可定事

但供養抔ト唱ヘ勧財ヶ間数事厳禁タルヘク其余一切ノ施物我ヨリ催スルヿ勿レ

一、檀越等信心ノ輩企望スルニ非スシテ大衆勧発抔ト唱ヒ会計方法ノ目途モ無之猥リニ不可施行事

一、男女ノ径界ヲ正スルヿ加行及ヒ順列飯台等判然タルヘキ事

一、登壇懺悔捨身等ノ節見聞ニ落サル様専ラ注意スヘシ

一、入戒ス、メト中立繋念ナキ者ヲ強勧招集ス可ラサル事

一、雨安居ハ五月十五日ヨリ八月十五日ニ至雪安居ハ十一月十五日ヨリ二月十五日ニ至ル

一、三仏会諸祖忌新暦ノ月日ニ可順事

建札雛形（図省略）

若シ説教数日ノ中ニ授戒等ノ法式修行候ハ、別ニ標札ヲ出スヘキ事

右ノ通及布達候也

（『自明治五年至明治十一年曹洞宗両本山布達全書』、一〇丁表―裏）

まず、①②は、授戒会が弊害となっているため規制する、という布達である。江戸時代末から明治初期にかけて、会計方法が不明瞭なものや檀信徒の求めによらない強制的な授戒会が横行していたようである。また、新暦による法会の執行も指示されている。

③第二十《（マヽ）》号　明治八年六月十五日　全国末派寺院

授戒法会中頭香之儀別紙之通差止相成候条此旨可相心得候付テハ換頭香ノ仮式左之通相定メ尚釐正筋追テ相達スヘク候間愈ニ戒律宗規厳密一遵行可致此段布達候事

換香頭仮式図

戒教引ノ三師等観音ヲ唱念シ遶匝ノ際大間ノ戒弟合掌拈香ス遶匝了テ直寮ノ者左右ノ戒弟ヲ次第ニ率進シ中央ノ香炉ニ糸香ヲ献セシメ順次本位ニ帰セシム

（『自明治五年至明治十一年曹洞宗両本山布達全書』、四一丁表）

③では、頭の上で香を焚く「頭香」を差し止め、戒弟が線香を香炉に持っていくという、差定の簡略化が図られ

ている。

④第廿六号　明治八年九月廿八日　　全国末派寺院

本宗授戒法会ノ儀ハ素ヨリ仏制ニ依遵シ厳密ニ施行可致ハ無論ニ候処近頃僻陬ノ僧侶動モスレハ戒体戒相ノ如何トモ弁セス開遮持犯ノ説教ヲモ解シ得サル輩猥ニ自ラ戒師ト為リ間々傍嘲ト受者有之哉ニ相聞右ハ一宗ノ隆汚ニ関シ不容易儀ニ付今後戒師ハ品行徳望ハ勿論学識兼備宗門伝戒ノ根柢ヲ丁スル者ニ非レハ叨ニ戒師ト称シ授戒法会施行不相成候条此旨布達候事

（『自明治五年至明治十一年曹洞宗両本山布達全書』、五二丁表）

④は、戒師に対する規制であり、「品行徳望ハ勿論学識兼備宗門伝戒ノ根柢ヲ丁スル者」以外を誡めている。この規制から、特に知識のない戒師が横行していたことが推察される。

⑤第五号　明治十年三月十九日　　全国末派寺院

本宗授戒会修行ノ儀ニ付テハ明治六年二月口宣書及布達尚又明治八年宗局第廿号同第廿六号ヲ以達置候次第モ有之必流弊ヲ洗除シ祖門大戒ノ光輝ヲ発揚スヘキハ勿論ニ候処兎角慣習ヲ脱兼間々猥修ノ聞ヘ有之各自職掌上不相済事ニ候依テ今般更ニ左之通授戒会修行規約相定候条自今之ニ照準可致此旨布達候事

授戒会修行規約

第一条　授戒ハ仏祖正伝ノ規式ニシテ禅定及智慧ヲ生スルコト此ノ戒ニ依因スルニ拠ル宗門ニ一大因縁ト称スル所以ナリ大凡ソ人ヲシテ防非止悪倫常ニ過チナカラシムル者焉ヨリ最ナルハナシ深ク照亮シテ信受奉行慧

命ヲ相続セシムルヲ旨トスヘシ
第二条　授戒会ハ信人檀越挙ツテ企望スルニ非ルヨリハ安居ノ衆僧之ヲ勧発又ハ住職ノ己見ヲ以テ発起シ会中ノ経費ヲ予筭確定セスシテ叨リニ修行スルヲ禁ス
第三条　入戒ス、メト称シ予メ僧侶ヲ各処へ派遣シテ繫念ナキ者ヲ勧誘招集ス可ラス
第四条　会中四衆ヲ甄別シ就中優婆塞優婆夷ノ限界ヲ厳密ニシ起居ヲ粛整スヘシ礼仏聞法以テ聖果ヲ期シ慧命ヲ断絶セサラシムルハ本会ノ専務タリ戒師以下随喜ノ寺院及一般ノ衆僧須ク一切ノ行事見聞ニ巨益ヲ与ルヲ要スヘシ
第五条　三時四衆ノ供養ハ大概ネ設会ノ寺院該常什ヨリ営弁スルカ或ハ信心企望ノ檀越ニ謀リ前以予備確定スヘキ者トス入戒者ニ対シ臨時毫モ施財ヲ募ル可ラス他ヲシテ非議ヲ来タシ遂ニ謗法罪ヲ犯サシムルハ職トシテ之ニ由ル深ク付量思惟スヘシ
第六条　得戒師ハ明治八年局達第廿六号ニ準シ必正師ヲ請スヘシ教授羯摩ノ二師ハ得戒師ヲ補翼スル者ニ付是亦其人ヲ撰サル可ラス
第七条　今後右条件ニ違背シ授戒会ヲ修行セント欲スル者アラハ教導取締宗務支局ニ於テ取調へ之ヲ差止置速ニ始末ヲ具シテ本局へ伺指図ヲ受クヘシ
（『自明治五年至明治十一年曹洞宗両本山布達全書』、九六丁裏〜九七丁裏）

⑤では、②から④の内容をふまえて、「授戒会修行規約」全七条が制定されている。授戒会が宗門にとって重要であること、予算を計画した上で実施すること、男性（優婆夷）と女性（優婆塞）の差を認識すること、などが規定され、規約を破った場合は取り調べが行われる。宗門の行政機関である宗務局が授戒会に対して統制を強めた事

例である。

⑥宗務局布達第六号　明治十四年二月廿三日　全国末派寺院

布教ノ振否ハ教職ノ謹惰ニ在リト雖モ其実際ニ臨ミ間マ伸暢ヲ得サラシムルモノ職トシテ教会費ノ闕乏ニ由レリ抑モ両山永続資及本校費ヲ除ノ外其費途ニ充ツルモノ僅少ニシテ十ノ一二タモ償弁シ能ハス是レ尋常憂苦スル所ナリ依テ自今末派寺院ニ於テ授戒会修行ノ節ハ別紙規条ノ通該寺ヨリ本局へ教会金ヲ納付シ戒師ヨリ　両祖真前へ香誼ヲ献納シ即チ一ハ両山ニ於テ積立鎮金トナシ一ハ教会費ノ幾分ヲ補充シ以テ布教ノ便宜ヲ希図スヘキ旨確定候条一同領認可致此旨布達候事

但教会金ハ戒会収額中ヨリ納ルモ戒弟ヨリ別納セシムルモ時宜ニ依ルヘシ

○

教会金及香誼納付規条

第一条　戒弟百人ニ付其寺ヨリ教会金弐円戒師ヨリ香誼金五十銭ヲ定額トナシ人数ニ応スルノ金額ヲ納付スヘキモノトス

但教会金ハ正戒代戒ヲ論セス納ムヘキモノトス

第二条　完戒後十日以内（甲印）納金表ヲ作テ中教院へ出シ（乙印）逓送表ヲ添テ該金額即チ紙幣或ハ為換証ヲ以直チニ本局へ宛之ヲ発スヘシ

但送金中教院ヲ経レハ両重ノ手数トナルニ付直納セシム

（甲印）

授戒会修行ニ付教会金及香誼納表

入戒四衆何百何拾人

総計金何拾円何拾銭

　内訳

金何円何拾銭　教会金

金何円何拾銭　香　誼

　計如高

右ハ拙寺本月何日戒会ヲ啓建シ何日完戒ニ至候ニ付明治十四年宗局第六号達ニ準シ前書ノ金額（紙幣為換証）ヲ以納付候条御照納可被下候也

年月日

何国何郡何村何寺住職

職　級　姓　名　印

同寺授戒会戒師

何国何郡何村何寺住職

職　級　姓　名　印

曹　洞　宗　務　局

御　中

若シ両本山貫主ノ内戒師御勤ノ節ハ前書ヲ左ノ通記スヘシ

同寺授戒会戒師

越能本山大禅師
右随行執事
職　級　姓　名　印

（乙印）

記

金何拾円何拾銭

右ハ拙寺授戒会修行ニ付教会金等為換証紙幣ヲ以逓送致候条追テ中教院ヨリ納金表進達ノ筈ニ候該表ニ照シ御領納被下度候也

国郡村寺号住職

年月日　職　級　姓　名　印

曹洞宗務局宛

第三条　送金ヲ為替証ト為ス時ハ本局受取人ハ会計掛葛蔭北仙牧玄道両名ノ内一名ヘ宛差出人ノ寺号姓名失念ナク本局ヘ報知アルベシ

第四条　教会金及香誼ハ毎年四月中広告両山会計出納表ニ明記スヘシ

第五条　教会金及香誼ノ納付ヲ怠ル者ハ何分ノ処置アルヘキモノトス

以　上

（『自明治十二年至明治十四年曹洞宗務局布達全書』、四九丁裏～五一丁表）

⑥は授戒会を通じて得た利益を、本山や曹洞宗務局の維持運営のために納める旨の布達である。同時に加えられ

た「教会金及香諠納付規条」において、戒弟一〇〇人に対して寺院から教会金二円、戒師から香諠五〇銭を曹洞宗務局に納付することが規定された。書式も整えられ、授戒会を通じて曹洞宗務局の維持発展に貢献するという目的が明確となった。

以上、明治初頭の六点の布達を見てきた。おおむね、品格の伴わない戒師による授戒会の規制、収益源の確保という二点が主な内容であった。江戸時代末から明治初頭にかけて、教義を理解していない僧侶による授戒会が横行し、その規制が図られてきた。それと同時に、授戒会は、近代的な教団組織にとって重要な収益源であり、授戒会の利益を通じて教団行政を成立させようとした意図が読み取れる。⑤「授戒会修行規約」と⑥「教会金及香諠納付規条」は以後、一九一〇（明治四三）年に「曹洞宗授戒会修行法」が制定されるまで適用されていた。一八七二年の布達開始から一〇年以上が経過し、一八八五年に宗制が施行され、教団としての教義が法文化していく。この間には、大教院制度の施行と中止があり、授戒会に関する布達は、曹洞宗が宗務局を行政機関とする近代教団に向かう過程を反映している。次節では、教団の収支を支えることを期待された授戒会の具体的な開催状況について検討してみたい。

第二節　授戒会数の推移

駒澤大学名誉教授の酒井《さかい》得元《とくげん》（一九一二〜九六）は、自身が曹洞宗出身であるにもかかわらず、同宗が禅宗であることを知らなかったと回顧している。その背景には授戒会の隆盛があり、酒井はこう述べている。

明治末から大正・昭和の初めにかけて、授戒会は盛大を極め、授戒宗の観があった。そしてその枢軸をなすものは、もちろん『修証義』の説教であった。ラジオやテレビのない時代とて、一般大衆には宗教的慰楽として受け入れられたものである。したがって授戒会は宗教的雰囲気をいやが上にも高めるために、演出的技術がフルに発揮されていた。それは興行的でさえあった。「衆生仏戒を受くれば、即ち諸仏の位に入る。位大覚に同じゅうし終る」の梵網経の一節を引用してある『修証義』のこの一語が、この授戒の根本理論であったのはもちろんである。そしてこの理論をより具体的に実感によってより強烈にしかも効果的に民衆に受取らせようとして、宗教的官能を満喫させる技術が最大限に発揮されていったのである。かくて五日、ないし七日間の期間に、戒弟と称する会員となった人達は、すっかりその雰囲気に陶酔させられて、極楽浄土の法楽にひたり、完全に仏法信者となってしまうのであった。かくて教団では、授戒会は確実なる信者を獲得し、教団そのものをより強固にすることができる唯一の方途となったのである。したがって曹洞教団では授戒会が最大最重要な行事であったのである。即ち教団の活動は、この授戒会を軸として、廻転していたのである。かくて曹洞教団は、よく言われることであるが、伝道教団となって行くのである。

（酒井得元「禅界の現状とその問題（曹洞宗）」〈鈴木大拙監修・西谷啓治編集『講座禅8　現代と禅』筑摩書房、一九六八年〉、一四〇頁）

「興行的」「演出的」な雰囲気に警鐘をならしつつも、酒井は、布教における授戒会の効用を評価しており、在家布教にとって重要な儀礼であったことがうかがえる。授戒会に参加した人々は「すっかりその雰囲気に陶酔させられて、極楽浄土の法楽にひたり、完全に仏法信者となってしまう」ほど、授戒会の実践が人々に与える影響は大きかったという。ここで酒井が言及している一八九〇（明治二三）年公布の『修証義』は、大内青巒が中心となり、『正法眼蔵』の内容を在家向けに編纂したもので、「懺悔滅罪」「受戒入位」「発願利生」「行持報恩」の四大項目が掲げられた。『修証義』の理念を体現する授戒会は、両大本山（永平寺・總持寺）の貫首も全国各地で戒師を務めており、その様子は曹洞宗の『宗報』誌上で報告されている。

まず、明治期の授戒会の推移として、『授戒会の研究』に掲載された『明教新誌』と『宗報』から抽出した明治時代の授戒会数の推移を表2に示す。

表2　明治期の授戒会数

西暦	和　暦	明教	宗報
1882	明治15	6	
1883	明治16	35	
1884	明治17	5	
1885	明治18		
1886	明治19		
1887	明治20		
1888	明治21	15	
1889	明治22		
1890	明治23	15	
1891	明治24	12	
1892	明治25	11	
1893	明治26	7	
1894	明治27	1	
1895	明治28	3	
1896	明治29	16	
1897	明治30	20	35
1898	明治31	1	21
1899	明治32	5	56
1900	明治33	14	44
1901	明治34		80
1902	明治35		47
1903	明治36		43
1904	明治37		8
1905	明治38		10
1906	明治39		57
1907	明治40		78
1908	明治41		53
1909	明治42		52
1910	明治43		176
1911	明治44		195
1912	明治45		71
	合　計	166	1,026

『授戒会の研究』（1985年）、296頁より作成。

前節で見た授戒会に関する法令が整備されたのち、一八九〇年の『修証義』制定後もしばらく数は横ばいであるが、一九一〇年に初めて一〇〇を超える。この点はおそらく、同年に制定された「曹洞宗授戒会修行法」が影響している。少々長くなるが、重要な法令であるため、全文を掲載する。

⑦法規令達（明治四三年一月一日）

曹洞宗授戒会修行法別記ノ通制定シ茲ニ之ヲ発布ス

本法ハ明治四十三年一月一日ヨリ之ヲ施行ス但シ同年二月十五日以前ニ修行スル授戒会ハ仍ホ従前ノ規定ニ依ルヘシ

明治十年第五号布達授戒会修行規約及明治十四年第六号布達教会金及香誼納付規条ハ明治四十三年二月十五日ヨリ之ヲ廃止ス

明治四十二年十二月二十五日

管　長　森　田　悟　由

総　　務　織　田　雪　巌

庶務部長　大　仏　輔　教

人事部長　新　井　石　禅

教学部長　赤　沢　亮　義

財務部長　伊　藤　覚　典

宗報第二十号《ママ》

曹洞宗授戒会修行法

第一条　授戒会ハ宗務院之ヲ統掌シ管轄宗務所ヲシテ之ヲ監督セシム

第二条　授戒会ハ本法ニ定ムル授戒会修行心得ヲ遵守スヘシ

第三条　三時四衆ノ供養及会中ノ経費ハ檀徒信徒ニ謀リ予メ支弁ノ方法ヲ定ムヘシ入戒者ニ対シテハ適当ナル入戒金ヲ定ムル外臨時濫ニ施財ヲ勧募スヘカラス

第四条　戒師ハ学徳完具ニシテ禅戒ノ義趣ヲ開解シ作法ニ通暁スル者ニ限ル

教授師引請師ハ戒衆ヲ勧化シ受戒作証ニ堪フル者タルヘシ

第五条　左ノ各号ノ一ニ該当スル者ハ戒師教授師又ハ引請師タルコトヲ得ス

一　末建法幢ノ者但シ教授師引請師ニシテ別ニ定ムル所ニ依リ色衣着用ヲ特許セラレタル者ハ此ノ限ニ在ラス

二　先受戒ヲ具足セサル者

三　宗費ノ納期ヲ怠リ未タ完納セサル者

四　謹慎以上ノ懲戒ニ処セラレ其ノ期間ニ在ル者

授戒会修行ノ当該寺院住職ニシテ教授師又ハ引請師タラントスルトキニ限リ特ニ前項第一号ノ制限ヲ除外スルコトヲ得此ノ場合ハ書面ヲ具シ其ノ法要ニ限ル色衣着用ノ特許ヲ宗務院ニ願出ツヘシ

第六条　授戒会ヲ修行セントスルトキハ戒師ヲ定メ当該寺院住職及干与者一同ノ連署ヲ以テ書式第一号ノ認可願ヲ調製シ啓建ノ四十日以前ニ管轄宗務所ヲ経由シテ宗務院ニ差出スヘシ但シ本寺ニシテ他府県ニ在ル場合ハ其ノ連署ヲ要セス

宗務院ハ前項ノ願書ヲ調査シ支吾ナキトキハ認可指令ヲ交付シ及戒会中法堂ニ掲示セシムル為メ授戒会修行心得書ヲ授与ス

前項ノ調査上必要ト認ムルトキハ宗務院ハ戒師ノ履歴書ヲ提出セシムルコトアルヘシ

第七条　戒師大本山貫首ナルトキハ当該大本山ニ対スル拝請ノ手続ヲ了シ其ノ允可ヲ得タル後当該寺院住職直

チニ書式第二号ノ届書ヲ調製シ管轄宗務所ヲ経由シテ宗務院ニ差出スヘシ
宗務院ハ前項ノ届出ニ依リ授戒会修行心得書ヲ授与スルコト前条ニ同シ
第八条　授戒会修行ニ関スル戒師及当該寺院ノ納付金ヲ定ムルコト左ノ如シ

一　金弐円　高祖大師太祖大師真前香誼　戒師
一　金壱円　宗務院報謝金　同
一　戒弟一人ニ付金弐銭ツ、　高祖大師太祖大師真前香誼　当該寺院
一　戒弟一人ニ付金参銭ツ、　宗務院報謝金　同
一　金五拾銭　宗務所手数料　同

宗務所手数料ハ第六条ノ認可願又ハ第七条ノ届書提出ノ際管轄宗務所ニ納付スヘシ
香誼金及報謝金ハ完戒後五日以内ニ書式第三号ノ納金表ヲ添ヘ戒弟員数ニ対スル管轄宗務所長ノ奥書証明ヲ付シテ宗務院ニ納付スヘシ但シ戒師大本山貫首ナルトキハ所長ノ奥書証明ヲ付スルニ及ハス
前項戒弟ノ員数ハ正戒代戒ヲ論セス之ヲ計算スヘキモノトス但シ亡戒因縁戒ハ此ノ限ニ在ラス
第九条　両本山各直轄寺院ノ授戒会ハ総テ本法ニ依ルヘシ但シ当該本山監院之ヲ監督シ願届其ノ他ノ手続ハ当該本山ヲ経由スヘシ
両本山各直末寺院ハ第六条ノ願書ニ其ノ本山ノ連署又ハ添書ヲ要スルノ限ニ在ラス
（以下書式）

（『宗報』三一三号、一九一〇年一月一日、一～二頁）

「曹洞宗授戒会修行法」は約三〇年ぶりの改正であり、授戒会開始の四〇日前に書類を提出する点や、これまで

一〇日以内であった納付金の期限が完戒後五日以内に短縮されるなど、授戒会の手続きが明確・迅速になった[12]。また、宗務院より「授戒会修行心得書」が公布されることが明記され、申請書類の整備も図られた。

本法が制定されて以降『宗報』では、年度ごとに、府県・寺号・啓建・戒師氏名・住職氏名・戒弟員数の報告がなされている。表3は、その報告に基づき、年代別の授戒会数、貫首の戒師数とその割合をまとめたものである。『授戒会の研究』から作成した一六五頁の表2と合わせて、次頁の図1に全体の推移をグラフ化した。一九一〇（明治四三）年の「曹洞宗授戒会修行法」公布以降、大正期に多くの授戒会がなされたことが分かる。このような

表3　『宗報』掲載の授戒会修行数

西暦	和　暦	授戒会数	貫首戒師数	貫首割合	宗報号数
1910	明治43	173	32	18.5%	337、338、346
1911	明治44	181	36	20.0%	375、376
1912	明治45	173	16	9.2%	399
1913	大正2	164	30	18.3%	428
1914	大正3	181	31	17.1%	461
1915	大正4	127	22	17.3%	497
1916	大正5	149	30	20.1%	519
1917	大正6	221	31	14.0%	543、544
1918	大正7	186			618
1919	大正8	141			619
1920	大正9	176			620
1921	大正10	121			621
1922	大正11	140			622、629
1923	大正12				
1924	大正13	104	31	29.8%	677
1925	大正14	89	31	34.8%	703
1926	大正15	98	33	33.7%	722
1927	昭和2	85	23	27.1%	744
1928	昭和3				
1929	昭和4				
1930	昭和5				
1931	昭和6				
1932	昭和7				
1933	昭和8				
1934	昭和9	39	9	23.1%	913
1935	昭和10	62	21	33.9%	936
1936	昭和11	79	22	27.8%	951、957
1937	昭和12	34	15	44.1%	976
1938	昭和13	12	5	41.7%	1002
1939	昭和14	29	17	58.6%	1025
	合　計	2,764	435	15.7%	——

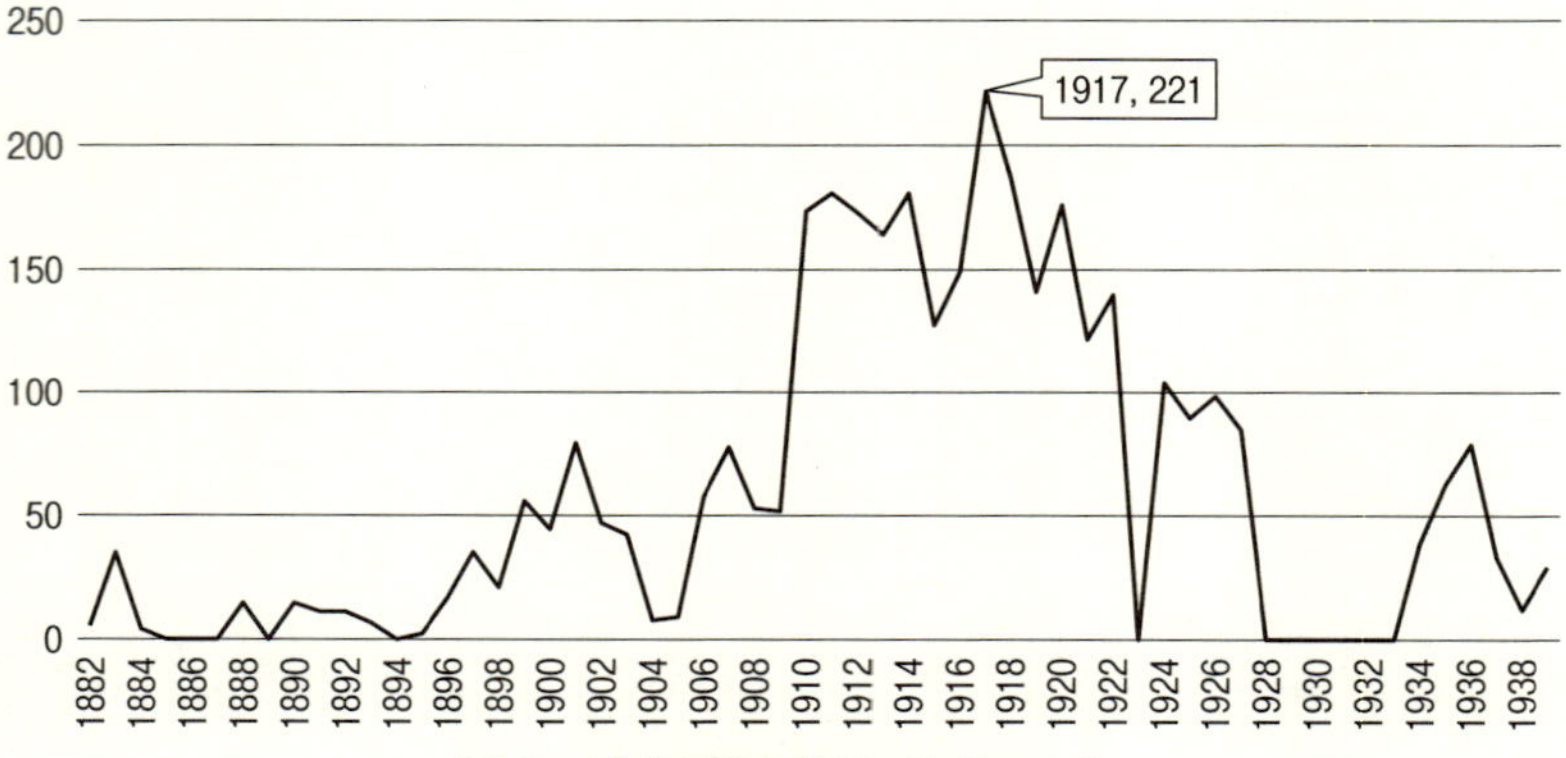

図1　授戒会数の推移（総数3,474）

状況下で、一九二二（大正一一）年の『宗報』に興味深い広告が掲載されている。すなわち、山口県の印刷会社・寧馨社は、寺院用の印刷製本を主要な業務としていたが、近年は血脈印刷の注文が増加しているという。

> 今回特に新式印刷機二台を増設し、熟練堪能なる技術工を増員し全然之を寺院用専属とし血脈印刷部を独立せしめ今後は授戒用血脈の如き期日を限れる数千枚の御註文に対しても即時印刷発送仕り従来の如く再三の電報照会を要する等の事これなく充分なる責任を以て確実機敏に御註文に応じ得べく設備を完了致候間御安心の上続々御註文被仰付度伏て希上候　（『宗報』六一八号、一九二二年九月一五日、一四頁）

この広告から、血脈専門の印刷部署を増設するほど授戒会が多く実施されていたことが推察される。

関東大震災のあった一九二三年の指標は掲載されておらず、昭和期に入ると一九二八（昭和三）年〜三三年の間も『宗報』に授戒会の報告は掲載されていなかった。このことは、大正期に比して昭和期においては授戒会を積極的に推進しなかったことを示している。

第三節　授戒会の分析

第一項　貫首による授戒会

永平寺・總持寺の貫首が全国を巡錫し、授戒会の戒師などを勤めた動向や日程は『宗報』に掲載されていた。当時の貫首は遺言によって次期貫首候補を挙げ、宗門内の選挙を経て新しい貫首が選ばれる。そして、両本山の貫首には天皇から禅師号が下賜された。例えば、永平寺六四世・森田悟由《もりたごゆう》（一八三四〜一九一五）に「性海慈船」、總持寺独住四世・石川素童《いしかわそどう》（一八四二〜一九二〇）に「大円玄致」の禅師号が贈られている。また、池田英俊が、

「曹洞宗教会」の運営は、各府県の宗務支局から選ばれた「議席番号」を有する「議員」の中から議長を選出し、議事が進行されるという徹底した議会制民主主義の形態が採用されている。それと同時に、永平寺・總持寺両本山の住職、すなわち貫主《(ママ)》ならびに宗門行政の最高責任者である管長は、すべて公選によって就任している。ここでは東西本願寺住職の世襲制に伴う「宗主権」や「法主権」を支える「門主絶対主義体制」のような権限と組織に相当するものは全くみられない。

（池田英俊『明治仏教教会・結社史の研究』〈刀水書房、一九九四年〉、八〜九頁）

と、東西本願寺の「門主絶対主義体制」とは異なる、曹洞宗の民主主義的な選挙を経て貫首となる構図を指摘している。天皇からの禅師号と民主主義的な選挙による貫首選抜という国家と宗門の「二重の権威」を持つ貫首を戒師

とする授戒会では、戒弟数も多い。両本山の貫首は、交通網の整備が進んだことも相まって、二人で年間三〇カ所ほどの授戒会に参加している場合もあった。

一六九頁の表3に示したように、授戒会の全体数自体は減っているものの貫首の占める割合は増加しており、貫首が精力的に戒師を勤めていたことが分かる。

貫首が戒師を勤める授戒会は知名度が高く、檀信徒以外も参加している。例えば、永平寺六六世貫首・日置黙仙《ひおきもくせん》（一八四七～一九二〇）戒師の授戒会には、浄土真宗の島地大等《しまじだいとう》（一八七五～一九二七）が、アメリカ人の仏教研究者ブルノー・ペツォールドとともに参加し、その様子が『東京朝日新聞』で報道された。[13]日置は雑誌『伝道』において、

其時に第一高等学校の教授をして居るペツツオルド（ママ）博士と云ふ米国人が、島地大等氏に連れられて其授戒に入つた。却々《なかなか》熱心なもので、可なり面倒な儀式を克く守つて、日本人と同じやうに懺悔道場に於て小罪無量の懺悔文を唱へることから登壇、血脈授与まで、総て直壇と云ふ係の人の言付ける通りに行つて非常に喜んで居つた

（日置黙仙「西洋人の受戒」〈『伝道』二五五号、一九一九年八月〉、三頁）

と、その熱心な様子に感心している。島地やペツォールドは研究目的の参加であったが、[14]彼らが授戒会に参加したという報道や、日置の回顧談によって授戒会の様子が伝わることで、人々が足を運ぶきっかけとなり、実践にも影響を与えたという点は重要である。

第二項　地域性

表4は、『宗報』に記載のあった一九一〇（明治四三）年から一九二七（昭和二）年までの都道府県別の授戒会数と戒弟数である（一九三四年以降は、地域は不掲載）。約二五〇〇回、延べ人数約四五万人が授戒会に参加していた。

地域別の上位五県は、愛知・新潟・兵庫・山形・静岡の順となり、割合は、北海道二％、東北一一％、関東三％、

表4　地域別授戒会数・戒弟数（1910〜27年）

地　域	授戒会数	戒弟数	地　域	授戒会数	戒弟数
北海道	41	6,507	滋　賀	72	6,749
青　森	65	6,668	京　都	99	10,921
岩　手	17	3,154	大　阪	33	4,171
宮　城	13	3,358	兵　庫	184	27,299
秋　田	57	11,604	奈　良	15	1,445
山　形	113	27,440	和歌山	13	1,527
福　島	22	4,387	鳥　取	77	10,835
茨　城	7	1,262	島　根	85	12,149
栃　木	5	502	岡　山	9	988
群　馬	19	3,754	広　島	49	6,611
埼　玉	5	1,513	山　口	71	13,508
千　葉	6	791	徳　島	8	646
東　京	21	6,632	香　川	1	234
神奈川	18	5,389	愛　媛	28	3,257
新　潟	274	54,728	高　知	2	550
富　山	25	6,135	福　岡	34	7,234
石　川	50	8,407	佐　賀	27	6,351
福　井	108	15,067	長　崎	49	8,327
山　梨	4	801	熊　本	40	7,224
長　野	41	8,471	大　分	31	6,921
岐　阜	73	11,283	宮　崎	1	198
静　岡	112	24,030	鹿児島	3	571
愛　知	382	85,831	沖　縄	0	0
三　重	99	13,834	釜　山	1	268
			合　計	2,509	449,532

中部四三%、近畿二一%、四国二%、九州七%、その他〇・一%となった。

授戒会の場合、愛知一五%、新潟一一%と中部地方が中心となっている。授戒会の実施には三〇名以上の僧侶が必要であり、差定も複雑なことから、授戒会実施には一定の知識・経験が必要である。愛知では、一九〇二（明治三五）年に名古屋の僧侶・武田泰道が、初学者のための行法書『叢林』を発刊しており[15]、授戒会を含む儀礼に熱心に取り組んでいた地域と推察される。また、明治・大正期に多くの授戒会の戒師となった森田悟由・石川素童は尾張出身であり、そうした禅師の出身地であることも影響していると思われる。愛知には、授戒会を行う人材・方法が蓄積されており、『宗報』で数値化されることでそれが名誉となり、一層強化されたと推察される。

第三項　授戒会数減少の要因

授戒会数は、一九一七（大正六）年をピークに減少に転じているが、その理由の一つとして、第二次世界大戦期の国家統制が影響していると考えられる。

一九三七（昭和一二）年一〇月に国民精神総動員実施に関して文部省から通牒された項目には、「禊、坐禅、観法等宗教的行ヲ普及シ確固タル宗教的信念ヲ涵養シ堅忍持久困苦欠乏ニ堪フルノ心身ノ鍛錬ニ努ムルコト[16]」とあり、坐禅の推進が提唱されている。さらに一九三八年の『宗報』では物資統制を受け、以下の要項が提示された。

物資ノ統制運用ニ関スル件

昭和十三年七月四日附文部省宗教局長ヨリ「発宗一二〇号」ヲ以テ標記ノ件ニ付キ聖戦目的達成ノ為メ官民一体長期持久ノ戦時態勢ヲ確立シ今後益々確乎不動時艱ノ克服ニ邁進セントスルニ際シ宗教家ノ努力活動ニ俟ツ

旨通牒有リタルニ付其ノ要項ヲ摘録シ以テ各自ノ協力ヲ望ム

要　項

一、建築其他ノ工事ヲ差控フルコト
二、各種荘厳又ハ儀式用金属品、箔類使用品ノ新調ヲ差控フルコト
三、威儀衣体類特ニ金糸銀糸使用品、綿製品、麻製品ヲ新調セサルコト
四、機関誌其他ノ各種刊行物ノ整理又ハ紙質ノ低下減頁若ハ縮少等ニ依リ努メテ用紙ノ節約ヲ図ルコト
五、廃品不要品ヲ整理提供スルコト
六、祭典、法会、行事（例ヘハ遠忌、開山忌、各種記念祭、祝典等）ハ冗費ヲ去リ質素厳粛ニ行フコト
七、冠婚葬祭ノ質実化ヲ徹底スルコト
八、御斎、饗応、接待又ハ各種贈答等ヲ差控フルコト等

以　上

昭和十三年七月十五日

教学部

（『宗報』九八六号、一九三八年七月一五日、三〇頁）

六条に「祭典、法会、行事（例ヘハ遠忌、開山忌、各種記念祭、祝典等）ハ冗費ヲ去リ質素厳粛ニ行フコト」とあり、七日間にわたる授戒会は、戦時体制下においては「冗費ヲ去リ」つまり無駄な経費がかかるものであるとされ、自粛されたと思われる。他方で總持寺では、一九二七年に、一週間入戒不可能な者のために一日授戒の制度を導入していたが[17]、授戒会数増加にはつながらなかった。その理由を、以下の僧侶の意見を参考に考えてみよう。

此の授戒会に入つて直接に戒師様から血脈を受け、自分が須弥壇の上に登つて其廻りを戒師様が廻つて下さると云ふ事は実に容易ならぬ喜びで、昔から自分は授戒に何遍就いたとか、血脈を何本頂戴したとか云つて誇る人が多いが、之は無理もない事である。

（来馬琢道「授戒会の精神と作法」〈『吉祥』三二一号、一九三三年三月〉、一一頁）

順次須弥壇に登つて清浄身仏菩薩に等しき地位にのぼる光栄に自他共に感激にふけりつゝ、戒会中の最高調式は十一時過ぎてすんだのである。……授戒を受けた後の心得や別れの言葉ねんごろに一同感涙を催した様子である。

（桝野豊三「大規正信禅師授戒会随行記」〈『吉祥』三七四号、一九三八年六月〉、一〇頁）

二人の僧侶からは、厳しい行を乗り越えた上で須弥壇に登った時の感激の様子が語られているように、血脈が授与され仏祖の法系に自分も入るという精神的な充足だけでなく、厳しい修行を経てようやく血脈を自分の手で受け取るという実践こそが、授戒会の魅力でもあった。そのため、その実践を伴わない一日授戒では、授戒会数の増加という結果を導くことはできなかったのだろう。こうした授戒会の魅力は、参加した各人の自慢として語られることとなり、厳しい修行を伴う授戒会の実践が人々に拡大していくのである。

おわりに

ここまで、近代の曹洞宗における授戒会の動向を見てきた。明治初頭には教義を理解していない戒師による授戒会が横行しており、宗門は布達にてその是正を行っていた。一方で授戒会は宗門の収益源でもあり、納付金の規則を定めていたが、一九一〇（明治四三）年の「曹洞宗授戒会修行法」でより明瞭に整備された。同法の特徴は、手続きの明確化・迅速化であり、授戒会開始四〇日前の書類提出、納付金の期限を完戒後一〇日から五日以内に短縮、「授戒会修行心得書」の公布や申請書類の整備も図られた。明治期には約一〇〇〇であった授戒会数は、本法公布以降増加し、大正期だけで約一九〇〇を記録している。この背景には、授戒会に対する女性の参加と貫首の積極的な姿勢があった。

次頁の表5は、近代の授戒会を数多く行った石川素童による『戒会指南記』に収められた「授戒会差定」の内容をまとめたものである。

ここで注目すべきは、五日目の粥退に「血盆経授与」の差定が含まれている点である。一九五〇（昭和二五）年の『昭和改訂行持軌範』でも五日目の差定に『血盆経』の授与が含まれていた[18]。しかし、『昭和修訂曹洞宗行持軌範』では性差別問題是正のため削除された[19]。「女人五障説」などの、差別的な女性観を前提とすることは問題であるが、女人救済として『血盆経[20]』の授与が差定に含まれていたことは、授戒会に参加する女性の割合が高かったことを示している。特に戦時体制下で男性が徴兵される状況においては女性の比率がより高くなったと思われる。先行研究でも女性の戒弟が六二・九％であったことが示されており[21]、授戒会は女性主体の儀礼であった。

一九二七年五月八日から一四日まで、島根県の永昌寺において總持寺貫首・新井石禅を戒師とする授戒会が行われた。参加した田村英子は、西洋哲学を学んでおり、授戒や僧侶に対して否定的な見方をしていた。しかし、その価値観は授戒会を経て一八〇度転換する。

表5 「授戒会差定」（石川素童・久保悦宥編『戒会指南記』〈大円玄致禅師語録刊行会、一九三二年〉）

時刻	午前					午後		夜間	
日時	暁天	早晨	粥退	禺中	午時	斎退	哺時	黄昏	初更
第一日				迎聖諷経 啓建歎仏	本尊上供 行飯 因縁脈授与	説戒	薬石	壇上礼 仏祖礼 説戒	坐禅 普勧坐禅儀
第二日	坐禅 朝課 歎仏 説戒	戒源師諷経 朝参 小食	巡堂	説戒	本尊上供 行飯	説戒	薬石	壇上礼 仏祖礼 説戒	坐禅 普勧坐禅儀
第三日	坐禅 朝課 歎仏 説戒	戒源師諷経 朝参 小食	四衆巡列	説戒	本尊上供 行飯	説戒	薬石	壇上礼 仏祖礼 説戒	坐禅 普勧坐禅儀
第四日	坐禅 朝課 歎仏 説戒	戒源師諷経 朝参 小食	四衆巡列	説戒	本尊上供 行飯	説戒	薬石	壇上礼 仏祖礼 説戒	坐禅 普勧坐禅儀
第五日	坐禅 朝課 歎仏 説戒	戒源師諷経 朝参 小食	四衆巡堂 血盆経授与	説戒	本尊上供 行飯	説戒	薬石		壇上礼 仏祖礼 懺悔捨身式
第六日	坐禅 朝課 説戒	戒源師諷経 朝参 小食	巡列巡堂 請拝式 壇上礼	満散歎仏	本尊上供 行飯	説戒	薬石	四衆巡列	教授道場 正授戒道場
第七日	朝課恒規説戒	戒源師諷経 小食	送聖諷経 無縁施食	四衆謝拝 上堂戒弟下山					

授戒について私らが浄化されて別の世界に入つたやうに思へたのも、七日の間浸つてゐた宗教的な敬虔な空気が、人間の心の奥ふかい魂を呼びさまして最深の要求がある事を知らされたによるのではありますまいか。大禅師猊下のお説法を拝聴してゐると、もうお体いつぱいお慈悲に溢れたやさしいお父さまから、人生といふ遠い旅路へ出る子が、お目に涙を溜ながら、諄々とおさとしして頂いてゐるやうな、有りがたさ忝けなさでございました。そして何といふ猊下の尊いお相《すがた》だつたでせう。気高いお声だつたでせう。おん前に合掌して頷づき乍ら、私どもの歓喜と法悦と満足とに涙ぐましかつた心持ちそれはまことに欠けたるものの、全きを希ふ純一なる求道の涙であり、猊下のこの尊いお相《すがた》こそは、まことに私どもの生命の成長の相《すがた》そのものではないでせうか。うるはしい観音様の彫刻の前に、しばし我を忘れて浸る法悦も、そのみ像《すがた》に慈悲と智恵《（ママ）》と勇気との、満ち〳〵た「自己」を見出すからではないでせうか。……かうした私の感想は文章では解つて頂けませぬ。砂糖の甘さは食べたもの《（ママ）》だけが知る、甘いと云つてもどんな甘さか体験のある者のみに解る、そのやうに宗教の敬虔な気持ち、ほんとうに生きやうとする厳粛な精進の目覚めは体験によらねば解らないと思ひます。

（田村英子「授戒の感激より」〈『禅の生活』六巻七号《（ママ）》、一九二七年六月〉、二五〜二六頁）

七日間の敬虔な雰囲気の中で、新井の説法の声や姿に感動した様子が綴られている。この「精進の目覚め」は文章では伝えきれず、宗教を体験することの重要さを述べており、身体性を伴う授戒会の実践は、大きな印象を残している。「砂糖の甘さは食べたものだけが知る」という文に見られるように、田村の文章では実践性が強調され、読者は、一度授戒会に参加してみたいという感覚が芽生えるのではないか。

また、女性による感想は、女性が参加しやすい授戒会というイメージを促進したとも考えられる。実際に女性の

図2　「永平寺の授戒会画報」（『大法輪』1935年6月）

参加者が多いという様子は「永平寺の授戒会画報」として、一九三五年六月の『大法輪』に掲載された記事からも分かる。図2は、そのうちの一枚の食事の風景であるが、女性の姿が多く見える。

こうした授戒会で戒師を務めた永平寺・總持寺の貫首は、宗内の選挙によって選ばれ、そのうえさらに、天皇からも禅師号を賜るという二重の権威の裏付けを持っていた。その禅師たちが巡錫することで民衆教化を行い、近代では交通網の発達により多くの地域を訪問することが可能となった。江戸末期から明治初頭の布達で指摘されていた戒師の質の悪化は、本山のトップ自らが各地に赴くことによって解消されたと思われる。ここで、禅師が各地へ赴くことの意味を天皇との関係で考察してみたい。

政治学者の原武史《はらたけし》は、明治・大正・昭和を一貫する視覚的支配〈＝天皇が面前に現れ、「臣民」であることを人々に視覚的に意識させる〉の実態を、天皇・皇太子の巡幸・巡啓（二ヵ所以上の訪問）、行幸・行啓（一ヵ所の訪問）から考察している。原は、これらの特徴から五段階の時代区分を行っているが[22]、曹洞宗の授戒会が多かった時代は、第四段階の一八九〇（明治二三）年から一九二一（大正一〇）年に該当する。この段階の特徴は、鉄道網が発展したことによって全国への巡幸・行幸が可能となる一方で、これまで馬車などの移動で一般の人々が目にしていた明治天皇の身体は鉄道の中に隠され、近づき難いイメージが形成されていったという。他方、皇太子は、人々の前に身体を見せ、新聞の取材に応じるなどした。天皇と皇太子が「王の二つの身体」を分有しながら役割分担を図ったのが第四段階の特徴であったと、原は指摘している。[23]

筆者は、皇太子だけでなく、天皇から禅師号を下賜された禅師も明治天皇の代わりに人々と接する役割を演じていたと考えている。明治天皇の巡幸・行幸は、各地で熱烈な歓迎を受け、民衆は熱狂した。ところが、明治初期の巡幸・行幸に比して自由に天皇の姿が見られなくなった。例えば、天皇の乗る列車を見に向かっても、身分に応じて駅構内で近づける距離が決められており、一般の人々は、その姿を見ることができなかったという。[24] そのようななか、天皇から禅師号を賜り、普段は会うことのできない貫首が地方の授戒会にやって来る。間接的にではあるが、そこに天皇の身体が見られた機会との同質性を見出した人もいただろう。このような背景から、授戒会は人々に浸透しやすく、大正期の発展を遂げたのではないだろうか。もちろん貫首だけでなく、様々な僧侶が戒師を勤めているので一概には言えないものの、ここでは、巡幸・行幸の代替としての授戒会の可能性を指摘しておきたい。なお、現在では五日間の授戒会が主流であり、七日間の方式は、両本山で四月に行われる報恩授戒会が代表的なものである。天皇の権威を得た禅師自らが各地を巡錫し、『宗報』誌上で「報道される禅師」[25] となる授戒会のかたちは、近代特有の事象であった。

また、授戒会は参加者の半数以上が女性であり、それを反映するように、差定には『血盆経』の授与が含まれていた。田村英子の体験談は、言葉では表現できない儀礼の魅力が柔らかい文体で表現されている。この文章を読み、授戒会に参加したいと思った者も少なくなかっただろう。第二章第二節第二項で瓜生岩子によって施餓鬼が福田会から養育院に伝わったことや、第三章第三節第五項で大雄山最乗寺の出開帳で道了薩埵を拝もうとする熱心な女性たちの姿を紹介したが、女性による観点は、男性のものとは異なる儀礼への回路を形成している。

天皇の巡幸・行幸との関係、女性の積極的な参加を特徴とする曹洞宗の授戒会は、一九一〇～二七年の一七年間に約二五〇〇回、約四五万人の戒弟を生み出した。布教に効果的な授戒会だったが、昭和期に入ると徐々に数は減少し、その傾向は一九三〇年代にはより顕著となった。これは七日間という期間の長さと莫大な費用が、物資の抑制を図る戦時体制に適合しなかったことを要因としている。また、静岡県袋井市の可《か》睡齋《すいさい》主を経て總持寺貫首となった秋野《あきの》孝道《こうどう》（一八五八～一九三四）が、授戒会について、「此の授戒会といふものは禅門の法要の中でも最も厳粛なもので、一週間は殆ど不眠不休といふ有様であるから、身心の疲労することは一通りではない[26]」と述べたように、高齢な禅師が受ける負担も問題であった。

こうした状況下で、短縮化の工夫として總持寺では一九二七（昭和二）年に一日授戒を導入したが、七日間の修行を共に経験する過程にこそ授戒会の魅力があり、授戒会の増加につながらなかった。その一方で、次章で見るように、短期間で一体感を強める坐禅の実践が一九三〇年代に増加していくことになる。

註

（1）今枝愛真「室町時代における禅宗の発展」（中村元ほか監修・編集『アジア仏教史　日本編Ⅵ　室町時代〈戦国乱世と仏教〉』佼成出版社、一九七二年）、九七頁。

（2）栖川隆道「禅宗の授戒会」（仏教民俗学大系編集委員会編『仏教民俗学大系1　仏教民俗学の諸問題』名著出版、

一九九三年）、四八五～四八六頁。
（3）松井昭典「授戒会の成立とその伝道史上における意義――曹洞宗伝道史研究の一環として」（『教化研修』八号、一九六五年）。
（4）清水良行ほか「共同作業　各教団における授戒会について」（『教化研修』二七号、一九八三年）。
（5）松縄広道・富井清孝「これからの授戒会を考える――地区青年会主催授戒会事例報告」（『教化研修』三八号、一九九五年）。勝田哲山「授戒会の構造と教化的問題点」（『教化研修』四三号、一九九九年）。大田哲山「授戒会雑考――戒会随喜を通して」（『教化研修』四六号、二〇〇二年）。
（6）秋央文「授戒会における教化学的考察（一）――『仏祖正伝菩薩戒作法』を通しての考察」（『教化研修』五一号、二〇〇七年）、同「授戒会における教化学的考察（二）」（『宗学研究紀要』二〇号、二〇〇七年）。
（7）広瀬良弘「曹洞禅僧・禅寺の授戒会活動――近江・美濃地域を中心に」（『駒沢史学』七四号、二〇一〇年）。
（8）鏡島元隆「禅戒思想と授戒会」（『教化研修』一六号、一九七三年）。晴山俊英「十六条戒と授戒会について」（『印度学仏教学研究』四八巻一号、一九九九年）。
（9）戒律に関して、近代仏教研究においては、釈雲照の戒律思想を扱った亀山光明『釈雲照と戒律の近代』（法藏館、二〇二二年）が挙げられる。
（10）機関誌を用いた研究として、川口高風の目録研究（「『曹洞宗務局普達全書』の総目録」〈『禅研究所紀要』二五～二九号、一九九七～二〇〇〇年〉、「『宗報』の法規令達の総目録」〈『禅研究所紀要』三四～三五号、二〇〇六～二〇〇七年〉、「『曹洞宗報』の法規令達の総目録」〈『禅研究所紀要』三六号、二〇〇八年〉）が挙げられる。また、『宗報』に関しては、曹洞宗教化研修所『明治期『宗報』にみる宗門教化理念』（曹洞宗教化研修所、一九九一年）、曹洞宗人権擁護推進本部編『『宗報』にみる戦争と平和』（曹洞宗宗務庁、二〇一八年）があるものの、授戒会に関して多くは語られていない。
（11）田島柏堂「洞上戸羅会の成立とその展開」（『駒澤大学実践宗乗研究会年報』三号、一九三五年）、一三三頁。
（12）一九二三年に「曹洞宗授戒修行令」と名称変更し、納金は完戒後一週間以内となった（『宗報』六四三号〈一九

二三年一〇月一日〉、二二一〜二二三頁）。

（13）「受戒した外国人　一高講師のペツオルド氏」（『東京朝日新聞』一九一九年四月二二日）、朝刊五頁。

（14）ペツォールドは、「儀式を研究する唯一の方法はその儀式に参与するにある」（ペツォールド・ブルノー「予の知れる島地師」〈白井成允『島地大等和上行実』明治書院、一九三三年、一二四頁［『伝記叢書一二九　島地大等和上行実』大空社、一九九三年］〉）との助言を受け、島地とともに授戒会に参加した。なお、天台宗の灌頂にも二人で参加している。

（15）武田泰道『叢林』（名古屋図書出版、一九〇二年）。

（16）『宗報』九六七号〈一九三七年一〇月一日〉、二頁。

（17）「總持寺の授戒会　一般化す傾向」（『読売新聞』一九二七年一〇月一四日）、朝刊三頁。

（18）曹洞宗宗務庁『昭和修訂曹洞宗行持軌範』（曹洞宗宗務庁、一九五〇年）、二四二頁。

（19）櫻井秀雄『昭和修訂曹洞宗行持軌範――どこをどのようになぜ改正したのか』（曹洞宗宗務庁、一九八九年）、二六〜二八頁。

（20）『血盆経』に関する研究として、武見李子「『血盆経』の系譜とその信仰」（『仏教民俗研究』三号、一九七六年）、同「日本における血盆経信仰について」（『日本仏教』四一号、一九七七年）、高達奈緒美「血の池地獄の絵相をめぐる覚書――救済者としての如意輪観音の問題を中心に」（『絵解き研究』六号、一九八八年）、松岡秀明「我が国における血盆経信仰についての一考察」（『東京大学宗教学年報』六号、一九八九年）などが挙げられる。

（21）『授戒会の研究』（曹洞宗宗務庁、一九八五年）、二八六頁。

（22）原武史『可視化された帝国――近代日本の行幸啓〔増補版〕』（みすず書房、二〇一一年〈初版二〇〇一年〉）、一三頁。

（23）同前、二二頁。

（24）同前、八三頁。

（25）奥武則は、明治六大巡幸の時期と新聞が創刊された時期の相関性を取り上げ、「報道される天皇」と称した（奥武則『明治六大巡幸――「報道される天皇」の誕生』中公選書、二〇二四年）。禅師の場合も、近代になり活動が記録され、禅師の情報が共有されるという状態が発生したと考えられる。

（26）　秋野孝道「病後閑話」（『中央仏教』七巻七号、一九二三年七月一日）、四六頁。

第五章　禅会の普及

――『禅道』『大乗禅』の記事を中心として――

本章は、近代の「禅会《ぜんかい》」に注目する。「禅会」(1)とは、寺院など一定の場所で定期的に開催される在家向けの坐禅会のことである。開催母体の組織を持ち、指導者が存在し、坐禅に加え、何らかの講本に基づき提唱・禅話が行われる、といった特徴を持つ。参加者たちは、各会の規則性のもとで禅を実践する。本章では、禅会の開催案内の推移や坐禅に対する言説から禅普及の変遷を明らかにし、僧侶と参加者の個人的つながりによって形成されていた禅会を、国家や教団が利用していった過程にも注目する。

はじめに

末木文美士は、教理思想中心の仏教学を批判的に見直す研究動向を紹介する論考のなかで、「今日の研究は、仏教を教理に限定したり、瞑想の心的世界だけに限定するのではなく、さまざまな儀礼や僧院の生活を含んだ実践の総体として理解しようとする方向に進んでおり、これは基本的に適切であると思われる」(2)と述べ、「実践」を中心とする仏教理解の必要性を示唆した。ここで紹介されたドナルド・ロペス編著『仏教研究のための批判的用語集』[3]内では、ロバート・シャーフによる「儀礼」の項目において禅が扱われており、末木は、「禅を儀礼というと違和感があるかもしれないが、実際の禅寺の日常を見れば、まさしく細かい儀礼の集積からなっていると言っても間違いとは言えない[4]」と禅を思想のみではなく儀礼実践として扱う視座を肯定している。本章ではこの視座を継承し、禅の思想面ではなく、実践面を示すものとして「禅会」を対象とする。

禅会に関する先行研究として、島薗進は、「居士仏教」の一形態として「居士禅」運動を取り上げ、今北洪川《いまきたこうせん》（一八一六～九二）の法系である釈宗活《しゃくそうかつ》（一八七一～一九五四）が営んだ禅会「両忘会」を事例として扱っている[5]。ここでは、両忘会の発展と解散、現在の人間禅教団に至る経緯が紹介され、「居士禅」運動が、近代知識人の文化に大きな影響を与えたことが指摘されている。そしてこの両忘会には平塚らいてう（一八八六～一九七一）も参加しており、そこでの禅体験が「元始、女性は実に太陽であった」という一文に代表される主張に大きな影響を与えたことが末木によって論じられた[6]。一方、近代禅宗史の文脈では竹内道雄《たけうちみちお》（一九二二～二〇一四）が、明治以後現在に至る「近代禅」の特色を、「西欧の人文科学との対決によって生み出され、禅の学問的体系の樹立を目指して行なわれた禅学の研究[7]」とし、近代的な学問と対比させるかたちで伝統的な禅の実参実究を提示し、積極的に坐禅の普及を勧めた曹洞宗僧侶の事例を挙げた[8]。また伊吹敦は、明治維新期に今北洪川や由利宜牧《ゆりぎぼく》らが在家に積極的な指導を行ったことで各界の名士の間で参禅が流行、それにともなって居士の活躍が目立つようになったことを指摘し、山岡鉄舟・鳥尾得庵・大内青巒ら居士の活動に触れている[9]。現代に目を向ければ、参禅会の普及に関して、曹洞宗教化研修所所員がその運営方法を論じたものが見られる[10]。ほかにも、禅会への参与観察を通じてそのコムニタス的性格を論じた佐藤孝裕[11]や、西洋人と日本人の特徴を考察した段壹文[12]など、禅会をひとつの儀礼と捉えた文化人類学的研究も存在する。また近年では、ミャンマー（ビルマ）における在家信者への坐禅普及について検討したエリック・ブラウンや、近代日本の臨済禅を中心に居士禅の展開を論じたレベッカ・メンデルソンの研究が登場している。(13)

他方、近年再考がなされている修養研究において、修養と禅に関する言及が見られる。王成は、近代日本における修養概念の成立過程を検討しており、一九〇七（明治四〇）年の禅の修養を説く雑誌『修養』の発刊を受け、「禅学はさらなる流行となり、「禅は精神鍛錬の妙法」だと宣伝されて、〈修養〉イコール参禅という現象が見られた」(14)と考察している。この王を含む修養研究に賛同しつつ、宗教史的背景についての検討不足を問題とした栗田英彦は、明治三〇年代の宗教関係者による修養論を検証した。(15)栗田は、第一期（明治維新から教育勅語渙発〈一八九〇年〉まで）、第二期（一八九〇年から内地雑居解禁と文部省訓令第一二号公布〈一八九九年〉まで）を経た第三期（一八九九年から修養書ブーム〈一九〇五年頃〉まで）、という三つの時代区分を設け、特に第三期に注目した。そして当該期に刊行された禅と修養に関する加藤《かとう》咄堂《とつどう》（一八七〇〜一九四九）の著作を取り上げ、禅仏教から超「宗教」的な修養へと変貌していくことを指摘した。また栗田は別論において、仏教僧侶と修養のかかわりについても、真宗僧侶による岡田式静坐法の実践から論じている。(16)

以上をまとめれば、特に近代では、禅会を推進した僧侶や居士、参加者といった個人の思想に着目する研究が中心となり、禅会の実践それ自体を対象とする研究は少ないと言える。また、修養研究において、「近代に禅がブームとなった」という指摘は見られるものの、明治後期が考察の中心であり、大正・昭和の禅については多く触れられていない。これらの研究状況をふまえ、本章では、明治後期以降、大正・昭和を通じて発行された禅雑誌を用いて、これまで明らかにされてこなかった禅会の普及過程を検証する。そして、禅会の開催数が時期ごとで変動する要因を考察した上で、他の仏教儀礼や教団の布教との関係性を論じることを目的としたい。

禅会の推移を検証する上で、主たる資料として禅の普及を目標とした雑誌『禅道』（一九一〇～二三年）、および『大乗禅』（一九二四～二〇〇八年）を用いる。それぞれの雑誌の概略は、第一節・第二節で扱うが、資料的意義を述べれば、居士と僧侶双方の意見が反映されている点、一〇年以上の安定した刊行実績があり、多くの読者がいた可能性が高い点、現存する巻号が多く、(17)詳細に禅会の推移を検証できる点、が挙げられる。一方で、刊行頻度の多い雑誌という媒体の性質上、誤植も見られ、機関誌的な性格に由来する特定人物に関する記事の偏重、といった限界も存在する。しかしながら、両誌とも機関関係以外の禅会も多く掲載しており、本章の目的を達成する上で有益な資料だと考える。本章ではまず、両雑誌のなかでも特に、禅会の会名・会場・日時・師家・講本などの情報が記載された「禅会案内」に着目し、禅会の数的把握を行う。なお、「禅会案内」に登場した禅会の一覧（『禅道』六三会、『大乗禅』五四〇会）は、巻末の資料編第三節・第四節に収録している。

第一節　『禅道』に見られる禅会

『禅道』は、一九一〇（明治四三）年八月創刊の月刊雑誌である。会長を釈宗演《しやくそうえん》（一八六〇～一九一九）(18)、主幹を鈴《すず》木《き》大拙《だいせつ》（一八七〇～一九六六）とする禅会団体「禅道会」の会誌として発行されており、一九二三（大正一二）年八月の一五五号まで確認可能である。当時、京都貝葉《ばいよう》書院の『禅宗』、光融館の『禅学』といった禅の雑誌が発行されていたが、両者とも禅籍の解釈など高度な内容を中心としていた。『禅道』は居士に向けて禅を通俗的に解説する点が特徴とされ、読者の声によれば、「一体禅なんと云ふものは余り通俗平易に傾いては趣味が薄ではないか。語録や古徳の商量など却て素人の分らぬ所に趣味があらう。大体から云へば雑誌としての体裁は整頓してるがた〻

内容をモ少しく硬くしてほしいものだ」[19]とやや通俗的過ぎるという意見も寄せられている。

もう一つの特徴として、一号奥付記載の協賛員二五名には、臨済宗の宮地宗海、曹洞宗の山田孝道、黄檗宗の高津柏樹らの禅僧のほか、井上哲次郎・徳富猪一郎（蘇峰）・大内青巒・鷲尾順敬《わしおじゅんきょう》・杉村縦横《すぎむらじゅうおう》（楚《そ》人冠《じんかん》）などが名を連ね、宗派と僧俗を超えた組織だったと推察される。

禅の普及を目指した同誌は、読者向けに禅会を紹介しており、「禅界（ママ）一覧」という項目が、一九一一年四月の九号に初めて設けられている。同号では東京七カ所、その他三カ所の禅会の様子が紹介され、この項目は以後定着していく。翌年の連載記事では、「禅界一覧」に掲載された会の概略が示されている。著者である梧山は、「禅といふことは近来一種の流行語となり、都と鄙の別なく、到る処に喧伝せられて居る」[20]と、近年の禅流行について述べた上で、都下で有名な一二の禅会に関する沿革・組織・現下の状態・会員の動静などを報告した。当時の禅会の状況を把握する上で参考となるため、表1（一九二・一九三頁）に要約し、それをもとに特徴を考察したい。

なお、一二の禅会以外にも、都下に二、三の会が存在していたが、「創立の日浅いので取立て、書く程のことは無い。茲に一先づ筆を収めて他日を待つ」[21]として梧山は擱筆している。表1の禅会のうち気楽会以外は臨済宗の禅会であり、明治末期から大正初期の東京においては臨済禅が主流であったことがうかがえる。

会場については、在家風の建物両忘庵での両忘会、証券会社を営む川北徳三郎の別邸での黙笑会、三井集会場での碧巌会、禅学専門道場での雪山会が寺院以外で開催されている。興味深い点は碧巌会の会場選定理由であり、「寺院とは違つて仏壇もなければ別に読経の要もなく、来会者には太だ好都合」[22]と仏教色を前面に出さないことで、華族・平民・大臣・大将・代議士・実業家・学生および、貴婦人・令嬢・女教師などの婦人会員といった多様な人材が集まるとされている。

表1 『禅道』二五〜二九号で紹介された一二の禅会

	会名	師家	会場	設立時期	概略	会員数	『禅道』出典
1	正覚会	釈宗演	湯島　麟祥院	一八九六年八月	一八八四年、円覚寺管長の今北洪川を招聘して創立された「励精会」を母体とし、釈宗演を請して設立。一九〇二年より牛込月桂寺から麟祥院へ会場が移った。	一二〇名	二五号（一九一二年八月）
2	実践会	宮地宗海	白山　龍雲院	一九〇六年一月	一九〇五年、釈宗演が再渡米した際、釈宗演に参禅していた居士大姉のなかで、参禅を継続できないことを不便に思った者が宮地宗海を招して設立。	五四名	
3	道生会	見忙宗般	谷中　全生庵	一八九二年秋	一八九二年の秋頃、由利宜牧が京都から東上した際、谷中の全生庵に請して提撕を仰いだことを端緒とする。河野広中が役員を務める。		二六号（一九一二年九月）
4	気楽（ママ）会	上田祥山	深川　中央寺	一九〇五年一二月	一九〇三年、浜名胡北夢寂寺の住職となった久内大賢が、「仏教伝道卍字隊」を組織し、雑誌『卍字の光』を発刊し布教していたのが遠因。久内が上京後、禅学による布教を目指し、承陽大師（道元）の「参禅は習禅に非ず唯是れ安楽の法門なり」を座右の銘として設立。		
5	両忘会	釈宗活	谷中　両忘庵	一九〇〇年四月	山岡鉄舟や鳥尾得庵などが、上野の池ノ端で今北洪川を拝請して有志の人々へ参禅の機会を与えた「両忘社」の再興を釈宗演が企て、釈宗活に先師の遺志を継承して終生居士の接得に尽すことを懇嘱し創設。		二八号（一九一二年一一月）
6	見性会（小石川）	峰尾大休	小石川　是照院	一九〇八年一〇月	峰尾大休を請し、昼間開催していた「和光会」の参加者を中心に、夜間部として創設。	八〇名	

7	黙笑会	菅原時保	麻布 川北徳三郎別邸	一九一〇年	鎌倉建長寺に通参していた川北徳三郎が、学生二〇名以上の参禅を見て、学生の便のため東京に開設。		二八号（一九一二年一一月）
8	見性会（四谷）	棲梧宝嶽 月桂寺華岳	四谷　笹寺	一九〇八年一一月	子爵松平義生などを創立者として設立。初めは幼稚園を会場としており、棲梧宝嶽と勝峰大徹が交互に提唱を行っていた。内務次官床次竹二郎も会員であった。		
9	碧巌会	釈宗演	日比谷 三井集会場	一九〇六年末	日露戦争後、戦地で生死の活教界を自得した丈夫や、禅機を活用した勇士らの身心修養のために、禅門の高僧を請して参禅しようとの議が起り、設立。	二〇〇名	二九号（一九一二年一二月）
10	雪山会	中原鄧州	神田美土代町 禅学専門道場	一九〇六年頃	医師楠田謙蔵が自己の修養のため、南天棒中原鄧州を毎月一週間ほど自邸に請して接得を受けたのが起源。	一五〇名	
11	徹心会	坂上宗詮	浅草　海禅寺	一九一〇年	学生による禅会「一橋如意団」を発祥とする。学生以外の入会者が続々現れて、是非会名をとの希望があったため、一九一〇年に会員組織に改めた。		
12	禅道会	釈宗演	本郷　喜福寺	一九一〇年八月	『禅道』の母体であるため「目的及び事業は本誌愛読者の熟知せらる所であるから茲には省く」との記載。		

【備考】「会員数」欄の空白は、詳細不明であることを示す。

正覚会・実践会・両忘会・碧巌会などは、その概略から、釈宗演の影響が強いことが分かる。日露戦争後の勝利の余韻に浸った国民精神を治すため、修養の一環として禅会が開催されたようである。この点は、一九〇三年以降、藤村操《ふじむらみさお》（一八八六〜一九〇三）の自殺事件をきっかけに雑誌上で〈修養〉言説が増え、一九〇七年に禅の修養雑誌『修養』が創刊されたという王の指摘と合致する。(23) 一二の禅会の多くは、こういった日露戦争後の修養ブームの延長線上にあったものと思われる。

一九一三年七月の三六号からは「禅会暦」という形で、東京で開催予定の禅会の場所・師家・講本・開会時間と開催日時がカレンダー形式で記されたものが登場する。(24) 九号から一九二三年八月の一五五号までの一一五カ月分を検証したところ、(25) 一九五三の広告があり、臨済三六、曹洞二五、黄檗二の合計六三の禅会が確認できた。曹洞宗の禅会が増加しているものの、登場回数の上位一、二は臨済宗が占め、『禅道』記載の情報によれば、東京の禅会は臨済宗が多かったと推察される。(26)

師家の登場回数上位五名を挙げれば、臨済宗の釈宗演が一三会と最も多く、続いて曹洞宗の山田孝道が八会、曹洞宗の原田祖岳が七会、臨済宗の菅原時保が六会、曹洞宗の上田祥山が四会となる。居士として指導にあたっているのは、飯田欓隠と早野柏蔭の二名のみであった。

講本で最も多く使用されていたものは『碧巌録（集）』であり、一一会で用いられた。そして、『従容録《しょうようろく》』が七会、『臨済録』が六会と続いている。

会場については、五〇会が寺院であり、残りは私邸・集会所・医院・銀行であった。

図1は、『禅道』に掲載された禅会広告数の推移を年別に表したものである。一九一六年まで増加傾向にあるが、翌一七年から減少傾向に転じている。この点は、禅道会の会長であり禅会を積極的に推進していた釈宗演が病を患い、一九一九年に遷化したことが影響していると思われる。間宮英宗《まみやえいしゅう》（一八七一〜一九四五）が引き継ぐ形で継続した禅会も見られたものの、やはり師家として最多の登場回数となっていた釈宗演不在の影響は大きく、その影響

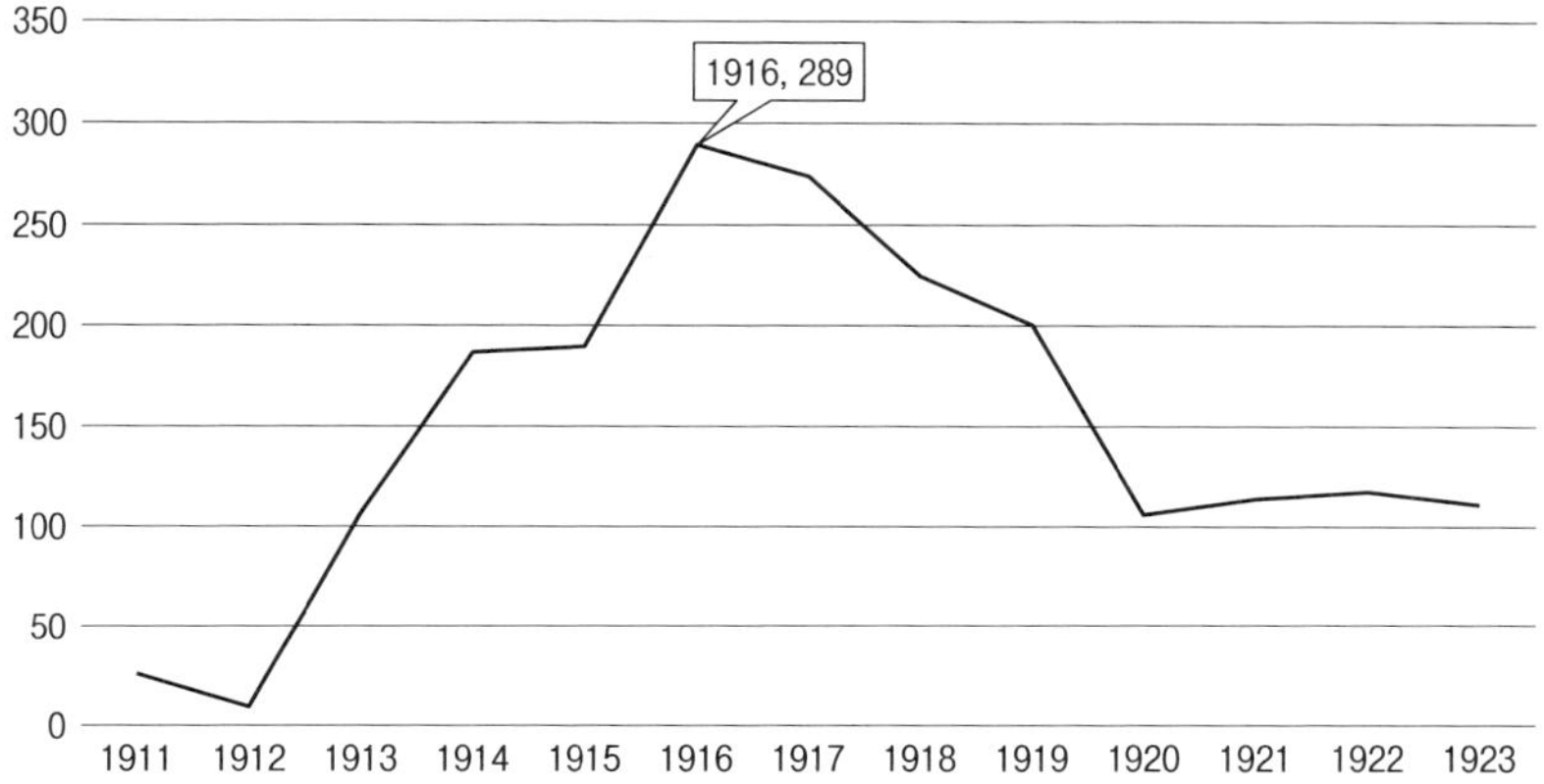

図１　『禅道』禅会広告数の推移（総数1,953）

が『禅道』の禅会広告数にも及んでいたのではないだろうか。

このように、『禅道』に見られた禅会の多くは、日露戦争後の「修養ブーム」の延長線上に発祥し、禅会を積極的に推進してきた釈宗演の存在に支えられたものであった。徳富蘇峰の弔文で、釈宗演は以下のように評されている。

> 但だ不思議なるは老漢には、何等月並的禅僧らしき習気、態度あらざりし事是れのみ。否な瀟脱とか、超逸とか、曠達とか、あらゆる禅僧的性格は、殆んど皆無に似たり。
>
> （徳富蘇峰「宗演老漢」〈『達磨禅』三巻一二号、一九一九年一二月〉、一二七頁）

鈴木大拙も釈宗演を「坊さん臭くない坊さん」(27)と評したとされており、このような釈宗演の気質も、修養ブームの延長としての禅に適合したと考えられる。また釈宗演自身は、寺院が陰鬱凄愴のイメージを持たれるようになったのは、説教・講話・講義を談ぜず、葬祭ばかりを行ってきた僧侶の責任とし、

> 勿論葬祭は寺院の附帯事業として行はざるべからざる事で、決して之れを以て余事なりと言ふのではない。布教講学の根本を忘却して、葬祭読経の支(始カ)末を守つたのが抑の誤りであつたのである。
>
> （釈宗演「碧巌開筵の所感」〈『禅道』七号、一九一一年二月〉、四頁）

と、葬祭の必要性を認めつつも、説法を説くことを重要視し、自らが積極的に巡錫する姿勢をとっていた。釈宗演は、人々が寺院に出向くのではなく、僧侶が人々のもとへ出向くスタイルに賛同していたと思われる。そして、禅の指導にあたっては、

> 諸子が禅を修められるも、何も坊主のやうに成つて貰はなくともよい。要は只その得たところの力を、人々の職務の上に活用して頂きたい。軍人然り、政治家然り、学生亦然りである。仏陀の本懐も亦此処にあると思ふ。坊主が世俗じみた事をやるのは誠に見つともないが、学者や実業家政治家が悟り臭いことをやる程見《み》悪《にく》いこともあるまい。
>
> （釈宗演〈楞伽窟老師講話〉「竿頭の一歩」〈『禅道』七八号、一九一七年一月〉、八頁）

と、それぞれの本業を活かすための禅を提唱しており、宗派の教化に近い性質のものではなかった。そのため、医院や銀行といった場でも禅会が開催され、多様な人材が釈宗演のもとに集い、禅を体験したのだろう。

以上、『禅道』の記事は東京開催の禅会情報が中心ということもあり、全国の様子までは分からない。また、東京においても一九二三年の関東大震災後、寺院は再編を強いられており、その後の禅会の動向を検証する必要がある。これらを補うため、次節では『大乗禅』に掲載された禅会の分析を行う。

第二節　『大乗禅』に見られる禅会

『大乗禅』は一九二四（大正一三）年一〇月創刊、中央仏教社より発行された月刊雑誌である。曹洞宗の原田祖《はらだ そ》岳《がく》（一八七一～一九六一）、医師から居士となった飯田《いいだ》欓隠《とういん》（一八六三～一九三七）を主宰としている。同誌は戦後も発行を続けており、二〇〇八（平成二〇）年一〇月（八五巻六号・通号九九六号）まで確認可能である。発行元の中央仏教社は、仏教の総合雑誌『中央仏教』、婦人向け仏教雑誌『家庭之友』なども発行しており、雑誌出版を通じて仏教の普及を積極的に推進していた出版社の一つであった。

『大乗禅』には一巻一号より「禅会案内」が掲載されており、戦前では一九四三（昭和一八）年四月まで確認できる。同年五月（二〇巻五号、通号二二八号）から用紙の減配で三二頁となったことも影響して、「禅会案内」は休載となった。一九四六年の社告には、「戦前は「大乗禅」を機関とする禅会が全国を通じて五十余に達した程でしたが、現在では休会中のものが多いのは遺憾に堪えません。出来得る限りの御便宜をはかりますから是非御復興下されて、大乗精神の発揚につとめて頂きたく存じます」(28)と禅会の復活を願う記述がある。

休載を除き、二一七巻分の「禅会案内」を調査した結果、一万一九八八の案内があり、種別は五四〇会(29)を数えた。地域別に禅会の種類と登場回数を集計したものが次頁の表2である。

『禅道』との比較を行うため、東京の状況を見ると、合計一七八種の禅会があり、二〇年間で約三倍となっている。宗派別では一会の不明を除き、臨済六一種（広告数一九八一〈年平均三一・四〉）に対し、曹洞一一六種（広告数二〇九二〈年平均一七・八〉）となり、会の種類は曹洞宗が上回るが、臨済宗は一つひとつの禅会が継続的に開催されている。[30]

　地域別の分布は北海道四％、東北一一％、東京三四％、関東（東京除く）一〇％、中部一七％、近畿一二％、中国五％、四国二％、九州三％、その他二％となった。東京を中心として関東圏で全体の約四五％を占める結果となった。第四章で考察した授戒会は愛知を中心とする中部地方での開催が多かったが、前節の考察結果も合わせると、禅会は東京を中心に開催されたと言えよう。

　師家の登場回数上位五名を順に挙げると、曹洞宗の原田祖岳が五八会、曹洞宗の飯田欓隠が二二会、曹洞宗の安

表２『大乗禅』における禅会の地域別広告数・会数

地域	登場回数	禅会種類	地域	登場回数	禅会種類
北海道	510	19	大阪	599	23
青森	162	3	兵庫	358	21
岩手	239	8	奈良	84	2
宮城	360	5	和歌山	0	0
秋田	416	8	鳥取	28	2
山形	58	1	島根	138	4
福島	68	4	岡山	4	2
茨城	58	8	広島	169	4
栃木	154	8	山口	299	13
群馬	243	9	徳島	0	0
埼玉	129	6	香川	0	0
千葉	304	16	愛媛	201	13
東京	4,074	178	高知	0	0
神奈川	290	16	福岡	38	4
新潟	33	5	佐賀	59	3
富山	159	3	長崎	126	9
石川	233	7	熊本	59	4
福井	56	13	大分	1	1
山梨	86	5	宮崎	7	1
長野	109	8	鹿児島	30	3
岐阜	2	2	沖縄	0	0
静岡	938	54	樺太	59	3
愛知	279	8	台湾	73	3
三重	162	5	朝鮮	81	6
滋賀	5	2	満州	77	5
京都	371	13	合計	11,988	540

谷量衡が一六会、臨済宗の釈定光が一四会、曹洞宗の村上素道が一三会となり、原田の弟子で一九五四年に独立し「三宝教団」を設立した安谷量衡《やすたにりようこう》（白雲、一八八五〜一九七三）、一九二〇（大正九）年に「釈迦牟尼会」を設立した釈定光《しやくじようこう》（一八八四〜一九四九）など、現在も続く団体の主導者らも名を連ねた。居士の指導者としては、後述する笠間禅石《かさまぜんせき》・中西葉舟《なかにしようしゆう》・浜地八郎《はまちはちろう》など一二名の名前が見られ、『禅道』の二名から大幅に増加している。

提唱の講本については、『碧巌録（集）』が九八会と最も多く用いられ、『修証義』が八二会、『無門関』が四六会と続く。注目すべき点は、在家布教を念頭に置いて編纂された『修証義』を用いる会の多さであり、ここから曹洞宗が禅会を通して在家布教を推進したことが分かる。

場所に関して、寺院以外では、学校・医院・銀行・郵便局・鉄道の駅・警察署・ビル・企業の施設といった場所で禅会が行われており、『禅道』掲載の場所からさらに拡張した。

また、『大乗禅』には大学禅会も登場しており（以下、括弧内は初掲載年月）、日本大学参禅会（一九二六年五月）、早稲田大学参禅会（一九二六年七月）、慈恵大学参禅会（一九二七年二月）、東洋大学栽松会（一九三三年九月）、千葉医科大学参禅会（一九三四年五月）、中央大学参禅会（一九三七年二月）と六大学の禅会案内が見られた。

女性の参加に関しては、婦人会・女学校の禅会が二六会を数え、女性主体の禅会が増加している。

本土以外では、樺太・台湾・朝鮮・満州での禅会案内が一七会、二九〇回見られる。いずれも曹洞宗に属する会となっている。樺太に関しては一九三六年六月まで案内が見られるが、台湾・朝鮮・満州については一九三〇年七月以降掲載されていない。これは、各地の情勢不安の影響を反映したものと考えられる(31)。

以上、『禅道』との比較を意識しつつ個別データを示したが、次頁の図2は、図1と同じく禅会広告数の推移を

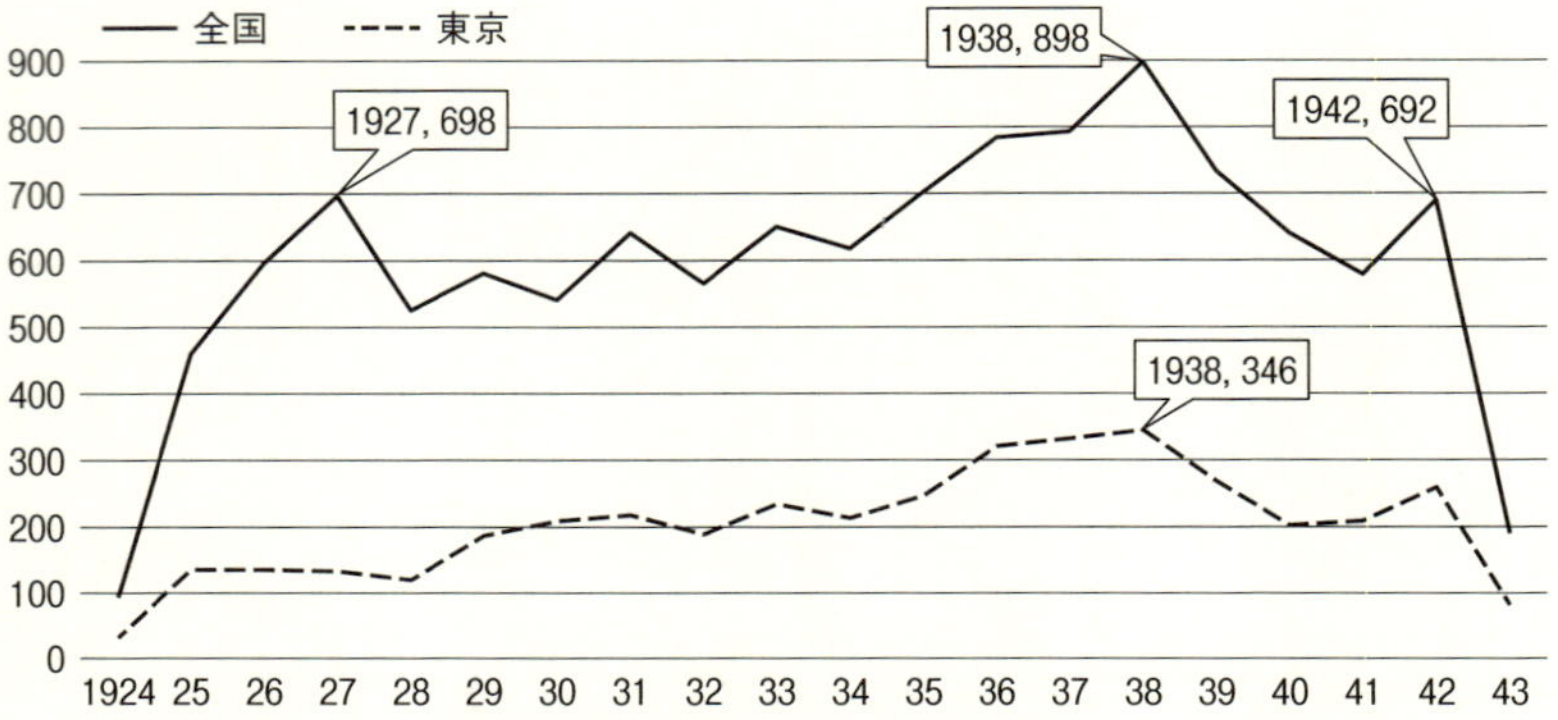

図2　『大乗禅』禅会広告数の推移（総数全国11,988、東京4,074）

示したものである。全国の推移とともに、多数を占める東京のグラフを併置した。全国では一九二七年に一度目のピークを迎え、翌年やや減少し、一九三二年から徐々に数が上昇、一九三八年には最大となっている。

次節以降では、この一九二八年からの一時的減少を居士禅に対する評価の対立、一九三〇年代後半の増加を参加主体の多様化、という観点から分析したい。

第三節　居士禅に対する評価の対立

一九二五（大正一四）年の『大乗禅』二巻一〇号の編集後記（一〇四頁）によれば、『大乗禅』の読者を仮に十分とすれば六分が在俗、四分が教界となり、教界のうち、二分曹洞、二分臨済という比率になるという。この傾向は、「真に道を求めやうとする者が、却つて在俗の方に多いことを立証するものではありますまいか」と編者は予想している。

ここでは、道を求める居士が想定されているとはいえ、参加する居士たちは必ずしも僧侶たちの期待通りの人物ではなかった。一九一八年にその様子を述べた臨済宗円覚寺派の福泉東洋《ふくせんとうよう》（生没年不明）による居士に関する意見が興味深い。

居士を今と昔とに区別して比較して見ると、昔の居士には随分と豪傑肌の者が居て、突飛なことや、乱暴なことをしては衲を困らせたもんだが、其かはり修行には猛烈に骨を折つてゐた。然るに此節の居士は何だか一定した鋳型の中に入れられたやうな者ばかりで、どつちかといふと、勇気のある者が少くなつた。身体の虚弱な、蒼白い顔をした、ひよろ〳〵した者が居士林を占領するやうになつた。要するに、昔の居士には、未来、大臣にならうとか東洋の大豪傑にならうとか、大実業家、大文豪などにならうとかいふやうな大きい野心を抱いて、ウンと心胆を練つて居つたが、今の居士連には其麼大い思想を抱いて来るものが極めて少いやうぢや「どうしたら此の神経病が治るだらうか」と迷つて来る者が多いやうだ。

（福泉東洋「昔の居士と今の居士」〈『達磨禅』二巻四号、一九一八年四月〉、六〇頁）

また、曹洞宗の上田祥山《うえだしようさん》（一八六二～一九三八）は一九二八（昭和三）年に、明治中期の知識階級における禅流行を指摘した上で、ただ流行に乗って禅を素見するのではなく、真の仏法を求める必要性を説いている。

禅といふものは決して世間の流行物ぢやない。それが特種階級に流行するからと云つて、人真似をして参禅などしてみたところで、到底ものになる訳のものではない。……本来いのち懸けで求めなければならぬこの仏法を、自分が紳士としての面目を保つためとか、或はまた交際のためとか、或はまた地位擁護のためとか、種々雑多な外面的の要求から、恰も虚栄に魅せられたる婦女子が流行を追ふ如く、漫然漠然と求めてゐたのである。否これ等は求めるといふよりも寧ろ素見すといふ類のものである。

（上田祥山「参禅の要機」〈『大乗禅』五巻一号、一九二八年一月〉、一八～二〇頁）

二人の老師の意見は、参禅する居士の志の低さと、流行に乗った知識階級の居士が多いことを示している。この点は参加居士の多くが、雑誌『修養』発行などに見られる修養ブームの流れから禅に対して興味を持ったためと予想される。

一方、居士として坐禅指導にあたることもあった、笠間禅石・中西葉舟・浜地八郎の居士禅に対する論考を見ていく。

笠間禅石は、同志社でのキリスト教研究から印度哲学研究を経て、坐禅に辿り着いた居士である。笠間は一九二八（昭和三）年発表の論考において、数の上では少ない居士禅を「純禅」、生活のために行う多数の僧侶禅を「雑禅」とし、「僧侶禅は禅を商品として生活して居る商売人である。居士禅は禅に生活費を要求しないのである。禅に生活費を要求すれば、イヤでも何かに捉はれねばならぬことになる。この点が僧侶禅よりも居士禅の方が禅の真精神に叶うて居る。故に僧侶禅は雑禅に定り易く、居士禅は純禅に進み易いのである」[32]と居士禅を僧侶禅よりも精神的に優位なものとした。

同年、渋谷の代々木倶楽部内で如是会という禅会を主催していた中西葉舟は、「在家の儘にて道を行ふ者であるから、肉食妻帯をしても差支へは無い。家業産業をしても妨げはない。身分相応の宅に住むでも少しも子細は無い。支那の龐居士でも印度の維摩居士でも、皆普通一般人間一様の世の営みをなしつゝ、道を扶植し、教を綱紀せられた者である」[33]と述べ、龐居士や維摩居士の活躍を挙げ、社会に適応しつつ、居士禅を普及する道を説いた。

最後に、大船観音の建立に関わり、金剛経を信奉した弁護士の浜地八郎（一八六四～一九五五）は、一九二九（昭和四）年の論考において、学問禅ばかりの僧侶を批判し、居士禅によって禅が相続される時代が到来する可能性を指摘している。やや長くなるが引用する。

専門の僧侶の方々が今日のやうに学問禅のみを盛んに唱へるやうになると、真剣に、真面目に禅を修行せんとするものは段々専門の僧侶の方々について参禅せぬやうになり、居士身によつて禅が相続される時代が近く来ないとも限らない。居士の中には勿論社交のためとか、或は碁や玉突きをやるといふやうな遊戯半分でやるもの、或は病弱のためにやるものなど、かうした程度の低い人々もあるには違ひないが、中にはどうしても求めて止まぬ真実心から、命を捨ててまでもといふやうな熱心な参禅者も決して少くない。これは私の実見上からであるが、かうした参禅者からは現代の師家と称する人々のなかに於いて、曹洞臨済を通じて全然人はないとは云はないが、甚だもの足らなさを感ぜざるを得ざるは敢て私一人の経験ばかりではあるまいと思ふのである。故に専門の宗師家に於かれても、居士禅の現在及び将来について深くお考へ下されて、真剣に真面目に居士の接得にあたらるゝとともに、科学や学問の論量を越えたる越格の良師家の打出につとめ、慧命相続の大任を完了せられんことを希望して止まない。

（浜地八郎「居士禅の将来」〈『大乗禅』六巻一〇号、一九二九年一〇月〉、一四頁）

浜地の意見は、福泉・上田と同様に、遊戯半分で病気平癒のために坐禅を行う居士を「程度の低いもの」とした。一方で居士のなかには熱心に道を求める者がいて、その熱意に応じる師家が果たして多くいるのだろうかと、僧侶に対して不満を述べるとともに、科学や学問の論量を越える「越格」を求めている。このように、一九二八年前後の居士の論説からは、修養ブームの影響を受け、軽い気持ちで参加する居士と、「真実の道」を求める居士の差異化が図られている。

ここで、曹洞宗の来馬《くるま》琢道《たくどう》（一八七七〜一九六四）による興味深い意見を紹介する。

口頭禅といつたら怒るかも知らぬが、禅録の講義は釈宗演、日置黙仙、秋野孝道、中原南天棒などの注釈よりも、大内青巒居士の提唱の方が遙に能く解つてゐる。西有穆山禅師の講義録を読んで解らなかつた人にも、大内青巒居士の講義録を読むと、明確した様な心持がするであらう。又現在に於いても禅学の講義をさせると、境野黄洋君の如きは本当に禅宗が解かつた(ママ)人かと思はれる。それで禅宗の人でなく、浄土真宗の僧籍を持つてゐるのだから、何となく不思議に思はれる。故に禅は文字の解釈や精神の理解だけでは満足することが出来ないで、一面肉体上の修練形式上の坐禅と云ふものが伴はねばならぬと云ふことを感ぜしめる。

（来馬琢道「参禅界の新運動」〈『大乗禅』五巻四号、一九二八年四月〉、二八頁）

来馬は、禅宗の僧侶による注釈よりも、居士の大内青巒や真宗の僧籍を持つ境野黄洋《さかいのこうよう》（一八七一～一九三三）の方が、禅録の分かりやすい講義を行うと評しているものの、文字の解釈だけで満足できず、禅には肉体の修練形式、つまり身体性も重要であるとした。また別論では、丘宗潭《おかそうたん》・秋野孝道・岸沢惟安《きしざわいあん》らを輩出した西有穆山《にしありぼくさん》（一八二一～一九一〇）が駒澤大学で宗学を挙揚した点、自身が引き受けた『曹洞宗全書』編纂のための参考図書借用先が駒澤大学である点から、宗学の中心が本山から大学へ移行したと推測し、今後の禅宗の方向性を危惧している。

将来の禅宗は学に向つて進むのか坐禅に向つて進むのか、更に山上の仏教として立つべきものか市中の仏教として立つべきものか、不立文字の宗門として進むべきものか、文字を離るべからざる仏教たるべきものか、もう一歩進んで考へると、本山を離れた宗教は果して如何。宗学の中心を離れた本山が如何なる権威を持つべきものか、仏教界の識者の一顧を促し、更に禅学界諸君の考慮を要するものである。

（来馬琢道「禅の中心は本山を離る、か」〈『大乗禅』一一巻一一号、一九三四年一一月〉、五三頁）

本山から大学へ学問の拠点が移動したことにより、文字禅は発達したかもしれない。しかし、熱心な居士が求める科学や学問を超える力は、本山や各地の僧堂での修行によって形成されるもの、佐々木宏幹の言う「禅的プロフェッショナル性」(34)に近いものだったと推察される。一九一七年に医業を廃止し居士に専念していた『大乗禅』主宰の一人である飯田欓隠は、一九二二年、六〇歳で原田祖岳のもと、福井県発心寺で出家した。この事例は、居士として禅を普及させていた飯田が、熱心な居士たちの求めに応じて、僧侶となり立ち振る舞いなどの身体的な「越格」を身につけようとした結果とも言える。

第一節で釈宗演の「禅僧らしくない気質」が修養ブームの情勢に適合した可能性を指摘したが、本節で見た居士の論説からは、流行を追い病気平癒などを目的とする「現世利益型」居士と、熱心に禅を追求する「悟り型」居士との差別化が図られていたことが読み取れる。一九二八年の一時的な禅会数の減少は、修養ブームの延長線上にある「現世利益型」禅と「悟り型」禅とが対立し、理念の違いから参加者が少なくなったことが要因とも考えられる。こうした対立から禅会広告数の一時期的な減少があったものの、次節で見るような様々な主体の働きかけによって禅会は増加していく。

第四節　一九三〇年以降の動向——参加者の多様化

『大乗禅』では、一九三〇（昭和五）年の七巻三号から、女性による参禅の感想などを掲載した「女人禅」というコーナーが開始される。(35) 先に女性向け禅会が二六会を数えたことを述べたが、「女人禅」設置も女性の禅会参加の高まりを示している。

一九三三年には非常時における禅流行が報じられており、以前元老だった西園寺公望《さいおんじきんもつ》（一八四九～一九四〇）が禅録を読み、首相の斎藤実《さいとうまこと》（一八五八～一九三六）が『碧巌録（集）』を唯一の修養書として挙げ、近年は陸海軍の将校、飛行将校の間で参禅が熱心に行われているという。(36)

一九三五年に富山では、国民精神文化研究所が大法寺に設置され、一カ月の坐禅修行が行われたのを皮切りに、国体訓練に坐禅が導入された。同年の『大乗禅』一二巻一一号では、富山の参禅団体「不問会」にて富山高校の教員や、市議会議員・婦人・警察官および通信事務員が坐禅をしている様子が報告されている。(37)

翌年、七大学戦で明治大学に敗北した早稲田大学ラグビー部が、中野の一九会道場で三日間の坐禅修行を行い、(38) 次戦の同志社戦で勝利した。これを受け、ベルリンオリンピックに出場する選手が、鎌倉建長寺で坐禅をしている。(39) 「肚を練る」を合言葉に、坐禅による精神鍛錬がスポーツの勝利につながる例として挙げられている。

女性・軍人・警官・教員・スポーツ選手といった多様な層が禅会に参加しており、坐禅が一部有識者だけのものではなくなってきていることが分かる。この時期には、さらなる禅の普遍的な普及のため「国民皆禅」がスローガンとして用いられた。

『大乗禅』における「国民皆禅」の初出は、一九三六年四月の原田祖岳による論文のタイトルである。ここで原田は、

　一般の民衆は朝夕五分間でも十分間でも好いから、その程度より一般の民衆に始めてほしいと云ふのである。

個人でも家庭全体でも、乃至いかなる集団でも決して五分十分の打坐のできない筈はない。その必要と価値さへ認め得れば如何なる集団でも、いかなる家庭でも、いかなる階級の人でも、いかなる主義主張の人でも易々として誰れでもでき《（マヽ）》る道である。何となれば骨の折れる仕事でもなく、何等準備知識を要する道でもないから、志さへあれば誰れにでも安々と出来る道である。

（原田祖岳「国民皆禅」〈『大乗禅』一三巻四号、一九三六年四月〉、三頁）

と述べ、集団・家庭・階級、そして主義主張を問わず、坐禅の実践を推奨している。また同年、茨城県清凉寺では、「世を挙げて健康競争時代、男も、女も、身心の鍛錬を求めんとする者先づ坐禅に来れ」というモットーのもとで坐禅会が開催された[40]。このように、あらゆる層に対して坐禅の奨励がなされていくが、特に学校関係者の参禅に関する記事が増加していく。

例えば、一九三六年六月に東京市小学校教員百余名が、仏教護国団の主催で本郷駒込吉祥寺にて住職の岩本勝《いわもとしょう》俊《しゅん》（一八九五～一九七九）から法話を聞き、總持寺の沢木《さわき》興道《こうどう》（一八八〇～一九六五）による提唱と読経、一汁一菜の夜食饗応を受け、七時から参禅を行った[41]。一九三八年二月、文部省が全国各地の師範学校卒業生に対して、教育信念養成の指令を発したことを受け、京都師範学校では臨済宗相国寺専門道場に交渉し、卒業生七〇名が七日間参禅した[42]。さらに同年三月、滋賀県甲良村小学校の上級児童約三〇名が、精神訓練のため愛知県臨済宗永源寺本堂の参禅講習会に参加し、永源寺派執事長・山田桃岳から坐禅の仕方と修養講話を聴き、「児童の参禅は恐らくこれが最初であらう[43]」と述べられている。他にも、栃木県庁主導で小中学校教員に対して那須の雲巌寺で禅修養会を開催[44]、京都府学務課主催で小学校校長に禅教育実施[45]、といったように、一九三八年には官公庁も禅会を積極的に推進している。

教員・卒業生・小学校生徒など、学校関連の参禅が増加した背景には、文部省の「宗教的情操」を涵養する政策(46)に加え、仏教教団の推進活動も影響している。一九三八年に臨済宗では、従来の一部有識者向けの禅を改め、禅的訓練を一層一般化して、日本精神を禅の方面から体験させせなければならないという声が高まり、

それには先づ宏大なる殿堂をもつ各本山が、その法塔を一般の禅道修行へ開放し、地方の末寺はまたその本堂を眠れる伽藍たらしめず、積極的に市町村民を対象として禅風の挙揚を図ることが必要であるとされ、さしづめ京都の各山あたりが一丸となり一大国家的運動が展開されようとしてゐる。

(「今や禅風挙揚の時　臨済宗の各山国家的運動へ」〈『大乗禅』一五巻一号、一九三八年一月〉、一〇二頁)

と、本山開放が提唱されている。同年五月には妙心寺派において、管長峰尾大休《みねおだいきゅう》(一八六〇~一九五四)提唱のもと「国民皆禅、興禅護国運動」が推進され、百丈懐海《ひゃくじょうえかい》の「一日作さざれば、一日食はず」主義を奉じ、毎日一〇分間の静坐を励行する旨のパンフレットを三〇万部発行した(47)。同年九月には曹洞宗が僧堂一〇〇カ所に対して、所属地方官公の機関と相まって、五日から七日間程度にわたる一般民衆の心身鍛錬参禅会開設を指令したという(48)。

このような官公庁・禅宗教団の活動も影響して、一九三八年に禅会案内数が最大となったと考えられる。「一汁一菜の簡素な生活」「誰でも出来る」「個人の精神力の増長」などが掲げられ、坐禅は、物資の少ない戦時体制に適応する実践として積極的に推進された。

加えて、禅会数が上昇するこの一九三〇年以降の時期は、唐沢富太郎が国定教科書について分析するなかで、

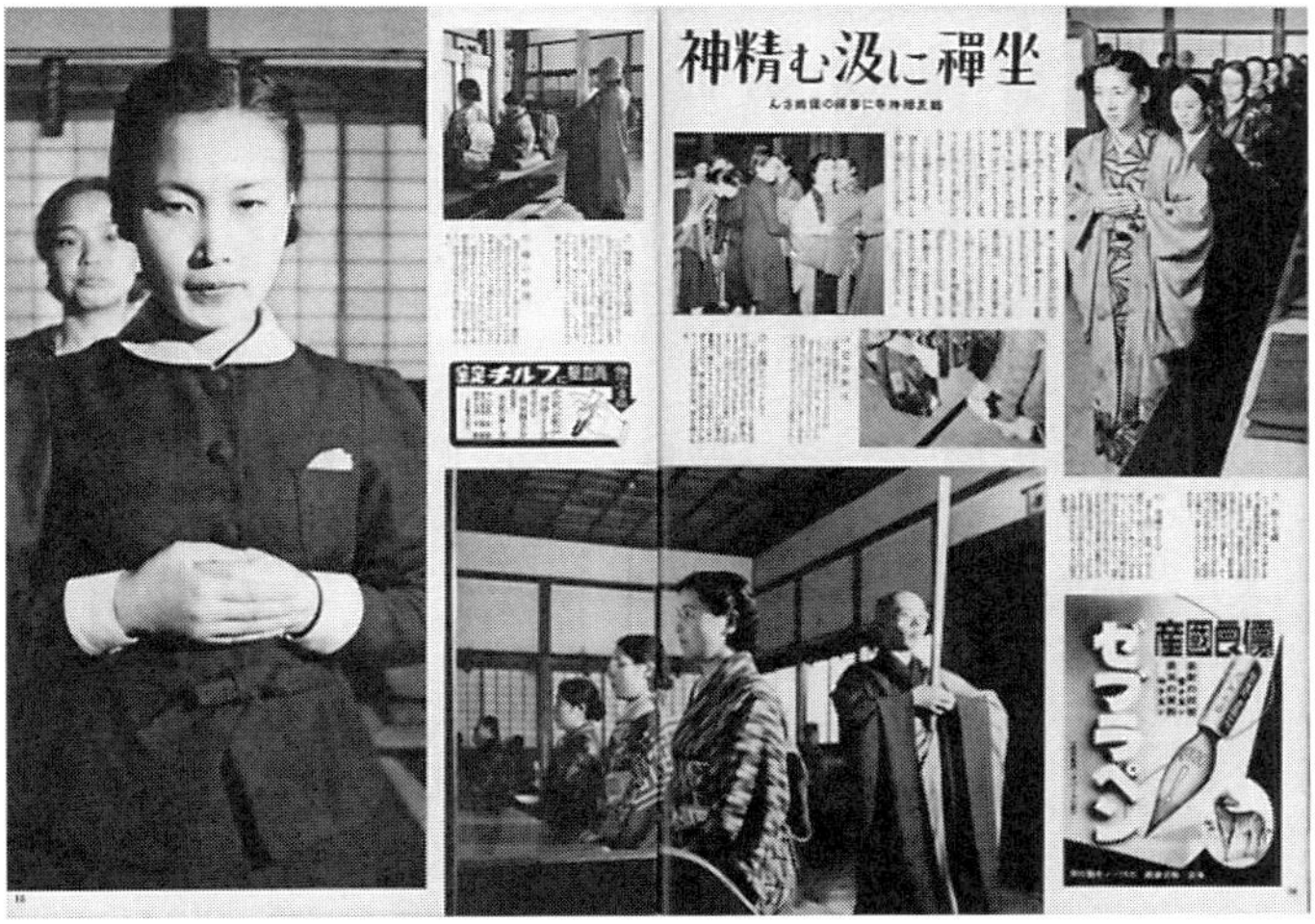

図3　保母団体の参禅（『アサヒグラフ』887号、1940年11月13日、14～15頁）

「最も多く仏教的な教材が登場している注目すべき時期である」[49]と指摘した、一九三三（昭和八）年から一九四〇年までの国定教科書第四期に該当する。また、一般メディアでも、例えば『アサヒグラフ』では、一九三九年八月に鎌倉建長寺の雲水修行の様子が写真とともに特集され[50]、以後、埼玉県粕壁高等女学校の修養道場[51]、鶴見總持寺での東京音楽学校女生徒[52]、保母団体の参禅[53]（図3）が写真入りで報道されている。

このように、『大乗禅』に見られた禅会数の上昇は、教科書や一般雑誌の内容とも関連しており、仏教や禅の推進が多方面からなされた結果と推察される。

おわりに

これまでの研究において、近代の禅は修養ブームの延長線上に位置づけられることが多かった。本章で検討した結果、確かに『禅道』掲載の禅会はそのような性質が強いものであった。しかし、釈宗演の死後、一九二〇年代後半の『大乗禅』誌上に現れた居士の言説からは、「現世利益型」と「悟り型」との差別化が図られ、修養ブーム以外の動向が見られた。禅会数が最大となった一九三〇年代後半のナショナリズム高揚期には、宗教的情操を涵養する国策とともに、禅宗教団が本山を開放するなどして、スポーツ選手・警察官・学校関係者など様々な層が参加する動向が見られ、国定教科書の内容や『アサヒグラフ』の報道とも関連していた。本章の分析から、先行研究に見られるような修養ブームと結びつきながら起こってきた禅会は、居士禅をめぐる評価や対立が激しくなるような、居士禅の在り方が考え直されてきた時期を経て、国家総動員体制のなかに巻き込まれながら、戦争のために利用される実践となっていったことが明らかとなった。

本章の最後に、曹洞宗と坐禅の関係に触れたい。第四章第三節第三項で見たように、一九三七（昭和一二）年一〇月の国民精神総動員実施に関する文部省からの通牒で坐禅が推進項目に入っていた。一九四〇年の『曹洞宗社会課時報』二八号には、二泊三日の参禅会に関して以下の記載がある。

> 工場に働く人も会社に勤める人も、仕事にもよい影響こそあれ少しも邪魔にならないし農業に従事する人も作業服を浴衣に着替へて参禅会の人となり、翌朝再び作業服に着替へて田甫に出ることが出来る。そして田甫の仕事や職場の仕事を作務だと考へれば、これ亦面白い日課が出来るわけである。
>
> （「銃後の練成と参禅会の手引き（下）」〈『曹洞宗社会課時報』二八号、一九四〇年五月一〇日〉、六頁）

ここで注目すべき点は、「工場に働く人も会社に勤める人も」として、サラリーマンの存在が農業従事者より先に示されている点である。官公庁統計によれば、東京市存在の「有業人口」のうちサラリーマンの占める割合が、一九〇八（明治四一）年には五・六％であったのに対し、一九二〇（大正九）年には二一・四％へと大幅に増加している[54]。そして東京は、筆者が調査した禅会広告数のうち、最も高い割合の三四％を示していた。

禅会での坐禅は、前章の授戒会に比して短期間で終了し、サラリーマンの週五日の勤務体系にも適合する儀礼であった。この点が禅会の東京での普及に影響していると考えられる。『禅道』や『大乗禅』[55]を通じて、禅会の普及に着目した曹洞宗は、国家政策に適合し、短期間で参禅者同士の一体感を強める禅会をますます推進していく。一九四一年七月一日の『曹洞宗報』五一号には、『大乗禅』と同様の形式の「本宗参禅会案内」が初めて掲載された（同誌、一三一頁）。この点は、老師と在家者の個人的なつながりによって支えられていた禅会を、教団が布教戦略として吸収していった過程を示している。

前章までに見てきた儀礼と異なる点は、坐禅の状況は写真で伝えやすいという利点がある。動きが少なく、整然と一列に並んでいる坐相が、『アサヒグラフ』以外にも『大法輪』などで報じられている[56]。坐禅は、視覚的イメージによって身体性が伝わりやすく、近代のメディアを通じて多くの人々の実践基盤を形成し、現在でも企業の研修で行われるなど、「能力強化[57]」につながる受け入れやすい儀礼と認識されているのではないだろうか。

本章の最後にサラリーマンなどの「大衆」と禅会の関係を論じたが、次章で扱う五〇年に一度の宗祖忌である遠忌も、大衆との関わりを強めていった儀礼であった。

註

（1）　同様の語として「参禅会」「坐禅会」などが見られるが、原則として「禅会」を用いる。

（2）　末木文美士「大乗仏教の実践――研究状況をめぐって」（『思想としての近代仏教』中公選書、二〇一七年）、三九二頁。

（3）　Lopez, Donald S. Jr. (eds.), *Critical Terms for the Study of Buddhism*, The University of Chicago Press, 2005.

同書では常識化された仏教観を批判し、「美術」「死」「経済」などの一般的な用語から仏教を検証している。

（4）末木前掲註(2)「大乗仏教の実践」、三九一頁。

（5）島薗進「国民国家日本の仏教――「正法」復興運動と法華＝日蓮系在家主義仏教」（末木文美士ほか編『新アジア仏教史14　近代国家と仏教』佼成出版社、二〇一一年）、一七〇～一七一頁。

（6）末木文美士「女性の目ざめと禅――平塚らいてう」（『近代日本の思想・再考Ⅲ　他者・死者たちの近代』トランスビュー、二〇一〇年）。

（7）竹内道雄『日本の禅』（春秋社、一九七六年）、三四七頁。

（8）竹内は、研究者兼僧侶の酒井得元の論文を引用し、そこで「四つの頂峰」と讃えられた、原田祖岳・岸沢惟安・沢木興道・橋本恵光の四名を挙げている。前章で引用したように酒井は、明治末から大正・昭和の初めにかけて、『修証義』の説教を中心とした「授戒会」が在家教化の主軸であり、旧制中学を卒業するまで、曹洞宗寺院で生まれた自身でさえも自分の所属する寺が禅宗であることを知らなかったと、曹洞宗で「禅」が忘れられていたことを回顧している（酒井得元「禅界の現状とその問題（曹洞宗）」〈鈴木大拙監修・西谷啓治編集『講座禅8　現代と禅』筑摩書房、一九六八年〉、一四〇～一四一頁）。

（9）伊吹敦『禅の歴史』（法藏館、二〇〇一年）、二九一～二九三頁。

（10）加藤彰英「参禅会活動の現況と問題点」（『教化研修』二一号、一九七八年）。飯塚正徳「参禅会活動の留意点」（『教化研修』二二号、一九七九年）。

（11）佐藤孝裕「参禅とコムニタス」（『別府大学アジア歴史文化研究所報』一九号、二〇〇二年）。

（12）段壹文「総持《ママ》寺の参禅――参禅者の経験に焦点を当てて」（『筑波大学地域研究』三八号、二〇一七年）。

（13）Braun Erik, *The Birth of Insight: Meditation, Modern Buddhism, and the Burmese Monk Ledi Sayadaw*, The University of Chicago Press, 2016. Mendelson, Rebecca. *Fierce Practice, Courageous Spirit, and Spiritual Cultivation: The Rise of Lay Rinzai Zen in Modern Japan*. Dissertation, Duke University, 2020.

（14）王成「近代日本における〈修養〉概念の成立」（『日本研究』二九集、二〇〇四年）、一三六頁。

(15) 栗田英彦「明治三〇年代における「修養」概念と将来の宗教の構想」(『宗教研究』八九巻三輯、二〇一五年)。
(16) 栗田英彦「真宗僧侶と岡田式静坐法」(『近代仏教』二一号、二〇一四年)。
(17) 原則として底本は、駒澤大学図書館所蔵のものを利用した。欠号部分に関して、『禅道』は大谷大学図書館、『大乗禅』は高野山大学図書館から、文献複写によって「禅会案内」の項目を取り寄せている。
(18) 二〇一八年には釈宗演遠諱一〇〇年記念特別展「釈宗演と近代日本――若き禅僧、世界を駆ける」が慶應義塾大学で開催され、円覚寺派管長横田南嶺と特別対談を行った馬場紀寿の釈宗演研究も注目を浴びた(馬場紀寿「釈宗演のセイロン留学――こうして「大乗仏教」は生まれた」〈『図書』八一八号、二〇一七年四月〉)。また、釈宗演の師である今北洪川の著した『禅海一瀾』の講義録が岩波文庫より出版され、横田の解説が付されている(釈宗演著、横田南嶺解説・小川隆校注『禅海一瀾講話』〈岩波文庫、二〇一八年〉)。
(19) 「読者の声」(『禅道』一号、一九一〇年九月)、五八頁。
(20) 『禅道』二五号(一九一二年八月)、五一頁。
(21) 『禅道』二九号(一九一二年一二月)、五五頁。例えば、一八九三年創設の興禅護国会は、勝峰大徹《かつみねだいてつ》(一八二八～一九一〇)遷化による休会(一九一八年七月に復活)のため紹介されていない。
(22) 同前、五三頁。
(23) 王成前掲註(14)「近代日本における〈修養〉概念の成立」、一三五～一三六頁。
(24) 一九一五年二月の五五号より体裁変更し、カレンダー部分はなくなった。
(25) 調査方法は、禅会案内に記載された師家・講本・会場などの内容をエクセルに入力した上で、禅会の一覧表を作成し、掲載回数などを計測した。『大乗禅』に関しても同様の方法をとっている。
(26) 機関誌的な性格を加味すれば、釈宗演関連の情報が中心となり、臨済宗の禅会が多く掲載されたとも考えられる。後の『大乗禅』に関しても原田祖岳などに対し同様の可能性が考えられる。しかし、『達磨禅』が母体である仏心会関連の禅会案内を中心に掲載しているのに対して、『禅道』『大乗禅』は他団体の案内も提示していることから、比較的公平な立場であり、全体の推移は客観性の高い指標になると思われる。

(27) ××生「宗演禅師のことども」(『達磨禅』三巻一二号、一九一九年一二月)、三一頁。
(28) 「特別社告」(『大乗禅』二三巻二号、一九四六年六・七月)、二頁。
(29) 会場や師家が異なる場合は、同名の会であっても一種類として計測している。
(30) なお、全国では臨済一六四種(広告数四〇四六〈年平均二四・三〉)、曹洞三六八種(広告数七八四三〈年平均二一・三〉)、黄檗三種(広告数二一〈年平均七〉)、真言宗一種(広告数一)、不明四種(広告数七七〈年平均一九・二〉)となった。
(31) 一九三〇年の間島共産党暴動など。
(32) 笠間禅石「居士禅の現在及び将来」(『大乗禅』五巻一号、一九二八年一月)、一六頁。
(33) 中西葉舟「居士禅に就いて」(『大乗禅』五巻三号、一九二八年三月)、七〇頁。
(34) 佐々木宏幹『仏力《ぶつりき》――生活仏教のダイナミズム』(春秋社、二〇〇四年)、一五頁。
(35) 投稿者には平塚らいてう、下田歌子、来馬琢道の妻たつなどがいる。深谷政子「女性の立場から」という投稿では「女が参禅する。如何にも突飛で如何にも生意気だと、口では持上げておいても、心では貶しつける、世間の声を感じます」(『大乗禅』七巻八号〈一九三〇年八月〉、八〇頁)と、世間で女性の参禅は認められていないという意見が述べられており、女性の禅参加については詳細な検討が必要である。
(36) 「非常時と参禅の流行――元老首相も禅書に親しむ」(『大乗禅』一〇巻二号、一九三三年二月)、一〇〇頁。
(37) 「世は参禅時代を現成――学者も警官も婦人も禅林へ」(『大乗禅』一二巻一一号、一九三五年一一月)、一〇二頁。
(38) 「覇権は坐禅から――早大ラグビー選手の参禅」(『大乗禅』一三巻一号、一九三六年一月)、一〇一頁。
(39) 「オリムピック陸上軍――建長寺で制覇の坐禅」(『大乗禅』一三巻二号、一九三六年二月)、一〇二頁。
(40) 「茨城清涼寺の坐禅会」(『大乗禅』一三巻九号、一九三六年九月)、一〇二頁。
(41) 「仏教護国団主催で――東京市小学教員が参禅」(『大乗禅』一三巻七号、一九三六年七月)、一〇一頁。
(42) 「教育信念は坐禅から――京都師範の初試み」(『大乗禅』一五巻二号、一九三八年二月)、一〇〇頁。「京都師範の禅的訓練」(『大乗禅』一五巻三号、一九三八年三月)、一〇〇頁。前者には文部省が「宗教的信念養成の指令を発し」とあるが、その指令は曹洞宗『宗報』九六七号（一九三七年一〇月一日）、二頁のものと思われる（本書第四章第三節第三項参照）。
(43)「小学生の参禅」（『大乗禅』一五巻三号、一九三八年三月）、一〇〇～一〇一頁。
(44)「栃木県庁主催の坐禅会」（『大乗禅』一五巻一〇号、一九三八年一〇月）、九四頁。
(45)「小学校長に禅の教育」（『大乗禅』一五巻一一号、一九三八年一一月）、九三頁。
(46)一八九九年の「一般ノ教育ヲ宗教以外ニ特立セシムル件」という訓令により、私立学校を含むすべての学校で宗教教育が禁止された。一九三二年に政府は「〈一般ノ教育ヲ宗教以外ニ特立セシムル件〉解釈ニ関スル件」（宗教局普通学務局通牒発第一〇二号）を発し、宗教的情操教育の必要性を認め、一九三五年に「宗教的情操ノ涵養ニ関スル留意事項」という文部次官通牒を出し、一般的な宗教的教育の必要性を認めた（洗建「「宗教的情操教育論」について」〈『宗教法』二五号、二〇〇六年〉、一四五頁）。
(47)「妙心派の国民皆禅運動――パンフレット三十万部発行」（『大乗禅』一五巻五号、一九三八年五月）、一〇〇～一〇一頁。
(48)「曹洞宗の禅林総動員」（『大乗禅』一五巻九号、一九三八年九月）、九四頁。
(49)唐沢富太郎「近代教科書にあらわれた仏教的教材」（『新装版　講座近代仏教　下巻4　文化編』法藏館、二〇一三年〈初版一九六二年〉）、一七三頁。
(50)「よくぞお打ち下された　鎌倉建長寺の雲水修行」（『アサヒグラフ』八二四号、一九三九年八月二三日）、一〇～一一頁。
(51)「心を錬る乙女　粕壁高女の修養道場『観心寮』」（『アサヒグラフ』八三三号、一九三九年一〇月二五日）、八～九頁。
(52)「禅に修養する女生徒　鶴見總持寺に参禅の東京音楽学校生」（『アサヒグラフ』八七二号、一九四〇年七月三一日）、二四～二五頁。
(53)「坐禅に汲む精神　鶴見總持寺に参禅の保姆さん」（『アサヒグラフ』八八七号、一九四〇年一一月一三日）、一四

～一五頁。

(54) 金沢信『現代のホワイトカラー』(毎日新聞社、一九七〇年)、一四頁。

(55) 佐藤孝裕前掲註(11)「参禅とコムニタス」、四六頁。

(56) 「行の時代来たる」(『大法輪』四巻四号、一九三七年四月)、頁記載なし。

(57) 坐禅などの宗教的な行が科学と結びつき、能力開発の手段となる事例については、碧海寿広『科学化する仏教——瞑想と心身の近現代』(角川選書、二〇二〇年)第四章「禅の科学」を参照。

第六章　近代曹洞宗における遠忌の変容

本章では、宗祖や中興の祖に対して五〇年ごとに行われる年忌法会・法要である「遠忌」の変容を曹洞宗を中心に検討する。曹洞宗の遠忌の特徴は、二大本山（永平寺・總持寺）それぞれの開祖（道元〈一二〇〇～五三〉・瑩山《けいざん》紹瑾《じょうきん》〈一二六八～一三二五〉）と二祖（孤雲懐奘《こうんえじょう》〈一一九八～一二八〇〉・峨山韶碩《がざんじょうせき》〈一二七五～一三六六〉）、合計四名の遠忌が行われる点であり、近代では七度の大規模遠忌が開催され、他宗に比して頻度が高い。本章では近世曹洞宗の遠忌を概観した上で、近代に実施された遠忌を順次検討する。そして、道元六五〇回忌を転換点として、僧侶を中心とする儀礼から在家の存在を強く意識していく儀礼へと変容する点を指摘し、他宗派の遠忌との比較から曹洞宗の遠忌の特質を明らかにする。

はじめに

日本の宗教史上、遠忌[1]を大規模に行うようになったのは、一五六一（永禄四）年の親鸞三〇〇回忌[2]が最初とされる。この遠忌によって、親鸞は「開山上人」として明確に位置づけられ、教団組織が確立したという。[3] 井上善幸は、五〇年ごとに繰り返される遠忌のたびに親鸞伝が各種の媒体を通して喧伝され、宗祖像が形成されていくと指摘している。[4]

遠忌の先行研究は、親鸞に関するもののほかに、ツーリズムの分野で永平寺・本願寺の遠忌への言及が見られる。[5] 近年では、「近代化」「合理化」「民主化」といった近代主義的な見方を捉え直す意図で編纂された『日本宗教史のキーワード——近代主義を超えて』(慶應義塾大学出版会、二〇一八年)にて、プラクティスの一つとして「遠忌」が取り上げられている。同項目を担当した民俗学者の村上紀夫は、各宗派の本山寺院が集中する近世京都を中心に、遠忌の意義を概説した。[6] 他方、鉄道史の分野では鈴木勇一郎が、成田山新勝寺・池上本門寺・平間寺(川崎大師)と鉄道の関係性を論じている。遠忌に関して鈴木は、「近代以降の御遠忌は、教団の組織化や再編のきっかけとして利用されるようになっていく」[7] と指摘し、一八八五(明治一八)年の空海一〇五〇年遠忌、一九一一(明治四四)年の法然七〇〇年遠忌、一九二一(大正一〇)年の最澄一一〇〇年遠忌に際して各宗派が実施した、参詣者を多く集めるための施策を紹介している。

ツーリズム・民俗学・鉄道史それぞれの観点から遠忌への言及が見られるが、村上紀夫が「五〇年ごとに寺院などで執行される遠忌を全般的に見渡した言及はあまりない」[8] と述べているように、遠忌を中心とした通史的な研究は、未開拓の領域とされる。

このような動向をふまえ、二〇一九(令和元)年九月一五日、日本宗教学会第七八回学術大会において筆者を代表とするパネル発表「近代仏教と遠忌——インフラ・国家・メディア」を実施した。このパネル発表では、浄土真宗・高野山真言宗・曹洞宗・日蓮宗という異なる四宗派の遠忌を、インフラ(交通網の整理、伽藍整備)・国家(勅額、諡号、天皇との関係）・メディア（雑誌、新聞、映画、ラジオ）という三つの視座から検討した。[9] 本章では、その際の発表内容にもとづきつつ、曹洞宗の二大本山である永平寺と總持寺の遠忌を検証する。まず、前近代の遠忌について永平寺を中心に概観したのち、近代に実施された七つの遠忌を時系列順に検討していく。

第一節　前近代の遠忌

近世から近代への接続を考察すべく、本節では前近代の遠忌について見ていく。まずは、『永平寺史』の記述から前近代における道元の遠忌を概観する。

『永平寺史』の遠忌に関する記述で最も古いものは、一六〇二（慶長七）年の道元三五〇回忌である。永平寺二〇世・門鶴《もんかく》（?～一六一五）は、同年二月一日に死没した井伊《いい》直政《なおまさ》（一五六一～一六〇二）の葬儀のため近江国（現・滋賀県）に三週間滞在し、百箇日法要後、越前に帰った。その際、井伊家からの布施一〇〇〇両を永平寺山門再建の費用と直政菩提寺の祠堂金に充てている。[10]『永平寺史』では、この山門再建はおそらく道元三五〇回忌を記念したものだったと推測されている。なお『産福禅寺年代記』によると、永平寺はこの遠忌のために諸国で勧化を行っていたようだが、詳しいことは不明だという。[11]

続く道元四〇〇回忌は、一六五二（承応元）年八月一日に昇住した永平寺二七世・嶺巌《りょうがん》英峻《えいしゅん》（一五八九～一六七四）のもとで行われた。英峻が一六六四（寛文四）年に撰述した『武蔵傑伝寺棟札銘』によれば、

又慶安年中随二鈞命一居移二於北越吉祥山永平精舎一。承応元参二内院一而勅特二賜万照高国禅師一。茲歳相二当日或曹

洞初祖開山道元大禅師四百年忌一。胥二卒四州諸禅師諸耆宿桑門数百衆一。焚二兜楼一弁一以唱二香語一成二旬日仏事一。匡二永平旧家風一。追二罰悪知識数十輩一。而速立二吾宗規模一。再二興曹洞格式一而住山甚昌也。

（永平寺史編纂委員会『永平寺史　上巻』〈大本山永平寺、一九八二年〉、六六六頁）

とあり、一〇日間にわたって遠忌の仏事が修されたことが分かる。

四五〇回忌は、永平寺三六世・融峰本祝《ゆうほうほんしゅく》（?～一七〇〇）の時代に修された。本祝は、晋山後直ちに遠忌の準備に取りかかり、遠忌の正当年にあたる一七〇二（元禄一五）年の七年前、一六九五（元禄八）年四月三日には国内の宗門寺院に宛てて四五〇回忌の「勧化疏」を出している。(12)それによって集められた資金を伽藍整備に充てたと見られる。

五〇〇回忌でも四五〇回忌と同様に、永平寺四二世・円月江寂《えんがつこうじゃく》（一六九四～一七五〇）が全国末派を勧化して山門や伽藍の整備をしている。一七五二（宝暦二）年の五〇〇回忌の記録は散逸しており詳細は不明だが、万仞道坦《ばんじんどうたん》（一六九八～一七七五）の『正法眼蔵拝写序』（啼観本『正法眼蔵』）には、「宝暦壬申値テ二于半千年之遠忌ニ一余捨テレ寺赴ヲク二于前越ニ一一七日大会二万三千七百余僧就テ二于中一余幸見テレ任セ二侍真一得タリレ待スルコヲ二高祖之巾瓶ニ一」とあり、二万三千七百余人の僧が随喜したとされる。(13)

五五〇回忌に関しても、江戸時代に関東における曹洞宗の宗制を担った関三刹《かんさんさつ》（下野大中寺・下総總寧寺・武蔵龍穏寺）への相談のため記録が持ち出されていることを要因として、情報が少ない。事業としては、七年がかりで諸堂再建がなされ、また、伝記『瑞岡珍牛禅師』によると、一八〇二（享和二）年実施の大遠忌中には約五万人の参詣があったとされる。(14)

六〇〇回忌は、一八五二（嘉永五）年八月一五日に修された。「雲衲到着帳」によれば、随喜衆一四一人（二一日から二七日まで）を数えている。また、二週間におよぶ大遠忌法要の後、さらに九月二日から一週間の期間で授戒会が修行されており、正味三週間にわたって法要が奉修されたとされる[15]。この遠忌の際、拝登焼香した久我家の代理であった讃岐守・春日潜庵（一八一一～七八）に対して永平寺監院の千準・慈光と副寺の是山らが相談したことをきっかけに、一八五四（嘉永七）年、孝明天皇から道元へ「仏性伝東」の国師号が贈られている[16]。

以上、前近代の道元の遠忌に関する記述を見てきたが、永平寺二祖・懐奘の遠忌についても簡単に触れておこう。懐奘の四五〇回忌は一七二九（享保一四）年に行われたとされるが、詳細は不明であり、古道場を荘厳し、講式を増添するのみであった。一方、一七七九（安永八）年の五〇〇回忌では、関三刹を通じて全国の末派から香資を募っている。また、八月二二日から二四日まで二夜三日の法要で奉修したことも明らかとなっている[17]。一八二九（文政一二）年八月に奉修された五五〇回忌では、金五〇〇〇両の勧化を目標に掲げ勅門・大庫院再建を計画したが、完成には至らなかった[18]。

最後に、もう一方の本山である總持寺についても簡単に触れておく。總持寺の遠忌については、「開山、二祖各五十年毎に大遠忌法要を勤めるのであるが、本山年譜によれば正徳四年初めて二祖の三百五十回大遠忌を勤めた記録がある。それ以前も無論あったと思われるが記録に遺っていないので確言できないのは残念である[19]」との記述があり、一七一四（正徳四）年の峨山三五〇回忌が記録上で確認できる最古のものとされる。この遠忌は、一〇月一八日より行われた三昼二夜の法会であり、その法式差定によれば、一八日が塔頭諷経・遺経法華、一九日が羅漢講式・逮夜拈香、二〇日が御忌大拈香・奠茶・奠湯という式次第であった[20]。

以降、一七六四（明和元）年には二祖峨山四〇〇回遠忌が一〇月（峨山は旧暦一〇月二〇日入滅）より一カ月繰り上げて九月二〇日に実施され、一八六四（元治元）年の二祖五〇〇回忌は、二年後の一八六六（慶応二）年に奉修された。この二祖五〇〇回忌は、曹洞宗務局の財務部長や教学部長を歴任した沖津元機《おきつげんき》（?～一九二四）の回顧によれば、八月一三日から二〇日の間で法要が行われ、永平寺からも専使がやって来たという。また、「昔の大遠忌は寺院と雲衲ばかりで在家の者も来ましたが御膳を出しませぬ。雲衲は随分来ました」(21)との回顧もあり、当該期の遠忌が僧侶中心の行事であったことがうかがえる。

以上、主に近世における永平寺・總持寺の遠忌について見てきた。ここから近世曹洞宗の遠忌については、遠忌を契機に全国の末派寺院へ勧募し、伽藍の整備が図られていた点、そして、当時はあくまでも僧侶中心の法会であり、一九世紀からは授戒会が兼修されることがあった点に特徴があると言えるだろう。

第二節　近代の遠忌

次に、本題の近代の遠忌について見ていこう。近代に実施された曹洞宗の遠忌は合計で七度あり、以下時系列順に近代の遠忌を検証していく。

第一項　瑩山五五〇回忌（一八七四年九月一一日～一五日の五日間）

両本山を通じて近代初の遠忌は、總持寺開祖瑩山の五五〇回忌である。一八七三（明治六）年に、以下の開催通知が布達されている。

明治六年三月　日闕

全国録司

来ル戊年八月十五日能山開祖国師五百五十回諱相当ニ付従前之通慇懃之法会可被致営弁之処当今本末疲弊之折柄各寺院始雲衲等登謁之儀ハ志趣次第猶又這回両山確定布達之通平法之無差別一箇寺ニ付金百匹《(疋)》ツ、ノ積リヲ以香資献備被致候儀配慮所希候尤割合之儀ハ各録ノ先規ニ準シ右寺数金高取纏当年限リ東京出役所迄被届越度旨被申付候此段相達候也

（『自明治五年至明治十一年曹洞宗両本山布達全書』、一二丁表）

この布達では、来たる戊年（一八七四年）に瑩山の五五〇回忌を開催する旨が示された。[22] 廃仏毀釈による「本末疲弊之折柄」のため、拝登は「志趣次第」となっているが、一カ寺につき「百匹」（疋、二五銭）の香資金を用意するよう指示されている。その後、同年九月三〇日の布達では、八月は炎暑であるため九月一五日に繰り延べする、との報せがあった。[23]

同遠忌から五〇年後の回顧録では、

一ヶ寺百疋で壱万三千ヶ寺とすれば現今の金として、百疋を二十五銭として約二千六七百円に当るが、当時と現今と比較して約二十倍の物価とし約五六万円の金である。其当時金百匹《(ママ)》あれば大分使ひ出が在つた物で、現今弐円余の酒が一升四五銭で、米が石四五円当時である。布達にもある当時「末派疲弊の折柄」で此の香資は容易には寄らなかつた者と見へ　（柳季雲「太祖大師遠忌の今昔」〈『宗教時報』七七号、一九二三年六月〉、二頁）

と、当時の資金集めが難航したことが記されている。

その後、一八七四年の布達では、加賀・能登・越中の三国以外の末寺は不参加でもよいこと、そして、香資金二五銭を納めていない寺院は直ちに納めるようにとの旨が達せられた。

全国末派寺院

第八号　明治七年六月廿八日

第一条

昨明治六年及布達置候通本年九月十五日能山開祖弘徳円明国師五百五十回諱正当ニ付九月十一日ヨリ十五日マデ法事営弁有之候条全国末派寺院僧侶右日限中適宜ニ拝登可致候事

但加賀能登越中三箇国ヲ除ノ外直末並諸余ノ寺院隔遠ノ地ハ拝登志趣次第ニテ不苦候事

第二条

右御遠忌ニ付テハ全国往来筋ノ寺院雲衲接待休泊等応分ニ心懸ケ祖恩万分ノ一ヲ報答候様可致事

第三条

右御遠忌ニ付一宗寺院一箇寺ニ付金二十五銭宛香資献備ノ様昨年中宗内派出巡教ノ序告達ニ及候処追々贈納相成候へ共間ニハ未納ノ向モ有之日今教導専任ノ僧侶自ラ追遠ノ誠誼ヲ昧マシ候テハ不相済候条祖宗ノ鴻恩ヲ回顧シ銘々衣資ヲ節メ共ニ法会ヲ営ムベキ筈ニ付此旨一同相心得未納ノ分至急各支局ニ於テ取調来ル八月廿日限リ無遅延悉皆本局へ送達候様可取計事

但法会拝登ノ志願ニテ其節本山へ直納致度向ハ其旨本文期限迄ニ本局へ可届出候事

（『自明治五年至明治十一年曹洞宗両本山布達全書』、一七丁表～一丁七裏）

一八七二年から曹洞・臨済・黄檗の禅三宗は、各宗の代表が一年おきに輪番で管長を任命されていたが、瑩山五五〇回忌実施前の一八七四年二月に曹洞・臨済がそれぞれ独立した管長を立てることとなった。宗門行政の混乱期のなかで実施された瑩山五五〇回忌は、遠忌を盛大に実施するための体制が整っておらず、布達内において通貨単位が近世の「疋」から「銭」に改められるなどの細かな変化が見られるものの、近世の遠忌と大きな違いはないと言える。

第二項　懐奘六〇〇回忌（一八七八年九月二二日～二四日の三日間）

一八七七（明治一〇）年一〇月二〇日の「祖師忌改正条例」によって、両山祖師の忌日が旧暦から新暦に改められることとなった。

祖師忌改正条例

第一条

高祖太祖ノ御忌日太陽暦ニ推歩候ニ付テハ毎年九月廿九日ヲ歳忌トナシ毎月廿九日ヲ月忌ト確定ス

（『自明治五年至明治十一年曹洞宗両本山布達全書』、一一〇丁表）

陰暦では、道元が一二五三（建長五）年八月二八日、瑩山が一三二五（正中二）年八月一五日の入滅となっていたが、同条例によって陽暦の九月二九日に統一され、両祖師の命日が広く門末に浸透することとなった。

この条例以後、初の遠忌となったのが、懐奘六〇〇回忌である。同遠忌は、「高祖道元の供養法会期間と切り離した日程で実施することは、懐奘の本意に沿わない」という理由から、一八七八年九月二二日から二四日までの三日間、ひそかに営まれた(24)。なお、九月二二日から二八日の七日間にわたって授戒会も行われている。『明教新誌』によれば、遠忌参加者は約七万人で内訳は以下の通りである。

○転衣僧　三五〇人
○末派寺院住職　八九七人
○雲衲　二九七〇人
○尼僧　五六〇人
○入戒の徒　二五三八人
○末派檀越　六万二七〇〇余名

（『明教新誌』七一五号、一八七八年一〇月二四日、五頁）

当時の永平寺は貧窮していたため、決して大規模な遠忌ではなかった。しかし、浄土宗の養鸕徹定（一八一四〜九一）が随喜し祭文を読むなど注目を集め(25)、祖師の命日が周知されることとなった。また、後に總持寺の貫首となる福山黙童《ふくやまもくどう》（一八四一〜一九一六）や石川素童が事務を担い、以後の遠忌運営の土台を築いた。

第三項　道元六五〇回忌（一九〇二年四月一八日〜五月八日の二一日間）

この遠忌は、曹洞宗における遠忌の歴史上、大きな転換点となる。遠忌実施五年前の『宗報』に、その理由が書かれている。

> 今や末派寺院檀越も知悉せしが如く北国の鉄道は東海道鉄道と連絡して越前福井に達し、福井より漸次に加賀能登越中を経て越後へ貫通し、越後より更に奥羽に至り、従前山深きところに建立せられたる大本山永平寺も交通の便利により参詣人をも増加し、特には京都の壮麗なる諸本山を巡拝して此の地に詣るもの若くは内地雑居の暁、日本の一大宗門たる曹洞宗の大本山を拝観せんとする外国人に対し、現在の如き状態にては一宗の面目に関するのみならず其の帰依信仰にも関するところ少しと云ふべからず。信は荘厳より生ずとかや、今日に於てこれを改築し修繕するは、啻に高祖大師の鴻恩に報謝し奉るのみならず、また実に檀信の浄信を培養し、其の道念を鼓吹する所以なり。檀信の浄信を培養し、其の道念を鼓吹するは宗門僧侶の任務、此の点より云ふも仏殿僧堂大庫裏不老閣諸廻廊等の改築修繕は宗門僧侶の怠るべからざるの事業たり。其の勧化方法に至てはそれ〳〵（マヽ）本山より尚ほ各寺へ通告せらるべければ末派寺院の僧衆希くは相協力して此の盛挙を翼賛し、噬臍《ぜいせい》の悔を他日に遺すなからんことを祈る。
>
> （「六百五十回大遠忌」〈『宗報』一九号、一八九七年一〇月一日〉、四頁）

つまりこの記事では、鉄道網が発達したことにより永平寺へ参詣する人が増加した点、内地雑居解禁にともない増加するであろう外国人の拝観者に本山の荘厳さをアピールしつつ、檀信徒の浄信を培養するため末寺が協力して本山の改築・修繕を進めるべきである点が記されている。本山と末派寺院を中心とする遠忌から、檀信徒や国外の目をも視野に入れた遠忌への意識の転換が見られる。「六百五十回大遠忌」と題された記事から垣間見えるこの意識の変化が、遠忌という儀礼にも反映されたことは想像に難くない。

この変化に伴い、宗門ではより積極的に勧募を行い、浄土真宗の雑誌『三宝叢誌』がその様子を真宗の「勧財主義」に酷似していると報じるなど、他宗からも注目されていることがうかがえる。

明治三十五年は承陽大師の六百五十回忌に相当するを以て、永平本山諸堂修営の為め、廿一万円の巨額の費用を要するに就き、二十一名の勧財委員を全国に巡廻せしめたり。之れに就て『明教』は一に福山黙童の企画に出づると云ひ、『仏教』は曹洞の勧財主義は、愈々真宗に酷似し来ると云ふ。其行り方のみにあらざるなり

（「曹洞宗の勧財」〈『三宝叢誌』一六四号、一八九七年一一月〉、四七頁）

五月の遠忌終了後も、『宗報』では「彼の浄土宗の如き、日蓮宗の如きは或は円光大師七百回忌の紀念大伝道をなし、或は開宗六百五十年大祝賀会を催して満都の耳目を聳動せしめたるものなりき」(26)と、他宗の遠忌や開宗記念に関する動向を強く意識し、それに対抗して、九月の御征忌《ごしょうき》に関する勧募檄文を掲載している。なお、これまでは祖師の入滅日付近に遠忌を実施していたが、開催時期が四月に変更となったのも、道元六五〇回忌が最初である。以下の告諭に理由が示されている。

告　諭

高祖承陽大師六百五十回ノ御遠忌大法要ハ明治三十五年九月ノ御正当ニ営弁スルノ予定ナリシニ右九月ハ毎歳暴風雨ノ虞アル季節ニ属シ若シ此天災ニ遭遇スルトキハ洪水氾濫シ道路橋梁之カ為ニ破損シテ交通阻隔ノ患ヲ為スコトハ頻年其例尠シトセス万一御遠忌営弁ノ際ニ於テ或ハ此ノ如キ不幸ノ天災アルトキハ四来道俗ノ遺憾誠ニ想像スルニ余リアリトス依テ御遠忌ノ大法要ハ来ル明治三十五年四月十八日ヨリ五月八日ニ至ル三七日間ニ予修スルコトニ確定シ尚御正当ノ九月ニハ恒規ノ如ク一七日間御征忌法要ヲ修行スルコトニ決定セリ就テハ高祖大師御遠忌ハ実ニ五十年一回ニシテ容易ニ値遇スルコト能ハサルノ聖辰タルヲ以テ大師法乳ノ慈恩ニ沐浴

スル僧侶及檀信徒ハ切ニ報謝ノ道念ヲ傾ケ大遠忌営弁及其準備ニ就キ協賛戮力シ初中後円満ノ効果ヲ収ムルコトニ尽瘁スベシ

明治三十三年十月十五日

大本山永平寺貫首森田悟由

大本山總持寺貫首畔上楳仙

（『宗報』九二号、一九〇〇年一〇月一五日、附録一頁）

これによれば、「高祖承陽大師」すなわち道元の遠忌法要は本来九月に勤められるものであるが、同月は天候不良に見舞われることが多いため、参拝する僧俗のことを考慮し、四月一八日から五月八日までの二一日間（三七《みなぬ》日《か》間）を遠忌に当て、九月は例年通り一週間の「御征忌」を行うことにしたようである。ここには五〇年に一度の「容易ニ値遇」できない遠忌により多くの人の参加を促す意図があり、祖師の入滅日付近での遠忌開催よりも、確実な遠忌の実施が優先されている。

こういった外からの参拝客を意識した同遠忌でとくに注目されたのは、「東京学生団」の参拝であった。同団体は秋野孝道を監督とし、曹洞宗大学林・高等中学林・東京中学林およびその他の学林有志によって構成されており、学生による初の永平寺参拝を行ったことで注目された。この学生参拝について曹洞宗の雑誌『和融誌』は、

彼の学生団の如きは固より空前の事にして、而して三百哩以上を旅行せし学生団隊《（ママ）》は我邦鉄道建設以来の権輿なりと云へば、今回の大遠忌は日本鉄道史に一異彩を与へたりと云ふべし

（「大遠忌の終了」〈『和融誌』七七号、一九〇二年一〇月〉、三八頁）

と、「三百哩」、すなわち約五〇〇キロメートルにおよぶ移動が「日本鉄道史に一異彩を与へたり」と評している。一方で、鉄道を利用せず徒歩による伝道をともなう参拝も行われた。

宗祖承陽大師の大遠忌に丁り、吾曹洞宗大学林廿又六名の青年、十八日の長時日を費して、長程百四十里の山河を跋渉せしもの、其目的豈普通の修学旅行と同しからんや。吾人は微力なる一学生なりと雖、大師の恩徳を募ふの余、或は法話演説に、或は施本伝道に、沿道有縁の人々に対して、聊か　大師の恩徳を弘め福音を伝へ、依て以て法乳一滴の慈恩に酬ゐんと欲するに外ならず、是れ特に伝道部の任務を以て、一行の主要なる事業とせる所以なり。左れば行く〳〵遇ふ人毎に、吉祥讃と云へる　大師の讃歌を配与し、定まれる演説会の外にも途中の休憩所等にて人々の群集せる時は、直ちに参拝旗を樹て、戸外演説を試むるなど、苟も機会だにあらば必らず逸せざらんことを勉めたり。又祖山に到着後は、廿八九の両日事務局前に施本所を設けて、道俗の別なく、参詣人には悉く、施本し猶学生団と合して仏殿、名古屋宿坊事務局二階には終日若くは昼夜不断の演説会を催し、其他山内山外三四ケ所のみならず舎利殿前に路傍演説をなす等盛なる伝道をなしたり。

（「徒歩参拝の伝道」〈『和融誌』七七号、一九〇二年一〇月〉、三六頁）

この曹洞宗大学林の学生二六名による伝道では、相模・遠江・尾張・美濃・近江・越前の六カ国一二カ所で演説が実施され、約三万部の施本が行われた。ここで、民衆にとってあまり馴染みのない実践である遠忌の認知度を上げ、参加を促していたと思われる。第二章第三節・第四節でも指摘したように日清戦争以後、とくに内地雑居解禁前後には仏教演説が流行しており、この事例もその一端であろう。

今回の遠忌のもう一つの特徴は、勅額下賜である。道元に対しては、一八七九（明治一二）年に「承陽大師」の諡号が宣下されていたが[27]、一九〇二年四月三〇日に、「承陽」の勅額下賜の内意が下り、五月三日に東京で勅額が下賜された。天皇宸筆の勅額を賜ったのは当時曹洞宗のみであり、五月四日の汽車で本山に届けられ、駅では熱烈な歓迎があった[28]。五月八日に終了したこの大遠忌には、一日平均で僧侶三〇〇〇名、一般参詣者約一万人が訪れ、とりわけ四月二八・二九日には二、三万人の参拝があったという[29]。なお、現物は確認できていないが、『宗報』には、写真師・二見《ふたみ》朝隈《あさくま》による『宗祖承陽大師大遠忌紀念写真』の広告が掲示されており[30]、写真による記録が行われたことが読み取れる。

第四項　峨山五五〇回忌（一九二〇年四月一日～一四日の一四日間）

總持寺は石川県能登の輪島に在ったが、一八九八（明治三一）年に発生した火災を要因として、一九一一年、神奈川県鶴見に移転した。移転後初の遠忌が、二祖峨山の五五〇回忌である。同遠忌は、移転に尽力した總持寺独住四世・石川素童のもと、一九二〇（大正九）年四月一日から一四日間実施された。前年の一九一九年三月一五日に「曹洞宗両本山大遠忌法会修行法」が公布され、永平寺では高祖道元・二祖懐奘、總持寺では太祖瑩山・二祖峨山の遠忌を行うこと、道元・瑩山は三週間、懐奘・峨山は二週間の法会を実施することが明文化された[31]。大遠忌が宗門の公式儀礼となったのもこの遠忌からである。

同遠忌に関して、真言宗豊山派の小林正盛《こばやししょうせい》（一八七六～一九三七）は、通宗派雑誌の『中央仏教』で喜ぶべきことと評価している。

今春四月鶴見總持寺にありては、峨山禅師の五百五十年遠忌の挙宗一致を以て修行せられ、鶴見移転以来の大法要を営まれたる由、予は報本反始の精神に基き、追恩感謝の浄念より、此種の遠忌の営まれたることは実に喜ぶべき事となす。然れども、真に瑩山禅師の真骨頂を打開し、千歳の風格を挙揚する者は果て誰なるか、報恩の真意義は、自から其の人の風格と同じで、其徳の光明に和して、始めて其の真意を得たりとなすべし。現時教界多事、而して、洞門また多端なるは、今更らの言にてなきながら、門下に龍象を養ふ、禅師の風格は、まさに懦夫をして起たしむる概あり。此の際此の時、此の老漢の追恩を修行す、何物か、啓発せしめらるる者なくして可ならんや。人は云ふ、古人及ぶべからずと、これ決して末徒報恩者の言にはあらす。また云ふ、今日は時代異なれり、高僧の行履学び難しと。これ既に出発点に於て誤れり、報恩の第一義は、古人の風格中に生くるにあり、時濁り、世危しと雖ども、光明の明珠を心頭に捧持せば、何ぞ時代を問はん、東西を論せんや吾人は宜しく脚下を照顧するを要せずや。予は、峨山禅師の遠忌に際し、第二第三の峨山禅師が、天の一方に輩出せんことを熟禱して止まざるものなり。

（小林正盛「鶴見總持寺の遠忌」〈『中央仏教』四巻五号、一九二〇年五月〉、九九頁）

同遠忌が時代を問わず学ぶ所の多い古徳の行履《あんり》（禅者の行状）を知る有意義な機会である、と小林が評価する一方で、曹洞宗関係の雑誌『宗教時報』では、今回の遠忌への不平が述べられている。

◆概して今度の遠忌は予想程好結果ではなかつたらしい、僧俗一般が不平不満で満たされてゐるやうだ。
◆するこ と為すことが不親切で不徹底でその上監督なども行届かぬ為め、盗難に罹つたものも大分ある相な。

（白眼晴「大遠忌雑感」〈『宗教時報』三九号、一九二〇年四月〉、五頁）

僧俗の両方から不満が寄せられており、盗難など問題の多い遠忌だったと評されている。翌月号に具体的な不満が述べられており、以下はその抜粋である。

◎ソレも善いとして僧堂の中で御影や、お札を売つて居るに至つてはマルデ川崎大師の御堂と少しも択ぶところはない、序に護摩でもたいてはドーかと思つた。
◎沖津老の回顧談に、維新前の大遠忌は寺院や僧侶ばかりで、在家のものは振り向きもせなかつたが、今日では檀信徒中心になつて全く宗門の事業が在家化導になつたと云ふやうなことが書いてあつたが全くソレに違いない、トコロで今度の遠忌に参拝した檀信徒が果してドンナ感じを持つたらうか、金だ金だ、極楽の沙汰も金次第と云ふヤツで其サボリサ加減はマルデ縁日の家台（ママ）店同様サ。
◎汽車は立ち通し電車も同様、オマケに雨の中をビシヨビシヨ疲れ切つて漸やく辿り着いた団参連、引卒（ママ）した幹部のお寺サンが例の何番で面喰らいながら手続きをすます間、一時間も二時間も外に待つて居ねばならぬ始末サ、コボスまいとか。
◎最も不可解至極なのは今度の遠忌中旦過寮の設けも雲衲到着所の設備もなかつたことサ、尤も在家中心の時代ではあるし、ドーセ雲衲は金がないから来てもソロバンに合はぬとでも思つたのだらうが、折角の大遠忌を一から十までソロバン玉にのせるやうでは宗門の将来も寒心に堪へぬ。

（黒眼晴「大遠忌雑感」〈『宗教時報』四〇号、一九二〇年五月〉、六頁）

筆者の黒眼睛は僧侶と思われるが、詳細は不明である。彼の述べた不満点は、在家中心の対応と、本山の拝金主義であった。聖域とされる僧堂内での御影・お札発売を批判し、「川崎大師のようだ」と皮肉を述べている。また、第一節で紹介した沖津元機の回顧談を参照しつつ、維新前の僧侶中心の遠忌から在家中心の遠忌に切り替えたことで、僧侶の待機所は未整備で、「金がない」雲衲を大切にしない姿勢を批判している。交通機関に関しても、混雑のためか立ったままの乗車を強いられ、到着後も待機させられる、といった不満を述べている。

一方で、黒眼睛は今回の遠忌で評価する部分も述べている。一点目は貫首・石川素童の活躍である。八〇歳の高齢にもかかわらず、不眠不休で法会を勤めた姿に対して、「其精力の絶倫なることトテモ凡人の企て及ぶところではない、御正当の十三日の法要の時などは、実に感涙がこぼれた」[32]と評価している。なお、この遠忌に際し石川は、二世峨山が多くの弟子を養成し仏法を弘布した実績を鑑み、在俗信徒のために「曹洞宗結婚式作法」を発表している。

そして、石川の活躍とともに黒眼睛が評価したのが、尼僧の対応である。

> 最も成効《ママ》の一は何と云つて尼僧連の給仕サ、正直に骨身を惜まず働いたの《ママ》実に感心なものだ、一ツ平素尼僧の百人も安居させて置いたら何の位本山のためになるかも知れぬと思つた、世間でも男女共学の流行る時代だもの別に不思議もあるまいぢやないか。（同前）

ここでは「男女共学」の流行を引き合いに出し、尼僧が献身的に働く姿を評価している。しかし、総じて、

◎本山のソロバン玉は結局ドンナ風に落ち着いたかソレは離微の離微たる所以で門外のもの丶与り知るところ

ではないが然し概観したところではとつ《ママ》さり〆めたであらうが来るべき太祖様の遠忌が思ひやられるテ。

（同前）

と、本山の拝金主義を批判し、次に予定されている瑩山（「太祖様」）の遠忌の実施を不安視している。

今回の遠忌は、總持寺の鶴見移転後、そして「曹洞宗両本山大遠忌法会修行法」実施後初の遠忌であったが、本山側の態勢が未整備であり、僧俗ともに不満の残る結果となった。

第五項　瑩山六〇〇回忌（一九二五年四月一日〜二一日の二一日間）

瑩山の六〇〇回忌は当初、一九二四（大正一三）年を予定していたが、[33]前年に関東大震災が発生したため延期となり、一九二五年四月一日から二一日までの三週間開催された。初日に大遠忌実施に際して、皇室から總持寺開祖瑩山に対して「常済」の勅額が下賜されることが決定し、『宗報』では当日に号外を出して報じている。[34]そして遠忌の第一日目には、勅額降賜の法要が行われた。

峨山の遠忌の際には本山の不手際から不満が述べられていたが、瑩山六〇〇回忌では入念な準備がなされた。その様子を示す記録が、瑩山六五〇回忌を記念して発行された鶴見移転後の總持寺史である『つるみヶ丘六十五年のあゆみ』に記録されている。

震災後の復旧及大遠忌準備工事は予定の如く三月末日を以て概ね終了を告げ、旧第一接賓跡に記念伝道館を、香積台下に総受付を新築し、放光堂及跳竜室より仏殿に至る間は仮廻廊を以て連絡し、更に仏殿に隣接して臨時侍真寮を設け、殊に勅使門の完成は雄勁にして壮麗菊花御紋章燦として輝き諸嶽山頭更に一段の威厳を加へたり、境内外の臨時設備としては鶴見停車場に及東海道通り本山大門入口の二ケ所に、鶴見町の施設として大アーチを建設し、町内両側に紅白の幕を張り各戸悉く国旗提灯等を掲けて軒頭装飾を施し、別に京浜電車踏切及切際及三松関内山門台には同会社の奉納に係る大アーチ・イルミネーションを設け、更に鶴見停車場裏より本山三松関前を経て花月園に至る沿道の町家亦悉く軒頭を装飾して祝意を表し、尚其間数町に亘る街灯装飾は中山太陽堂に於て一手に之を引受けて奉納せられ、其他境内各所に大日本ビール会社の寄贈に係る無料休憩所七ケ所、横浜明治屋の寄贈に係る無料休憩所三ケ所（壱ケ所十二坪生子板葺葭簀天井四方に紅白の幕を張り柱に紅白の布を巻き「常済大師六百回大遠忌」の扁額を掲げ何れも教壇及腰掛を備ふ）、高崎市仏具法衣商松本常次郎氏寄贈のもの一ケ所計三ケ所を配置し、外に伝道館際に大正生命保険会社の茶菓接待所一ケ所、総受付下に横浜市野沢屋呉服店の茶接待所一ケ所、大廻廊内、門際に日華生命保険会社の茶接待所一ケ所を配置し、更に鶴見駅裏口及京浜電車總持寺停車所前及三松関内の三ケ所に本山直嘱の案内所を置き、建物図表、法要案内、注意事項等を記したる大掲示板（竪六尺巾九尺）を設け、其他警備、消防、救護班の出張所、手荷物一時預り所等を設け尚従来の経験に鑑み、山内に理髪店出張所、飲料水、菓子、煙草の売店各一ケ所を限りて之を許可し、内外の設備全く整ひてここに四月一日より大法会は開始せられたり

（「境内外の設備」〈松山祖元編『つるみヶ丘六十五年のあゆみ』〔瑩山禅師奉讃刊行会、一九七四年〕〉、七五八～七五九頁）

山内では、震災復興と大遠忌の準備のため、記念伝道館・総受付の新築、廻廊の整備、法要を行う僧侶の控え室

である侍真寮《じしんりよう》が臨時で設置され、勅使門が完成した。

山外には、鶴見停留所と本山入り口の二カ所に、鶴見町の施設として大アーチが建設された。会社との関係では、京浜電鉄が自社の踏切や山内にアーチ・イルミネーションを施し、大日本ビール会社・横浜明治屋・大正生命保険会社・野沢屋呉服店・日華生命保険会社との協力で無料休憩所を設置している。さらに、大掲示板を設置し、警備・消防・救護班出張所・手荷物一時預かり所・理髪店出張所を設けるなど、万全の設備を整えている。

前回の遠忌の不満点を改善し、多くのステークホルダーと協力して遠忌が行われた。この背景には、總持寺の震災時の活動が影響していると思われる。例えば、總持寺関係の雑誌『禅の生活』には、震災の様子が詳細に記されているが、支援活動として門前に茶所を設け、「心ばかりのこの接待が如何に悲しい人の心を慰めたか」(35)との感想が述べられ、救護班と慰問布教師の功績は、震災後の活動を記した大日本雄弁会編纂の『大正大震災大火災』にも収録されているという(36)。以下にその内容を記す。


焼爛れた死骸を抱く僧侶の活動＝敬虔な宗教心の発露＝

今回の震火災に際し各方面の活動は目覚《めざま》しいものであるが、殊に見るものをして感激せしめたのは鶴見總持寺に於ける僧侶達の活動であつた。三万人といふ横浜方面の焼死者の処置に就いては金を貰つて働いてゐる人夫さへもよい顔をしない、焼たゞれた死骸、殊に臭気甚しく手を出すのにも鳥渡逡巡《ちよつと》せずにはをれぬ。／流石荒くれた人夫達も互に顔見合せて先を譲るといふ有様であつた。／そこで救護のため繰出したのは總持寺の僧侶数十名、人夫達の躊躇せるを見るや、憤慨して、矢庭にその死骸を抱いて鄭重に一方へ片付け、片付け終ると徐ろに念仏を唱へる、人の死に対する敬虔な態度は天晴れ宗教家として恥づるところのないものであつた。

／この有様に感激して我も我もとこれにならひ、忽ちにして数千個の死体を運び終せてしまつた、貴い精神、美しい話として東京の宗教界にまで語り伝へられてゐる。

〈大日本雄弁会講談社編纂『大正大震災大火災』〈大日本雄弁会講談社、一九二三年〉、一六四頁〉

人夫たちも躊躇する死骸を丁寧に運ぶ姿は人々の印象に残り、震災時の美談として県外でも語られているという。この『大正大震災大火災』は、雑誌『キング』創刊準備スタッフによって配本され、四〇万部のベストセラーとなった。(37) 同寺の震災後の活動は多くの人々に伝播し、地域に根ざす寺院として認められ、多様な主体が協力する遠忌が実現したのであった。また遠忌の記念事業として尼僧大会を実施するとともに、神奈川県仏教少年保護会・總持寺会館・鶴見高等女学校・光華女学校の設立も同時に行っており、数十万人の参詣があったという。(38)

このように、前回の遠忌に比して改善しているさまが見られるが、不満の声もあった。

○夫にしても、当初から新聞報導《ママ》の貧弱さは何とした事か、余は上山前此の感を抱いたが、峰課長が中心に大車輪らしく見える文書課の為に甚だ之を惜む、是が日蓮、浄土、真宗ならどんなだらう、宣伝は宗祖の御法度なりと今に信受奉行して居る訳でもあるまいに、抜け眼のない武山としては特に眼立つてね。

○甲信者曰く、日蓮宗の此の種法会に詣れば、山を挙げて法要気分張るに反し、今此の山に入れば内外お祭り騒ぎの颪に包まる、本山既に斯くの如し、末派は云ふも更なり、本宗の命脈長からじと長大息す、味ふべきの言かな、宗を挙げて緊禅一番すべき重要公案にはあらざるか。

〈谷口生〈谷口虎山〉「大遠忌雑感」〈『宗教時報』一〇一号、一九二五年六月〉、五頁〉

軍人布教師や宗議会議員を務めた谷口虎山《たにぐちこざん》（一八九一〜一九四九）によるこの批判は、日蓮宗・浄土宗・浄土真宗に比して弱い曹洞宗のメディア戦略に対するものである。また、日蓮宗が法要としての要素を保っているのに対し、今回の遠忌が「お祭り騒ぎ」という意見も見られ、宗祖の法要としての側面と、一般者を含めた娯楽としての側面のせめぎ合いが読み取れる。

第六項　懐奘六五〇回忌（一九三〇年五月一日〜一四日の一四日間）

總持寺の遠忌が「お祭り騒ぎ」であるとの批判があったが、永平寺での遠忌も一般参加者を受け入れる娯楽性の強いものとなっていく。懐奘六五〇回忌は、一九二九（昭和四）年四月開催を予定していたが、一年間延期となった。その理由が永平寺の機関誌『吉祥』で述べられている。

昭和四年が大本山永平寺の二祖孤雲懐奘禅師の六百五十大遠忌回に当り諸堂に大営繕を加へられ、大法要を二週間勤修せらるべき予定の処、何分工事は予定通り進行せず、山間僻地にて参詣者の宿泊の便無く、此儘にては到底大法要を行ひ難きに付当局に於ても種々苦心する所あり、遂に本年春期は断然延期し、秋季は農繁の時期にて一層全国檀信徒に都合悪き故来昭和五年五月一日より大遠忌を奉修することに決定せしやに漏れ聞く。さすれば、四月廿四日より例年の授戒会を営みて同月三十日に完戒となり、翌五月一日より二週間大遠忌を営弁すること丶なり、四月中は随意参拝者、五月は団体参拝者と云ふ緩和法も行はれ、諸般の準備に都合宜しからんと云ふ。従来日時不定の為め団参等の準備に焦慮せし人々は、今より十分用意を整へ明年こそは賑々しく参拝することとならん。

（「永平寺二祖大遠忌期日確定」〈『吉祥』二六二号、一九二九年二月〉、一五〜一六頁）

参詣者を受け入れるための宿泊施設の工事が遅れていることなどを要因として、一九三〇年五月一日より二週間の開催となったようである。また、これまで同時に行っていた授戒会を事前に実施し、遠忌を独立させることで、団体参拝の受け入れ態勢を整えていたことも読み取れる。

山外の交通網の整備も、遠忌の開催時期に影響した。

昭和四年の秋には永平寺門前駅から本山までの県道の改修工事が完了し、一方、昭和二年から続けられていた永平寺鉄道の延長工事、すなわち、永平寺口駅（今の東古市駅）から北陸線金津駅に至る電鉄敷設工事も完成し、昭和四年一二月には、金津駅から永平寺駅に至る全線開通式が挙行され、ここに米原方面からの下車駅福井と永平寺、富山、金沢方面からの下車駅金津と永平寺を結ぶ電鉄の便は完全に開かれ、大遠忌団参輸送機関の完備を見るに至った。

（永平寺史編纂委員会『永平寺史　下巻』〈大本山永平寺、一九八二年〉、一四一五～一四一六頁）

一九〇二（明治三五）年の道元六五〇回忌でも交通網の発達が遠忌に影響していたが、今回の遠忌では、本山までの県道と、鉄道では米原方面の福井―永平寺間、富山・金沢方面の金津―永平寺間の路線が整備され、さらに参拝が容易となった。当時の永平寺貫首・北野《きたの》元峰《げんぽう》（一八四二～一九三三）は、本山での授戒会後に東京へ移動する際、整備された交通網や永平寺の便利さに驚いている。本山の変化に関する貴重な回顧録であるため、やや長くなるが引用する。

昨日本山の永平寺を立つて（ママ）、夜行で今朝東京駅へ着き、出張所へも寄らず、直に本郷の長泉寺へ参つたのである。／昨日の午後三時頃に本山を出た。四月の廿三日から本山の授戒があるので、廿九日まで授戒を勤め、それから卅日には信徒総代の為に大般若を勤め、昨日一日休んで出掛けた訳だが、五時頃に福井を立つて今朝東京に着いた。もう自動車にも乗らずに、下馬の所から電車に乗つて福井まで来るのだが、何だか拙衲《わしら》等が乗る為に十人位乗れる特別の箱を拵《こし》らへて、それで送つて貰ふから大層工合（ママ）が好い。本山も便利になつたものだ。時候が好いから団体参拝をするものもあるだらうが、どうか便利になつたからと言つて、本山を粗末に思はないやうにして貰ひたいものである。／本山も大分立派になりました。此前の御開山の六百五十回大遠忌の時に改築した仏殿、法堂、僧堂は今度は手を着けないが、大庫裏《おおぐり》はすつかり改築して三階造りとし、ボイラアとかいふ蒸気の機械で飯も汁も焚（ママ）いたり煮たりする事が出来るさうで、余程火の用心はよくなつたから、別段庫裏を別棟にしなくてもよいさうで、何も彼も追ひ〳〵と変つて来たものだ。／大光明蔵が今度改築になつたが、之は大したものだ。何しろ材料は結構な物だし、設計も大きい。今までに無い立派な座敷が出来る事である。ありやアまあ、出来上つたら、さぞ皆が来て感心する事であらう。今聞いたが、通用門から勅使門までの間に今まで敷石が無かつたのを、今度東京の御寺院が賛成して、宗務所の金で出来る事になつたさうだ。敷石などといふものは、誠に寄付をして貰ふにも、人の足にかゝるものだから勧め悪《にく》いものだが、さういふものを寄付して貰へると誠に有難い事と思ふ。万人が便利に思ふ事でありませう。どうかまあ、本山が魔障なく工事が進んで、二祖様の御遠忌が無事に勤まる様に致し度《た》いものである。若し、あの辺を通る人があつたら訳なく立ち寄れるから、参詣を勧めて置く。

（北野元峰「円証明修禅師御垂示」〈『吉祥』二六五号、一九二九年五月〉、一〜二頁）

第四章末で秋野孝道が授戒会の過酷さを述べた点を挙げたが、北野は授戒会のために永平寺を出る際には用意された特別車両で福井まで移動でき、大変都合が良かったという。また、北野は遠忌の際に改築した大庫院（食事などを作る寮舎）へ「ボイラア」が設置されたことで、大量の食事が用意でき、火事の心配もなくなったと述べ、多くの人々の参拝を勧めている。

ほかにも新築された傘松閣の天井には、池上秀畝・伊東深水・池田桂山・尾竹越堂・川合玉堂・小堀鞆音・小室翠雲・荒木十畝ら一二三名の画伯による二三〇枚の花鳥画が彩色され、「あたかも明治、大正、昭和の美術殿堂かと思うばかりの絢爛たる絵天井」と評されている。(39)

その他の事業としては、一九二七年三月の機関誌『傘松』発刊と、駒澤高等女学校の開設が挙げられる。總持寺の遠忌と同様に、布教大会・児童大会・婦人大会・記者大会・尼衆大会が開催され、参加者が多様化している。来場に備えて宝物館である聖宝館や派出所・郵便局・救護班・無料休憩所を設置するなど、受け入れ態勢を整えており、總持寺の遠忌を参考にしたと推察される。

また、娯楽性を示すものとして、映画『第一天を照す』の上映、ポストカード・パンフレットの配布、さらには福井市と共同でくじ引きが実施された。以下はその内容である。

福井市内各商店で御買物廿銭以上して頂いた方に一枚の福引抽籤券を贈呈いたします。福運のお方は抽籤によつて次《(ママ)》の何れなりとおもちかへり願ふことになつて居ります。

◇アメリカ旅行費　　三千円現金贈呈　一本
◇自動車一台　　　　二千円現金贈呈　一本

図1　『大本山永平寺参拝記念写真帖』（原田写真製版所、1930年）**に掲載された団体参拝の様子**

◇支那旅行費　五百円現金謹呈　一本
◇西国三十三ヶ所参拝費（御夫婦）
　百二十円現金贈呈　五本
◇永平寺参拝費（団体参拝なれば参加費全額個人参拝なれば三等往復汽車汽船電車賃）
　実費現金贈呈　百本
◇特産富士絹　一反宛贈呈　百本
◇特産絹紬　同　百本
◇特産人絹紋羽二重　同　百本
（「永平寺大遠忌参拝団各位御優待」福井商工会議所〈デジタルアーカイブ福井 https://www.library-archives.pref.fukui.lg.jp/archive/da/detail?data_id=011-324302-1-p3〔二〇二四年七月二一日閲覧〕〉）

懸賞が豪華すぎるため国からの指導が入り、「アメリカ旅行費」と「自動車一台」は中止となったが、「支那旅行費」以下は提供された。また、参拝費の負担など、遠忌に人々を参加させる方策が福井市でも実施されている。

永平寺門前までの交通網の整備をはじめ、数々の施策によって二週間の遠忌中、約四万人の参拝があった[40]。遠忌終盤の五月一二日には、二祖懐奘に対して、「道光普照国師」の国師号が下賜され、『宗報』の号外で報じられている[41]。

今回の遠忌では、東京宗務所寺院計画の参拝団による参拝の記録が残っており、『大本山永平寺参拝記念写真帖』（原田写真製版所、一九三〇年、前頁の図1）によると、東京駅・浜松・豊川・永平寺・福井・金沢・和倉・能登別院・善光寺・戸倉を経て上野駅に帰着するルートで参拝したことが分かる。道元六五〇回忌の写真は遠忌時の永平寺の記録であったが、懐奘六五〇回忌には団体参拝の記録も登場した。各個人が遠忌に参加した様子が写真として残り、継承・共有されやすい状態が生み出されている。

第七項　後醍醐天皇六〇〇回忌（一九三七年四月一〇日〜二三日の一四日間）

最後に扱う近代の遠忌は、曹洞宗の僧侶ではなく、後醍醐天皇を対象とする近代に創出された遠忌である。まず、ここまで紹介してきた曹洞宗の遠忌と皇室の関係を再度確認したい。

・一九〇二（明治三五）年四月三〇日　　道元六五〇回忌　「承陽」の勅額
・一九二五（大正一四）年四月一日　　瑩山六〇〇回忌　「常済」の勅額
・一九三〇（昭和五）年五月一二日　　懐奘六五〇回忌　「道光普照国師」の国師号

皇室から遠忌の際に贈られる栄誉は、宗祖の権威を高め、宗門の一体感を増強する効果を持っていたが、總持寺の側から後醍醐天皇の遠忌を創出することで戦時下の国家体制への姿勢を宗門として示したと言える。

後醍醐天皇は總持寺開山の瑩山に対して「十種の勅問」を投げかけ、その応答が優れたものであったため、一三二一（元亨元）年「日本曹洞賜紫出世之道場」として總持寺を認定した。ここでの「出世」とは、天皇からの綸旨を受けて本山の住持職に補せられ、紫衣を被着し、開堂演法して、国家の安寧を祝聖し儀礼を行うことを意味する。(42) 鎌倉・京都のいわゆる五山の勢力が強かった中世にあって出世道場の認定を得ることは大変名誉なことであり、以後の教線の拡大につながったとされ、總持寺は後醍醐天皇を重んじていた。そのため、一九三四（昭和九）年四月に總持寺貫首となった栗山泰音《くりやまたいおん》（一八六〇〜一九三七）の以下の発願により、遠忌が企画された。

後醍醐天皇六百回御遠忌奉修発願趣意書

来る昭和十三年八月十六日は千古不世出の英主に在します後醍醐天皇六百回の御忌辰に値ふ依て曹洞宗大本山總持寺に於ては同年を期して謹みて御遠忌法要を厳修し奉ることを発願す／後醍醐天皇は常に御叡旨を禅法に竭せられ殊に我か太祖大師には親ら十種の勅問を垂れたまい奏対旨に愜うて我か總持寺を陞せて勅願所とし特に日域無双禅苑賜紫出世鎮護国祚の道場たるの御綸旨を賜ふ而かも天皇の御英明なる其の御登極の初より彼の鎌倉幕府の暴政を制して皇政を延喜天暦の古に復させたまふの御雄図ありしも嗟くへし正中元弘二度の御事破れ辛くも建武中興の御偉業を遺して終に吉野の朝廷に崩御したまふ顧みて奈良比叡の御蒙塵を傷み笠置隠岐の御遷幸を偲ひ奉る時惨風雨悲日月晦冥誰か暗涙の袖を湿さざる者あらんや／今茲に衣の緇素と宗の内外とを問はす切に尽忠報国に志厚き諸賢我が（ママ）總持寺に御因縁深き後醍醐天皇御遠忌奉修の浄業を奉賛して無事円満

に此の法要を成就せしめられんことを冀ふ
昭和九年四月二十八日
總持乍住末代臣僧　泰音謹白

（松山祖元編『つるみヶ丘六十五年のあゆみ』〈前掲〉、八一三頁）

「緇素と宗の内外とを問はす切に尽忠報国に志厚き諸賢」に参加を呼びかけ、後醍醐天皇への遠忌を通じて国家への忠誠を強固にする意図が読み取れる。

この発願書は宗門で認定され、三年後の一九三七年四月一〇日から二三日までの二週間にわたって後醍醐天皇の遠忌が実施されることとなった。天皇の遠忌を実施した例として、一九三〇年に真言宗醍醐派による醍醐天皇一〇〇〇年遠忌(43)、一九三八年に後醍醐天皇入滅地付近の奈良県浄土宗如意輪寺での後醍醐天皇六〇〇年遠忌(44)があるが、曹洞宗において天皇に対して大規模な遠忌を行ったのはこの事例が初めてである。そして、以下の告諭で正式に後醍醐天皇の遠忌が周知された。

告　諭

来ル昭和十三年八月十六日ハ大本山總持寺ト御法縁深キ　後醍醐天皇御遠諱ノ聖辰ニ相値フ仍テ当該本山ニ於テハ今年ヨリ御遠諱奉修ノ準備ニ従事シ闔宗道俗ノ翼賛ヲ得昭和十二年四月十日ヨリ同月二十三日ニ至ル二週間ニ亘リテ慇懃鄭重ニ聖恩報答ノ法要ヲ奉修セントス惟フニ　後醍醐天皇ハ千古不世出ノ英主ニ在マシ夙ニ三宝ヲ崇敬シタマヒ専ラ御叡旨ヲ禅法ニ竭サセラレ特ニ元亨元年八月太祖常済大師ニ十種ノ御垂問アリ大師ノ奏対旨ニ愜フテ叡感斜ナラス元亨二年八月二十八日能州諸嶽山總持禅寺ハ直ニ曹溪ノ正脈ヲ続キ専ラ洞上ノ玄風

ヲ振フ特ニ日域無双ノ禅苑タルニ依リ曹洞出世ノ道場ニ補任スル云々ノ御綸旨ヲ賜フ畏クモ　後醍醐天皇ト大本山總持寺及本宗トノ御因縁ハ他ニ多ク其ノ比ヲ観サル深甚ナルモノアリ依テ今茲ニ偶々六百回ノ御遠諱ヲ奉修セントス洵ニ是レ難値ノ勝縁ト謂フヘシ苟クモ本宗ノ末派寺院及僧侶タル者ハ宜シク其ノ聖恩ニ感激シ此ノ浄業ヲ翼賛シ奮テ檀信徒ヲ勧奨シテ御法会ヲ随喜セシメ各葵藿ノ誠ヲ傾ケ初中後ノ円成ヲ期スヘシ

昭和九年九月十五日

管　長　秦　　慧　昭
総　務　岩　井　孝　温
財務部長　吉　川　悦　隆
教学部長　佐　野　良　光
人事部長　保　坂　玉　泉
庶務部長　後　藤　勇　禅

（『宗報』八九四号、一九三四年九月一五日、一頁）

この告諭は、後醍醐天皇の前に一文字分のスペースを空ける欠字が見られ、「御遠諱」と表記されている点に特徴がある。これらは天皇を重んじるとともに、宗祖の「遠忌」との差別化を図っていると考えられる(45)。

總持寺のこの取り組みに対し、皇室では、一九三七年三月九日に建造中の後醍醐天皇の御霊殿に対して金二〇〇〇円を、そしてさらに總持寺二世の峨山に対して諡号「大現宗猷国師」を下賜した。これらも『宗報』の号外で報じられた(46)。

天皇に対する遠忌は初めての試みであるため、總持寺は、以下のように交通機関に対して協力を願い出ている。

後醍醐天皇六百回御遠忌
旅客輸送ニ関スル御願
神奈川県横浜市鶴見区鶴見町
曹洞宗大本山總持寺

右總持寺ニ於テ本年四月十日ヨリ二十三日マデ二週間ニ亘リ当本山ト御法縁最モ深キ
後醍醐天皇ノ六百回御遠忌法会ヲ奉修可致候
右ハ古来五十年毎ニ当本山ニ於テ謹修セラル、本宗至高至厳ノ大法会ニ候ヘハ自然全国壱万五千ノ末派寺院及ビ之《(ママ)》ニ所属スル三百万檀信徒中個人又ハ団体ニテ参拝スル者相当多数算スベク尚又同法会中別記ノ如キ特別大法要及ヒ各種大会等ノ催モ有之候処時恰モ旅客輻輳ノ季節ニ候ヘバ御局ニ於テモ格別御苦辛ノ程深ク恐察致シ候ヘ共這回ノ法会ハ単ナル一宗一派ノ祖師ノ年忌法会ト異ナリ建武中興ノ大帝後醍醐天皇ノ御追遠法会ナレバ現下国家非常時ニ於ケル国体明徴皇室崇敬ノ国民精神涵養上参拝者ノ一人モ多カランコトヲ念願致候間何卒特別ノ御配慮ヲ以テ参拝者輸送上一層ノ御便宜ヲ与ヘラレ候様予メ御諒承ヲ得度此段及御願候也

昭和十二年　月　日
右總持寺　住職　伊藤道海

（後醍醐天皇六百回遠忌法要記録より抜粋）
監院寮保管

（松山祖元編『つるみヶ丘六十五年のあゆみ』〈前掲〉、八一六～八一七頁）

つまり、今回の遠忌は「単ナル一宗一派ノ祖師ノ年忌法会ト異ナリ建武中興ノ大帝後醍醐天皇」の遠忌であり、「国家非常時ニ於ケル国体明徴皇室崇敬ノ国民精神涵養上」多くの参加者に対応する必要があることを理由に、交通機関へ協力を仰いだことがここから分かる。また、同遠忌では第三章第三節で述べた大雄山最乗寺による「帝都巡錫」を成功させ新貫首となった伊藤道海の晋山式も同時開催される予定であり、すでに一〇万人の団体参拝の申し込みがあった。本山では対応が遅れ、急いで鉄道当局に臨時列車の手配を申し込んだが、「花見シーズンにおける団体旅行は応じかねる」と交渉が難航したと『朝日新聞』で報じられている(47)。

他方、山内では遠忌中に発行していた『御遠忌ニュース』が新聞法に抵触し、廃刊となるトラブル(48)があったが、後醍醐天皇の遠忌は「魔障なく円成」し、『宗報』にお礼の広告が掲載されている(49)。以降、管見の限り大規模な後醍醐天皇の遠忌は行われておらず、あくまでも戦時体制への対応として創出、実施された遠忌であったことがうかがえる。

おわりに

近世までの曹洞宗の遠忌は、祖師の忌日付近に開催され、参加者は僧侶中心であり、勧募にて伽藍整備を行うという点が特徴であった。明治に入ってからも一八七四（明治七）年の瑩山五五〇回忌、一八七八年の懐奘六〇〇回忌は、祖師の忌日付近の九月開催であり、期間も短く、近世の遠忌の特徴と合致する。大きな違いは、懐奘六〇〇回忌が約一年後に迫るなかで出された一八七七年一〇月二〇日の「祖師忌改正条例」によって、道元・瑩山の忌日が新暦の九月二九日に統一された点である。この条例によって、両祖の月忌・年忌が周知され、宗門を挙げて宗祖を尊崇する形が整うこととなる。

その後、一九〇二年に行われた道元六五〇回忌は大きな転換点であった。同遠忌は二一日間の長期にわたる法要であり、交通網の発展にともない参拝が容易になったことから、在家信者を意識した遠忌を開催する方向性へ転換し、開催が天候の安定した五月へと変更された。また、学生の参加や、内地雑居解禁にともなう外国人への対応、開宗記念といった他宗の大規模法会への対抗意識も見られ、多様な主体が関与する「近代的」遠忌は、道元六五〇回忌が端緒と言える。

一九一九（大正八）年三月一五日には「曹洞宗両本山大遠忌法会修行法」が公布され、遠忌が宗門の公式儀礼となった。一九一一年に石川県能登の輪島から神奈川県鶴見に移転した總持寺では、一九二〇年の峨山五五〇回忌において、不手際が目立ったが、一九二五年の瑩山六〇〇回忌では鶴見町や企業と連携するとともに、掲示板や救護所等を設置するなど、円滑な運営が行われた。同遠忌の成功は、関東大震災後の總持寺僧侶の支援活動が、当時ベストセラーとなった『大正大震災大火災』によって広まり、總持寺が地域に根ざした寺院として受け入れられたことも影響している。

北陸の交通網の発展がさらに進んだ一九三〇（昭和五）年の懐奘六五〇回忌では、永平寺傘松閣の天井絵や福井市主導のくじ引きの実施に代表されるように娯楽性が一層強まっていった。

一九三七年の後醍醐天皇六〇〇回忌は、戦時体制に迎合した形で創出されたもので特殊な遠忌であった。同遠忌の直後、第四章第三節第三項で挙げた文部省の物資統制令が施行され、大規模な遠忌は自粛されることとなる。

本章の内容を振り返ったが、近代曹洞宗の遠忌は、明治期三回、大正期二回、昭和期二回と七度実施され、僧侶中心の儀礼から一般参詣者も参加する儀礼へと変化している点が大きな特徴である。一方で遠忌中には、勅額や国師号が天皇から下賜されることで、遠忌の動員を後押ししていた。宗門側としては、『宗報』で号外を出すなど天皇との関係を大々的に告知することで遠忌への参加を促していたが、国家も、大量の参加者を動員する遠忌の際に天皇の権威を示すことで、国民統治に利用したと考えられる。

總持寺系の雑誌『禅の生活』には、一九三〇年二月から、「メーデー」「モラトリアム」などの新しい用語を説明する「新時代語辞典」コーナーが開設される。翌年四月には、「ダンサン」の項目があり、「団体で参拝すること」[50]という説明がなされている。おそらく、遠忌が活発に行われることによって、集団の参拝を目にした人々が、「あれは、ダンサンだ」と言っており、それを反映し、新用語として定着したのだろう。遠忌は、集団での参拝という実践を作り、各地でその輪を広げたことが「ダンサン」の用語の創出から読み取れる。

最後に、本章冒頭で述べたパネル発表での成果をもとに、曹洞宗の遠忌の特徴と実践との関係性を述べたい。

浄土真宗や日蓮宗は、宗祖の命日に遠忌を行っている。また浄土真宗の門徒は、一九一一年の親鸞六〇〇回御遠《ごえん》忌《き》の際には、親鸞の祖廟に参拝することが目的であり、本願寺以外の京都寺院に参拝しなかった、というエピソードが語られている。また、第三章の考察において、開帳回数が多かった日蓮宗では「日蓮主義」、真言宗では「大師信仰」という宗祖への信仰形態が浸透しており、宗祖像が明確となっている教団の遠忌は、「宗祖のための遠忌」という性格が強い。一方で曹洞宗の遠忌は、両本山の開祖・二祖が対象となっていることから開催数も多く、また後醍醐天皇の遠忌を創出していることから、遠忌の際に他宗のような確固たる宗祖像は浮かんでこない。どちらかといえば、曹洞宗の遠忌は、民衆に対して「遠忌に参加して宗祖を知ってもらう」という性質を持っていた。したがって、遠忌という実践によって宗祖像を形成しようとする試みであったと言える。

現代の檀信徒意識調査においても、一九八四年刊行の『宗教集団の明日への課題』（曹洞宗宗務庁）にて「宗門檀信徒の宗門意識が非常に薄い」[51]と指摘されている。三〇年後の調査でもほぼ変化しておらず、「檀信徒は曹洞宗に対する帰属意識をほぼ欠いているのであって、檀信徒をただちに曹洞宗の「信者」とみなすことはできないのであり、どちらかといえば、「供養に熱心な一般日本人」と捉えたほうが自然だろう」[52]との報告がなされている。おそらく、近代の遠忌に関しても、旅行やお祭り気分で参加した檀信徒が多かったと思われる。しかし、それらに意味がないとも言えず、その道中で宗祖のことを考える人も存在しただろう。本書では、これまでも曹洞宗の実践を数多く見てきたが、とりわけ遠忌は、綿密な法要を実践し、そこに参加することを重視する同宗の性格を反映したものになっている。

仏教系雑誌に遠忌の賛否両論が掲載され、『宗報』の号外で積極的に勅額・勅号下賜の様子が伝えられることなどを通して、遠忌は周知され、近代における一つの実践を形成したと言える。この一方で、近代に新たな実践として創出された仏前結婚式は、多くの人々に影響を与えられなかった。次章では、遠忌と対照的なこの仏前結婚式という儀礼について見ていきたい。

註

（1）宗派によっては「御忌」「遠諱」「御遠忌」などの表記、「おんき」「えんき」などの発音の相違があるが、本章では「遠忌・おんき」を原則として用いる。
（2）以下本文上における遠忌の年回表記は、「五五〇」「六〇〇」「六五〇」のように表記する。ただし、資料上に「五百五十」「六百」「六百五十」などとある場合は、資料の表記に従う。
（3）安藤弥「親鸞三百回忌の歴史的意義」（『真宗教学研究』二七号、二〇〇六年）、九六頁。
（4）井上善幸「如来の化身としての親鸞・一学徒としての親鸞」（幡鎌一弘編『語られた教祖——近世・近現代の信

仰史』法藏館、二〇一二年）、一〇四～一〇五頁。
（5）星野英紀・山中弘・岡本亮輔編『聖地巡礼ツーリズム』（弘文堂、二〇一二年）。
（6）村上紀夫「遠忌」（大谷栄一・菊地暁・永岡崇編『日本宗教史のキーワード――近代主義を超えて』慶應義塾大学出版会、二〇一八年）、一三七～一四四頁。
（7）鈴木勇一郎『電鉄は聖地をめざす――都市と鉄道の日本近代史』（講談社選書メチエ、二〇一九年）、四四頁。
（8）村上紀夫前掲註（6）「遠忌」、一三八頁。
（9）発表要旨は、『宗教研究』（九三巻別冊、二〇二〇年）、七三～八〇頁に掲載。
（10）永平寺史編纂委員会『永平寺史　上巻』（大本山永平寺、一九八二年）、五四一頁。
（11）同前、六六四～六六五頁。
（12）永平寺史編纂委員会『永平寺史　下巻』（大本山永平寺、一九八二年）、八三六～八三八頁。
（13）同前、九七八頁。
（14）同前、一二一九頁。
（15）同前、一二九八頁。
（16）同前、一三〇一頁。
（17）同前、九九四～九九五頁。
（18）同前、一二五六～一二五七頁。
（19）室峰梅逸編『總持寺誌』（大本山總持寺、一九六五年）、二六二頁。
（20）同前、二六三頁。
（21）同前。
（22）「疋」とはもともと絹の長さの単位だったものが、銭の単位に転用されたもので、絹が貨幣として用いられていた時代の名残である（桜井英治『贈与の歴史学――儀礼と経済のあいだ』〈中公新書、二〇一一年〉、一四六頁）。
（23）曹洞宗務局編『自明治五年至明治十一年曹洞宗両本山布達全書』、一三丁表～裏。

(24) 永平寺史編纂委員会前掲註(12)『永平寺史　下巻』、一三三八頁。
(25) 『明教新誌』七一六号、一八七八年一〇月二六日、三頁。
(26) 『宗報』一三八号、一九〇二年九月一五日、一〇頁。
(27) 功績と徳を称えるため高僧の死後、朝廷から授けられる。明治維新期に途絶えたが、皇室の神仏分離の見直しが図られ、真言宗の御修法、門跡号とともに復興した。一八七六（明治九）年の親鸞への大師号（見真大師）によって再開された。佐野恵作『皇室と寺院』（明治書院、一九三九年）を参照のこと。なお、浄土宗開祖法然に対しては遠忌ごとに諡号が加えられる「加諡」が習わしとなっており、一六九七（元禄一〇）年の「円光大師」に始まり、二〇一一（平成二三）年の八〇〇回忌には、「法爾大師」の大師号が当時の天皇（現・上皇）より贈られている。
(28) 永平寺史編纂委員会前掲註(12)『永平寺史　下巻』、一三八八頁。
(29) 同前、一三八九頁。
(30) 『宗報』一三二号、一九〇二年六月一五日、二五頁。
(31) 『宗報』五三四号、一九一九年三月一五日、一〜二頁。
(32) 黒眼晴「大遠忌雑感」（『宗教時報』四〇号、一九二〇年五月二〇日）、五〜六頁。
(33) 『宗報』六二七号、一九二三年二月一日、一頁。
(34) 『宗報』号外、一九二五年四月一日。
(35) 保坂真哉「總持寺の大震災　大正十二年九月日記の一節」（『禅の生活』二巻一二号〈一〇月・一一月合併特別号〉、一九二三年一一月）、一七頁。
(36) 高橋理円「救護班と慰問布教師の派遣」（『禅の生活』二巻一二号）、一九頁。
(37) 佐藤卓己「キングの時代――ラジオ的・トーキー的国民雑誌の動員体制」（青木保ほか編『近代日本文化論7　大衆文化とマスメディア』岩波書店、一九九九年）、二一四頁。
(38) 松山祖元編『つるみヶ丘六十五年のあゆみ』（瑩山禅師奉讃刊行会、一九七四年）、七七八頁。
(39) 永平寺史編纂委員会前掲註(12)『永平寺史　下巻』、一四一七頁。

(40) 同前、一四三六頁。
(41) 『宗報』号外、一九三〇年五月一二日。
(42) 栗山泰音『總持寺史』（大本山總持寺、一九三八年）、二〇三頁。
(43) 「醍醐派の醍醐天皇一千年御遠忌奉修」（『浄土教報』一六八七号、一九二六年一一月一二日）、一四頁。
(44) 「奈良如意輪寺で後醍醐天皇六百年御遠忌」（『浄土教報』二二五三号、一九三八年一〇月九日）、八頁。
(45) 以降の『宗報』の記載では「遠諱」と「遠忌」が並存しており、明確な意図で「遠諱」としたかは不明である。
(46) 『宗報』号外、一九三七年三月九日。
(47) 『朝日新聞』一九三七年三月一一日、夕刊神奈川版（松山祖元編前掲註(38)『つるみヶ丘六十五年のあゆみ』、八一七頁）。
(48) 松山祖元編前掲註(38)『つるみヶ丘六十五年のあゆみ』、八一八～八一九頁。
(49) 『宗報』九五七号、一九三七年五月一日、一六頁。
(50) 芳野生編「新時代語辞典　ダンサン」（『禅の生活』一〇巻四号、一九三一年四月）、九〇頁。
(51) 井上正憲「調査はこうして行われた」（小田原利仁編『宗教集団の明日への課題――曹洞宗宗勢実態調査報告書』〈曹洞宗宗務庁、一九八四年〉）、二五〇頁。
(52) 曹洞宗宗勢総合調査委員会編『二〇一二年（平成二四）曹洞宗檀信徒意識調査報告書』（曹洞宗宗務庁、二〇一四年）、一一四頁。

第七章　仏前結婚式の変遷

本章では、近代に創出された仏前結婚式の変遷を論じる。第一章で論じた葬儀に関しては、キリスト教・神道に対し優位を維持した仏教界であったが、結婚式に関しては苦戦する。本章では、個人が実施した仏前結婚式の展開を整理し、教団の動向として浄土宗・浄土真宗・曹洞宗の取り組みをまとめる。そして、仏前結婚式の宗派別の特徴・利用者の職業などを提示し、他宗教との競合や寺院関係者の利用が多かったことを要因に、普及がすすまなかった点を指摘する。

はじめに

「仏前結婚式」[1]は、現代日本における結婚式の四形式（教会式・神前式・仏前式・人前式）の一つに数えられる場合が多い[2]。この儀礼は、本書でこれまで扱った事例のように中世・近世からの歴史を持つものではなく、宗教が結婚式に深く関与するようになった近代に創出された。新しい儀礼である仏前結婚式の研究は、主に僧籍を持つ研究者によってなされてきた。

仏前結婚式研究の基礎となる論文は、一九七七（昭和五二）年発表、疋田精俊《ひきたせいしゅん》の「仏式婚姻儀式について」(3)である。大正大学で教鞭をとり、真言宗豊山派寺院の住職でもある疋田は、宗教が介在する結婚式の始まりを一八九二（明治二五）年頃の神前結婚式とし、それに対抗する形で仏前結婚式が創出されたとする。同論文では、一九〇二年に自身の挙式を行った曹洞宗僧侶・来馬琢道を仏前結婚式の先駆者とし、以後、明治から昭和初期にかけて実施された曹洞宗・浄土宗・真言宗各派（豊山・高野・智山・醍醐）による仏前結婚式を検討している。疋田は、「大正期には各宗の特色ある式次第で挙式され、昭和初期には仏教の一儀礼と見做される迄に発展した」(4)と論じた上で、「然し一般庶民は、寺院に対して相変わらず先亡への菩提所という旧来の観念が拭いきれなかった。それ故、仏式婚儀は庶民に馴染めず、今日なお低調を示しているのが実状であろう」(5)と、仏前結婚式が低調に終わっている理由を述べた。

その後、仏前結婚式に関する論考を定期的に発表したのが、浄土宗総合研究所専任研究員であった西城宗隆である。『布教研究所報』六号（一九八九年）掲載の「仏式結婚について」で西城は、日本における仏前結婚式の始まりを来馬ではなく、一八八七年に立正安国会（後に国柱会へ改称）の田中智学《たなかちがく》（一八六一～一九三九）によって制定された「本化正婚式《ほんげしょうこんしき》」とした。そして、浄土宗の仏前結婚式については、一九〇二年八月に自ら式次第を作成し挙行した浅草正憶院の藤田良信（生没年不明）、一九〇七年五月に『正因縁』という仏前結婚式に関する小冊子を発行し普及につとめた中島観琇《なかじまかんしゅう》（一八四三～一九二三）などの名を挙げ、疋田の論考を参照しつつ詳述している。そして一九九九年には、浄土宗総合研究所編『結婚式別巻　結婚式の手引き』内の「仏式結婚の歴史」を執筆し、主に浄土宗の仏前結婚式に関する文献や資料の紹介を行った。二〇〇九年に発表された「仏式結婚の創出——明治期における教義と儀礼[6]」は、この「仏式結婚の歴史」をもとに書き改められたものである。同論文では「新仏教的儀式」の一つとして「仏式結婚」を位置づけ、その中でも田中智学・来馬琢道・中島観琇の三名が創案した「仏式結婚」を取り上げ、それぞれの儀礼構造とその思想を比較し、「仏式結婚」が創出された理由を考察した。

また、曹洞宗教化研修所の主事兼講師であった深瀬俊路は、『教化研修』三八号（一九九五年）収録の「「仏縁」儀礼の問題点」および、『日本近代仏教史研究』四号（一九九七年）収録の「儀礼の変遷と近代洞門」という二本の論文において、曹洞宗における仏前結婚式の変遷を考察している。深瀬は近代曹洞宗における新儀礼の設定とその変遷を概観することを主旨とし、来馬の考案した「仏教結婚式」と現行の仏前結婚式の比較を行った。両論文にお いて深瀬が共通して指摘したことは、来馬が仏前結婚式を「仏教結婚式」と称したのに対し、宗門では一九四七年一月の『曹洞宗報』一四三号「仏前結婚式の奨励――寺院の積極的活用をのぞむ」以降は「仏前結婚式」と称するようになり、仏前という「時間空間」の利用が強調され、仏の「法・教え」を伝える場の意識が低減した、という点である。ここから深瀬は、現代の仏前結婚式も、仏の「法・教え」を伝える場という理念に今いちど立ち戻るべきと主張した。

このように、真言宗豊山派の疋田の論考を端緒として、浄土宗・曹洞宗の宗学研究を中心に仏前結婚式の研究蓄積が見られる。またかつて筆者も近年の近代仏教研究の成果を参照しつつ、田中智学・藤井宣正・島地黙雷・井上円了・来馬琢道という五名の仏教者の仏前結婚式と各者の関係性を論じたことがある[7]が、二〇〇〇年以降においては、僧侶の「結婚」への注目[8]に比して「結婚式」に関する研究は低調と言わざるを得ない。

これら先行研究の課題を挙げれば、明治二〇～三〇年代に仏前結婚式を実施した仏教者を取り上げた個別事例に基づく研究が中心であり、近代に実施された仏前結婚式の全体を見渡し、その変遷を追った研究は少ない。よって本章では、先行研究の成果をふまえつつ、筆者が作成した一二七件の仏前結婚式一覧表（巻末資料編第五節）をもとに分析を行う。まず、一八〇〇年代に実施された仏前結婚式を取り上げ、それらがキリスト教の影響を受けていたことを指摘する。次に、浄土真宗の僧侶・藤井宣正《ふじいせんしょう》（一八五九～一九〇三）の結婚式をきっかけに僧侶自身の結婚式が挙行されるようになり、一九〇二年の来馬琢道の結婚式を転換点として、各宗が仏前結婚式を行うようになる経緯を述べる。そしてその後、積極的に仏前結婚式を推進していく浄土宗・浄土真宗・曹洞宗の取り組みを概観し、日本の結婚習俗で古くから用いられてきた飲酒を伴う盃事（三三九度）への対応などを検証する。そして最後に、利用者の傾向や神前結婚式との関係、仏前結婚式の多義性を考察する。

現代の仏前結婚式は、実施割合としては一％未満という報告もあり、(9) 布教上成功しているとは言い難い。従来の研究では、仏前結婚式が低調な理由として、「葬式仏教」のイメージが新たな門出に相応しくない、(10) といった抽象的な考察がなされていた。もちろんそれも理由の一つであるかもしれないが、本章では近代の仏前結婚式の事例全体を検証することによって、仏前結婚式が広く浸透しないその要因の一端についても指摘することを目指したい。

第一節　キリスト教の影響

第一項　在家同士の結婚式

報道された仏前結婚式の最初の事例は、一八七九（明治一二）年一月二六日の『朝日新聞』二号掲載の陶器商を営む家同士の結婚式である。概略は、陶器商の娘いくが、同業の淡路屋に嫁入りし、その際いくと母親が、真言宗の信徒であった夫を、日蓮宗に改宗させ結婚式を挙げた、というものである。記事には、「耶蘇の教会に結婚の信《まこと》を表する西洋風を摸擬《まね》たの歟と思えば中々そんな訳ではなく南無とも妙法な新式を以て三々九度の二重ね二九十八度の婚礼を行ひたるお話」[11]とあり、「基督教の真似とは違い、仏教独特のもので評判であった」と評価されている。挿絵の様子から祖師日蓮の御影を中心に配置し、僧侶六名が仏具を用いながら読経している様子がうかがえる。

一〇年後の一八八九年三月二三日には、新聞記者・田島象二《たじましょうじ》（任天居士、一八五二〜一九〇九）と熊谷そめ子が、臨済宗・長山虎壑《ながやまこがく》（一八四五〜一九一八）導師のもと、仏式の婚礼を挙げた。「欧米諸国の婚姻には、必らず宣教師が立会其式を行ふことなれど、仏教式を以て之を行ない（ママ）たるは、田島任天居士を以て嚆矢となすなり」[12]と評されている。

一八九二年年一月一五日、播磨国（現・兵庫県）の浄土真宗西勝寺の檀家であった青田節が、同寺住職・後藤祐護導師のもとで岡田セイと結婚式を挙げた際には、以下の記事が掲載された。

> 何れの地も新婦を見んとて、男女集ひ寄るは田舎の習ひなるに、曽て見聞せざる仏式の婚姻ゆへに、新婦の好醜を評するものなく、小童に至るまで余言なく、読経中は謹んで聴聞し、又表白文読終るの時は各々合掌、異口同音に念仏を称ふ。其行為の殊勝なる、実に賛嘆の外なし。又該寺住職は同家に於ては、更に酒飯の饗応を受けず、只茶菓のみを喫して、直に帰寺されたり。彼耶蘇教の如きは、結婚式に列するは常なるも、未だ仏教家には、かくの如きの式を以て結婚をなす人少なし。希望くは各地僧侶各位よ、宜敷右の瀬に習《てほん》ひ、世間出世間の善導師とならんことを
>
> （「仏式の婚姻表白文」〈『婦人雑誌』五三号、一八九二年六月〉、二四頁）

普段は結婚式の際に新婦の見た目について評価し合う聴衆が、新婦の悪口も言わず、謹んで読経を聴聞したとい

う。また、導師を勤めた住職も、酒飯の饗応を受けずに帰寺したことが評価されており、キリスト教に倣った結婚式の普及を各地の僧侶に呼びかけている。

これらの各事例は、キリスト教を意識した在家同士の仏前結婚式である。他方、同時期に在家主義を提唱した田中智学は、「仏教夫婦論」と題した演説（一八八七年）にて、「死人ヲ相手ニスルヲ止メテ活タ人ヲ相手ニスベシ。葬式教ヲ廃シテ婚礼教トスベシ」(13)と述べ、「葬祭」から「冠婚」への転換を図る一環として、頂経式《ちようぎようしき》（お宮参りの仏教版）とともに、「本化正婚式」を制定している。これらの事例から、当初の仏前結婚式は、在家中心の儀礼として実施されていたことがわかる。

第二項　藤井宣正と井上瑞枝の結婚式

僧侶が結婚式を挙げた事例として最初期のものは、藤井宣正(14)の結婚式である。藤井は、一八九二（明治二五）年六月六日に日本英学館を卒業した才女・井上瑞枝《いのうえたまえ》（一八七〇～一九二四）と、東京白蓮社会堂にて「仏教新婚式」という新しい儀礼を行った。

瑞枝が保管していた藤井の原稿を親交の深かった島地大等らが編集し、藤井の略伝や彼と交友関係のあった者の追悼文などが収められた遺稿集『愛楳全集』によれば、

明治廿四年七月卒業す。本願寺派に在て帝国大学を出でしは、師を以て嚆矢と為す。次て七月二十三日、京都本願寺文学寮教授となる。翌年三月、准司教の学位を授けられしも辞して受けず、其年六月六日、井上瑞枝女史と婚し、東都の白蓮社会堂に於て、仏教の礼法に依て式を挙ぐ、仏式結婚の権輿なり。

（「藤井故宣正師略伝」〈藤井宣正遺稿、島地大等編『愛楳全集』［鶏声堂書店、一九〇六年］〉、二頁）

と、「仏式結婚の権輿」を藤井夫妻のものとしている。なお、当日の様子が雑誌『三宝叢誌』に記されている。

初め仏前を荘厳し、供ふるに紅白の鏡餅壱対を以てし、香花灯明準備了て、双方の親族故旧は、左右より相対向して列座し、師の令室は、媒妁人として、新夫婦を導きて、正面下位に並坐せしむ。師は正しく司婚として、正面上位に進み、嘆仏の偈頌を読誦し、（此間衆皆仏前に正向す）、後新夫婦に向て、宣婚文を朗読せられ、（此時は左右旧に復して相対向す）、尋て訓誡一席、夫婦の義務、報恩の事業を策励せらる、訓示了て一同黙礼、之にて婚式全く了り、次て祝宴を客席に於て開かれたり。抑も此新式たる、礼文甚た繁密ならず、頗る簡易にして要領を得、粛然凜然の間、自から靄然淡然たる者ありて、衆殆んと感泣するに至りしと云

（「仏教新婚式」〈『三宝叢誌』九九号、一八九二年六月〉、四一頁）

藤井の師である島地黙雷が宣婚文を朗読し、簡易にして厳粛な雰囲気は参加者を感動させたという。

藤井は四五歳で亡くなったが、師匠の島地はその若すぎる死を惜しみ、追悼文「哭藤井宣正君辞」を藤井の死後三カ月後の一九〇三年九月六日に執筆し、同文は『三宝叢誌』に掲載された(15)。

令室婚娶の事の如きは予は啻に之が月老となりしに止らず、父兄に代りて百般を周旋し、特に仏式婚礼を我白蓮会堂に挙げたるは君が冀望に任せて創定せし典礼にして、実に明治廿五年六月六日を以て此大礼を行ひしに、

何ぞ図らん今茲君が仏国馬港に瞑目せしも同く六月六日ならんとは、真に寄遇も亦甚しからずや
（島地黙雷「哭藤井宣正君辞」〈『三宝叢誌』二三五号、一九〇三年一〇月〉、二八～二九頁）

藤井の結婚式では自分が月老（媒酌人）を務めただけでなく、父兄に代わりさまざまな周旋をし、自らが設立した東京白蓮社で式を挙げたこと、そして式自体が藤井の「冀望《きぼう》」に任せて創定した典礼であったことを述べ、一八九二年の結婚式と、マルセイユで藤井が客死した日が同じ六月六日であるのは誠に奇遇だ、という文を寄せている。

このように「仏教新婚式」は、藤井と島地の二人で創定したという点だけではなく、藤井の命日と重なることで、島地にとってより印象深い出来事となった。そのような経緯から島地は、仏式の結婚式に積極的に関与し、論文「仏式婚礼」を執筆している。

同論文は、藤井の結婚式から三年半後の一八九六年一月二三日、『三宝叢誌』一四二号に「雨田老衲」名義で発表された。[16] 島地は「欧洲小児の初生に際する、必ず寺院に伴ひて入教命名の式を行ひ、其他婚娶葬終皆教法の式を以て之を行ふ、固より好制と謂ふへし」[17]と欧州でキリスト教会を視察した際に、洗礼・婚姻・葬儀を皆「教法」（宗教）の式によって行うことに好感を持ち、「いつか仏式婚礼の例規を創始せん事を欲し居たり」[18]と仏前結婚式の考案を検討していた。[19]

そのような折り、藤井の結婚式があり、以後島地は、海軍少主計・田中信吉や、富豪・伊藤長治郎の結婚式を行い、参加者の好評を得たという。これらの式は相違点があり、田中の場合は新郎・新婦に向かって「宣命」する式であり、伊藤の場合は婚儀を仏陀に「表白」する式であった。島地は、「予は本人に向て宣命する方を以て当然と考ふ」[20]とキリスト教式の神父に近い役割を意識していた。以後も島地は、僧侶・村松賢良と海軍軍人の娘・藤本仲

子[21]、僧侶・日野居龍と僧侶の娘・松田阿佐保子の司婚者を担っており[22]、僧侶の結婚式を定着させた。

この背景には、井上円了《いのうええんりょう》（一八五八～一九一九）が、藤井の結婚式があった一八九二年に「真宗にては宜く仏式結婚を組織すべし」という論文を発表したことも影響している。同論文は同様の内容が、同年一〇月二〇日発行の雑誌『法之雨』と一二月三日発行の『婦人雑誌』の二誌に掲載されている[23]。ここで井上は、キリスト教では人間が生まれてから教会で洗礼を受け、結婚式を挙げ、葬儀を行うことで人生全体に影響を与えている。それに比して仏教は死後のみ関与し、生きている間は関係することがない、と指摘した。将来宗教の式により結婚式を行うことが一般的になったとき、仏教の結婚式がなければキリスト教に信者が流れてしまうと主張し、「真宗は仏教中尤も世俗に近き宗旨なれば宜しく真宗を以て仏式結婚の嚆矢たらしむべし[24]」と、世俗に近い浄土真宗が中心となって仏前結婚式を制定すべきと訴えている。

資料編第五節の一覧表を見ると、一八〇〇年代の仏前結婚式事例一三件中七件が浄土真宗のものであった。また、一三件中僧侶自身の結婚は、藤井宣正・村松賢良・日野居龍のわずか三組であり、この時期は在家者の結婚式が多数を占めていたことがわかる。加えて本節で見てきたように、キリスト教を意識した結婚式が多いことも特徴と言える。そしてこれ以降、仏教としての結婚式の知名度を上げたのが、曹洞宗の来馬琢道であった。

第二節　来馬琢道の結婚式

一九〇二（明治三五）年五月二九日付『東京朝日新聞』によれば、雑誌『仏教』の主幹を務め、「仏教家中のハイカラとの噂高い」来馬琢道が、浅草にある自身が住職を務める寺において、日本女子大学校二年生の里見たつと

図1　『仏教』184号表紙（1902年6月）

仏教式の婚儀を挙げたという。[25] 導師は玉置広道が勤め、三帰三聚浄戒を含む訓示を朗読し、それに対し新郎新婦が答辞を述べたようで、同記事には訓示と答辞の両方が掲載されている。

この式の様子は写真にて確認可能であり、上記の記事でも紹介されている雑誌『仏教』[26] 一八年六号（通号一八四号）の表紙を飾っている（図1）。また、同様の写真が一九三四（昭和九）年刊行の来馬琢道の論文集『禅的体験　街頭の仏教』にも掲載されており、人物の解説が付されている。[27] ここから、媒酌人の梶宝順《かじほうじゅん》・たま夫妻が見守るなか、中神義道・貫田至道の侍者二名を従え、導師の玉置が訓示を発し、新郎新婦がそれを聞く場面であることが想定できるが、最も注目すべきは、禅宗の僧侶である来馬が、雑誌の表紙で仏前結婚式の写真を大々的にアピールした点である。画像化し、雑誌に掲載することで式の様子を鮮明に伝えている。

写真に加え、『仏教』一八四号では来馬の仏前結婚式の様子が三本の記事となって詳述されている。「其二、披露会」には、午後四時半より上野精養軒で行われ、安藤正純・横井雪庵・梶宝順を筆頭として約三〇名が列席した上で行われた披露宴の様子が書かれている。来馬が曹洞宗、たつが浄土宗出身であり、「個人」の宗教ではなく、嫁ぎ先の宗派に合わせるという「家」の宗教である日本の宗教問題を、信仰に篤い二人がどのように解決していくかに注目している、という来賓のコメントは興味深い。なお、披露宴は午後六時に終了し、その夜に新婚旅行へ出発したという。

来馬の結婚式から約二カ月後、一九〇二年七月の曹洞宗系雑誌『和融誌』七九号の時言内では「曹洞宗の妻帯公許」「曹洞宗管長に問ふ」「僧侶としての結婚」という三つの項目にわたり、議論がなされている。一点目の「曹洞宗の妻帯公許」では、来馬が本堂に於いて公然と結婚式を挙行、『仏教』誌上に明記し、さらには表紙に写真を掲載したのにもかかわらず、何のお咎めもないのは曹洞宗管長の許可を得たに違いない、と推測し、曹洞宗が妻帯を公許したのと同様だと訴えた。そして、今後曹洞宗僧侶が妻帯を希望する場合は公然と行い、新聞雑誌に広告させるのがよいだろう、とも述べている。二点目の「曹洞宗管長に問ふ」では、足尾銅山鉱毒事件の被害民が曹洞宗寺院の雲龍寺本堂で集会を行うことを禁じたのは、神聖な道場を布教伝道以外に使用してはならない、という口実であり、浅草万隆寺における結婚式挙行も非法ではないか、と論じ、来馬への責めがないことを批判している。そして、

曹洞宗の僧侶が、十に八九妻帯して居るのは裏面であつて表面ではない、裏面の事まで咎むることは出来得べからざることなれど、表面之を執行するに至りては、マサカ其んなことは本山の眼中に映じないともいへまい

（「曹洞宗管長に問ふ」〈『和融誌』七九号、一九〇二年七月〉、二八頁）

と、本山が来馬の結婚式を認識しつつ見過ごしている事態を表現している。最後に、三点目の「僧侶としての結婚」では、真宗の妻帯は在家俗人の資格があるために公許したのであって、沙門僧伽としての公許ではないとした上で、来馬が住職として、さらには伝法相承の人として、沙門僧伽の資格を持ちながら、本堂にて僧服に搭袈裟の

装束で結婚式を挙げたことは滑稽という以外ない、と批判した。しかし、

> 宗門開闢以来、法式なきに法式を造り、而も之を自慢らしく、社会に発表するに至りては、ドウしても怪まざるを得ない　（同前）

と、宗門側も理由があって結婚式を黙認したはずであり、来馬を酷評するばかりではなく、結婚式の是非について議論すべきとしている。

このように肯定・否定・中立の三つの意見が掲載されており、曹洞宗内においても来馬の結婚式は衝撃的だったことがうかがえる。また、同年七月には天台宗の機関誌『四明余霞』で、公然と自坊で結婚式を挙げた来馬の行動を驚くべきことと評し、上記の『和融誌』内における論争を取り上げている[28]。さらに、同年八月の『仏教』では、某翁の談話として、妻帯問題に対する回答の結果として行った結婚式であるが、『仏教』誌上に掲載した写真も含め、世間に与えたインパクトは大きく、キリスト教の雑誌でも記事になったことが述べられている[29]。これはおそらく『福音新報』の記事であり、「寺の本堂で基督教徒の為《す》るに真似た様な結婚式を挙げた」[30]と報じられている。

他宗派、他宗教でも来馬の結婚式は話題となり、各方面から質問を受けるなどの反響が寄せられた。そして、曹洞宗ペルー布教師・斉藤仙峰《さいとうせんぽう》（?～一九一八）の結婚式を実行する[31]などの経験をしたのち、来馬は、一九二三（大正一二）年五月、雑誌『伝道』三〇〇号に「仏教結婚式次及私解」を発表し、仏前結婚式の式次第と今後の問題点を提起した。また、一九三〇（昭和五）年一一月の『中央仏教』誌上に「仏教結婚式を普及せよ」[32]という論文を発表し、一九五六年には曹洞宗の儀礼集である自著『禅門宝鑑』一七版に簡略版「仏教結婚式次及私解」[33]を収録する

など、自身の結婚式後も、長年にわたって継続的に仏前結婚式の普及に努めていた。

来馬は藤井宣正の結婚式について、「予は明治廿何年かに故文学士藤井宣正師が島地黙雷和上を導師として仏前結婚をした事を聞いたが、其時の儀式に就ては余り多くを知らなかった」[34]と、藤井の式内容は参考にせず、仏の弟子としての誓いをなすことが結婚の要義であるという信念から、自ら式を創案した、と述べている。さらに、一九五六年二月七日に開催され、同年四月と五月の『大法輪』にその内容が掲載された「明治・大正・昭和三代仏教の回顧」[35]と称する座談会でも、「明治における仏教結婚式は島地黙雷さんが式師になつて藤井宣正文学士がやつたのが初め、第二が私です」[36]と述べており、来馬は、島地司婚による藤井の結婚式を仏教界最初のものと認識していたようである。島地の古稀祝賀会の幹事を務めるなど、来馬は島地との交流もあったため[37]、このような発言をしたとも考えられる。なお、この来馬の発言に対して国柱会の機関誌『真世界』は反論しており、仏前結婚式の始まりは田中智学制定のものだと主張している[38]。

来馬の結婚式は賛否両論を巻き起こし、仏教系雑誌や一般新聞などで数多く論じられ、仏前結婚式の認知度を上げた。以降、各宗派で実施されるようになるが、特に浄土宗の仏前結婚式が増加する。筆者の調査した範囲内であるが、資料編第五節の事例でも、表1に示すように、一二七件中七三件が浄土宗の結婚式であり、最も多い。以下では、実施数の多い浄土宗・浄土真宗・曹洞宗の仏前結婚式に対する取り組みを見ていく[39]。

表1　宗派別仏前結婚式の回数

宗　派	回　数
浄土宗	73
浄土真宗	17
曹洞宗	13
臨済宗	13
真言宗	3
立正安国会	2
天台宗	1
日蓮宗	1
黄檗宗	1
興禅護国会	1
法王教	1
不　明	1
合　計	127

第三節　宗派別の展開

第一項　浄土宗

来馬琢道の結婚式から四カ月後、一九〇二（明治三五）年九月一五日発行の雑誌『仏教』に「第二の仏教式婚儀」として浄土宗・藤田良信の「仏教式婚儀」の概略が掲載された(40)。来馬の結婚式で媒酌人であった梶宝順(41)（一八六四～一九二〇）が導師を勤めている。

梶が導師を勤めた結婚式以後、浄土宗では仏前結婚式への取り組みが活発化していく。それらは当時、宗門の実力者とされる人物が関与していることからも読み取れる。

一九〇七年五月二二日(42)、東《あずま》仏教婦人会の理事長・高橋誠治と中島観琇が中心となり、過去の結婚式やハワイでの事例(43)を参酌して「仏教式結婚式次第」を制定し、小冊子『正因縁』として発行した。

この『正因縁』に賛同し、信徒である古沢京三郎が浄土宗へ結婚式を申し込み、古沢の娘であるあいとさくの二人(44)がそれぞれ一九〇七年の一二月一七日午後二時より増上寺の大殿にて堀尾貫務戒師のもと仏前結婚式を挙げた。その様子は同年一二月二三日の『浄土教報』七七九号「縁山に於ける仏教式結婚の嚆矢」と、翌年一月一日の『警世新報』一三三号「増上寺の仏教結婚式」に掲載されている。

さらに、『正因縁』を土台として一九二〇（大正九）年六月一二日にも当時増上寺の貫首であった堀尾が戒師となり、渡辺《わたなべ》海旭《かいぎょく》（一八七二～一九三三）の門下生・三輪政一(45)と、吉岡弥生の門下生で日本女医学校助教授・下山松枝の結婚式を行ったことが堀尾自身によって綴られている(46)。堀尾は同年一一月には吉原自覚と江崎喜久世の結婚式の導師も勤め、その際の『読売新聞』の見出しは「増上寺最初の仏式結婚」であった[47]。先述したように、『浄土教報』の記述によれば、一九〇七年の結婚式が増上寺最初のものであった。宗門の認識とは異なるが、一般新聞で初と取り上げられたのは一九二〇年であり、火災で焼失した大殿再建築[48]の気運とともに、この頃から増上寺が結婚式を本格的に行うようになったことが資料編第五節からも分かる。

他方、念仏三昧によって光明摂化の益を蒙ることができるとする如来光明主義を掲げ、光明会の創始者と崇められた山崎弁栄《やまさきべんねい》（一八五九～一九二〇）も、土屋観道[49]（一八八七～一九六九）の「正婚式」を一九二〇年の二月七日に挙げている。その式次第は一九三〇（昭和五）年に光明会の機関誌『ミオヤの光[50]』に掲載されている。堀尾・山崎ともその晩年に結婚式の戒師を勤めており、浄土宗の重鎮が結婚式を推進していたことがうかがえる。こういった状況をふまえ、各宗に先駆けて儀礼書である『浄土宗法式精要』に結婚式の項目が記載されることとなる。

『浄土宗法式精要』は、浄土宗開宗七五〇年記念として、法式の大家である千葉満定《ちばまんじょう》（一八六二～一九四〇）によって編集され、一九二二年六月に浄土宗法式会から刊行された。同書「式法部」の第一一編に「仏教結婚式」、第一二編に「最近の簡易結婚式例」が収録されている。

第一一編の「仏教結婚式」の式次第は東仏教婦人会発行の『正因縁』の概要を掲載したものである。さらに、時代の要請に合わせ、「時間の節減を主とし、仏教味の充実した婚姻の式を案出した[51]」と『正因縁』をベースに内容を取捨してより実用的にした式次第を第一二編に掲載している。この式次第は、本堂で行う「第一式」、三三九度を行う「第二式」、親族固めの儀を行う「第三式」の三段階となる点が特徴であり、盃事を仏前結婚式に組み込んでいる。法式の大家である千葉が編集し、結婚式に対して事細かな説明がなされていることに加え、浄土宗が一九二二年という早い段階で宗派としての儀礼に仏前結婚式を採用したことは注目すべき点である。いち早く仏前結婚式を宗公認の儀礼として位置づけた浄土宗は、昭和に入ってからも多様な論者が仏前結婚式に関する式次第や詞章などを発表している。

例えば、一九三三年に発行された『浄土宗法要儀式大観』[52]は、『浄土宗法式精要』を編集した千葉満定、雑誌『青年伝道』の主筆などを務め、布教伝道の体系化に努力した中野隆元《なかのりゆうげん》（一八八六〜一九七六）によって執筆された。同書は、法式の内容を統一した上で、一個の法式学として科学的に系統分科し、原理・歴史、および過去に行われた重要な法式と現行の法要儀式、音楽・声明を大観している。第一篇「法要儀式の理論」、第二篇「法要儀式の実際」という二部構成となっており、結婚式については第一篇第五章「仏教の儀式」第一節「結婚式論」、第二篇第三章「仏教儀式の実際」第一節「仏教結婚式」で扱われている。

「結婚式論」では、中野が浄土宗信徒として仏前結婚式を行うことの意義を述べている。一方、「仏教結婚式」の項目で注目すべき点は、「結婚式総説」において司式者の名称、挙式内容の種類などを分析していることである。例えば、儀式を執行する人物の分析として、神道＝斎主、浄土宗＝戒師、真宗＝司婚者、キリスト教＝司式者、家庭＝媒酌人と各形式の名称を分類している[53]。

さらに、「仏式」「神式」「基督教式」「一般式」と結婚式を分類した上で詳細に分析していることも重要である。仏式の結婚式は、「通仏教」「本願寺」「増上寺」「国柱会」「其の他各寺院」という分類となっている。神前結婚式は「神宮奉斎会」「出雲大社」「明治神宮」「平安神宮」「天満神宮《（ママ）》」「乃木神社」という六種の形式があり、家庭などで神前結婚を行う「永島式」は一般式かつ新式と分類されている。

一九三三（昭和八）年の時点で多様な結婚式が見られ、明治時代に考案された仏前結婚式が維持されていることが分かる。また、これらの分析に加えて、同書には「浄土宗的仏式結婚式」として、「広式」「略式」「最新略式」

の結婚式の準備、式次第が詳述されており、浄土宗が自宗の結婚式の洗練と、他宗や結婚式全体の考察を行っている点は同時代の仏教界には見られない動きである。

第二項　浄土真宗

浄土真宗は、第一節でも触れたように、藤井宣正・島地黙雷・井上円了らが一八九〇年代から仏前結婚式の必要性に着目し、実施していた。その後、島地とともに仏前結婚式に着手したのは宝閣善教《ほうかくぜんきょう》（一八六八～一九三九）であった。宝閣は、中央商業学校（現・中央学院大学中央高等学校）の二代校長として知られる浄土真宗本願寺派の僧侶である。一九〇八（明治四一）年三月一五日発行の『警世新報』に宝閣が友人の妻木直良《つまきちょくりょう》（一八七三～一九三四）の依頼を受け、仏前結婚式を考案した記事が掲載される。「なるべく普通一般の仏教信徒のために、読経を廃して告仏表を読むなどして抹香臭いイメージの払拭を目指す」という理念のもと、島地らと相談し作成したという。この「仏式結婚の一例」と題する記事は宝閣自身によって解説が加えられており、同様の内容は同年六月の『婦人雑誌』二三巻六編にも収録されている。(54)

一九〇八年三月七日に司婚者・島地黙雷、新郎・妻木直良、新婦・早見民子で行われた新案の結婚式は、

第一　喚鐘着席　第二　表白文朗読　第三　司婚之辞　第四　夫婦誓詞　第五　念珠授与　第六　夫婦礼仏
第七　夫婦誓杯　第八　媒妁之辞　第九　親属《ママ》交杯　第十　祝詞郎読

（宝閣善教「仏式結婚の一例」〈『警世新報』一三九号、一九〇八年四月〉、二四頁）

という式次第であった。

注目すべき点は念珠授与が追加された点、「媒妁之辞」にて三三九度が採用されている点である。これまでの司婚者の宣婚文を中心とした式から、新郎新婦が主役となる上記の項目が追加されている。これは宝閣が、

仏教を土台として神宮式、耶蘇教式、及ひ《(ママ)》従来の小笠原式を、加味参酌して仕組みたるものにて、成るべく簡便に成るべく崇厳ならんことを主としたるものなり。（同前、二七頁）

と述べているように、多様な式の良い点を取り込んで創作したためと考えられる。また、簡便かつ荘厳を旨としており、三五分程度で終わり、経費削減をしつつ一世一代の儀式を挙げられる、として地方寺院も取り組むべきと主張している。

なお、宝閣が中心となって作成した仏前結婚式を用いた例は後の『婦人雑誌』で二回登場する。一つは同誌二四巻二編（一九〇九年二月）掲載の「米国仏式結婚礼」[55]、もう一つは、二四巻一二編（同年一二月）掲載の「百田工学士仏式結婚」である。

前者は明治期に米国において仏前結婚式が行われていたことが分かる貴重な資料である（図2）。「米国仏式結婚礼（本紙口絵の解）」[56]によれば、新郎の増田寅三郎はオークランドで大商店を経営し、オークランド仏教会堂購入の際に金二五〇〇ドル（五〇〇〇円）を寄付した人物である。一方、新婦の永松くに子は、開教使の内田晃融《うちだこうゆう》（一八七六～一九六〇）と同郷同窓である永松工学士の娘であった。開教使の藤井黙乗《ふじいもくじょう》（生没年不明）と内田が司婚者となり、一九〇八年一一月二二日、宝閣の仏前結婚式例に倣い挙式した。午後六時開始、六時四五分終了。披露宴はア

図2　米国オークランドでの仏前結婚式（『婦人雑誌』24巻2編、1909年2月、16～17頁）

メリカンフォレスターホール、参加者約二〇〇名であった。

以後、浄土真宗の仏前結婚式公認については、一九二三（大正一二）年八月五日、立教開宗七〇〇周年に際し、浄土真宗各派が、真宗の教えや立場を明確にするために設立した「真宗各派協和会」（現・真宗教団連合）(57)の活動と関係している。真宗各派協和会では、近年増加傾向にあり、本山に照会もある仏前結婚式の方法について協議し、各派共通の仏前結婚式を同年九月の皇太子（後の昭和天皇）の成婚(58)を期として門徒出産児参詣の作法とともに制定した(59)。

浄土真宗の仏前結婚式に対する宗派の方針は、門信徒向け仏前結婚式を真宗各派共通のものとして制定し、僧侶の結婚式は各派で特徴を出すという点に特色がある。また、門信徒向けにすることで三三九度の儀礼を不飲酒戒の問題から回避し、式次第に組み込んでいることも工夫の一つである。明治期以前より妻帯を是認し、一八九〇年代から仏前結婚式に対して取り組んできた浄土真宗であったが、公認の動きは浄土宗より遅れ、さらに門信徒向けの式次第であった点は各派の主義主張が異なるためと考えられる。

第三項　曹洞宗

曹洞宗では、一九〇二（明治三五）年の来馬琢道の結婚式以降、曹洞宗第八代管長や總持寺独住四世を歴任した石川素童が仏前結婚式に対して賛同を示したことは、疋田精俊も指摘したように注目に値する。[60]

能登大本山總持寺焼失後、總持寺の京浜地区移転を先導し、本山より「總持寺中興」の称を授かるなど相当の実力者であった石川は、第六章第二節第四項で述べたように、峨山紹碩の五五〇年大遠忌に際して「曹洞宗結婚式作法」を発表した。発表の理由は一九二〇（大正九）年八月の『中央仏教』「家庭布教と仏式結婚」において表明され、差定は一九三二（昭和七）年刊行の『大円玄致禅師牧牛素童和尚語録』（別巻）に収録されている。

「家庭布教と仏式結婚」は、「曹洞宗管長石川素童」と役職を含めた著者名で発表された。その冒頭では、峨山の大遠忌記念に際して発表した「曹洞宗結婚式作法」が数十年前に作った草案であることや、旧案ではあるもののキリスト教や神道が結婚式を盛んに実施しているなかで仏教の結婚式を求める声も多く、傍観はできないという公表理由が述べられている。また、

> この前に行持軌範を出した時に、是非出すやうにと思つたが、若い人達が却てそれに反対したがために出さなかつたこともある。
>
> （石川素童「家庭布教と仏式結婚」〈『中央仏教』四巻八号、一九二〇年八月〉、二八頁）

と、おそらくは一九一八年六月改訂の『行持軌範』[61]に「曹洞宗結婚式作法」を収録しようと試みたが、「若い人達が却てそれに反対したがために」希望が叶わなかったと述べており、石川が若手よりも仏前結婚式に対して積極的

だったことがうかがえる。

さらに、キリスト教が結婚式に力を入れた布教をしており、教育分野への布教活動とともにその動向を脅威に感じていると述べ、自身は本山に関わる仕事が中心であって外への布教が思うようにできなかったが、寺にいれば結婚式を普及させていた、と結婚式による布教の重要性を訴えている。また、仏教者による結婚式は当初批判もあったが現在は法式も多数考案されており、喜ぶべきことと評したが、まだ十分ではないと指摘し、

もつとこれを盛んにして葬式や法事を遣るやうに、仏教信者の家では、必ず仏式結婚法で遣ると云ふやうにしたい。それをするのは若い人の努力である。それを遣つて貰ひたいがために八十の老翁たる老衲《わたし》が、取敢ず旧案を発表したことであつた。（同前、二九頁）

と、「若い人」たちの努力によって仏前結婚式を普及させてもらいたいという期待を込めて八〇歳の自分が「仏前結婚式作法」を発表したと述べている。不邪淫戒、不貪淫戒をもって家庭的・倫理的な教えを説く仏教にとって、仏前結婚式はあって然るべきであり、地方では嫁入り後に仏壇へお拝をするという習俗も見られ、先祖崇拝の観点からも仏前結婚式は有効であると石川は主張した。

以後も、駒澤大学初代学長・忽滑谷《ぬかりや》快天《かいてん》（一八六七〜一九三四）が仏前結婚式案を提示するなど[62]、浄土宗と同様に宗門内の有力者が仏前結婚式に対して賛同している。しかし、

仏教式結婚の奨励は実に伝道上の大運動である。之がシヤムのやうに出来れば此上もないと思ひ、力を注いで

居るがあまり多数の希望者が無い。併し偶々頼んで来る人は永く式師として因縁を結んで居る。

（来馬琢道『禅的体験　街頭の仏教』〈仏教社、一九三四年〉、五七七頁）

と、来馬が述べるように、仏前結婚式を希望する者は少なかった。あくまでも個人による推進であり、曹洞宗の仏前結婚式公認は、第二次世界大戦後の一九四七年一月の『曹洞宗報』一四三号「仏前結婚式の奨励＝寺院の積極的活用をのぞむ＝」掲載後からであった(63)。

以後、仏前結婚式は一九五〇年の『昭和改訂曹洞宗行持軌範』に採用される。宗門の公式儀礼書である『行持軌範』にまで採用されるに至った仏前結婚式であったが、一九六六年に『昭和訂補曹洞宗行持軌範』が編集されると仏前結婚式は削除対象となり(64)、時代の要請に応えるという方針で同年に刊行された『曹洞宗行持基準』に、梅花流のご詠歌とともに収録された。同書を基本として仏前結婚式用音楽テープを使用する際の案内書『ガイドノート仏前結婚式』が一九八一年に出版された。表2は、一九五〇年以降に出版された儀礼書に書かれた仏前結婚式の差定の比較である。文言の他に、「盃事」の変遷が興味深い。

盃事は、「別室」から「その他の式目」、そして「通常の式次第」へと扱いが変化している。戒律を重んじる立場の石川や来馬は結婚式に酒を用いなかった。しかし、時代とともに、曹洞宗においては盃事が受容されていく過程が理解できる。他方で、宗門の最高軌範である『行持軌範』から仏前結婚式を外し、「出家主義」との整合性を図り、教理との矛盾を回避したとも考えられる。

表2　戦後曹洞宗の仏前結婚式差定比較

	①『昭和改訂曹洞宗行持軌範』	②『曹洞宗行持基準』	③『ガイドノート仏前結婚式』
1	入場	来賓・親族着席（同様）	来賓・親族入堂着席（同様）
2	開式の辞	新郎新婦、媒酌人着席（同様）	新郎新婦、媒酌人着席（同様）
3	献香三拝	式師入堂（式師着席）	式師入堂（式師入場）
4	啓白文捧読	開式の辞（はじめのことば）	開式の辞（はじめのことば）
5	洒水灌頂	献香三拝（礼拝）	献香三拝（礼拝）
6	三帰礼文	啓白文奉読（結婚の疏）	啓白文奉読（結婚の疏）
7	誓約文	洒水灌頂（浄めの式）	洒水灌頂（浄めの式）
8	式師示訓	寿珠授与（睦みの式）	寿珠授与（睦みの式）
9	祝辞	三帰礼文唱和（帰依の唱え）	三帰礼文唱和（帰依の唱え）
10	四弘誓願文	新郎新婦誓約（誓いのことば）	盃事（さかづきごと）
11	閉式の辞	式師示訓（おさとし）	新郎新婦誓約（誓いのことば）
12	退場	祝寿端坐（寿ぎの黙想）	式師示訓（おさとし）
13	―	普回向（願いのことば）	祝寿端坐（寿ぎの黙想）
14	―	普同三拝（礼拝）	普回向、普同三拝（願いのことば、礼拝）
15	―	閉式の辞（むすびのことば）	閉式の辞（むすびのことば）
16	―	退堂（退席）	退堂（退席）

	備考	その他の式目	補足式目
1	三帰礼文の代りに、三帰戒、三聚浄戒等を授与するもよい。	献華	献華
2	式師の示訓の終つたところで先祖報告諷経（般若心経若くは修証義第五章行事報恩等）を行つてもよい。	献灯	献灯
3	奏楽を入れるならば入場の鼓三会より式師入場まで、並に灌頂及び退場の際之を奏する。仏教聖歌あらば式師入場し開式の辞の前に合唱する。	指輪の交換	指輪の交換
4	稚児あらば新郎新婦に従つて入場し、代つて献花する。献花の時期は「開式の辞」が終つた時にする。	授戒	授戒
5	盃事並に披露は別室にて行ふがよい。	盃事	先祖報告
6	―	先祖報告諷経	四弘誓願文唱和
7	―	来賓祝賀	―

【備考】 それぞれの出版年は、①一九五〇年、②一九六六年、③一九八一年。出典頁は、①三二一～三二三頁、②一四五～一四九頁、③九～一三頁。②③の括弧内は一般向けに表現を変えた新しい呼び方。

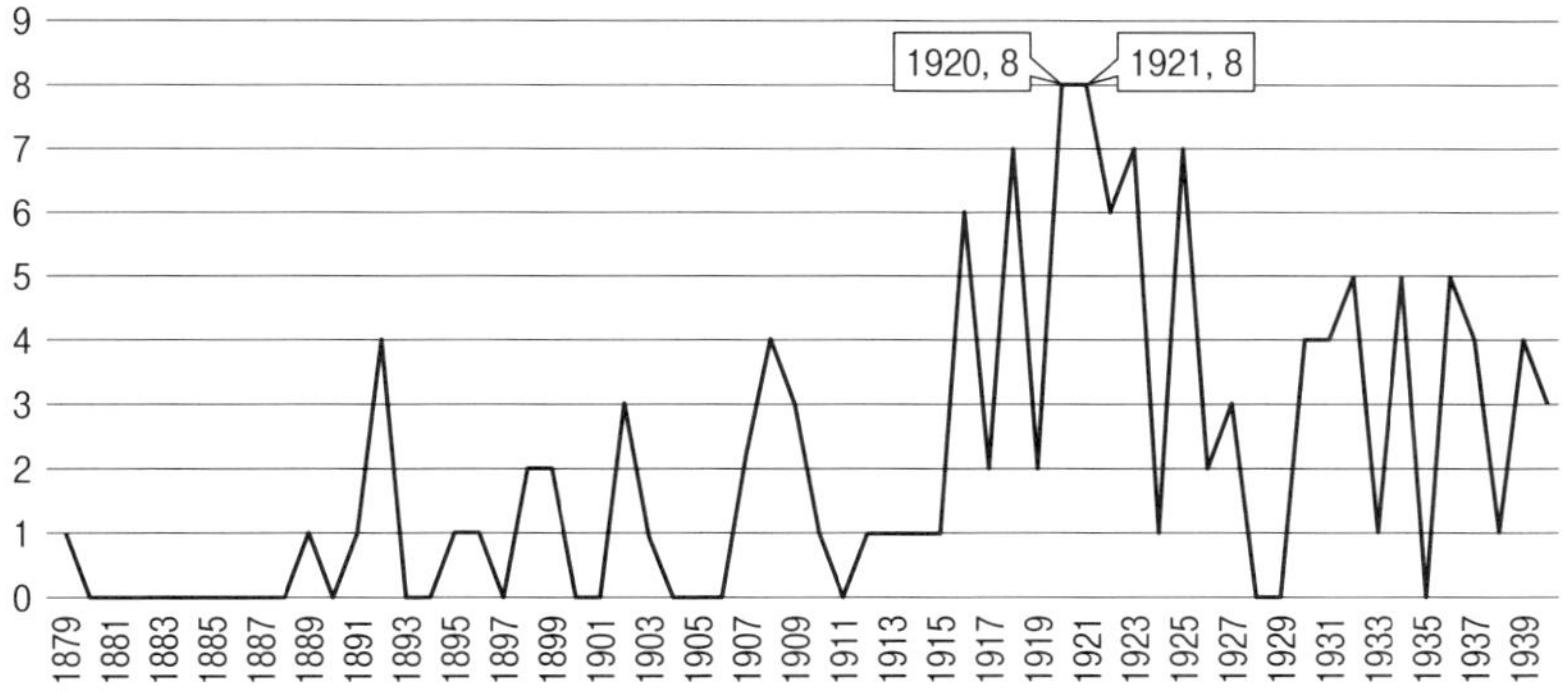

図３　仏前結婚式の推移（総数127）

第四節　神前結婚式との関係

前節では浄土宗・浄土真宗・曹洞宗の動向を見てきたが、図3が示すように、仏前結婚式が最盛期を迎えるのは一九二〇年代である。上記の三宗以外でも、日蓮宗では、一九二一（大正一〇）年二月一六日の日蓮聖人降誕七〇〇年に合わせて発行された北尾啓玉『日蓮宗法要式』に田中智学考案の「本化正婚式」を収録している。

各宗が仏前結婚式の形式を整えていったが、その背景には、特に東京を舞台に結婚式が認知されてきたことが影響している。

一九二五年一二月一日から一三日にわたって『読売新聞』に連載された「結婚式の挙げ方」という記事では、六種類の結婚式の内容が説明され、最後に値段が記述されている。取り上げられた式（括弧内は値段）は、日比谷大神宮の神前式（一五円から七〇円）、移動式の神前結婚式である永島式（一五円から五〇円）、キリスト教式（一〇円から三〇円）、築地本願寺の仏前式（二〇円から三〇円）、金光教結婚式（一〇円から二〇円）、山田耕筰発案音楽結婚式（五〇円）である。多種多様な式があり、大正期には結婚式が大衆に受け入れられていたことが読み取れる。

なかでも神前結婚式は、一九〇〇（明治三三）年の皇太子（後の大正天皇）と九条節子の婚儀が賢所《かしこどころ》で実施されたことを受けて積極的に行われるようになったが、神前結婚式の動向を『読売新聞』の記事から追ってみたい。一九〇五年一二月一九日の『読売新聞』には、海軍軍医総監であり、神前結婚式を推進していた高木《たかぎ》兼寛《かねひろ》（一八四九～一九二〇）の娘が神宮奉斎会で結婚式を挙げたことで、海軍軍人が結婚式を同所で行うことが多くなり、一日平均二組の申し込みがあると報じられている。(65) 続いて、同紙一九〇七年八月三日の記事では、一年のなかで最も婚姻の少ない月とされた七月にもかかわらず、日比谷大神宮（現・東京大神宮）での結婚式が四五組あったことが記載されている。(66) さらに一九二一年五月三日には、日比谷大神宮へ一日あたり二六、七組、四月は四八〇組（前年同月三二〇組）、五月は四〇〇組（前年同月三一〇組）の申し込みがあったという。(67) このように日比谷大神宮での神前結婚式が急激に普及していく状況下で、一九二〇年の増上寺の仏前結婚式に関する『浄土教報』の記事では、「例の日比谷大神宮等に於ける無意義なる儀式に比し冠婚葬祭総て仏式による徹底的信念の発露を喜び」(68) とあり、神前結婚式を「無意義」としている。しかしながら、仏教徒でも神前結婚式を利用したという以下の回顧談は興味深い。

山口県の浄土宗僧侶・吉原檍村は、信徒が東京において結婚式を挙げるというので、媒酌人として上京した。新郎新婦ともに仏教徒であったので、小石川伝通院の伝通会館や増上寺に照会していたが、挙式は乃木神社で行った。その理由を聞くと、新郎がこう答えたという。

御親切の御注意が、あつたけれど、洋服の準備が出来てゐるし仏式でやれば、又和服を作らねばならず、二重の費用である。和服で畳の上に、長く坐る事はとても青年に、耐へられないから神式で、やる事にしました。

表3　地域別仏前結婚式の実施数

地域	回数	地域	回数
東京	58	兵庫	1
神奈川	6	奈良	1
京都	6	山口	1
大阪	6	愛媛	1
ロンドン	4	オークランド	1
静岡	4	樺太	1
和歌山	3	京城	1
長野	2	台湾	1
岐阜	2	大連	1
三重	2	扶余	1
広島	2	北京	1
釜山	2	満州	1
秋田	1	不明	15
福井	1	合計	127
愛知	1		

表4　仏前結婚式実施者の属性

新郎		新婦	
属性	回数	属性	回数
僧侶	59	僧侶親族	22
信徒・居士	14	資産家	5
教師	6	高卒者	5
会社員	6	教師	4
資産家	6	医者関係	3
医者	4	信徒	3
実業家	4	軍人関係	1
軍人	4	商家	1
大学教授	2	芸術家	1
芸術家	2	その他	2
記者	2	不明	80
議員	1	合計	127
その他	17		
合計	127		

乃木神社は、何れの階級が、やつても、費用が同一であり、乃木さんは、あの様な人格者であり、又山口県人にとりては、ふさはしい。

（吉原櫨村「結婚に就て」〈『浄土教報』二〇六八号、一九三五年一月一日〉、二三頁）

吉原は、過去五度ほど結婚の世話をしたが、神式に列したのは今回が初めてだった。仏式は和装である点から忌避され、乃木希典の名を冠した神社は求心力もあった。そして費用の面でも神前結婚式は魅力的だったという。

表3が示すように、仏前結婚式は東京を中心としており、日比谷大神宮・明治神宮・乃木神社といった神社との競合があった。東京以外では、京都・大阪・神奈川といった都市中心であり、地方での実施が少ない。

また、高木の推進により、神前結婚式では軍人の利用が増加したことを先述したが、仏前結婚式は軍人の利用割合が低い。仏前・神前結婚式ともに、東京を中心とし、裕福な層が利用していたと考えられるが、表4に示すように神前結婚式に比して軍人の利用割合が低く、寺院関係者の割合が高いことが、仏前結婚式の特徴であった。第二章末で各宗合同儀礼の不統一感への不満を述べていたように、近代日本において軍人の動向は仏教儀礼に影響を与える。当初、島地黙雷は軍人に対して結婚式を実施していたが、仏教界全体では継続しなかったようだ。

おわりに

以上、本章で見たように、一八九〇年代、仏前結婚式の模範はキリスト教であり、在家同士の結婚式が中心であった。一九〇〇年代の来馬琢道の結婚式以後、僧侶の結婚式を含め、浄土宗を中心に各宗で積極的に実施されるようになる。

そして一九二〇年前後には、各宗で仏前結婚式の形式が整えられた。浄土宗では開宗七五〇年記念として、一九二二（大正一一）年の『浄土宗法式精要』に「仏教結婚式」が収録された。曹洞宗では、一九一九年の峨山五五〇年大遠忌に際して石川素童が「曹洞宗結婚式作法」を提示している。浄土真宗では、一九二三年の開宗七〇〇周年に際し、真宗各派協和会を設立し、後の昭和天皇の成婚に際して「門信徒用仏式結婚」を発表している。日蓮宗では一九二一年二月一六日の日蓮聖人降誕七〇〇年に合わせて発行された『日蓮宗法要式』に田中智学考案の「本化正婚式」を収録した。また、臨済宗妙心寺派の機関誌『正法輪』では、一九二二年三月に「大阪、京都、沼津の地方は仏式結婚流行」との記載がある[69]。これらの動向を反映して、最も早く宗派が公認した浄土宗を中心に、一九二〇年代の仏前結婚式実施数が最も多い。

このように一時盛り上がりを見せた仏前結婚式ではあったが、徐々に後退していくことになる。その主な要因を三点挙げ、本章の結論としたい。

一点目は、身体的イメージの不統一が挙げられる。明治後半には、妻帯に対しては許容する姿勢が見られるが、婚姻習俗である三三九度と不飲酒戒との関係などの問題があり、曖昧な対応が続いた。例えば、浄土宗では第二式に組み込む、別室で行うなど別の式として認識し、浄土真宗では在家への式には組み込むが、僧侶への式には盃事を外すなどの工夫をしていた。曹洞宗においては、戦前に個人によって考案された結婚式に盃事は組み込まれていなかったが、戦後に宗から出された儀礼書の変遷を辿れば、「別室」から「その他の式目」、そして「通常の式次第」へと扱いが変化している。結婚式＝盃事のイメージが強く、仏教教理を優先せず、習俗を取り入れた事例と言えるが、この点は同時に、仏前結婚式を推進する側にとって、どのような身体実践が結婚式の象徴であるかが、定まっていないことを示している。推進する僧侶の側で身体性の共有が難しいということは、結婚式を選択しようとする一般の人々にはさらに困難である。仏前結婚式の指す身体性がうまく統合されなかったことで実践への回路が作られず、一般の人々への普及が進まなかったため、僧侶関係者中心の儀礼となったと思われる。

二点目は、天皇の権威を利用した神前結婚式の存在である。神道側では、皇太子の結婚式に際して制定された「皇室婚嫁礼」を神前結婚式の正当性の根拠としている。

> 現に皇族《(ママ)》婚嫁令にぼ《(ママ)》　大婚以下皇族の婚嫁の大礼は賢所の大前で行はるゝことに定められてある。国民が其の産土神の社殿に於いて大礼を行ふのは寧ろ当然のことゝいふべきである。生誕、着袴等の祝日には参拝するといふ様な習慣もある以上は、結婚式を神社に於いてするといふことは、従来の慣習にも叶ふものである。神社は国家の公殿である以上は、単に冠婚の礼のみでなく、重なる礼儀は其の神聖な殿内に行うて、国礼殿の実を

挙ぐるが至当である。　（「結婚式と式場、神社と国礼殿」〈『國學院雑誌』八巻四号、一九〇二年四月〉、一一一頁）

神道界が主張したことは、皇族の婚儀が賢所で行われることを根拠に、生誕や着袴（七五三）の際に神社に詣でる「習慣」と神社での結婚式を結びつけている。この点は、第一章第三節第一項で触れた仏教界が葬儀を「習慣」であると主張し、大沢医学博士に対して「非常識」と非難したことと相似している。

また、タカシ・フジタニが指摘するように、明治後期の天皇の銀婚式、皇太子の結婚式を通じて、多くの日本人が神道式の儀式によって神聖化されたさまを見た、(70)という点も神前結婚式の普及を後押しした。すでに見てきたように、授戒会の際には天皇から禅師号を受けた貫首が全国を回り、遠忌の際の勅額・諡号の下賜、坐禅の推進にも国家政策が関わっており、天皇や国家の力が大きな影響力を持った。特に長い歴史を持たない仏前結婚式は、個人や宗派のみの推進では定着が難しかったと考えられる。

東京を中心とする結婚式市場では、増上寺が精力的に実施していたが、日比谷大神宮・明治神宮・乃木神社といった競合が多かった。第一章末で神葬祭の費用が高いという新聞記事を紹介したが、一九三四（昭和九）年に乃木神社で挙式した浄土宗信徒によれば、神式よりも仏式の結婚式費用が高いことが述べられている。葬儀では人々の実践に大きな影響を与えられなかった神道界は、結婚式という実践を定着させようと積極的な活動を行っていたのだろう。

そして三点目は、仏前結婚式の意図の多義性である。仏の前で夫婦の今後の幸せを誓う、といった面は結婚式の意義として適切なように思える。しかし、それ以外の目的も仏前結婚式に含まれていたのではないか。中村生雄《なかむらいくお》（一九四六～二〇一〇）の指摘をもとに考えてみよう。

中村は、雑誌『仏教』一七一号（一九〇一年五月）掲載の「梵妻に就て」という記事における「大黒《だいこく》」や「梵妻《ぼんさい》」と呼ばれた住職の妻の多くが寡婦か淫蕩な独身者であったといった後ろ向きなイメージを挙げている(71)。そして中村は、現代では「大黒」「梵妻」といった呼称が消滅し「お寺の奥さん」となった点を、「肉食妻帯」を堅持した真宗教団が「坊守《ぼうもり》」という呼称を維持していることと比較し、真宗以外の教団の「内容なき真宗化」「産業化」と評した(72)。本章は「肉食妻帯」の是非について深く論じるものではないが、寺院に嫁いだ妻のイメージが悪いものから良いものへ転換したという中村の指摘は経緯を含めて再考する必要がある。この点について本章第二節で論じた来馬琢道は、寺院住職の妻の悪評が連ねられた一年後の『仏教』で自らの結婚式を写真付きで紹介した。そして、そこで紹介された妻たつによれば、生命保険によって住職の死後、遺族が生活を保障されるという思想と、各寺院の相互扶助の観念が発達したことで、高等教育を受けた女子が寺院に嫁ぐようになったという(73)。前掲した表4（二八三頁）を再度確認すると、新郎・新婦ともに、僧侶や僧侶の娘といった寺院関係者の割合が高く、属性が明らかな新婦は、当時の高学歴者が多い。つまり、メディアで報じられた仏前結婚式に見られる寺院に嫁いだ新婦は、未就学児童の教育など社会活動にも積極的だった来馬たつ(74)のような「立派なお寺の奥さん」であったと思われる。

男性僧侶が社会的身分の高い女性と結婚式を挙げ、メディアで取り上げられることは、寺院住職の妻の後ろ向きなイメージの払拭につながる。そうした記事を読み、社会活動に積極的な女性が寺院に入り、寺院の運営が安定する、という循環を仏前結婚式は生み出していたという側面がある。こうした「寺院運営安定化の表象」という意図も含まれていた仏前結婚式は、「二人の門出を祝う」といった点に結婚式の意義を見出していた人々にとって利用しづらく、寺院関係者の利用が中心となり、普及が進まなかったのではないだろうか。

仏前結婚式の普及が進まない要因を三点挙げた。従来の研究では、「死」のイメージが優位に立っていたという抽象的な点が指摘されてきたが、本章では近代の仏前結婚式の事例を詳細に検討することによって、具体的な理由を提示した。なお、本章では論じられなかったが、筆者の調査した範囲では近代における尼僧の結婚式の事例はなかった。儀礼からジェンダーや寺族の問題[75]を検討する点は、現代の仏前結婚式の動向も含め今後の課題としたい。

註

（1）仏前結婚式の他にも同様の意を表すものとして「仏式結婚式」「仏教式結婚式」などの呼称がある。本章では原則として「仏前結婚式」という語を用いる。

（2）主婦の友社編『結婚のしきたりと常識事典』（主婦の友社、二〇〇六年）、六四～六五頁。宮田登『冠婚葬祭』（岩波新書、一九九九年）、一〇五～一〇七頁など。

（3）疋田精俊「仏式婚姻儀式について」（仏教民俗学会編『仏教と儀礼』国書刊行会、一九七七年）。のちに、疋田の単著『仏教社会学研究』（国書刊行会、一九九一年）に再録されている。

（4）疋田前掲註(3)「仏式婚姻儀式について」（一九七七年）、二八九頁。

（5）同前。

（6）西城宗隆「仏前結婚式の創出――明治期における教義と儀礼」（峰島旭雄先生傘寿記念論文集編集委員会編『「いのち」の流れ』〈北樹出版、二〇〇九年〉）、三三一～三四一頁。

（7）拙稿「明治の仏教者と仏前結婚式」（『駒澤大学大学院仏教学研究会年報』五〇号、二〇一七年）。

（8）代表的な成果にデューク大学のリチャード・ジャフィによるものがある。Jaffe, Richard M. *Neither Monk Nor Layman : Clerical Marriage in Modern Japanese Buddhism*, Princeton Princeton University Press, 2001.

（9）結婚式のアンケートを行っている株式会社リクルートマーケティングパートナーズによる『ゼクシィ結婚トレンド調査　二〇一三年　首都圏』、一一六頁によれば、仏前結婚式の選択者は全国で〇・三％となっている。結婚情報誌には仏前結婚式の情報が少ないことも影響していると考えられるが、過去二〇年ほど傾向は変わっていない。

(10) 石井研士『結婚式――幸せを創る儀式』（NHK出版、二〇〇五年）、一八一頁。
(11) 『朝日新聞』一八七九年一月二六日、二頁。
(12) 「仏式の婚礼」（『婦人教会雑誌』一七号、一八八九年七月）、二六頁。
(13) 田中智学演説、保坂麗山編録「仏教夫婦論」（『日蓮主義研究』一七号、一九九四年一一月）、二二頁。
(14) 藤井宣正は、一八五九年三月二日、越後光西寺の藤井宣界の次男として誕生した。一八歳で長岡中学に入学。のちに東京に出て島地黙雷のもとで仏典を学ぶ。一八八一年、本願寺の留学生として慶應義塾大学に入学。一八八四年、東京帝国大学予備門に転じた。一八八七年、同大学哲学科に入学し、一八九一年七月同科卒業、本願寺文学寮（現・龍谷大学）教授に就任し、宗門教育に尽力した。一九〇〇年九月、本願寺の命によりイギリスに渡り、教会制度、博物館でのインド美術等の調査を行う。一九〇二年、大谷光瑞のインド聖蹟調査に島地大等らと参加。調査隊と別れ、再びイギリスへの入国を試みるも船内で罹患し、一九〇三年に上陸したフランスのマルセイユで客死。享年四五。著書に『仏教小史』『現存日本大蔵経冠字目録』『愛楳全集』『仏教辞林』などがある。
(15) ほかにも、藤井宣正遺稿・島地大等編『愛楳全集』（鶏声堂書店、一九〇六年）、六八三～六八六頁、二葉憲香・福嶋寛隆編『島地黙雷全集　五巻』（本願寺出版部、一九七八年）、三六六～三六九頁に収録されている。
(16) 二葉憲香・福嶋寛隆編『島地黙雷全集　四巻』（本願寺出版部、一九七六年）、一五八～一六二頁に収録されている。
(17) 島地黙雷（雨田老衲名義）「仏式婚礼」（『三宝叢誌』一四二号、一八九六年一月）、四頁。
(18) 同前。
(19) 村上興匡は疋田精俊の説を踏襲し、一九〇二年の来馬琢道の仏前結婚式を活字資料に表れる最も早い例としている。そして、「島地の意見は、実際に仏式結婚式が行われるより四年ほど先んじている」（村上興匡「明治期仏教にみる「宗教」概念の形成と「慣習」――島地黙雷を中心に」〈島薗進・鶴岡賀雄編『〈宗教〉再考』［ぺりかん社、二〇〇四年］〉、二二〇頁）と、島地がいち早く仏前結婚式の普及を提唱したと評価しているが、すでに論じたように、島地は来馬の結婚式の一〇年前に藤井宣正の結婚式（一八九二年）の司婚者を務めている。

(20) 島地黙雷前掲註(17)「仏式婚礼」、五頁。
(21) 同前、五～六頁。
(22) 「仏式結婚」(『法之雨』一〇一編、一八九六年五月)、四〇～四一頁。
(23) 『法之雨』五八編、一八九二年一〇月、一～三頁。『婦人雑誌』五九号、一八九二年一二月、五～七頁。
(24) 『法之雨』五八編、一八九二年一〇月、三頁。
(25) 「来馬琢道師の仏教式結婚」(『東京朝日新聞』一九〇二年五月二九日)、朝刊七頁。
(26) 『仏教』は『能潤新報』として一八八五年九月創刊、一八八九年三月『仏教』に改題した(「『仏教』永続資金の募集」〈『仏教』一六三号、一九〇〇年七月〉、附録)。梶宝順が主幹を務め、仏教学会より発行していたが、一九〇一年五月の一七二号より来馬琢道主幹、日本仏教協会として発行事業を継承している(梶宝順「謝辞」〈『仏教』一七二号、一九〇一年五月〉、一〇九頁)。さらに、主幹は来馬のままだが、一九〇二年二月の一七九号から仏教社発行となっている。
(27) 来馬琢道『禅的体験　街頭の仏教』(仏教社、一九三四年)、四頁に写真が掲載され、同書五八三頁の「写真中の人名略表」に写真の解説が記載されている。
(28) 「禅僧妻帯の御披露」(『四明余霞』一七五号、一九〇二年七月)、一八～一九頁。
(29) 某翁談話、ＳＫ生筆記「仏教式婚儀に就て」(『仏教』一八巻八号〈通号一八六号〉、一九〇二年八月)、二九三～二九四頁。
(30) 「仏教徒の婚姻新式」(『福音新報』三六五号、一九〇二年六月)、四頁。
(31) 新婦・柿崎ゆう子と浅草寺境内の仏教青年伝道館にて一九一六年一一月二一日午後二時実施。『読売新聞』一九一六年一一月二〇日、朝刊四頁、同紙一一月二二日、朝刊四頁、および『東京朝日新聞』一九一七年一月二四日、朝刊四頁を参照のこと。
(32) 来馬琢道「仏教結婚式を普及せよ」(『中央仏教』一四巻一一号、一九三〇年一一月)、四〇～四五頁。
(33) 来馬琢道『禅門宝鑑　新版改訂一七版』(鴻盟社、一九五六年)、九五三～九六〇頁。「第一章　式の順序」「第二

章　偈文等の作例」の二部構成。

(34)　来馬前掲註(32)「仏教結婚式を普及せよ」、四一頁。

(35)　「明治・大正・昭和　三代仏教の回顧」(『大法輪』二三巻四号、一九五六年四月)、「同(続)」(『大法輪』二三巻五号、一九五六年五月)。椎尾弁匡・来馬琢道・小野清一郎・赤松月船による座談会の様子を編集したもの。

(36)　『大法輪』二三巻五号、一二二頁。

(37)　島地黙雷の古稀祝賀会の代表者兼幹事は、来馬琢道であった。島地黙雷上人古稀祝賀会編集『雨田古稀寿言集』(島地黙雷上人古稀祝賀会、一九一〇年)参照。

(38)　「仏教結婚式の始まりは」(『真世界』七巻七号、一九五六年七月)、一八頁。来馬の発言に対して「これは、明か《ママ》に訂正を必要とする」と述べている。

(39)　臨済宗も一三件と仏前結婚式の実施回数が多い。一九三七年に妙心寺派宗務本所教学部は、各地の問い合わせに答えるため、暫定的な仏前結婚式の作法を掲載している(「仏前結婚作法に就て」〈『正法輪』八七〇号、一九三七年一二月一日〉、二〜五頁)。

(40)　『仏教』一八巻九号(通号一八七号)、一九〇二年九月、三四〇頁。

(41)　梶宝順は三河国(現・愛知県)に生まれ、一八七八年に得度、浄土宗の僧侶となる。上京後、一八八五年に福田行誡を中心とする能潤会の機関誌『能潤新報』を西条公道らとはかって発行した。『能潤新報』は一八八九年に『仏教』と改題し、古河老川が主筆となり、梶はその経営にあたることになった。この雑誌は常に自由に教界の批評をなしていたので、当時仏教徒の進歩的な雑誌として定評があったという。なお、来馬は後に『仏教』の主幹を引き継いでいる(註(26)参照)。また梶は、一九〇八年三月に来馬とともに「仏教音楽会」を創立し、仏教唱歌の普及に努め、音楽布教の端緒を開いた人物であり、来馬との親交が深かった。さらに来馬と結婚式を挙げた妻・里見たつは浄土宗寺院の家庭に生まれており、個人レベルであるものの、曹洞宗と浄土宗は結婚式において協力関係にあった。

(42)　藤本了泰『浄土宗大年表』(山喜房佛書林、一九四一年〈修訂一九九四年〉)、八四二頁や、大橋俊雄『浄土宗近

代百年史年表』〈東洋文化出版、一九八七年〉、一五九頁には五月二三日との記載があるが、『正因縁』の現物を実際に確認した西城宗隆によれば、五月二二日が正しく〈西城「仏式結婚について」〈『布教研究所報』六号、一九八九年〉、九六頁〉、また、「仏教結婚式の発表」〈『浄土教報』七五二号、一九〇七年六月一七日、四頁〉に「客月廿二日春季大会に発表せられたり」との記述があり、五月二二日と見てよい。

(43) ハワイ仏教寺院の仏前結婚式を紹介するものの一つに、芳賀信孝「結婚の儀式」〈『警世新報』一三二号、一九〇七年一二月一五日〉、二〇〜二二頁にハワイのリフエ仏教会堂で行われた本願寺派の結婚式が紹介されている。

(44) 芝区桜川町の古沢京三郎と古沢あい、本所区徳右ヱ門町の佐々木文之助と古沢さくの二夫婦。「縁山に於ける仏教式結婚の嚆矢」〈『浄土教報』七七九号、一九〇七年一二月二三日〉、四頁。

(45) 三輪政一は、東洋大学上席幹事として同大学社会事業学科の設立に関わる。井上円了の追悼文集である『井上円了先生』〈東洋大学校友会、一九一九年〉の編集をしている。

(46) 堀尾貫務「仏式結婚に就いて」〈『中央仏教』四巻八号、一九二〇年八月〉、三一〜三四頁。

(47) 『読売新聞』一九二〇年一一月六日、朝刊四頁、同紙一一月一三日、朝刊四頁。

(48) 一九〇九年四月増上寺大殿が焼失、以来堀尾貫務は九〇の老齢を顧みず、「我れ必らず今生において再建せん」との悲願をもって、再建資金勧募のために東奔西走した。老体を顧みない努力の結果、一九二一年四月一二日上棟式を迎えたが、その夜より堀尾の容態が急変し、四月二五日、九四歳で示寂した〈大橋俊雄編『浄土宗仏家人名事典　近代篇』〈東洋文化出版、一九八一年〉、一五〇頁〉。

(49) 幼名末次。一九一二年中島観琇の弟子となり観道と改名、芝増上寺山内の鑑蓮社に寄寓した。一九一五年、浅草の山崎弁栄を訪ね宗教体験を披瀝して以来愛顧をうけ、一九一六年、山崎を芝学寮に迎えて居をともにし、山崎とともに伝道活動を行った。

(50) 岐阜光明会のホームページで閲覧可能。【Web】http://gifukoumyoukai.kiramori.net/02.html〈二〇二四年七月一〇日閲覧〉。式次第は、焼香、洒水、三拝、礼拝文、一拝、奉告文、頭上洒水、正因文、分花、供物、讃歌、点火、略懺悔文、三帰・三竟、正婚宣告、念珠授与、讃歌、献茶菓〈『ミオヤの光　第三巻』縮刷版〈ミオヤの光社、一九八九年）、三三五～三三九頁）。

(51) 千葉満定編『浄土宗法式精要』（浄土宗法式会、一九二二年）、一一九頁。

(52) 澁野明編『浄土宗法要儀式大観　覆刻版』（名著普及会、一九八七年）を参照した。

(53) 同前、二一五頁。

(54) 和歌山県有田郡湯浅の真宗寺院に生まれる。本願寺派大学林高等科（現・龍谷大学）卒業。日蓮宗大学（現・立正大学）講師や雑誌『警世』主幹、『真宗全書』の編纂主任を務める。著書に『霊魂論』など。一九三四年に六二歳で死去。同郷の南方熊楠《みなかたくまぐす》（一八六七～一九四一）との交流があった。

(55) この挙式は、「海外の仏式結婚」（『警世新報』一五六号、一九〇八年一二月一五日）、四六頁でも簡単に紹介されている。

(56)『婦人雑誌』二四巻二編、一九〇九年二月、一六～一七頁。

(57) 本願寺派・大谷派・高田派・仏光寺派・興正派・木辺派・出雲路派・誠照寺派・三門徒派・山元派の十派による組織。真宗十派とも呼ばれる。一九二三年八月の『宗報』二六二号、七頁「諭達」（真宗大谷派『宗報一二（シリーズ「宗報」等機関誌覆刻版二〇）』〈真宗大谷派宗務所出版部、一九九七年〉、五七九頁）に、設立の理念と当時の各派代表の名が掲載されている。

(58) 関東大震災のため翌年の一九二四年に結婚を延期した。

(59) 詳細は真宗大谷派『宗報』二六三号、一九二三年九月、一四～一六頁に「仏式結婚の作法」として掲載された（真宗大谷派前掲註(57)『宗報一二（シリーズ「宗報」等機関誌覆刻版二〇）』、六一二～六一四頁に収録）。

(60) 疋田前掲註(3)「仏式婚姻儀式について」（一九七七年）、二八〇～二八一頁。

(61) 曹洞宗儀礼の規定書である『行持軌範』の作成は一八八七年一一月の布達に始まり、森田悟由・北野元峰・鴻春倪の三師と書記の栗山泰音らを中心に検討され、一八八九年八月一五日に『明治校訂洞上行持軌範』として出版された。一九一八年の改訂では明治天皇の崩御に伴い、今上皇帝を今上天皇陛下と替える、朝課諷経に歴朝皇霊諷経を設ける、高祖（道元）、太祖（瑩山）の降誕会の追加、尊宿（高僧）葬儀法の追加などの改訂が行われた。詳細は曹洞宗宗務庁『『曹洞宗行持軌範』の改訂について』（曹洞宗宗務庁、一九八八年）、一～二頁参照のこと。
(62) 編集同人「仏式結婚――参考の為に掲ぐ」（『第一義』二七巻六号、一九二三年六月）、三〇～三四頁。成田大兆「忽滑谷快天博士式主の仏式結婚を見て」（『洞上公論』一一一号、一九三四年三月）、五～六頁に忽滑谷快天の考案した式次第が掲載されている。
(63) 深瀬俊路「儀礼の変遷と近代洞門」（『日本近代仏教史研究』四号、一九九七年）、三三頁。
(64) 仏前結婚式の普及に積極的であった小松原国乗は一九六三年、来馬琢道は一九六四年に遷化しており、推進派がいなくなったことも削除の原因と考えられる。
(65) 「神宮奉斎会の繁昌」（『読売新聞』一九〇五年一二月一九日）、朝刊三頁。
(66) 「神宮奉斎会に於ける結婚式」（『読売新聞』一九〇七年八月三日）、朝刊三頁。
(67) 「結婚激増　一日廿六組の日比谷大神宮」（『読売新聞』一九二一年五月三日）、朝刊四頁。
(68) 「増上寺と仏式結婚」（『浄土教報』一四三八号、一九二〇年一一月一二日）、八頁。
(69) 「仏徒結婚式」（『正法輪』五〇〇号、一九二二年三月一五日）、一七～一八頁。
(70) フジタニ・タカシ著、米山リサ訳『天皇のページェント――近代日本の歴史民族誌から』（NHK出版、一九九四年）、一二〇頁。
(71) 中村生雄『肉食妻帯考――日本仏教の発生』（青土社、二〇一一年）、一三五・一六四～一六五頁。同書では「梵妻に就て」の掲載が「明治三五年」となっているが、現物を確認したところ一九〇一（明治三四）年が正しい。なお、同記事には悪評だけでなく、養蚕・機織・裁縫をして貯蓄をする「大黒」、女子師範学校出身で小学校の教師としてつとめ、裁縫の私塾を開いている監獄布教師の「妻君」、キリスト教学校出身で宗教的家庭を築く東海道筋の有名な禅僧の「妻君」など、「立派な奥さん」の事例も掲載されている（一〇六頁）。
(72) 同前、一六六～一六八頁。
(73) 来馬たつ「明治仏教と婦人運動」（『現代仏教』一〇五号、一九三三年七月）、二六三頁。
(74) 来馬琢道「来馬琢道の家族」（来馬前掲註(27)『禅的体験　街頭の仏教』）、五三九頁。来馬たつの音楽活動については、山内弾正「明治期における宗門音楽教化について――仏教音楽会と正則音楽講習所の関係を中心に」(『宗学研究紀要』三六号、二〇二三年三月)、二一～三三頁を参照のこと。

(75)　近年では、川橋範子『妻帯仏教の民族誌――ジェンダー宗教学からのアプローチ』(人文書院、二〇一二年)、丹羽宣子『〈僧侶らしさ〉と〈女性らしさ〉の宗教社会学――日蓮宗女性僧侶の事例から』(晃洋書房、二〇一九年)、那須英勝・本多彩・碧海寿広編『現代日本の仏教と女性――文化の越境とジェンダー』(法藏館、二〇一九年)など、現代の事例を中心としたジェンダーと仏教の研究が見られる。

補論　近代仏教資料の整備史

急速に発展している二〇〇〇年代以降の近代仏教研究に関する研究動向のレビューはあるものの、資料整備の動向を明示しているものは少ない。この補論は本書の手法に関わるもので、仏教系雑誌に関する目録・目次・復刻版・データベースなどの資料整備の動向を検討する。

関東大震災後、散逸への危機意識から仏教系雑誌の「保存」に目が向けられ、特定の人物の思想解明のために「利用」される時代を経て、人物以外の実践研究へも「活用」されるに至る経緯を明らかにする。新型コロナウイルスの流行によるリモートワーク普及など、あらゆる分野で電子化が進み、近代仏教研究にも大きな影響を与えている。本補論は、急速に発展する資料整備の現時点での動向を記録する目的も併せ持つ。

はじめに

近代に実施された仏教儀礼を検討する場合、参与観察や参加者との対話によって儀礼を解釈することは難しく、テキストから儀礼を復元する作業が必要となる。その際参考となる『仏教儀礼辞典』（東京堂出版、一九七七年・新装版二〇〇一年）は、儀礼の概説と儀礼書をもとにした各宗派の式次第が資料として掲載されており、大変有益だが、一定の規律性や形式を保持した儀礼を中心としている。それのみでは、国家政策やキリスト教の動向、対外戦争といった国内外の情勢に左右されつつ実施・創出・改編、または自粛される近代仏教儀礼の可変性や、民衆の反応を捉えきれないと考えている筆者は、同時代の情報を即時に反映する仏教系雑誌を主たる資料としている。近代を研究する者ならば誰しもが抱える悩みと思われるが、膨大な資料のなかから、テーマに合ったものを探し出すことは、多大な時間と労力を要す。しかしながら、目録・目次・復刻版・データベースなどの利用によって、関連記事の効率よい蒐集が可能となる。例えば、データベースを利用し、「葬儀」「施餓鬼」「結婚式」といったキーワード検索から抽出された情報をもとに文献複写を依頼し、各地の大学図書館から記事を取り寄せる手法は、過去とは比べられないほどのコストの節約を実現し、筆者の儀礼研究を支えている。

かつてマルク・ブロックは、「文書館や図書館の目録、博物館のカタログ、あらゆる種類の文献目録といった案内」が困難な資料蒐集の助けとなることを述べた(1)。先述の手法はデータベースなどの「案内」が存在しない場合不可能であり、逆説的にいえば、「近代仏教研究の手法や主題は「案内」の発展に左右されるのではないか」という問いが本補論のテーマである。その問いを考えるにあたって、仏教系雑誌に関する研究・目録・目次・復刻版・電子版・データベースを事例として挙げる。これらは、「近・現代における仏教とメディア」研究の対象とされるため、まず、現在の研究動向と課題を把握したい。

この分野は未開拓の領域とされていたが、大谷栄一を代表とする「近代宗教のアーカイヴ構築のための基礎研究」（科研基盤研究（B）、課題番号二三三二〇〇二一、二〇一一～一四年度）以降、進展が見られる。同研究の報告が日本宗教学会のパネル発表で二度実施され[2]、参加メンバーも多く関わった入門書『近代仏教スタディーズ――仏教からみたもうひとつの近代』（法藏館、二〇一六年・増補改訂二〇二三年）第三章第三節には「メディアを活用する」として、岡田正彦の総説、引野亨輔による明治期仏教書出版の推移、坂本慎一によるラジオと仏教の関係性、の各項目が収録されている[3]。

これらの研究は概ね二点に集約され、仏教書・仏教系雑誌などの出版メディアの数量的把握の更新、および近代における多様なメディア（演説・結社・ラジオなど）の役割と仏教の関係に着目している[4]。本補論は前者と同様に仏教系雑誌を扱うものであるが、それ自体ではなく、大谷が更新を望むと言及した[5]、安食文雄『二〇世紀の仏教メディア発掘』（鳥影社、二〇〇二年）の第二章「追跡「近現代仏教資料蒐集事業」」の内容を意識する。同章では、資料蒐集に便利な目録・資料集や、諸氏の研究が挙げられている。しかし、著書・論文の羅列となっており、資料整備の変遷が不透明である点、二〇〇〇年代以降の動向が記載されていない点が課題とされ、その二点を補いたい。

本補論ではまず、歴史学の史料論[6]を参考にしつつ、吉田久一の記述を手がかりに、近代仏教資料を扱う上での困難と仏教系雑誌の資料的意義を論じる。次に、戦前の研究動向として関東大震災後の資料保全の体系化を中心に扱う。続いて戦後の動向として、龍谷大学の取り組みと、一九八〇年代以降の記事内容へと目を向ける資料集の刊行、一般新聞に関する復刻版とデータベースの発展を紹介する。最後に、電子媒体による雑誌復刻、インターネット上の閲覧・検索・目次など、電子化と近代仏教の関係を論ずる。まとめとして、本補論で挙げた事例から仏教系雑誌に関する資料の特徴を時代ごとに区分し、近代仏教研究との関連性を指摘する。そして、資料の整備状況から課題を挙げ、今後の近代仏教儀礼研究へとつながる可能性に言及したい。なお、本書に関連する調査法がある場合は随時紹介していく。

第一節　近代仏教資料の困難

林淳は、近代宗教史を回顧した研究史が少ない理由として、仏教史でも神道史でも、古代・中世に黄金期があり、近代はそれにあたるものがない点、近代史を対象とした歴史学では、政治・経済が優先され、宗教はほとんど取り扱われていない点、を挙げている(7)。これらの理由は近代資料の特徴を捉えることでより明確になる。日本近代仏教史研究の基礎を築いた吉田久一の資料解釈を参考にしてみたい。

近代史では、すべての問題が日本全国に波及する性質上、中央・地方の両史料を参照しながら立論しなければならないし、また、未整理のまま放置された玉石混淆の雑史料のジャングルの中から、その信憑性のあるものを発見するだけでも容易でない。さらにこれとは逆に、近代史料軽視のために、史料保存の点からいえば、かえって近世史などよりも危険な状態にあり、史料の発見が困難であることも、研究者のひとしく痛感するところである。一種類の雑誌だけでも、東京と京都をつなぐという風にしなければ、研究が不可能なことは誰しも経験するところである。これは、近代仏教史のような未開拓の分野に特に著しいことはいうまでもない。

（吉田久一『日本近代仏教史研究』〈吉川弘文館、一九五九年〉、四頁）

日本近代仏教史研究の記念碑的作品とされる(8)『日本近代仏教史研究』の序文で吉田は、近代資料を「玉石混淆の雑史料のジャングル」と表し、信憑性のある資料を発見する困難さに言及した。それでも吉田は「史料第一主義」

を掲げ、厖大な資料蒐集をもとに近代仏教史を描いた。まさに、「足で稼ぐ」手法のようで、頻繁に利用した調査場所として、「東京大学法学部明治新聞雑誌文庫・同大学文学部史料編纂所・慶應・早稲田・國學院・駒澤・立正・大正・東洋・大谷・龍谷・花園・東京神学・立教・青山学院・明治学院・東京女子・同志社・神戸女学院・日本社会事業などの各大学図書館や研究室、国会図書館・同憲政史料室、成田図書館、各県図書館、個人所蔵文献」(9)を挙げ、司書や協力者と連携しつつ、蒐集を進めたようである。

五年後に刊行された、近代仏教研究の基礎をなすもう一方の著作『日本近代仏教社会史研究』においても資料に対する意見が見られる。

本著で最も時間をかけたのは史料である。無論可能なかぎり各地で臨地調査を行って、基本的な文書や記録の発見に努めた。しかし特定の政治問題やすぐれた思想家の伝記と異なって、はじめから文書保存の意志がなかったり、あるいは保存に留意しなかったり、また累次の災害等で焼失したりして、文書や記録の調査には限界があった。しかし幸なことには、明治期に発刊された仏教関係の雑誌新聞（新聞は僅かであるが）の数は、明治史の各分野でも最も多く、判明しているだけでも七百種に余る。そして一般の新聞雑誌と異なって、各教団の機関誌も多く、公文書である宗報その他を掲載しているから、基本史料となり得るものである。無論教団の機関誌である以上、その論説や思想等に護教的態度が現われるのは避けられないが、その点を注意すれば基礎史料に使用できる。

（吉田久一『日本近代仏教社会史研究』〈吉川弘文館、一九六四年〉、八頁）

歴史学において「史料」は文書・記録・編著に分類される(10)。ここで吉田は近代仏教関連の文書・記録に関しては保存が適切になされていない点と、政治思想や一部の有名な政治家に偏る傾向がある点を指摘している。これらの点に関して、歴史学者の丹羽邦男によれば、近代史料は「量的にも質的にも制約された私的史料」と「統一された様式を備えた厖大な官庁史料」から成り立つという。また丹羽は、各地の家が所蔵する史資料や日記であっても、戸長・区長・村長等々の公職の立場からの記述に終始しているものが極めて多いと述べた上で、「このような、公的史料の優越こそ、わが国近代史料の特色にほかならない。そして、近代における公的史料とは、先進資本主義国の行政組織・行政執行法を摂取して作りあげた中央集権的な絶対主義官僚制によって産出されるものであり、近世史料とは明らかに断絶している(11)」と、「公的史料の優越」を近代史料の特質として挙げている。

他方、保存に関して、関東大震災直後の一九二三（大正一二）年九月一八日、駒澤大学図書館「図書館誌」の記述によれば、「古雑誌、新聞、官報及試験用紙等の反古全部を売却す、眼蔵等の板木を運出、之にて書庫の品は悉く搬出し終る(12)」と、『正法眼蔵』などの板木を優先して保護し、当時の古雑誌・新聞などは売却したという。この事例では、震災後のトリアージのなかで、近代の雑誌は優先順位の低いものとなっていた。

これらの「公的史料の優越」と「近代資料の軽視」によって吉田は、調査の限界を感じたと思われる。しかし吉田は、優先的に保存されなかったとはいえ、明治史のなかでも最も多い仏教系雑誌に対して、活路を見出したのであった。その背景には、戦前の資料保全の取り組みがあった。

第二節　戦前の動向

日本近代仏教史を専門とする中西直樹によれば、明治仏教の資料や記録を残す試みとして最も早いものは、一八九五（明治二八）年、雑誌『仏教』（仏教学会）に掲載された「明治仏教史料」欄であるという。[13] 同欄は、「明治仏教」を歴史的に捉える端緒をなしたが、六カ月の連載で終了した。以後も明治時代は継続し、一区切りの時代として捉えることが難しく、対外戦争もあったことから、国内の資料整備に目を向けた仏教界の試みは少なかったと言える。その状況を大きく変えたのは、関東大震災以後の資料散逸に対する危機意識であった。

一九二三（大正一二）年九月、東京帝国大学法学部教授の吉野作造や、尾佐竹猛・石井研堂・宮武外骨らによって「明治文化研究会」が設立された。同会は関東大震災による明治期の新聞雑誌の散逸状況を憂え、明治文化および明治期活字資料の発掘を行うとともに、新聞雑誌保存館の必要性を唱えた。一九二六年一〇月、上記の構想に賛同した宮武外骨の友人で博報堂の創業者・瀬木博尚が一五万円の寄付金を東京帝国大学に提供、吉野作造・中田薫・穂積重遠ら諸教授協力のもと、「明治新聞雑誌文庫」が法学部に付置されることが決定した。同文庫は、一九二九（昭和四）年一一月に現在地である同大学史料編纂所地階に移転し、翌年七月に『東天紅　東京帝国大学法学部　明治新聞雑誌文庫所蔵目録　全』が刊行され、続篇（一九三五年）、三篇（一九四一年）と三冊の目録が戦前に出されている。なお、続篇の附録「蔵品分類表」によれば、仏教系雑誌は二三二種を数える。

震災後の大きな成果として、辻善之助・村上専精・鷲尾順敬編『明治維新神仏分離史料』（東方書店、一九二六～二九年）の刊行が挙げられる。林淳が指摘するように、明治時代資料の散逸を恐れて資料蒐集にあたった成果であった。[14] また、最初期の目録として、一九二八年三月の雑誌『現代仏教』四七号に、藤井草宣主査・近藤信夫助手「日本仏教関係新聞雑誌総目録」が掲載されている。同目録は、新聞・雑誌を「仏教」「宗教」「其他」に大分類し、仏教の項目ではさらに仏教一般と宗派ごとに新聞・雑誌を分類しており、宗派別に雑誌を検討する際に役立つ。

一九三〇年代は近代仏教メディア史研究の黎明期とされ、[15] 多くの成果が見られる。研究史としてよく挙げられる四名の論文を確認したい。①禿氏祐祥《とくしゆうしよう》「仏教雑誌新聞年表」(『龍谷大学論叢』二九三号、一九三〇年)、「明治仏教と出版事業」(『現代仏教』一〇五号、一九三三年)。②徳重浅吉《とくしげあさきち》「明治仏教研究資料論」(『宗教研究』新一〇巻一号、一九三三年)。③上坂倉次《こうさかくらじ》「明治の仏教新聞」(『仏教』〈全日本真理運動本部〉一巻七号、一九三五年)、「明治文化史上の宗教新聞雑誌」(『歴史公論』四巻一一号、一九三五年)、「明治仏教雑誌発達史」(『宗教研究』新一二巻六号、一九三五年)。④中野晴介《なかのはれすけ》「明治仏教史上に於ける新聞雑誌」(『書物展望』七六号、一九三七年)。これらの研究はおおむね、号数の多い『明教新誌』『通俗仏教新聞』など主要な新聞・雑誌の紹介と、創刊年序による変遷、発行地域による分類などを行っている。

他方、同年代には、雑誌のなかから仏教論文を分類収録した目録も刊行されている。大正大学教授の加藤精神(真言宗豊山派)を中心とする「仏典研究会」によって編纂された『仏教論文総目録』(潮書房、一九三一年)は、約一〇〇種の雑誌から一万二〇〇〇あまりの論文を採録している。また、龍谷大学図書館編『仏教学関係雑誌論文分類目録　明治初期~昭和五年』(百華苑、一九三一年・復刻版一九七三年)には、二〇〇種以上の新聞・雑誌から、題目数約一万六〇〇〇の論文が分類掲載されている。なお、儀礼に関して前者では「第八篇教団　一行事」、後者では「仏教乃部五　故実法式」に盂蘭盆や葬儀に関する論文名の記載がある。

一九三〇年代の相次ぐ研究の到達点と言えるものが、一九三四年に出版された『明治年間仏教関係新聞雑誌目録』である。一九三〇年頃、フランス留学中の友松円諦《ともまつえんたい》(一八九五~一九七三)が、恩師のシルヴァン・レヴィ(一八六三~一九三五)に「いまのうちに明治仏教史料を集めて置くように」との助言を受けたことに端を発し[16]、東京銀座に開設された明治仏教史編纂所の事業の一部として刊行された。新聞・雑誌に関する論文を多く執筆していた上坂倉治や禿氏祐祥ら東西の研究者が会議を重ねて編纂された同書は、七六六種(継続紙・誌を除くと五七七種)の仏教系雑誌のデータを記載している[17]。なお、明治仏教史編纂所の蔵書は一九八三年に宗教法人神田寺から慶應義塾大学の斯道文庫に寄託され、現在も利用可能である[18]。

以上、関東大震災後を中心に、戦前の動向を検証した。仏教関係では明治仏教史編纂所の『明治年間仏教関係新聞雑誌目録』の成果が注目される。戦前の成果は「明治仏教」を対象としている点[19]と、新聞・雑誌の保存と把握が中心であり、記事内容に目を向けたものは少ないことが特徴と言える。

第三節　戦後の動向

第一項　龍谷大学の取り組み

龍谷大学は、前節で紹介した論文目録をはじめ、戦後も仏教系雑誌に関する資料作成に関して他大学をリードしており、現在も精力的に活動している。

龍谷大学図書館編『仏教学関係雑誌論文分類目録Ⅱ　昭和六年～昭和三〇年』（百華苑、一九六一年・復刻版一九八六年）は、一九三一（昭和六）年の目録の続編を企画し、一九五五年四月に発足した編集委員会のもと、六年後に刊行された。「空襲警報のうなりを耳にし、もゆる戦火を目にしながら、仔々として専門の研究に精進した数多き学者の存在を忘れてはならない。恐らく本目録のうちには、参考とすべき図書ばかりか、一枚の原稿用紙すら容易に入手出来ず、文字通り血の出る思いで書きあげられた、かずかずの論文が収録されているのであろう」[20]と、当時の龍谷大学学長・増山顕珠《ますやまけんじゅ》は、戦時中の研究を収録した本目録の意義を強く主張している。以後も大学院生を中心に目録作成は継続しており、龍谷大学仏教学研究室編『仏教学関係雑誌論文分類目録Ⅲ　付国公立篇　昭和三一

年一月~昭和四四年一二月』（永田文昌堂、一九七二年・増補版一九八六年）、同『仏教学関係雑誌論文分類目録Ⅳ　昭和四五年一月~昭和五八年一二月』（永田文昌堂、一九八六年）という成果がある。

『目録Ⅲ』と『目録Ⅳ』の間には私立大学仏教図書館協会編『仏教関係雑誌所在目録　昭和五〇年三月末現在』（私立大学仏教図書館協会、一九七八年）が刊行された。同目録は、仏教図書館協会に所属する一三の大学図書館（西は愛知学院・大谷・京都女子・光華女子・高野山・種智院・花園・佛教・龍谷、東は駒澤・大正・東洋・立正）の仏教系雑誌所蔵先をまとめたものであり、龍谷大学が一任され編集している。このように、仏教系雑誌に収録された論文や、所蔵先に関する目録作りは龍谷大学がリードし、多大な功績をなしてきた。しかしながら、一九八六年発行『目録Ⅳ』の冒頭で、「全くの手仕事による、また、限られた年限間の情報のみを含む本目録のごとき印刷目録の刊行は、あるいは、これが最後となるかも知れない[21]」と述べた井《い》ノ《の》口《くち》泰《たい》淳《じゅん》の予想が的中し、続編は刊行されていない。コンピュータの発達に伴うＯＰＡＣ（Online Public Access Catalog）の導入により、印刷目録の役割は取って代わられたとも言えるが、目録以外でも龍谷大学の仏教系雑誌に関する積極的な姿勢は現在も継続している。

例えば、龍谷大学アジア仏教文化研究センター（ＢＡＲＣ）のグループ1ユニットＢ「近代日本仏教と国際社会」[22]や同大学仏教文化研究所の常設研究[23]「明治期仏教雑誌の研究」（二〇一四~一六年）の活動によって、近年では個別の雑誌に注目した研究が続々と刊行された。

前者に関して、中西直樹・吉永進一監修『海外仏教事情・*THE BIJOU OF ASIA*（亜細亜之宝珠）復刻版』（三人社、二〇一四~一五年）と、その解説論文・総目次を付した同編著『仏教国際ネットワークの源流――海外宣教会（一八八八年~一八九三年）の光と影』（三人社、二〇一五年）や、復刻・翻刻資料を収録した中西直樹・那須英勝・嵩満也編著『仏教英書伝道のあけぼの』（法藏館、二〇一八年）、中西直樹・川口淳編著『欧米之仏教　復刻版』

（三人社、二〇一九年）が刊行され、英文雑誌などを中心に海外布教の動向を検証している。

後者の活動では赤松徹眞主任のもと、龍谷大学図書館所蔵の仏教系雑誌のなかから重要度の高いものを選定し、蒐集や目次の整備、復刻版の発刊などを行っている。紀要に掲載された中間報告(24)を皮切りに、中西直樹編・解題『雑誌『國教』と九州真宗　編集復刻版全三巻、別巻解題・総目次・索引』（不二出版、二〇一六年）、中西直樹・近藤俊太郎監修『令知会《りょうちかい》雑誌　復刻版』（不二出版、二〇一七年）、その解説論文を収録した同編著『令知会と明治仏教』（不二出版、二〇一七年）が出版された。続いて、「〔シリーズ〕近代日本の仏教ジャーナリズム第一巻」として赤松徹眞編著『『反省会雑誌』とその周辺』（法藏館、二〇一八年）が上梓された。同書は、『中央公論』の前身となった『反省会雑誌』、および『伝道会雑誌』『海外仏教事情』『令知会雑誌』『國教』『九州仏教軍』の解説論文と総目次を収録しており、資料集としても有益である。次にシリーズ第二巻として、岩田真美・中西直樹編著『仏教婦人雑誌の創刊』（法藏館、二〇一九年）が刊行され、『婦人教会雑誌』『婦人教育雑誌』『婦人世界』『北陸婦人教会雑誌』『道之友』『心の鏡』『姫路城北女教会雑誌』『をしへ草（姫路女教会々誌）』『智慧之光』『防長婦人相愛会誌』の総目次、『心の鏡』第一号（一八九〇年七月）、『相愛女学校規則』『相愛女学校設置方法書』（一八八八年三月）、『京都婦人教会規約』（一八九二年四月）の復刻が掲載されている。

さらに、シリーズ第三巻として中西直樹著『真宗女性教化雑誌の諸相』（法藏館、二〇二一年）が刊行された。同書は、全六章の論文から構成される第一部と、シリーズ第二巻に収録されていた『婦人教会雑誌』の改題である『婦人雑誌』の総目次（第五一号〜第三八二号）である第二部から成る。同書は、「龍谷大学ジェンダーと宗教研究センター」の叢書第一巻でもあり、仏教系雑誌研究とジェンダー研究を架橋する成果である。また、同プロジェクトと関連して、岩田真美・中西直樹編『近代真宗「女性教化」資料集成』（三人社、二〇二〇〜二一年）が刊行されている。

浄土真宗本願寺派を母体とする龍谷大学の取り組み以外にも、真宗大谷派関連では、『精神界』（法藏館、一九八六年）、『宗報』（真宗大谷派宗務所出版部、一九九二～九七年）、『救済』（不二出版、二〇〇一年）、『教界時言《じげん》』（不二出版、二〇一八年）、『高輪学報』（三人社、二〇一八～一九年）の復刻版が刊行されている。他方、「明治期女性雑誌集成　四」として、本願寺派を中心とする仏教婦人団体の機関誌『婦人教会雑誌』（柏書房、二〇一七年）が谷川穣《たにがわゆたか》監修のもと復刻されており、仏教系雑誌の研究、復刻版出版は浄土真宗関連の成果が著しい。

そのようななか、曹洞宗では、川口高風《かわぐちこうふう》が『明教新誌』から曹洞宗関係記事、『日出国新聞《やまと》』『能仁新報』から仏教関係記事を抽出し、[26] 熊本英人《くまもとえいにん》が『宗教時報』『洞上公論』から、複数回にわたって曹洞宗関係記事の採録・分類を行った。[27] いずれも貴重な成果だが単著論文であり、異なる研究者による解説論文などはまとめられていない。龍谷大学のプロジェクトのように、紀要論文で中間報告を行い、複数研究者による解説や復刻版の発行といったような重層的な研究が期待される。

「信仰」を重んじる浄土真宗は儀礼に関して積極的ではないとされるが、第七章で論じたように、島地黙雷・藤井宣正・井上円了らが仏前結婚式の制定に関与しており、『婦人教会雑誌』や『救済』に関連記事が掲載されている。復刻版の資料から記事を集めれば、真宗の儀礼論構築も検討の余地がある。

第二項　仏教系雑誌の活用

龍谷大学の最新の研究は、雑報や彙報記事の目次も含み、雑誌全体の内容を中心とした研究にシフトしている。保全や総量把握から、記事内容へ目を向ける兆しが現れたのが、一九八三（昭和五八）年の雑誌別逐号内容目録、国書刊行会編『仏教学関係雑誌文献総覧』の刊行である。仏教系雑誌のうち主要な二八八誌を収録しており、大学紀要も多く含まれているが、『加持世界』『現代仏教』『達磨禅』などの専門雑誌も採録されている。彙報や随筆などは割愛されている点に注意を要するものの、雑誌を中心とする研究の先駆けといえる。

また、『明治仏教思想資料集成』（同朋舎出版、一九八〇～八六年）は、全七巻の本編には原則として単行本が収録されているが、「新聞・雑誌を欠落しては、流動的であった明治仏教思想の実体を、具体的なかたちとして把握することは、恐らく困難であろう」(28)という理念を掲げ、別巻五冊に新聞・雑誌を収録している。対象は『教義新聞』『報四叢談』『仏教演説集誌』『共存雑誌』『興隆雑誌』であり、解題には総目次も記載され、記事の検索に役立つ。

全体量の把握から記事内容にも着目する視点の変遷は、「明治新聞雑誌文庫」の資料刊行からも読み取れる。創立五〇周年を機に、東京大学出版会から一九七七年（新聞）、一九七九年（雑誌）、一九八三年（図書・資料類）の三度にわたって刊行された諸目録は、戦前に出版された『東天紅目録』の更新であったが、一九九三～九八年に刊行された『東京大学法学部附属明治新聞雑誌文庫所蔵雑誌目次総覧』（以下『総覧』）は、雑誌内容にも目を向けた資料集である。全一五〇巻、二五回配本におよぶ『総覧』は、明治新聞雑誌文庫に所蔵された雑誌のなかから、利用頻度が高く、同文庫の特色を表す雑誌を中心として、目次ページを分野別に復刻収録したものである。出版元である大空社の商品紹介では「調査研究効率の大躍進！」とあり、(29)『総覧』の利用は、記事を読む時間の増加につながる。三一〇・三一一頁の表1に、『総覧』収録の宗教雑誌一覧をまとめた。なお、宗教関係の著者名索引が『総覧』一四六巻に収録されている。

さらに、丸善雄松堂が提供するMaruzen eBook Libraryでも『総覧』の提供が開始され、「雑誌別著者名索引」「雑誌別発行年月日一覧」「収録雑誌五十音順別検索一覧」のキーワード検索も可能となった。明治新聞雑誌文庫で

表1 『総覧』収録宗教雑誌一覧

配本情報	巻	雑誌名	発行所	発行地	刊行頻度	所蔵期間
宗教編 第4回配本6巻 (19～24) 一九九三年一一月	19	『報四叢談』☆	報知社	東京	月一～二回	一八七四(明治七)～一八七五(明治八)
		『令知会雑誌』※☆	令知会	東京	月刊	一八八四(明治一七)～一八九二(明治二五)
		→改題『三宝叢誌』※				一八九二(明治二五)～一八九三(明治二六)
		『法話』	真宗法話会→法話発行所	東京	月刊	一八八八(明治二一)～一八九七(明治三〇)
		『密厳教報』	振教会→密厳教報社	東京	月二回刊	一八八九(明治二二)～一九〇〇(明治三三)
		『仏教大家論集』	光融館	東京	月刊	一八九四(明治二七)一月～一〇月
		『仏教史林』	溯源窟	東京	月刊	一八九四(明治二七)～一八九七(明治三〇)
	20	『伝燈』☆	真言宗伝燈会→伝燈会	京都	月刊→月二回刊	一八九〇(明治二三)～一九〇三(明治三六)
		『仏教』※	仏教学会	東京	月二回刊	一八九二(明治二五)～一八九四(明治二七)
		『禅宗』	禅定窟	京都	月刊	一八九四(明治二七)～一九一九(大正八)
		『護法』	鴻盟社	東京	月刊	一九〇二(明治三五)一月～一二月
		『家庭講話』	尚羊社	東京	月刊	一九〇八(明治四一)～一九一二(大正一)
	21	『教林新報』	日報会社	東京	月刊	一八七二(明治五)～一八七三(明治六)
		『教院講録』	建本堂	東京	月刊	一八七三(明治六)～一八七六(明治九)
		『会通雑誌』(会通雑誌社刊)	会通雑誌社	東京	旬刊	一八八八(明治二一)～一八九〇(明治二三)
		『会通雑誌』(会通社刊)	会通社	東京	月二回刊	一八九一(明治二四)一月～四月
		『神社協会雑誌』	神社協会出版部→神社協会本部	東京	月刊	一九〇二(明治三五)～一九一二(大正一)
		『経世雑誌』	経世雑誌社	岡山	月刊	一九〇八(明治四一)～一九二三(大正一二)
		→改題『日新』	黒住教経世雑誌社→黒住教日新社			一九一四(大正三)～一九二三(大正一二)
	22	『正教新報』	愛々社	東京	月二回刊	一八八〇(明治一三)～一九一二(大正一)
	23	『福音週報』	福音週報社	東京	週刊	一八九〇(明治二三)～一九二五(大正一四)
		→改題『福音新報』				
		→再刊『福音新報』				
	24	『福音新報』	福音週報社	東京	週刊	一九〇一(明治三四)～一九二五(大正一四)
婦人編 第12回配本6巻 (67～72) 一九九五年七月	67	『婦人教会雑誌』※☆	婦人教会	東京	月刊	一八八八(明治二一)～一九〇四(明治三七)
		→改題『婦人雑誌』※				一八九二(明治二五)～一九〇四(明治三七)

配本	巻	誌名	発行所	発行地	刊行頻度	刊行期間
宗教編Ⅱ 第16回配本6巻（91～96） 一九九六年五月	91	『神教叢語』	弘道社	東京	不詳	一八七六(明治九)～一八八〇(明治一三)
		『伝道雑誌』※	伝道社	東京	不詳	一八八二(明治一五)一月
		『真理』	世光社	東京・大阪	月刊	一八八九(明治二二)～一九〇〇(明治三三)
		『十善宝窟』（九一巻分）※	十善会→目白僧園→十善会	東京	月刊	一八九〇(明治二三)～一九一七(大正六)
	92	『十善宝窟』（九二巻分）※				一九一八(大正七)～一九二一(大正一〇)
		『聖書之友月報』	聖書之友事務所	東京	月刊	一八九一(明治二四)一月～一一月
		『宗教界』	宇宙社	東京	不詳	一八九四(明治二七)二月
		『日本宗教』	日本宗教社	東京	月刊	一八九五(明治二八)七月～不詳
		『和融誌』※	和融社	東京	月刊	一八九七(明治三〇)～一九一四(大正三)
		『社会雑誌』	社会雑誌社	東京	月刊	一八九七(明治三〇)～一八九八(明治三一)
		『聖書之友雑誌』	聖書之友雑誌社	東京	月刊	一八九七(明治三〇)～一九一七(大正六)
		→改題『聖書の友』				一九一〇(明治四三)～一九一七(大正六)
		『加持世界』	加持世界社	東京	月刊	一九〇一(明治三四)～一九一八(大正七)
	93	『通俗仏教新聞』（九三巻分）	仏教新聞社	東京	月四回刊→週刊	一八九四(明治二七)～一九〇四(明治三七)
	94	『通俗仏教新聞』（九四巻分）	仏教新聞社	東京	月四回刊→週刊	一九〇五(明治三八)～一九一四(大正三)
	95	『遍照世界』	遍照社→六大新報社	和歌山・京都	月刊	一九〇四(明治三七)～一九一二(大正一)
		『開拓者』	日本基督教青年会同盟	東京	月刊	一九〇六(明治三九)～一九一八(大正七)
		『薫風』	佐倉町婦人薫風会	千葉	月刊	一九〇六(明治三九)～一九一六(大正五)
		『布教』	森江書店	東京	月刊	一九〇八(明治四一)～一九〇九(明治四二)
		『現代仏教』	大雄閣書房→大雄閣→現代仏教社	東京	月刊	一九二四(大正一三)～一九三三(昭和八)
	96	『新人』	新人社	東京	月刊	一九〇〇(明治三三)～一九二六(大正一五)
総合／宗教編 第23回配本6巻（133～138） 一九九七年九月	138	『天台』※	護法会事務所→『天台』発行所	東京	月刊	一九〇三(明治三六)～一九〇八年(明治四一)
		『禅道』	禅道会本部	東京	月刊	一九一〇(明治四三)～一九二三(大正一二)
		『宗教世界』	教報社	神奈川	不詳	一九一二(明治四五)～一九一三(大正二)
		『文明評論』	文明評論社	東京	月刊	一九一四(大正三)～一九二〇(大正九)
索引編 第25回配本6巻（145～150） 一九九八年二月	146	著者名索引（哲学・思想、宗教、憲政、教育）宗教は一二九～三二七頁				

【備考】※＝表2にあり、☆＝復刻版、電子版あり。

は二〇二一（令和三）年一月より利用可能となっており、[30]契約を結んだ大学図書館でも利用できる。丸善雄松堂の広告では「ズバリ〝見る〟から〈探す〉へ！　もっと速く・広く」[31]との記載があり、『総覧』の利用価値が一層高まったと言える。

第三項　一般新聞の動向

一九八〇年代から登場した明治期創刊一般新聞の縮刷・復刻版も、近代仏教研究をする上で重要である。仏教系雑誌は明治二〇年代以降に刊行が増加しており、[32]それ以前の動向を検証するためには一般紙を紐解く必要がある。例えば、本書第二章第一節で一八七六（明治九）年六月二八日の「新聞供養大施餓鬼」を事例として扱ったが、日付が特定できれば、復刻版から関連記事を効率良く入手できる。主要なものを刊行順に列挙すると、『朝野新聞』縮刷版（ぺりかん社、一九八一～八四年）、『万朝報』復刻版（日本図書センター、一九八三～九三年）、『郵便報知新聞』復刻版（柏書房、一九八九～九三年）、『横浜毎日新聞』復刻版（不二出版、一九八九～九三年）、『仮名読新聞』復刻版（明石書店、一九九二年）、『都新聞』復刻版（柏書房、一九九四～二〇〇二年）となる。明治期中心だが、『万朝報』『都新聞』は大正・昭和期もカバーしている。

なお、現在も刊行中の全国紙は、二一世紀に入りデータベースを構築している。二〇〇六（平成一八）年四月、新聞縮刷版約六四〇冊分、約七〇〇万件の記事を収録した「聞蔵《きくぞう》Ⅱビジュアル・フォーライブラリー」（『朝日新聞』）は、当時国内最大級の新聞記事データベースとして登場した。[33]二〇一〇年四月に朝日新聞社の創刊一三〇周年記念事業として、明治・大正期の『朝日新聞』紙面のデータベースが完成し、一八七九年の創刊から、一九二六（大正一五）年末までの紙面が検索可能となった。二〇二二（令和四）年春の全面リニューアルに際し名称を「朝日新聞クロスサーチ」に変更し、操作性が向上した。「ヨミダス歴史館（現・ヨミダス）」（『読売新聞』）は、二〇〇九（平成二一）年二月にサービスを開始し[34]、一八七四（明治七）年から現在までの記事一〇〇〇万件以上、広告や号外なども自由に検索が可能である。「毎索《まいさく》」（『毎日新聞』）は、二〇一一年四月開始、一八七二年の創刊（当初は『東京日日新聞』）から一九九九年までの過去紙面を提供[35]している。

データベースの発展により、仏教に関するキーワードを入力し、多くの関連記事が容易に閲覧可能となった。一例として、森岡清美《もりおかきよみ》（一九二三～二〇二二）の大著『真宗大谷派の革新運動――白川党・井上豊忠のライフヒストリー』（吉川弘文館、二〇一六年）では、白川党事件の社会的反響を知るために、「ヨミダス歴史館」「聞蔵Ⅱビジュアル」を利用した資料提供を成城大学レファレンス担当から受けたことが記されている[36]。儀礼研究においても、第二章末で触れたように近代における儀礼の推移を記事数から推測する手法が可能となり、大変利便性が高い。

第四節　電子化する近代仏教

一般新聞のデータベース化は、新たな可能性をもたらした。これまで仏教系雑誌に関して、主として印刷媒体による資料整備の変遷を見てきたが、本節では急速に発展する電子媒体による資料整備を追う。

国立国会図書館デジタルコレクションは、国立国会図書館の資料をインターネット上で検索、閲覧できるサービスである。二〇二四（令和六）年五月末時点のインターネット公開資料は図書約三七万点、雑誌約二万点であり[37]、近代仏教研究が対象とする時代の図書を参照する際には、「現在、最も気軽に利用でき、しかも重要な文献も少なくない、至極有用な図書館である[38]」と評されている。一九九八（平成一〇）年五月、「国立国会図書館電子図書館構想」の策定を受け、二〇〇一年六月、明治期刊行図書のデジタル化が開始された。二〇〇二年一〇月、「近代デジタルライブラリー」として明治期刊行図書が提供され、デジタル化が完了した大正期刊行図書、昭和前期刊行図書も順次追加されている。なお、二〇一六年六月に「近代デジタルライブラリー」のサービスを終了し、「国立国会図書館デジタルコレクション」に統合された(39)。

二〇二二年五月一九日開始の個人向けデジタル化資料送信サービス（個人送信）は近代仏教研究に大きな影響を与えるものである。このサービスによって、国立国会図書館の登録利用者（本登録）は、デジタル化資料のうち、絶版などの理由で入手が困難な資料一五二万点を自身のパソコンで閲覧可能となった(40)。印刷には手続きが必要であるものの、これまでの相互利用図書館内の限定された端末のみという制限された環境から、自宅でも利用可能な環境となり、利便性が大幅に向上した。仏教系雑誌では、『新仏教』『現代仏教』『六大新報』『和融誌』『大乗禅』等々の一部が閲覧可能となり、同サービスを利用した論文記事の詳細な分析も可能である。

私立の公共図書館である成田山仏教図書館は、一九〇一（明治三四）年に成田山貫首・石川照勤《いしかわしょうきん》（一八六九～一九二四）により、千葉県下で初の図書館として設立、翌年一般に開館公開された。仏教関連の図書・新聞・雑誌を多く蒐集しており、二〇二一年三月末現在で図書三三万四六八九冊、雑誌三八三一種、新聞二一一種を数える(41)。一九八八（昭和六三）年三月の新館開館に伴い、「成田図書館」から「成田山仏教図書館」に改称、図書館業務再開と同時にコンピュータを導入し、二〇〇五年四月に七三万件を超える蔵書データベースをインターネット上で公開した。他館に所蔵されていない仏教に関する資料が豊富にあり、「SIMPLE-OPAC 蔵書検索システム」で検索可能である。

本補論でもたびたび登場した明治新聞雑誌文庫は、二〇〇四年度より東京大学大学院法学政治学研究科附属施設となった。二〇一五年三月に明治新聞雑誌文庫所蔵資料検索システム「明探」が公開され、オンラインでの新聞、コレクションなど資料の所蔵検索が可能となり、利便性が向上した。二〇二二年時点で、新聞二一一二種、雑誌八一八五種、その他錦絵やパンフレット類など関連資料は約五八〇〇点を数え[42]、今もなお近代仏教研究を行う上で重要な施設である。

またこの間、仏教系雑誌が電子媒体で発売されたことも大きな革新であった。二〇〇三年に高野山大学附属図書館監修『明教新誌』DVD-ROM版が小林写真工業より発売された。一八七四年の二号から一九〇一年の四六〇三号までを収録し、膨大な量の記事を一カ所で読むことが可能となった。以後、同社より高野山大学図書館所蔵の雑誌『六大新報』DVD-ROM版、『伝燈』DVD-ROM版、『真言』DVD-ROM版、『高野山時報』CD-ROM版が販売されており、真言宗関連の雑誌の電子化が進んでいる。

二〇〇九年には福嶋寛隆監修・解説『新仏教』CD-ROM版（すずさわ書店）が登場した。すでに政教関係の論文を集めた『『新仏教』論説集』（永田文昌堂、一九七八～八二年）が刊行されていたが、全頁の閲覧が可能となり、「近代日本における知識人宗教運動の言説空間――『新仏教』の思想史・文化史的研究」（科研基盤研究（B）、代表：吉永進一、課題番号二〇三二〇〇一六、二〇〇八～一一年度）のような成果を生み出した[43]。同研究は、高橋原が指摘するように、「論客達の新仏教」解釈から、演説と出版という回路を通じてネットワークを形成した〝メディアとしての新仏教〟の役割を提示した[44]。資料の整備によって思想研究を中心とする視点から転換が図られた事例と言える。

目次データベースの構築も進展している。一九七二（昭和四七）年に「浄土宗文献センター」を開設し、明治以降の浄土宗の伝道教化に関する書籍・機関誌・寺報・ポスター・はがきなどを幅広く蒐集していた佛教大学図書館では、雑誌のデータベース化も積極的に行っている。二〇〇八（平成二〇）年に『浄土教報』全二四七二号分、翌年には『教学週報』六二二号分、二〇一一年には『明教新誌』データベース（β版）を順次公開した。(45)

この佛教大学の雑誌データベースは原則として学内限定であるが、その一方で、近年は研究者によるオープンアクセスの成果が整備されており、これも公開順に紹介したい。(46)

二〇一二年年公開の「近角常観研究資料サイト」は、「青年知識人の自己形成と宗教――近角常観とその時代」（科研基盤研究(B)、代表：岩田文昭、課題番号二四三二〇〇一八、二〇一二〜一六年度）の成果として公表されている。(47)『政教時報』『求道』『信界建現』『慈光』の総目次とそれぞれの雑誌（『信界建現』を除く）がＰＤＦファイルにて閲覧可能である。未定稿ではあるものの、近角常観の布教本拠地であった求道会館に所蔵された書簡・蔵書・絵はがき・名刺の資料目録も公開されている。なお、二〇二一年七月にサイトがリニューアルされ、体裁が整えられた。以前のサイトは大阪教育大学のサーバーを使用していたが、今回の移転によって、研究代表者である岩田文昭の同大学定年退職後も維持がなされている。(48)

二〇一五年に公開された「近代日本の宗教雑誌アーカイヴ」(49)は、冒頭で述べた大谷栄一代表の科研費研究による成果である。本サイトには、四年間の調査研究を通じて作成した近代日本の宗教雑誌の目次データベースが掲載されている（表2）。

二〇一六年年公開の「アメリカ日系仏教雑誌・新聞総目次」は、主に米国をフィールドとする守屋友江を代表とするプロジェクトである。阪南大学のホームページで、カリフォルニアの日系仏教教団が発行していた雑誌『米国仏教』の所蔵館一覧と総目次が公開されていた。順次、ハワイの『同胞』『仏教の世界』を更新する予定であったが、守屋の南山宗教研究所転属に伴い、ホームページは閉鎖された。当時のページは、国立国会図書館インターネ

表2 「近代日本の宗教雑誌アーカイヴ」収録雑誌

分類	雑誌名	目次掲載期間
【通宗派関係】	『諸宗説教案内誌』	一八八〇（明治一三）～一八八八（明治二一）
	『教学論集』	一八八三（明治一六）～一八九三（明治二六）
	『令知会雑誌』※☆	一八八五（明治一八）～一八九一（明治二四）［途中まで］
	『崑山片玉』	一八七八（明治一一）～一八八五（明治一八）
	『通俗仏教』	一九〇〇（明治三三）～一九〇三（明治三六）
	『同胞』	一九〇六（明治三九）～一九〇九（明治四二）
	『東亜乃光』	一九〇八（明治四一）～一九一〇（明治四三）
	『仏教』※	一八八九（明治二二）～一九〇二（明治三五）
	『能潤会雑誌』	一八八五（明治一八）～一八八七（明治二〇）
【浄土宗関係】	『宗粋雑誌』	一九〇〇（明治三三）～一九〇二（明治三五）
	『信仰界』	一九〇二（明治三五）～一九〇四（明治三七）
	『縁山』	一九〇五（明治三八）～一九一二（明治四五）
【浄土真宗本願寺派関係】	『婦人教会雑誌』※☆（改題『婦人雑誌』※☆）	一八八八（明治二一）～一九〇四（明治三七）
	『伝道会雑誌』（改題『伝道雑誌』※）	一八九〇（明治二三）～一九〇二（明治三五）
	『三宝叢誌』※	一八九二（明治二五）～一九一二（大正一年一一月）
	『高輪学報』☆	一九〇一（明治三四）～一九〇三（明治三六）

【浄土真宗本願寺派関係】	『警世』	一九〇二（明治三五）～一九一二（明治四五年七月）
	『教界時事』	一九〇三（明治三六）～一九〇六（明治三九）
	『警世新報』	一九〇六（明治三九）～一九〇八（明治四一）
	『布教叢誌』	一九〇五（明治三八）～一九〇五（明治三八）
【真宗大谷派関係】	『教界時言』☆	一八九六（明治二九）～一八九八（明治三一）
	『貫練会報』	一八九八（明治三一）～一九〇三（明治三六）
	『貫練叢誌』	一九〇四（明治三七）～一九一一（明治四四）
	『貫練』	一九一二（明治四五）～一九一二（大正一年一二月）
【曹洞宗関係】	『和融誌』※	一八九七（明治三〇）～一九一二（大正一年一二月）
	『教友会雑誌』	一九〇三（明治三六）～一九一四（大正三）
【天台宗関係】	『四明余霞』	一八八八（明治二一）～一九一二（大正一年一一月）
	『天台』※	一九〇三（明治三六）～一九一二（大正一年八月）
【その他】	『栽培経済問答新誌』	一八八一（明治一四）～一八八二（明治一五）
	『十善宝窟』※	一八八九（明治二二）～一九一二（大正一年八月）
【近代神社・神道雑誌】	『青森県神職会会報』	一九一三（大正二）～一九二六（大正一五年一月）
	『埼玉県神職会会報』	一九一三（大正二）～一九二六（大正一五年一〇月）
	『東京府神職会公報』	一九一〇（明治四三）～一九三七（昭和一二）
	『東神』	一九三七（昭和一二）～一九三八（昭和一三）
	『愛知県神職会会報』	一九一五（大正四）～一九三六（昭和一一）

	『岡山県神職会会報』	一九二〇（大正九）～一九二六（昭和一年一二月）
	『愛媛県神職会会報』	一九一四（大正三）～一九二六（大正一五年九月）
	『福岡県神職会会報』	一九一八（大正七）～一九二六（大正一五年一二月）

【備考】　※＝表1にあり、☆＝復刻版、電子版あり。

ット資料収集保存事業（ＷＡＲＰ）を利用して閲覧可能である。今後、新たな場所での公開が望まれる。(50)

二〇一七年公開の「『明教新誌』目次β版」は、「明治前期の宗教をめぐる言説空間の再検討――宗教メディアの横断的考察」（科研基盤研究（Ｃ）、代表：星野靖二、課題番号一五Ｋ〇二〇五九、二〇一五～一八年度）の成果として、前述の『明教新誌』ＤＶＤ－ＲＯＭ版を利用して作成されている。二〇二二年八月時点で一八七九年から八八年までの号数・発行年月日・頁数・見出し・欄見出し・タイトル・著者・著者（整序）が確認できる。

本節冒頭で例示したように、これらの目次データベースを利用して記事を特定した後、ＩＬＬ（Inter Library Loan）参加図書館であれば複写依頼し、所蔵先に訪問せずに内容を確認することができ、一層のコスト・時間の節約が図れる。また、キーワード検索も可能であり、近代仏教研究をより精緻に更新するとともに、儀礼などの手薄な分野への拡張も可能となる。

おわりに

まとめとして、本補論で挙げた事例の特徴から五つの時代区分を行い、近代仏教研究との関連性に言及した上で、資料整備の課題を挙げ、今後の近代仏教儀礼研究への可能性を述べたい。まず、資料整備史の時代区分を左記に示す。

A　一八九五〜一九二二：同時代的な把握の必要性から資料保存への意識が発生
B　一九二三〜一九四四：散逸の危機意識から資料保全の取り組みが体系的に発展
C　一九四五〜一九七九：戦前期の仏教史復元の試みとしての仏教資料の整理
D　一九八〇〜一九九九：記事内容への分析基盤の形成
E　二〇〇〇〜　現在　：資料の電子化による資料閲覧・検索の利便性向上

黎明期であるA期に発生した「明治仏教」資料の保全は、関東大震災以後のB期に体系化される。C期では「明治仏教」のみならず、大正・昭和を含めた「近代仏教」を復元する試みが見られる。A〜C期までは、近代に発行された新聞・雑誌の総量把握や「保存」が主題であった。D期からは記事内容に目を向けた成果が現れたが、目次に掲載された論文が中心であり、彙報・雑報までは網羅していないことから、特定人物の思想を解明するために仏教系雑誌を「利用」する傾向が強かったと言える。E期以降は、ほぼ全ての記事が閲覧可能になる復刻版や電子媒体、キーワード検索が可能となるインターネット上の目次が整備され、彙報や雑報も含めた記事内容を「活用」することで、人物以外の物質・実践をも対象とする兆しが見えてきたことが分かる。仏教系雑誌を「保存」「利用」「活用」する変遷が明らかとなったが、一九六〇年代以降の吉田久一・柏原祐泉・池田英俊らの研究はA〜C期にあたり、資料の特徴は「明治仏教」中心であることと、総量把握が中心であったため、そのなかで特に目立った新仏教運動や精神主義運動など特定の活動や思想に偏る傾向があった。二〇〇〇年代以降の研究はD・E期の成果と関連し、テーマの多様化、視点の拡張が進んでおり、近代仏教研究の発展は資料整備と密接につながると言えよう。[51]なお、時代区分には反映していないものの、二〇二一年五月開始、国立国会図書館の個人向けデジタル化資料送信サービス（個人送信）は、今後大きな転換点に位置づけられると予想している。

整備全体の課題としては、表1・2に示したように明治期刊行の新聞・雑誌が中心であり、大正・昭和期の蓄積は少ない。また、『中外日報』（一八九七年〜）、『大法輪』（一九三四〜二〇二〇年）といった長期刊行の新聞・雑誌に関する目次整備も望まれる。[52]なお、『大法輪』に関しては皓星社が提供する雑誌記事索引データベース「ざっさくプラス」で戦後の目次データが収録され、[53]二〇二二（令和四）年一二月に丸善雄松堂で全点電子化が完了した。[54]利用契約を結んだ図書館が利用できれば、今後のさらなる活用が見込まれる。

一方、宗派別の動向では、雑誌の復刻版は浄土真宗、電子版は真言宗、データベースは浄土宗がリードするという特色が見られ、日蓮宗・禅宗関連の近代雑誌整備は手薄であった。[55]また国外に目を向ければ、植民地時代における中国・台湾・韓国で出版された仏教系雑誌に関する研究は僅かである。この点も、今後、東アジアという枠組みから近代仏教儀礼を検討する際に必要とされるだろう。[56][57]ここで挙げた大正・昭和期の雑誌や、儀礼を積極的に行う日蓮宗・禅宗関係の近代雑誌の整備が進められれば、可変的な側面を含めた近代仏教儀礼研究が、より発展する可能性が開けるだろう。

以上論じたように、電子化も含めた資料整備によって近代仏教儀礼研究への可能性が拡大したとはいえ、実際の新聞・雑誌の通読も怠ってはならない。二〇世紀の終わりに永村眞は、「コンピュータの利用によって、日本史研究の分野には大きな「道具」と予想外の利便がもたらされたことの代償として、はたして何を失うことになるのかを冷静に見据えるべきではなかろうか」[58]と指摘していた。電子化によって誰しもが平等に多量の資料閲覧が可能となったが、電子化された情報からは、紙の質感や書き込み、寄贈先といった現物資料ならではの情報が得られにくいことに注意したい。キーワード検索によって近代仏教儀礼研究に厚みがもたらされるとしても、そのキーワードは当時の資料のなかに隠されており[59]、通読の結果得られるものであることが多い。今後も発展する資料整備の動向に目を配りつつ、現物資料の蒐集・通読を怠らない姿勢が常に求められよう。それと同時に、インターネット上の資料は、代表者の退職・異動などに伴い、閲覧不可能になるといったケースも見られる。これらの資料をアーカイブすることも今後の重要な課題として挙げられる。

註

（1）ブロック・マルク著、松村剛訳『新版　歴史のための弁明　歴史家の仕事』（岩波書店、二〇〇四年）、五一頁。

（2）大谷栄一ほか「雑誌メディアからみた近代宗教史」（『宗教研究』八七巻別冊、二〇一四年）、同「宗教メディアの近代」（『宗教研究』八八巻別冊、二〇一五年）。

（3）引野と坂本の論考は、それぞれ、引野亨輔「日本近代仏書出版史序説」（『宗教研究』九〇巻一輯、二〇一六年）、坂本慎一『ラジオの戦争責任』（PHP新書、二〇〇八年〈法蔵館文庫、二〇二二年〉）に詳述されている。

（4）近年刊行された森覚・大澤絢子編『読んで観て聴く　近代日本の仏教文化』（法藏館、二〇二四年）は、説経・絵本・ラジオといったメディアを通じて仏教が普及していく過程を描いた論文集である。

（5）大谷栄一「メディア」（佛教史学会編『仏教史研究ハンドブック』法藏館、二〇一七年）、三三五頁。

（6）歴史学では約二〇年ごとに岩波講座で史料論が扱われており、体系的に論じられている。朝尾直弘ほか編『日本歴史25　別巻2　日本史研究の方法』（岩波書店、一九七六年）、同『日本通史　別巻3　史料論』（岩波書店、一九九五年）、大津透ほか編『日本歴史　21巻　史料論』（岩波書店、二〇一五年）。

（7）林淳「近代仏教と国家神道――研究史の素描と問題点の整理」（『愛知学院大学禅研究所紀要』三四号、二〇〇六年）、八五～八六頁。
（8）大谷栄一『近代仏教という視座――戦争・アジア・社会主義』（ぺりかん社、二〇一二年）、二七頁。
（9）吉田久一『日本近代仏教史研究』（吉川弘文館、一九五九年）、五頁。
（10）石井進「「史料論」まえがき」（朝尾ほか編前掲註（6）『日本歴史25　別巻2　日本史研究の方法』）、三頁。大津透「序論――史料論の今日的課題と成果」（大津ほか編前掲註（6）『日本歴史　21巻　史料論』）、四～五頁。
（11）丹羽邦男「近代史料論」（朝尾ほか編前掲註（6）『日本歴史25　別巻2　日本史研究の方法』）、一七二頁。
（12）駒澤大学禅文化歴史博物館大学史資料室編『駒大史ブックレット6「図書館誌」にみる駒大図書館史【その2】』（駒澤大学禅文化歴史博物館大学史資料室、二〇〇七年）、五七頁。
（13）中西直樹編・解説『明治仏教研究事始め――復刻版『明治仏教』』（不二出版、二〇一八年）、四～六頁。
（14）林前掲註（7）「近代仏教と国家神道」、八七頁。
（15）大谷栄一「近代仏教にみる新聞・雑誌、結社、演説」（島薗進ほか編『シリーズ日本人と宗教――近世から近代へ5　書物・メディアと社会』春秋社、二〇一五年）、二三二～二三三頁。安食文雄『二〇世紀の仏教メディア発掘』（鳥影社、二〇〇二年）、一二～一三頁。
（16）友松円諦「あいさつ」（『明治仏教史編纂所蔵目録』明治仏教史編纂所、一九七二年）、一頁。
（17）なお、近年の研究でさらに多くの八八〇種（継続紙・誌を除くと六六一種）の新聞・雑誌が確認されている（大谷ほか前掲註（2）「雑誌メディアからみた近代宗教史」内の大谷栄一「明治仏教史における雑誌と結社」、九九頁）。
（18）【Web】「斯道文庫　所蔵資料　明治仏教史編纂所蔵書」http://www.sido.keio.ac.jp/collection/index.html#02（二〇二四年七月一〇日閲覧）。註（16）の『明治仏教史編纂所蔵目録』によれば、「新聞雑誌之部」七二七種と「和漢図書之部」二五三〇冊が所蔵されている。
（19）戦前は「明治仏教」と認識されていた研究対象が戦後、「近代仏教」として捉え直されてきたことが林淳によって指摘されている（林前掲註（7）「近代仏教と国家神道」、八七頁）。

(20) 増山顕珠「題言」(龍谷大学図書館編『仏教学関係雑誌論文分類目録Ⅱ　昭和六年～昭和三〇年』百華苑、一九六一年)、二頁。

(21) 井ノ口泰淳「刊行の辞」(龍谷大学仏教学研究室編『仏教学関係雑誌論文分類目録Ⅳ　昭和四五年一月～昭和五八年一二月』永田文昌堂、一九八六年)、二頁。

(22) メンバーは、赤松徹眞、龍溪章雄、中西直樹、岩田真美、能仁正顕、三谷真澄、市川良文、松居竜五、林行夫、吉永進一、大澤広嗣、リチャード・ジャフィの一二名。複数学部、他機関の研究者も参加している(【Web】「龍谷大学アジア仏教センター」https://barc.ryukoku.ac.jp/system/、二〇一九年一〇月三〇日閲覧、二〇二四年一月二一日現在は削除)。

(23) 二〇一八年四月一日より世界仏教文化研究センターに統合された。

(24) 研究員は中川修・藤原正信・中西直樹・市川良文・佐藤智水・吉永進一・近藤俊太郎の七名。

(25) 赤松徹眞の概要説明と中西直樹による論文「雑誌『國教』にみる通仏教的結束とその挫折——一八九〇年代初頭九州における真宗の動向を中心に」、および雑誌『國教』『九州仏教軍』の総目次が掲載されている(『龍谷大学仏教文化研究所紀要』五四集、二〇一五年)。

(26) 川口高風「『明教新誌』における曹洞宗関係記事(一)～(六)」(『愛知学院大学教養部紀要』四四巻一号～四五巻二号、一九九六～九七年)、同「『日出国新聞』における仏教関係記事」の内容目次(上)～(下)」(『愛知学院大学教養部紀要』四五巻四号～四六巻三号、一九九八～九九年)、同「『能仁新報』よりみた名古屋の仏教(一)～(九)」(『愛知学院大学教養部紀要』六〇巻二号～六二巻三号、二〇一二～一五年)。

(27) 熊本英人「大正・昭和初期の曹洞宗の宗勢とその思潮——曹洞宗関係雑誌記事分類目録稿(一)」(『曹洞宗研究員研究紀要』二九号、一九九八年)、同「大正・昭和初期の曹洞宗の宗勢とその思潮——曹洞宗関係雑誌記事分類目録稿(二)～(三)」(『駒澤大学仏教学部研究紀要』六〇号・六一号、二〇〇二～〇三年)。

(28) 明治仏教思想資料集成編集委員会「刊行の辞」(『明治仏教思想資料集成』別巻『教義新聞』同朋舎出版、一九八二年)、i頁。

(29) 【Web】「大空社　明治新聞雑誌文庫所蔵雑誌目次総覧」https://www.ozorasha.co.jp/upload/docs/meijibunko_digital2201.pdf（二〇二四年七月一〇日閲覧）。
(30) 【Web】「【おしらせ】「雑誌記事／論文をさがす」に「東京大学法学部附属明治新聞雑誌文庫所蔵雑誌目次総覧オンライン版」【学内限定】を追加」http://www.meiji.j.u-tokyo.ac.jp/n_20210128.html（二〇二四年七月一〇日閲覧）。
(31) 【Web】「丸善雄松堂　大空社　『明治新聞雑誌文庫所蔵雑誌目次総覧』」chrome-extension://efaidnbmnnnibpcajpcglclefindmkaj/https://kw.maruzen.co.jp/ln/ebl/ebl_doc/ebl_ohzora_catalog202006.pdf（二〇二四年七月一〇日閲覧）。
(32) 大谷前掲註(15)「近代仏教にみる新聞・雑誌、結社、演説」、二四五頁。
(33) 「国内最大級の記事データベース「聞蔵Ⅱビジュアル」来月発売」（『朝日新聞』二〇〇六年三月三〇日）、朝刊二頁。
(34) 「「ヨミダス歴史館」きょうスタート」（『読売新聞』二〇〇九年二月一〇日）、朝刊一頁。
(35) 「新しい記事データベース「毎索」来年四月からスタート」（『毎日新聞』二〇一〇年一一月二五日）、東京朝刊二七頁。なお、記事検索については戦前まではごく一部の記事見出しのみ可能であり、『朝日新聞』『読売新聞』のデータベースに比して近代においての利便性は低い。
(36) 森岡清美「あとがき」（『真宗大谷派の革新運動――白川党・井上豊忠のライフヒストリー』吉川弘文館、二〇一六年）、四八九頁。
(37) 【Web】「国立国会図書館　資料デジタル化について」https://www.ndl.go.jp/jp/preservation/digitization/index.html（二〇二四年七月一〇日閲覧）。
(38) 碧海寿広「図書館とアーカイブ――学びと調査のスタートライン」（大谷栄一・吉永進一・近藤俊太郎編『増補改訂　近代仏教スタディーズ――仏教からみたもうひとつの近代』法藏館、二〇二三年）、二八〇頁。
(39) 【Web】「国立国会図書館デジタルコレクションの歩み」http://dl.ndl.go.jp/ja/history.html（二〇二四年七月一〇

日閲覧）。

（40）国立国会図書館「個人向けデジタル化資料送信サービス」https://www.ndl.go.jp/jp/use/digital_transmission/individuals_index.html（二〇二四年一月二一日閲覧）。

（41）【Web】「成田山仏教図書館　概要」https://www.naritasanlib.jp/%E6%A6%82%E8%A6%81/（二〇二四年七月一〇日閲覧）。

（42）【Web】「明治新聞雑誌文庫　原資料部センター紹介――所蔵資料」）、http://www.meiji.j.u-tokyo.ac.jp/cmj_collection.html（二〇二四年七月一〇日閲覧）。

（43）報告書は「国立国会デジタルコレクション」https://dl.ndl.go.jp/pid/12360021（二〇二四年七月一〇日閲覧）でダウンロード可能である。

（44）高橋原「新仏教運動の研究――社会主義者から芸術家まで」（大谷ほか編前掲註（38）『増補改訂　近代仏教スタディーズ』）、二五三～二五四頁。

（45）【Web】「佛教大学図書館デジタルコレクション」https://bird.bukkyo-u.ac.jp/collections/（二〇二四年七月一〇日閲覧）。

（46）学外者の場合、記事の閲覧は出来ないが、佛教大学の学術情報検索システムＢＩＲＤで検索した場合、『浄土教報』と『教学週報』の目次内容を確認することが可能である。

（47）公開年が公表されていないサイトに関しては、代表の方に直接伺った。岩田文昭氏には、開設当時の業者とのメールを見せていただき、守屋友江氏にはメールでご回答いただいた。この場をお借りして感謝申し上げます。

（48）【Web】「近角常観研究資料サイト」https://www.chikazumi.org/（二〇二四年七月一〇日閲覧）

（49）【Web】「近代日本の宗教雑誌アーカイヴ」https://www.modern-religious-archives.org/（二〇二四年七月一〇日閲覧）。

（50）二〇二二年度より南山宗教文化研究所へ着任された守屋氏に、メールにて公開の予定を尋ねたところ、なんらかの方法で、最新の成果を公表する旨のご返信をいただいた。重ねて感謝申し上げます。

（51）大谷前掲註（8）『近代仏教という視座』、六頁。クラウタウ・オリオン『近代日本思想としての仏教史学』（法藏館、二〇一二年）、三三頁。碧海寿広『近代仏教のなかの真宗――近角常観と求道者たち』（法藏館、二〇一四年）、三〜四頁を参照のこと。

（52）槻木瑞生「「中外日報」紙のアジア関係記事目録」（『同朋大学仏教文化研究所紀要』一七号、一九九八年）はアジア関係の記事目次を抜粋した目録である。

（53）二〇〇八年六月二九日のお知らせによれば、「大法輪閣のご好意で「大法輪」の戦前分と、戦後のＮＤＬデータの欠落部分約三万件を補充した」との記載がある。https://zassaku-plus-com.blib-ezproxy.bukkyo-u.ac.jp/info/news?（佛教大学ＢＩＲＤよりログインし、二〇二四年七月一〇日閲覧）。

（54）【Web】「丸善雄松堂　大法輪閣『大法輪』」https://kw.maruzen.co.jp/ln/ebl/ebl_doc/ebl_daihourinkaku_catalog202303_2.pdf（二〇二四年七月一〇日閲覧）。

（55）近年ではブレニナ・ユリアが、日蓮主義の雑誌『妙宗』を中心に、日蓮宗関係の雑誌を検討している（「明治期における仏教雑誌メディアの流通――雑誌『妙宗』の事例研究から」〈『メディア史研究』五三号、二〇二三年〉）。ここでは、日蓮正宗系の雑誌に関しては大宣寺十周年記念出版委員会編『明治以降宗内書籍雑誌総目録』（和党編集室、一九七一年）の刊行、日蓮主義系の雑誌としては本多日生上人記念財団法人統一団のサイト https://hondanissho.jp/ で『統一』（一八九七〜一九四五年）および『統一主義』（一九三一〜三六年）の総目次が紹介されている（二〇二四年七月一〇日閲覧）。

（56）東アジアという視点からの儀礼研究として、原田正俊編『宗教と儀礼の東アジア――交錯する儒教・仏教・道教』（勉誠出版、二〇一七年）が挙げられる。しかしながら、中世・近世が中心であり、近代は多くは触れられていない。

（57）ブレニナ前掲註（55）「明治期における仏教雑誌メディアの流通」の指摘によれば、岩谷めぐみ「植民地時代の雑誌『朝鮮佛教』をめぐって――朝鮮総督府との関係」（『立教大学日本文学』一一一号、二〇一四年）、坂井田夕起子「「支那通」僧侶・藤井草宣が収集した中国の仏教雑誌が意味するもの――日本の研究機関が所蔵する仏教雑誌との比較から」(『中国研究月報』七〇巻一一号、二〇一六年)、林欐嫚「台湾の日本統治時代における仏教系雑誌の嚆矢——『台湾教報』刊行背景に関する一考察」(『印度学仏教学研究』六七巻二号、二〇一九年)など、東アジアの近代仏教系雑誌に関する研究も発展しつつある。

(58) 永村眞「コンピュータと歴史学——とくに日本史研究を通して」(朝尾ほか編前掲註(6)『日本通史 別巻3 史料論』)、三九四頁。

(59) 例えば、キリスト教の用語である「永眠」が仏教葬儀の際に使用される点など、本来の仏教用語でないものが仏教儀礼と関連する場合がある(本書第一章第三節第二項参照)。

終　章　近代日本の仏教儀礼とは何だったのか

それぞれの儀礼に関する考察は、各章末に記載したため、終章では、本書全体の結論と意義を述べる。そこから、これまで近代の仏教儀礼が扱われなかった理由を二点挙げる。続いて、本書から得られた視座として「大衆」と仏教の関係性の再検討を提示し、最後に今後の課題を挙げる。

第一節　本書の結論と意義

本書は、近代に発行された仏教系雑誌や新聞の記事を主たる資料として、葬儀・施餓鬼・開帳・授戒会・坐禅・遠忌・結婚式という七つの儀礼の変遷を論じてきた。それはあくまでもメディアに現れた近代の仏教儀礼のほんの一部を切り取ったに過ぎないが、取り上げた各儀礼の動向については、詳細に論じることができたと自負している。吉永進一（一九五七～二〇二二）は、近代仏教の特徴として、大学制度の創設・メディアの拡大・国際化の進展、という三点を挙げ、「仏教が（日本の）寺院から出て行く過程」を仏教の近代化とした。(1) 本書は、主に二点目の

「メディアの拡大」に関連するものだが、従来の研究において、仏教系雑誌は、『新仏教』『精神界』などの「信仰」を重視する仏教の改革運動のメディアに重点が置かれていた。そこで本書では、身体性を重視する曹洞宗関係の仏教系雑誌を中心に検証した。その結果、雑誌の編者や記者や宗門は、社会情勢や儀礼の実施状況を鑑みながら、必要に応じて着目すべき儀礼を入れ替えていることが明らかとなった。つまり、それぞれの儀礼自体の内容は比較的固定されていたが、社会情勢に応じて異なる儀礼が注目されるという変化を見せていたのである。こうして人々の実践を左右し、新たな実践が生まれ、それが繰り返されることで仏教儀礼は生き残ってきた。本書で論じてきたのは、吉永流に言えば「仏教儀礼が寺院から出て行く過程」でもあった。

従来の研究では、「信仰」を重視する西洋的な「宗教」概念を導入した近代日本において、儀礼実践が旧来の風習であると論じられた点ばかりが注目されていた。しかし、本書を通じて見えてきたことは、前近代からの身体性を継承している雑誌の編者が選んだ儀礼記事や写真を通じて、むしろ前近代よりも大多数の人々に儀礼の身体性が伝わり、仏教儀礼がより盛んに実践されていた、という可能性である。「信仰」という形で表明されなくとも、仏教儀礼に対する身体性の感覚が近代のメディアによって形づくられ、受け継がれている。本書で扱った仏教儀礼のうち、前近代から人々の間に慣習的なものとして受け入れられてきた葬儀・施餓鬼・開帳・授戒会も独自の発展を遂げていた。また、近代から新たな慣習として定着が図られた坐禅・遠忌・結婚式に関しても、浸透の度合いに差こそあれ、新たな実践として行われていた。近代において、プラクティス的なものの評価が下がったとされていたが、仏教系雑誌には、近代における儀礼の豊かな世界が示されており、決して批判されるだけの対象ではなかった。

それでは、なぜ仏教系雑誌による儀礼情報がこれまで扱われることがなかったのか。その理由を二点挙げたい。一点目は、仏教系雑誌の限定性である。本書で扱った仏教系雑誌は、主筆の死や、戦争期の用紙減配などを理由として、ほとんどが戦前に終刊している。また、震災後『正法眼蔵』の板木を優先し、雑誌古紙は売却したという駒澤大学図書館の事例を補論で挙げたように、仏教系雑誌は処分されることも多く、保管されている雑誌は限られている。しかし、現存していないからといって、近代に生きた人々が、仏教系雑誌の影響を受けていなかった、と結論づけることはできない。第四章第二節で挙げた酒井得元が授戒会について「ラジオやテレビのない時代とて、一般大衆には宗教的慰楽として受け入れられたものである」と述べていたように、近代における儀礼や雑誌は、情報が溢れる現代に比して一層貴重なものだったと思われる。雑誌自体は読み捨てられたとしても、仏教系雑誌で扱われた儀礼記事をきっかけに、儀礼に参加する者もいただろう。仏教系雑誌による身体の指向性は、仏教系雑誌というメディアが衰退しても、無自覚のまま現代に継承されているのではないだろうか。

二点目は、戦争協力への反省である。一九三〇年代後半に仏教界全体で実践の重要性を認識した時代があった。これは第五章第四節でも触れた文部省の「宗教的情操の涵養」に連動して起こったものとされるが、これに関連する当時の記事を見てみたい。

石津照璽（日本大学）・渡辺楳雄（駒澤大学）・高木由紀子（所属未掲載）・武藤叟（日仏協会）・山田霊林（『禅の生活』主筆）・奥田宏雲（『教学新聞』記者）・妹尾義郎（新興仏教青年同盟）の七名が、仏誕二五〇〇年に因んで座談会を行った際の議事録が、一九三四（昭和九）年二月の『禅の生活』に記載されている。宗教学者の石津をはじめ、曹洞宗の山田、浄土真宗本願寺派の奥田、日蓮主義者の妹尾など、超宗派の面々による座談会であった。ここで「儀式仏教」が多く議題に上がっているが、そのなかでも興味深い発言を挙げる。

（石津）儀式はつまり精神の表れですからね、今のやうに区々《くく》まち〳〵だらしが無いのは困りますね。カトリックが今なほ命脈を保つてゐるのは儀式にあると思ひます。既成教団はこの機会に建て直しを儀式方面から初《(ママ)》める必要があると思ひますね。
（渡辺）精神が第一で、形は二のつぎといふ見方もありますが、形によつて精神が治められる事も事実ですからね。
（奥田）然しこの頃真宗では、三四十名を合宿させて、禅宗の僧堂的生活を或期間させ、然る後得度させるといふ事だが真宗としては大改革だね。
（「仏誕二千五百年に因む雑談会」〈『禅の生活』一三巻二号、一九三四年二月〉、九五～九七頁）

ここでは、儀礼の立て直しが提唱され、信仰を前提とする宗教のあり方の見直しが提唱されている。その一環として、浄土真宗本願寺派の奥田は、真宗僧侶も「禅宗の僧堂的生活」を営んだあとに得度したという事例を挙げている。

この座談会に出席した『禅の生活』の主筆・山田霊林は、その後「宗教的情操」についてこう述べている。

宗教的情操は、たとへば井戸水である。よき井戸水を得るがためには、よき井戸を掘らねばならぬ。宗教的情操といふよき井戸水を得るがためには、宗教的儀式といふよき井戸を掘らねばならぬ。／吾が禅門について、これをいへば、礼拝はよき井戸である、坐禅はよき井戸である。礼拝を行うてゐるその浄身から、宗教的情操が湧き上がる、坐禅を修してゐるその浄心から、宗教的情操が盛り上がる。……道元禅師門下に於ける宗教的儀式は、その根幹的なるものは、礼拝である、坐禅である。礼拝は授戒会に於て、坐禅は坐禅会に於て、正伝される。然るにその授戒会その坐禅会の奉修に弛怠の観ありやに伝へらるゝことは、何たることであらうか。

（山田霊林「宗教的情操涵養の問題」〈『禅の生活』一五巻二号、一九三六年二月〉、六～七頁）

山田は宗教的情操を「井戸水」とすれば、礼拝と坐禅が「井戸」であるとし、儀礼の重要性を訴えるとともに授戒会と坐禅会の推進に「弛怠の観」があることを警告している。ここでは曹洞宗の基礎が儀礼であることが、山田によって改めて発信されている。

また、名著『葬式仏教』（大法輪閣、一九六三年）の著者として知られる圭室諦成《たまむろたいじょう》（一九〇二～六六）は、

儀式を潑剌と現代に生かし、大衆の間に生かすためには、かやうに古典的な、そして修道者的な儀式を、現代的な大衆的なものへ、再組織することが必要である。と言つたところで、何も音頭やジヤズを取入れよといふのではない。宗教的感情をそゝり立てる、言葉を換へて言へば、真理への興奮を感ぜしめるやうなものへ組織することが絶対的に必要ではないだらうか。禅宗の儀式は、儀式それ自体としては極めて荘重な、そしてまた極めて洗練されたものである。これに現代的な大衆的なものを加味したならば、と常に私は思ふのである。

（圭室諦成「儀式の現代的復興について」〈『禅の生活』一五巻一〇号、一九三六年一〇月〉、六八～六九頁）

と述べ、儀礼を現代の人々の間にも生かす重要性を説いていた。

仏教学者として知られる高崎直道の父・高崎直承は、近代仏教の動向を振り返り、実践の重要性が叫ばれていることを指摘した。やや長くなるが引用する。

然るに、明治維新以来、一般国民の知識が進歩向上するに従つて、これら宗教に対して疑《うたがい》を生じ、知識で納得の出来ないものは、信仰することは出来ない、どういふわけかと、わけを聞いて、知識的に仏教を解せんとする傾向を生じて来たのである。それと同時に、信教の自由を保障されて外来のキリスト教が公然と布教するやうになつた為め、仏教では、これに対抗して、科学的にも哲学的にも、仏教は優れた宗教であることを知らしめる必要から、その比較研究が盛んになり、勢ひ、仏教を学問的に説くやうになり、多くの仏教学者によつて、学問としての仏教は頗る殷賑《いんしん》を極め、帝国大学に於ては印度哲学として仏教の研究講座が設けられ、各宗おの〳〵大学を建てゝ何をさて置いても子弟の教育といふことに力を注いだので、その結果、僧侶の専門知識の水準が高まつて、学者の卵が、その捌き口に困るほど生れてしまつたのである。／ところが、その反面に、信仰が薄らぎ、実践の力を欠くやうな傾向を生じてしまつた。これは時代として止むを得ぬことではあつたが、宗教の生命は知識ではなく、信と行にあるのであるから、知識の方面から、いかに巧みに仏教を説いても一般信徒には、何か物足りなさがある。……こゝに気付いた仏教徒は、百八十度の転回をして、「行の宗教」「行の仏道」を盛んに主張し、これを実行し始めた。各地に於ける青年指導、結衆、坐禅会、読経会等がそれであつて、その特徴といふべきことは、僧侶が信徒を教化するといふよりも、和光同塵、緇素協同して仏道を行ずるといふ立場で、所謂同信同朋の親鸞主義が大いに取り入れられてゐるやうに見受けられる。こうした運動のトップを切つたものは、何といつても友松円諦氏の真理運動であり、その影響が大きなものであつたことは事実である。不幸にして、真理運動は蹉跌《さてつ》したが、これは仏教の新しい運動への犠牲打であつたと思ふ。前車《（ママ）》の顚覆の原因を知り、その障害を排除して進めば、後車《（ママ）》は容易に進行する筈である。

（高崎直承「仏教運動の新形態とその指標」〈『伝道』四七二号、一九三七年三月〉、六〜七頁）

高崎によれば、キリスト教に対抗して、仏教を科学的に説明する井上円了や原坦山の印度哲学講座など、西洋的な「仏教学」が語られる。しかし、学問的な「仏教学」が通用しなくなり、一九三〇年代では「行の宗教」「行の仏道」が主張されているという。(2)この転換点として高崎は、当時、親鸞主義やラジオ放送などで仏教を分かりやすく大衆に説いていた友松円諦による真理運動を挙げているが、重要なのは、儀礼を中心として信仰を醸成する、という点にある。

このように、一九三〇年代の仏教者たちはいずれも身体的実践の重要性を認識しており、学問や信仰だけでなく、身体の方向性から仏教を見直す動きが活発化していた。これらは儀礼を重視した「第二の新仏教運動」と言える。しかし、この「第二の新仏教運動」は戦時体制とも結びついていた側面もあった。ブライアン・ヴィクトリアが禅仏教の戦争協力を痛烈に批判したように、(3)仏教界の戦争協力への批判や反省によって、軍隊にも影響を与えたとされる身体性を伴う仏教儀礼論は、前面に出ることがなくなった。こうして、序章第二節第二項で述べた仏教儀礼研究の変遷で指摘したように、一九七〇年代後半に入るまで、仏教儀礼を扱うことはタブーとなっていた。そして、仏教系雑誌に見られる儀礼は認識されないまま、現代を迎えるのである。

仏教系雑誌の多くが近代限定のメディアであったこと、一九三〇年代の身体性を強調する仏教界の動向が戦時体制と深く結びついていたために、戦後、仏教儀礼を扱うこと自体がタブー視されたことの二点が、今まで近代仏教儀礼が着目されてこなかった理由であろうと筆者は考えている。以上をふまえれば、本書は、従来着目されてこなかった近代の仏教儀礼を主題化したという点に、まず研究史上の意義を見出せると考えている。

第二節　新たな視座と今後の課題

第一項　大衆と仏教

近代と現代をつなぐ視座として、大量消費文化の担い手である大衆と仏教の関係性を提唱したい。そもそも「大衆《だいしゅ》」とは仏教用語であり、根本分裂後の上座部（保守）と大衆部（革新）の部派を示す意味がある。また、漢訳仏典では、阿含部では出家者の集まり、大乗経典類では、説法に集まった人々（会衆）の訳語に当てられるが、どちらも仏教に関わりのある人々の集まりを意味する。限定的な意味では、平安後期以降の南都北嶺などの諸大寺内に結集された特定の僧徒集団を指す。

mass の訳語としての大衆は、関東大震災以後に登場した新語であり、それまでは一般庶民や民衆の意味がなかった。近代のメディア論を専門とする佐藤卓己は「大衆」の誤用について、『大衆文芸評判記』に寄せられた江戸文化の研究家・三田村鳶魚《みたむらえんぎょ》（一八七〇～一九五二）による一節を引いている。(4)

大衆と書いて昔は「ダイシュ」と読む、それは坊主書生のことである。早くは「南都六万大衆」といい、今日でも禅宗などでは、僧堂坊主のことを大衆といっている。それに民衆とか、民庶とかいうような意味のないことはわかっている。通俗小説というのが厭で、それを逃げるために、歴史的意義のある「大衆《だいしゅ》」という言葉を知らずに使うほど、無学な人の手に成ったものである。

（三田村鳶魚『大衆文芸評判記』汎文社出版、一九三三年〈『三田村鳶魚全集』二四巻

〔中央公論社、一九七六年〕、一一二頁〉）

ここでは、一九三三（昭和八）年には、「大衆」は仏教用語よりも大勢の人を指す言葉として浸透していたことが三田村によって示唆されている。

第五章末でも述べたが、大正期には頭脳市場に従事するホワイトカラー（和製英語サラリーマンと同義）が増加し、東京市在住の「有業人口」のうち、一九〇八（明治四一）年の五・六％から一九二〇（大正九）年の二一・四％へと急激に増加した。そして、大正期から昭和初期にかけての時期、大都市周辺は郊外鉄道の沿線に文化住宅が開発され、百貨店の誕生、映画・観光・出版などが産業化されて、大衆消費社会の原型ができあがった。社会層として増加し、収入が安定していたサラリーマンは、都市に生まれた大衆消費文化の担い手となったという(5)。

消費者としての「大衆」の発見こそが、大量消費される文学としての大衆文学を成立させた、とメディア史の分野で指摘がなされているが、仏教でも、おそらく大衆文学の影響を受けて、一九三六（昭和一一）年から三七年にかけて仏教各宗派大本山・文部省宗教局後援のもと、仏教年鑑社から『大衆仏教全集』が発刊されている(6)。これまでは一般民衆にも分かりやすく仏教を伝えるものとして「通俗」や「在家主義」の語が用いられていたが、「大衆」を使用した点は、当時の世相を反映している。

本書での儀礼と大衆の関係を述べれば、大衆消費社会の原型がいち早く形成された東京で多かった儀礼は、開帳と坐禅と仏前結婚式であった。開帳は近世江戸の流れを引き継ぎ、東京を中心に実施され、百貨店との関連性が見られた。坐禅は短時間で容易に実践可能なことから、東京を中心に普及してきたが、結婚式は費用面や煩わしい手続きのため、選択されなかった。ここからは、合理的判断によって仏教を消費する大衆の存在がうかがえる。また、遠忌も大衆に向けて娯楽性を強めたと考えられ、大衆との関係は仏教儀礼にも影響している。これまで一般の人々は、「国家と民衆」「出家と在家」という区分で考えられてきたことが多かった。「大衆」も使用されてきたが、大量消費者として「大衆」を認識し、「大衆と仏教」の関係を見ることで、近代仏教から現代仏教への遷移を示す有用な視座となる可能性を指摘したい。

第二項　今後の課題

本書で残された課題を三点挙げ、擱筆とする。

一点目は、「受信側」の検証である。本書では、仏教系雑誌の発信側に焦点を当てており、受信した側の情報が少なかった。雑誌内の感想文などは扱ったが、例えば日記などで、「○○という雑誌を読んで興味を持ったので、儀礼に参加した」という記述があれば、仏教系雑誌の記事と儀礼の関係性に対して、より説得力のある事例となる。またこれと関連して、第三章第三節第四項で示した大雄山最乗寺の開帳記事が地方新聞に多く掲載されていたことから、地方新聞の検証も必要だろう。

二点目は、仏教界全体・他宗教との比較である。本書は曹洞宗の事例を中心としたが、他宗の儀礼実践に関する動向をまとめなければ、近代日本の仏教儀礼の全体像は浮かび上がらない。天台宗・真言宗の密教儀礼はもちろんのこと、浄土系・日蓮系の宗派の仏教儀礼を検証することによって、近代仏教儀礼の全体像をより精緻に把握することが可能となる。また、第一章の葬儀や第七章の結婚式で試みたような、神道・キリスト教といった他宗教の儀礼との比較は今後も必要である。

三点目は、国外での日本の仏教儀礼の検証である。例えばエリック・シッケタンツは、中国仏教を視察した日本人僧侶による儀礼批判を挙げている[7]。こういった批判は、日本国内の新仏教運動と同質のものと思われる。中国人や国外の日本人にとって、はたして仏教儀礼は、どのような役割を担っていたのだろうか。本書では、満州・台湾・韓国での禅会、米国での仏前結婚式などの事例を紹介したが、あくまでも日本国内に焦点をあてたため、深い考察を行えなかった。国外における日本の仏教儀礼が現地習俗とのかかわりのなかでどのように報じられ、どのように身体性に影響を与えていたのかは明らかになっていない。補論等で挙げた原田正俊を編者とする東アジアの仏教儀礼に関する論文集[8]が出版されているが、近代に関しての論考は少なく、統治時代の台湾・朝鮮・満州などで刊行された仏教系雑誌の目録整備の動向もふまえつつ、今後の課題としたい。

近代に創られた国民統合を意図したイデオロギー装置としての遙拝儀礼は、戦後にほとんど行われなくなった[9]。本書で見てきた仏教儀礼も、時に国家に従順な態度を取ることで、自ら普及を推進していた時期もあった。しかし、その多くは消滅することなく、現在も意味合いを変えつつ継続している。この点に関して、以下のモーリス・ブロックの指摘は重要である。

> 急速に変化する状況のなかにあって、儀礼は不変であると指摘するならば、もちろんこの指摘は修正されなければならない。明らかに、この種の儀礼は変化し操作される。にもかかわらず、儀礼というものは文化の他の側面にくらべて変容しにくい。このことは、本質的に一般理論上の示唆を与える。たとえば、非常に長期にわたる文化の持続性は、儀礼がもつこのような不変性によって説明しうるかもしれないのである。
>
> （ブロック・モーリス著、田辺繁治・林行夫訳「イデオロギーの構築と歴史」〈田辺繁治編著『人類学的認識の冒険――イデオロギーとプラクティス』同文館、一九八九年〉、四〇六頁）

仏教儀礼に伴う身体の動きや内容自体は大きく変化してはいない。しかし、動作は変わらないものの、時代に応じて解釈が変わり、そのため仏教儀礼の流行は世相を反映する。その世相を読み取り、儀礼は、近代においても僧侶や一般の人々に取捨選択されつつその命脈を保ち、仏教の教えを継承する一部を担ってきた。冒頭の問いである「近代日本の仏教儀礼とは何だったのか」を考えるとき、近代日本の仏教儀礼は、知識人からの批判の対象や「信仰」に従属したものという側面だけではなく、仏教や教団の命脈を保つ重要な要素であったと位置づけることができるだろう。

本書はこうした点をささやかながら明らかにした。そのタイトルに示す通り、近代の仏教儀礼に関する研究は緒に就いたばかりである。続編へとつながるよう、研鑽を続けていきたい。

註

（1）吉永進一「はじめに」（大谷栄一・吉永進一・近藤俊太郎編『増補改訂　近代仏教スタディーズ――仏教からみたもうひとつの近代』法藏館、二〇二三年）、viii～ix頁。

（2）この点に関しては、拙稿「メディアによる行の宗教の形成――仏教系雑誌に見られる身体実践」（『駒澤大学仏教学部論集』五四号、二〇二三年一〇月）、二二三～二四四頁で論じている。

（3）ヴィクトリア・ブライアン著、ツジモト・ルイーズ・エイミー訳『新装版　禅と戦争――禅仏教の戦争協力』（えにし書房、二〇一五年〈原書は一九九七年、訳書初版は光人社、二〇〇一年〉）。シャーフ・ロバート著、菅野統子・大内薫訳「禅と日本のナショナリズム」（日本仏教研究会編『日本の仏教　四号　近世・近代と仏教』法藏館、一九九五年〈原文一九九三年〉）も禅と戦争の関係について論じている。

（4）佐藤卓己『キングの時代――国民大衆雑誌の公共性』（岩波書店、二〇〇二年）、二三三頁。

（5）浅岡隆裕「高度経済成長の到来と週刊誌読者」（吉田則昭編『雑誌メディアの文化史――変貌する戦後パラダイム［増補版］』森話社、二〇一七年）、一三一～一三三頁。

（6）第一『仏教の入門』（山田霊林）、第二『釈尊物語』（山辺習学《やまべしゅうがく》）、第三『仏教疑問解説集』（岡田宣法）、第四『高僧物語』（鷲尾順敬）、第五『仏教芸術』（江部《えべ》鴨村《おうそん》）、第六『仏教伝説選集』（小林正盛）の六巻。

（7）シッケタンツ・エリック『堕落と復興の近代中国仏教――日本仏教との邂逅とその歴史像の構築』（法藏館、二〇一六年）、四〇頁。

（8）原田正俊編『宗教と儀礼の東アジア――交錯する儒教・仏教・道教』（勉誠出版、二〇一七年）。

（9）市川秀之『近代天皇制と遙拝所』（思文閣出版、二〇二一年）、二五〇頁。

資料編

第一節　近代開帳年表（三九七件うち中止五件）

	西暦	期間	開帳主体	宗派	所在	開帳神仏	開帳場所	宗派	所在	種別
1	一八七四		大聖寺（大相模不動）	真言宗豊山派	埼玉県越ヶ谷市	不動明王	両国回向院	浄土宗	東京都墨田区両国	出
2	一八七五		浅草田甫慶印寺	日蓮宗	東京都台東区浅草					居
3	一八七五	四月一日～五月二〇日	江ノ島神社	神社	神奈川県藤沢市江の島	弁天				居
4	一八七五	三月二四日		日蓮宗		法華の祖師（日蓮）				居
5	一八七五	六月一五日～八月一二日	大阪四天王寺	天台宗	大阪府大阪市天王寺区	聖徳太子像	両国回向院	浄土宗	東京都墨田区両国	出
6	一八七五		成田山新勝寺	真言宗智山派	千葉県成田市成田	不動明王	大阪四天王寺	天台宗	大阪府大阪市天王寺区	出
7	一八七五		美濃国大垣善教寺・開闡寺	真宗大谷派	岐阜県大垣市伝馬町	阿弥陀三尊仏・二十四輩				居
8	一八七五	七月二〇日～	京都泉湧寺	真言宗泉涌寺派	京都府京都市東山区	釈迦の歯	両国回向院	浄土宗	東京都墨田区両国	出
9	一八七五	一〇月　二週間	甲府板垣村善光寺	浄土宗	山梨県甲府市	灯籠仏（一光三尊阿弥陀如来像）				居
10	一八七五	四月一〇日～四月二〇日	信州善光寺・上諏訪村教念寺		長野県長野市長野元善町					居
11	一八七五	一一月一五日～一一月三〇日	成田山新勝寺	真言宗智山派	千葉県成田市成田	不動明王	京都		京都府京都市	出
12	一八七五	一二月二一日～一二月三〇日	美濃国山県郡岩村村徳秀寺	臨済宗妙心寺派	岐阜県大垣市新町	薬師如来				居
13	一八七六	三月五日～			東京都墨田区	観音	安宅観音跡		東京都墨田区	出
14	一八七六	四月一日～六月一九日	浅草寺	天台宗	東京都台東区浅草	観音				居
15	一八七六	三月	上総藻原寺	日蓮宗	千葉県茂原市茂原		谷中一乗寺	日蓮宗	東京都台東区谷中	出
16	一八七六	三月二二日から六〇日間	小石川伝通院	浄土宗	東京都文京区小石川	大黒天				居

17	一八七六	四月五日～四月二〇日	武州鳩ヶ谷吉祥院	真言宗智山派	埼玉県川口市南町	毘沙門天				居
18	一八七六					一光三尊仏	浅草称念寺	浄土真宗高田派	東京都台東区元浅草	出
19	一八七六	五月一日から三〇日間	鎌倉妙伝寺	日蓮宗	神奈川県鎌倉市扇ガ谷	日蓮像	浅草正覚寺	日蓮宗	東京都台東区元浅草	出
20	一八七六	五月一日から三〇日間	大阪四天王寺	天台宗	大阪府大阪市天王寺区	聖徳太子像	蔵前華徳院	天台宗	東京都台東区蔵前	出
21	一八七六	五月五日～七月一三日	川崎大師平間寺	真言宗智山派	神奈川県川崎市川崎区	弘法大師像				居
22	一八七六	五月一五日から三〇日間	羽根田弁天	真言宗智山派	東京都大田区羽田	弁天				居
23	一八七六		保土ケ谷大仙寺	高野山真言宗	神奈川県横浜市保土ケ谷区霞台	弘法大師像	下総銚子		千葉県銚子市	出
一八七六（明治九）年六月一四日、教部省布達第四号「各寺院ノ仏像他ノ管内ヘ持出シ開帳候儀自今令停止候条此旨寺院ヘ布達スベキ事」によって、寺院の仏像を他府県へ持ち出す開帳禁止										
24	一八七六		信州			源海上人の遺体	下谷稲荷町泰宗寺	曹洞宗	東京都豊島区駒込	出
×-1	一八七六	神風講社の出張を開帳と間違える	伊勢太神宮							×
25	一八七六		目黒祐天寺	浄土宗	東京都目黒区中目黒	霊宝什物				居
26	一八七七		美濃谷汲山華厳寺	天台宗	岐阜県揖斐川町谷汲徳積	観音				居
27	一八七七	四月一日～五月三一日	目黒祐天寺	浄土宗	東京都目黒区中目黒	祐天上人				居
28	一八七七	五月一日～五月二〇日	上総芝山観音教寺	天台宗	千葉県山武郡芝山町芝山	仁王				居
29	一八七八	四月一日から四〇日間（五日間延長）	新井薬師梅照院	真言宗豊山派	東京都中野区新井	瑠璃光如来薬師				居
30	一八七八	四月から六月九日まで（二四日まで延長）	高輪泉岳寺	曹洞宗	東京都港区高輪	釈迦八相の掛物・四十七士の像				居
31	一八七八	三月二〇日から五日間	横浜元町弁天増徳院	高野山真言宗	神奈川県横浜市南区平楽	弁財天				居
32	一八七八	三月一五日から六〇日間	上州桐生町鎮守天満宮	神社	群馬県桐生市天神町					居
33	一八七九	二月五日、六日	北野太融寺	高野山真言宗	大阪府大阪市北区太融寺町	北向庚申				居

34	一八七九		池上本門寺	日蓮宗	東京都大田区池上	日蓮像				居
35	一八七九	三月	目黒祐天寺	浄土宗	東京都目黒区中目黒					居
36	一八七九	三月	高市郡久米村久米寺	真言宗御室派	奈良県橿原市久米町	久米仙人像				居
37	一八七九	旧暦三月二三日から五〇日間	当麻寺奥の院	浄土宗・真言宗	奈良県葛城市當麻	元祖大師(法然)像				居
38	一八七九	四月三日から四〇日間	西新井大師総持寺	真言宗豊山派	東京都足立区西新井	弘法大師像				居
39	一八七九	四月七日から四月一〇日まで	垣内善光寺	融通念仏宗	大阪府八尾市垣内	善光寺如来				居
40	一八七九	四月一二日午前一〇時から午後二時まで	本澄寺	日蓮宗	大阪府高槻市上牧	日蓮上人像				居
41	一八七九	四月一七日から	堀之内妙法寺	日蓮宗	東京都杉並区堀ノ内	日蓮上人像（おそっさま）				居
42	一八七九		正覚寺	日蓮宗	東京都目黒区中目黒	鬼子母神				居
43	一八七九	五月	横浜長者町常清寺	日蓮宗	神奈川県横浜市中区長者町	清正公				居
44	一八七九	五月一七日、一八日	清水寺	真言宗醍醐派↓法相宗（一八八五～）	京都市東山区清水	観音				居
45	一八七九	八月	信貴山朝護孫子寺	高野山真言宗	奈良県生駒郡平群町	毘沙門天				居
×-2	一八八〇	一〇月二〇日から一〇月三〇日まで↓事実誤認	田螺不動菅谷寺	真言宗醍醐派	新潟県新発田市菅谷	不動明王	谷中南禅寺・浅草八幡宮			×
46	一八八〇	四月一六日から五月一六日まで三一日間	大阪府下清水観世音清水寺	天台宗	大阪府大阪市天王寺区伶人町	観音				居
47	一八八〇	四月二〇日から三〇日間	道頓堀十日前竹林寺	浄土宗	大阪府大阪市天王寺区勝山	観音				居
48	一八八〇	九月二五日から一〇月九日	小石川白山前町浄心寺	日蓮宗	東京都文京区白山	日蓮大菩薩開運帝釈天				居
49	一八八〇	一〇月	自安寺	日蓮宗	大阪府大阪市中央区道頓堀	加藤清正像				居
50	一八八〇	一一月一五日まで	播州書写山円教寺	天台宗	兵庫県姫路市書写	観音	法善寺	浄土宗	大阪府大阪市中央区難波	出

51	一八八〇	四月	大阪府箕面勝尾寺	高野山真言宗	大阪府箕面市粟生間谷	十一面千手観音	大阪府南区下寺町万福寺	単立	大阪府大阪市天王寺区下寺町	出
52	一八八一	五月	芝公園弁財天宝珠院	浄土宗	東京都港区芝公園	弁財天				居
53	一八八二	三月	浅草寺	天台宗	東京都台東区浅草	観音				居
54	一八八二	九月五日から三日間	水天宮	神社	福岡県久留米市瀬下町	天神	蛎殻町水天宮	神社	東京都中央区日本橋蛎殻町	出
55	一八八二	八月二三日から三週間	浅草宗吾霊社	真言宗豊山派	東京都台東区寿	佐倉惣五郎				居
56	一八八二	一二月一三日から	目黒不動瀧泉寺	天台宗	東京都目黒区下目黒	不動明王				居
57	一八八三	四月一日から五月三〇日まで	浅草伝法院	天台宗	東京都台東区浅草	観音				居
58	一八八三	四月一日から	荏原郡馬込村万福寺	曹洞宗	東京都大田区南馬込	阿弥陀如来・地蔵菩薩・鬼子母神				居
59	一八八三	九月二〇日から一五日間	身延山久遠寺	日蓮宗	山梨県南巨摩郡身延町身延	日蓮上人像	小伝馬町祖師堂身延別院	日蓮宗	東京都中央区日本橋小伝馬町	出
一八八四（明治一七）年三月一九日の内務省達により、該当寺院の住職檀家総代（無檀家の寺院は信徒総代）及び本寺法類連署の上本山の添書を以て甲乙両管庁へ出願（宝物持出は不要）する条件付で開帳制限解除										
60	一八八四	五月三日から六月二日まで三一日間→六月二一日まで延長	北野太融寺	高野山真言宗	大阪府大阪市北区太融寺町	北向庚申				居
61	一八八四	四月四日から五月四日まで→五月一三日まで延長	川崎大師平間寺	真言宗智山派	神奈川県川崎市川崎区	弘法大師像				居
62-1	一八八四	七月一日から六〇日間	京都嵯峨清涼寺	浄土宗	京都府京都市右京区嵯峨釈迦堂藤ノ木町	釈迦如来	浅草南元町西福寺	浄土宗	東京都台東区蔵前	出
62-2	一八八四	九月九日から一〇日間					小石川伝通院	浄土宗	東京都文京区小石川	
62-3	一八八四	一〇月一日から一二日間					芝増上寺	浄土宗	東京都港区芝公園	
63	一八八四	四月～五月一一日	成田山新勝寺	真言宗智山派	千葉県成田市成田	不動明王				居
64	一八八五	一月二一日から二月二四日まで	京都南殿順興寺	浄土真宗本願寺派	京都府京都市右京区鳴滝松本町	慧灯大師（蓮如）自作尊像	日吉橋北詰浄徳寺	浄土真宗本願寺派	大阪府大阪市西区北堀江	出
65	一八八五	四月一五日から六月三日まで五〇日間→六月一三日まで延長	成田山新勝寺	真言宗智山派	千葉県成田市成田	不動明王	深川公園地成田山不動堂	真言宗智山派	東京都江東区富岡	出
66	一八八五	四月一五日から五月一四日まで	新井薬師梅照院	真言宗豊山派	東京都中野区新井	薬師如来	両国回向院	浄土宗	東京都墨田区両国	出

67-1	一八八五	三月二一日から五月九日→五月一四日まで延長	京都光明寺	西山浄土宗	京都府長岡京市粟生西条ノ内	円光大師(法然)・見真大師(親鸞)	両国回向院	浄土宗	東京都墨田区両国	出
67-2	一八八五	五月一五日から一〇日間					浅草新堀西福寺	浄土宗	東京都台東区蔵前	
68	一八八五	五月八日から五月二二日まで	上総国布田村不老山薬王寺	顕本法華宗	千葉県東金市上布田	薬師仏				居
69-1	一八八五	五月一日から三〇日間	身延山久遠寺	日蓮宗	山梨県南巨摩郡身延町身延	日蓮上人像	深川浄心寺	日蓮宗	東京都江東区平野	出
69-2	一八八五	六月五日から一五日間					横浜長者町常清寺	日蓮宗	神奈川県横浜市南区清水ケ丘	
69-3	一八八五						大阪表		大阪府大阪市	
70	一八八五	五月八日から六月八日まで	本郷四丁目真光寺	天台宗	東京都文京区本郷	薬師如来				居
71	一八八五	五月	奈良長谷観音堂ほか一八カ寺	真言宗豊山派ほか	奈良県桜井市初瀬					総・居
72	一八八五	四月一〇日から五月一五日まで	法隆寺	聖徳宗	奈良県生駒郡斑鳩町	宝物展覧会				居
73	一八八五	四月一〇日から五月一五日まで	奈良東大寺	華厳宗	奈良県奈良市雑司町	宝物展覧会				居
74	一八八五	四月一日から五月五日まで	忍辱山円成寺	真言宗御室派	奈良県奈良市忍辱山町	宝物展覧会				居
75	一八八五	四月一〇日から五月一九日まで	長谷寺多武峰	真言宗豊山派	奈良県桜井市初瀬	宝物展覧会				居
76	一八八五	四月二九日から七日間	宝生寺	真言宗室生寺派	奈良県宇陀市室生	宝物展覧会				居
77	一八八五	四月七日から五月二六日まで	岡寺橘寺	天台宗	奈良県高市郡明日香村橘	宝物展覧会				居
78	一八八五	四月一日から五月一〇日まで	壺坂寺	真言宗豊山派	奈良県高市郡高取町壺阪	宝物展覧会				居
79	一八八五	四月一〇日から五月二〇日まで	当麻寺	浄土宗・真言宗	奈良県葛城市當麻	宝物展覧会				居
80	一八八五	四月一〇日から五月二〇日まで	石光寺	浄土宗	奈良県葛城市染野	宝物展覧会				居
81	一八八五	四月一〇日から五月二〇日まで	久米寺	真言宗御室派	奈良県橿原市久米町	宝物展覧会				居
82	一八八五	四月から五月五日まで	吉野山金峯山寺	天台宗	奈良県吉野郡吉野町吉野山	役行者像				居
83	一八八五	四月一日から三〇日間→五月二〇日まで延長	京都嵯峨清凉寺	浄土宗	京都府京都市右京区嵯峨釈迦堂藤ノ木町	釈迦	法善寺	浄土宗	大阪府大阪市中央区難波	出

84	一八八五	一〇月二日から一〇日間	雑司ヶ谷鬼子母神法明寺	日蓮宗	東京都豊島区雑司ヶ谷	鬼子母神像				居
85	一八八六	三月一二日から四月一三日まで	浜町熊本本妙寺出張所清正公寺	日蓮宗	東京都中央区日本橋浜町	加藤清正像				居
86	一八八六	四月五日から五月一四日まで四〇日間→五月二四日まで延長	音羽町護国寺	真言宗豊山派	東京都文京区大塚	如意輪観世音菩薩				居
87	一八八六	三月二八日から五月一日→一〇日間延長	成田山新勝寺	真言宗智山派	千葉県成田市成田	不動明王				居
88	一八八六	三月一日から三〇日間	浅草寺	天台宗	東京都台東区浅草	観音				居
89	一八八六	三月二八日から五月一日（三五日間）	下総宗吾霊堂東勝寺	真言宗豊山派	千葉県成田市宗吾	宗吾像				居
90	一八八六	四月三日から五月二日まで→五月三日から五月七日まで延長	西高津梅ヶ丘高野山出張所藤次寺	高野山真言宗	大阪府大阪市天王寺区生玉町	弘法大師像				居
91	一八八六	四月一一日から五月三〇日まで	浅草寺念仏堂	天台宗	東京都台東区浅草	慈覚大師像				居
92	一八八六	五月九日午前七時から午後二時	寛永寺不忍弁天堂	天台宗	東京都台東区上野公園	弁天				居
93	一八八六	五月	京都東本願寺	真宗大谷派	京都府京都市下京区烏丸通七条上る	慧灯大師蓮如上人御影	福井県坂井郡吉崎浦別院	真宗大谷派	福井県あわら市吉崎	出
94	一八八六	六月一日から六月一五日まで	京都瑞龍寺	日蓮宗	京都府京都市上京区竪門前町（現在：滋賀県近江八幡市宮内町）	鬼子母神像	日本橋区小伝馬町村雲別院	日蓮宗	東京都中央区日本橋小伝馬町（現在は茨城県取手市稲）	出
95	一八八六	六月一〇日から七月二九日まで	信州善光寺	天台宗・浄土宗	長野県長野市元善町	如来	下谷山伏町灯明寺	天台宗	東京都台東区北上野	出
×-3	一八八六	八月一日から九月一四日まで→コレラのため中止	田螺不動菅谷寺	真言宗醍醐派	新潟県新発田市菅谷	不動明王				×
96	一八八七	四月八日から五月七日まで→五月一三日まで延長	西新井大師総持寺	真言宗豊山派	東京都足立区西新井	弘法大師像				居
97	一八八七	四月四日から三〇日間→五月三日まで延長	寛永寺不忍弁天堂	天台宗	東京都台東区上野公園	弁天				居
98	一八八七	四月一〇日から四月二九日まで	湯殿山注連寺	真言宗智山派	山形県鶴岡市大網中台	大日如来・弘法大師木像	北豊島郡坂本村泰寿院	浄土宗	東京都台東区下谷	出

99	一八八七	四月一〇日から五月一五日まで	平野大念仏寺	融通念仏宗	大阪府大阪市平野区平野上町	天得如来				居
100	一八八七	四月一五日から一〇日間	井の頭弁天大盛寺	天台宗	東京都三鷹市井の頭	弁天				居
101	一八八七	五月一三日から一週間	深川御船蔵前町秋葉寺・秋葉神社		東京都江東区深川御船蔵前町	大日如来				居
×-4	一八八七	六月三日から六月二六日まで→開帳否定	光徳寺			善光寺如来	北野太融寺	高野山真言宗	大阪府大阪市北区太融寺町	×
102	一八八七	六月二五日から五日間	池上本門寺	日蓮宗	東京都大田区池上	日蓮上人像				居
103	一八八七	六月	摩耶山天上寺	摩耶山真言宗	兵庫県神戸市灘区摩耶山町	観音	千日前竹林寺	浄土宗	大阪府大阪市中央区難波	出
104	一八八七	六月	鎌倉郡片瀬村龍口寺	日蓮宗	神奈川県藤沢市片瀬	日蓮上人像	浅草永住町長遠寺	日蓮宗	東京都台東区元浅草	出
105	一八八七	八月二六日から九月二五日まで	近江国西国三拾番札所竹生島宝厳寺	真言宗豊山派	滋賀県長浜市早崎町	弁財天・観世音				居
106	一八八七	八月二九日から九月一八日まで	信州吾妻善光寺如来	浄土宗	群馬県吾妻郡中之条町山田	善光寺如来	兵庫能福寺	天台宗	兵庫県神戸市兵庫区	出
107	一八八七	九月一七日から一〇月九日まで二三日間	柴又帝釈天題経寺	日蓮宗	東京都葛飾区柴又	帝釈天（多聞天）	浅草永住町長遠寺	日蓮宗	東京都台東区元浅草	出
108	一八八八	四月二五日から五月二〇日まで二六日間	西国第廿四番札所摂州中山寺	真言宗中山派	兵庫県宝塚市中山寺	十一面観音				居
109	一八八八	四月二八日から六月一日まで（四月二一、二三日は横浜）→七日間延長	武州高尾山薬王院有喜寺	真言宗智山派	東京都八王子市高尾町	飯縄不動尊	深川公園地		東京都江東区富岡	出
110	一八八八	四月二八日から六月一日まで→六月八日まで延長し、音羽護国寺へ遷座	根来寺	新義真言宗	和歌山県岩出市根来	錐鑽不動尊	深川公園地		東京都江東区富岡	出
111	一八八八	五月二三日から六月六日まで	静岡県遠江国山名郡広岡村妙日寺	日蓮宗	静岡県袋井市広岡	日蓮上人像・妙日・妙連の三霊像	日本橋区浜町清正堂（清正公寺）	日蓮宗	東京都中央区日本橋浜町	出
112	一八八八	四月一日から三〇日間	小石川伝通院境内福聚院	浄土宗	東京都文京区小石川	大黒天				居
113	一八八八	四月一〇日から五月二九日まで	信州善光寺	天台宗・浄土宗	長野県長野市長野元善町	如来像				居

114	一八八八	四月二〇日から六月一八日まで六〇日間	本所高野山千蔵院出張所（吾妻橋向旧佐竹邸）	高野山真言宗	東京都墨田区吾妻橋	弘法大師像				居
115	一八八八	四月一日から四月一六日まで	上総国布田村不老山薬王寺	顕本法華宗	千葉県東金市上布田	薬師仏	浅草田甫慶印寺	顕本法華宗	東京都台東区西浅草	出
116	一八八八	四月二〇日から	当麻寺	浄土宗・真言宗	奈良県葛城市当麻	中将姫の像	赤坂一ツ木浄土寺	浄土宗	東京都港区赤坂	出
117	一八八八	四月二八日から三〇日間→五日間延長	目黒不動瀧泉寺	天台宗	東京都目黒区下目黒	不動明王				居
118	一八八八	五月四日から五月一三日まで	飯倉一乗寺	日蓮宗	東京都港区麻布台	日蓮上人像	白山前町大乗寺	日蓮宗	東京都文京区	出
119	一八八八	四月二五日まで→一〇日間延長	目黒祐天寺	浄土宗	東京都目黒区中目黒	祐天上人				居
120	一八八八	五月	石山寺	東寺真言宗	滋賀県大津市石山寺	大黒天				居
121	一八八八	五月三〇日から三〇日間	南地法善寺	浄土宗	大阪府大阪市中央区難波	義士の遺物				居
122	一八八八	六月二五日から五〇日間	京都太秦広隆寺	真言宗系	京都府京都市右京区太秦	聖徳太子像	浅草雷門大行院	天台宗	東京都台東区浅草	出
123	一八八八	六月から七月三一日まで→八月二八日まで延長	本所高野山千蔵院出張所（吾妻橋向旧佐竹邸）	高野山真言宗	東京都墨田区吾妻橋	弘法大師・刈萱道心				居
124	一八八八	八月一日から八月一五日まで	京都東福寺	臨済宗東福寺派	京都府京都市東山区本町	猫入大涅槃像	牛込榎木町済松寺	臨済宗妙心寺派	東京都新宿区榎町	出
125	一八八八	八月九日	遠州浜松在龍禅寺	高野山真言宗	静岡県浜松市中区龍禅寺町	観音				居
126	一八八八	九月一五日から一五日間	新潟県佐渡国妙宣寺	日蓮宗	新潟県佐渡市阿仏坊	日蓮上人像	浅草松山町大雄山本蔵寺	日蓮宗	東京都台東区松が谷（一九一〇年東京都江戸川区北小岩に移転）	出
127	一八八八	九月二三日から一〇月二二日まで三〇日間	信州善光寺	天台宗・浄土宗	長野県長野市元善町	一光三尊仏	下谷練塀町四番地高田本山出張所専修寺	真宗高田派	東京都台東区秋葉原	出
128	一八八九	三月二一日から	京都府上京区妙顕寺	日蓮宗	京都府京都市上京区妙顕寺前町	日蓮大師及び大仏像	浅草松山町本龍寺（龍鳴山本覚寺か）	日蓮宗	東京都台東区松が谷	出
129	一八八九	四月一四日から四月二八日まで	北豊島郡下板橋日曜寺	真言宗霊雲寺派	東京都板橋区大和町	愛染明王				居

130	一八八九	五月五日から七月四日まで六一日間	山形県羽前国東田川郡三ヶ沢村善光寺	真言宗豊山派	山形県米沢市万世町堂森	閻浮檀金弥陀如来	浅草田島町誓願寺	浄土宗	東京都台東区西浅草（関東大震災後移転）	出
131	一八八九	五月一日から一〇日間	麻布区今井町帝釈天真性寺	日蓮宗	東京都大田区池上	帝釈天				居
132	一八八九	八月一日から八月一六日まで	佐渡国加茂郡大野村根本寺	日蓮宗	新潟県新潟県佐渡市新穂大野	龍灯日蓮大菩薩	浅草松山町大雄山本蔵寺	日蓮宗	東京都台東区松が谷	出
133	一八八九	五月から六月の三〇日間	京都妙見寺	日蓮宗	京都府京都市山科区大塚南溝町	姿見日蓮大士	浅草松山町本龍寺（龍鳴山本覚寺か）	日蓮宗	東京都台東区松が谷	出
134	一八八九	六月七日から七月六日まで	洲崎弁天洲崎神社	神社	東京都江東区木場	弁財天				居
135	一八八九	八月一二日から八月三一日まで	日本橋区茅場町薬師堂智泉院	天台宗	東京都中央区日本橋茅場町	三国伝来閻浮檀金霊像				居
136	一八八九	九月一〇日から九月二五日まで	小伝馬町祖師堂身延別院	日蓮宗	東京都中央区日本橋小伝馬町	高祖願満日蓮大士像				居
137	一八八九	九月三日から	房州平郡名古村名古寺ほか三二カ寺		千葉県館山市	観音				総・居
138	一八八九	一〇月一八日から一〇月一二日まで	下総国結城町安穏寺	曹洞宗	茨城県結城市結城	源翁和尚	高輪泉岳寺地中功雲院（鳩寺）	曹洞宗	東京都港区高輪	出
139	一八九〇	一月元旦開帳	堀之内妙法寺	日蓮宗	東京都杉並区堀ノ内	日蓮上人像				居
140	一八九〇	三月三一日から五月一〇日まで五一日間	武州高尾山薬王院	真言宗智山派	東京都八王子市高尾町	飯縄不動明王				居
141	一八九〇	四月一日から五月三〇日まで六〇日間→六月九日まで延長	高輪泉岳寺	曹洞宗	東京都港区高輪	摩利支天				居
142	一八九〇	三月一六日	堀之内妙法寺	日蓮宗	東京都杉並区堀ノ内	日蓮像				居
143	一八九〇	五月六日から五月二六日まで三週間	身延山久遠寺	日蓮宗	山梨県南巨摩郡身延町身延	日蓮像・古器物古書画				居
144	一八九〇	四月二日から	浅草山谷法正寺（法昌寺か）	日蓮宗	東京都台東区下谷	毘沙門天				居
145	一八九〇	三月一三日から	本所区表町実相寺	日蓮宗	東京都墨田区東駒形	熊谷文殊大師				居
146	一八九〇	三月二二日から三〇日間	駿州安部郡麻機村字大日前最勝不動明王智徳院	真言宗智山派	静岡県静岡市葵区北	不動明王	日本橋区中洲		東京都中央区日本橋中洲	出

147	一八九〇	四月二日から五月一九日	新井薬師梅照院	真言宗豊山派	東京都中野区新井	薬師如来				居
148	一八九〇	四月一五日から五〇日間 ↓六月一五日まで延長	増上寺広度院	浄土宗	東京都港区芝公園	黒本尊				居
149	一八九〇	四月一日から三〇日間	金杉三丁目毘沙門天正伝寺	日蓮宗	東京都港区芝	毘沙門天				居
150	一八九〇	四月二〇日から五月四日まで	川崎大師平間寺	真言宗智山派	神奈川県川崎市川崎区	弘法大師	埼玉県入間郡川越町養寿院	曹洞宗	埼玉県川越市元町	出
151	一八九〇	五月五日から七日間	東京根岸薬師堂	天台宗	東京都台東区根岸	薬師仏				居
152	一八九〇	五月二〇日から六月九日まで	品川海雲寺	曹洞宗	東京都品川区南品川	千体荒神				居
153	一八九〇	一〇月八日から	堀之内妙法寺	日蓮宗	東京都杉並区堀ノ内	日蓮上人像				居
154	一八九一	一月一六日から	赤坂豊川稲荷	曹洞宗	東京都港区元赤坂	荼枳尼天				居
155	一八九一	三月二八日から五月一日まで ↓一〇日間延長	成田山新勝寺	真言宗智山派	千葉県成田市成田	不動明王				居
156	一八九一	四月四日から五月五日まで三〇日間	身延山久遠寺	日蓮宗	山梨県南巨摩郡身延町身延	日蓮上人像	深川浄心寺	日蓮宗	東京都江東区平野	出
157	一八九一	四月五日から数日間	本所区荒井町十五番地感応寺	浄土宗	東京都墨田区本所	安産地蔵				居
158	一八九一	五月五日から	甲州小室妙法寺	日蓮宗	山梨県南巨摩郡富士川町小室	消毒日蓮像・七面天女像	深川浄心寺	日蓮宗	東京都江東区平野	出
159-1	一八九一	七月一〇日から八月二八日まで ↓一〇日間延長	京都嵯峨清凉寺	浄土宗	京都府京都市右京区嵯峨釈迦堂藤ノ木町	釈迦如来	両国回向院	浄土宗	東京都墨田区両国	出
159-2	一八九一	九月一二日から九月二六日まで ↓一〇日間延長 ↓予定通り二六日閉帳	京都嵯峨清凉寺	浄土宗	京都府京都市右京区嵯峨釈迦堂藤ノ木町	釈迦如来	日本橋区小伝馬町高野山派別院大師堂	高野山真言宗	東京都中央区日本橋小伝馬町	出
159-3	一八九一	九月二九日から二週間					上州高崎		群馬県高崎市	
159-4	一八九一	五日間					大相模		埼玉県越谷市	
159-5	一八九一	一〇日間					下総古河		茨城県古河市	
159-6	一八九一	五日間					千住		東京都足立区千住	
159-7	一八九一	一一月七日から一二月六日まで					浅草田島町誓願寺	浄土宗	東京都台東区西浅草	
159-8	一八九二	一月一日から					小石川伝通院	浄土宗	東京都文京区小石川	

160	一八九一	五月一〇日から六月三日→七月一六日まで延長	湯島天沢山麟祥院	臨済宗妙心寺派	東京都文京区湯島	春日局の霊像				居
161	一八九一	四月二八日から	日本橋人形町大観音寺	天台宗	東京都中央区日本橋人形町	観音				居
162	一八九一	九月二四日から一〇月三日まで	巣鴨高岩寺	曹洞宗	東京都豊島区巣鴨	地蔵尊				居
163	一八九一	九月一四日から一週間	本所押上最教寺	日蓮宗	東京都墨田区押上	曼荼羅				居
164	一八九二	四月五日から四月二五日まで	武州秩父郡大龍寺	天台宗	埼玉県飯能市大字南	子権現				居
165	一八九二	三月一八日から三月三一日まで	常陸板敷山大覚寺	浄土真宗本願寺派	茨城県石岡市大増	阿弥陀如来	築地本願寺別院	浄土真宗本願寺派	東京都中央区築地	出
166	一八九二	三月一五日から四月八日まで	大雄山最乗寺	曹洞宗	神奈川南足柄市大雄町	道了薩埵				居
167	一八九二	三月三一日から一五日間	中仙道熊ヶ谷熊谷寺	浄土宗	埼玉県熊谷市仲町	蓮生法師				居
168	一八九二	四月一日から四月二一日まで	上州新田郡太田町大光院	浄土宗	群馬県太田市金山町	呑龍上人				居
169	一八九二	五月から	山梨県西山梨郡脚気石明神	神社	山梨県甲府市上帯那町	大石	築地南本郷町		東京都中央区築地	出
170	一八九二	三月中	熊本県山本郡山東村小野		熊本県熊本市北区植木町小野	小野小町				居
171	一八九二	四月六日から五月五日まで	高輪泉岳寺	曹洞宗	東京都港区高輪	義士の遺物				居
172	一八九二	四月二五日から五月一五日	田螺不動尊菅谷寺	真言宗醍醐派	新潟県新発田市菅谷	不動明王	赤坂一ツ木浄土寺	浄土宗	東京都港区赤坂	出
173	一八九二	五月一一日から七月一二日→七月二五日まで延長	芝山仁王尊観音教寺	天台宗	千葉県山武郡芝山町芝山	仁王像・山倉六大天王	両国回向院	浄土宗	東京都墨田区両国	出
174	一八九二	五月二二日から七月一〇日まで	下総山倉山観福寺	真言宗豊山派	千葉県香取市山倉	大六天王	両国回向院	浄土宗	東京都墨田区両国	出
175	一八九二	六月一四日から	山梨県甲府市白木町妙詮寺	日蓮宗	山梨県甲府市朝日	三光天子(日蓮自刻の仏像)	小伝馬町祖師堂身延別院	日蓮宗	東京都中央区日本橋小伝馬町	出
176	一八九二	九月二八日まで延長	相州大住郡大山不動尊大山寺	真言宗大覚寺派	神奈川県伊勢原市大山	不動明王				居
177-1	一八九二	九月二月から一〇月二一日まで→一〇月三一日まで延期	田螺不動尊菅谷寺	真言宗醍醐派	新潟県新発田市菅谷	不動明王	両国回向院	浄土宗	東京都墨田区両国	出
177-2	一八九二	二月五日から					麹町区麹町八丁目栖岸院	浄土宗	東京都杉並区永福	

178	一八九二	九月二八日	目黒祐天寺	浄土宗	東京都目黒区中目黒	不動明王・祐天上人				居
179	一八九二	毎月二〇日	日本橋区茅場町薬師堂智泉院	天台宗	東京都中央区日本橋茅場町	薬師如来				居
180	一八九二	九月二八日から	成田山新勝寺	真言宗智山派	千葉県成田市成田	不動明王				居
181	一八九二	九月二八日から	深川公園地成田山不動堂	真言宗智山派	東京都江東区富岡	不動明王				居
182	一八九二	九月一四日から	千葉県東葛飾郡中山法華経寺	日蓮宗	千葉県市川市中山	鬼子母神	浅草土富店長遠寺	日蓮宗	東京都台東区元浅草	出
183	一八九二	九月一九日から九月二九日まで一一日間	浅草土富店蓮光寺	日蓮宗	東京都台東区元浅草	出世大黒天・立像釈迦如来				居
184	一八九二	一〇月二日から一〇月三一日まで	東京府下北豊島郡板橋町観明寺	真言宗豊山派	東京都板橋区板橋	金比羅大権現				居
185	一八九二	一二月二八日	目黒祐天寺	浄土宗	東京都目黒区中目黒	不動明王				居
186	一八九二	春ごろ	熊本本妙寺	日蓮宗	熊本県熊本市西区花園	加藤清正像				居
187	一八九三	毎年一・五・九	目黒祐天寺	浄土宗	東京都目黒区中目黒	不動明王				居
188	一八九三	三月二七日から四月一五日まで二〇日間	池上本門寺	日蓮宗	東京都大田区池上	日蓮上人像	浅草土富店長遠寺	日蓮宗	東京都台東区元浅草	出
189	一八九三	四月一日から四月一七日まで	芝公園弁財天宝珠院	浄土宗	東京都港区芝公園	弁財天・観世音				居
190	一八九三	四月一日から五月三〇日まで→六月一九日まで二〇日間延長	浅草寺	天台宗	東京都台東区浅草	観音				居
191	一八九三	四月一日から	北豊島郡下板橋観明寺	真言宗豊山派	東京都板橋区板橋	金比羅大権現	日本橋区茅場町薬師堂智泉院	天台宗	東京都中央区日本橋茅場町	出
192	一八九三	四月八日から一五日間	井の頭弁天大盛寺	天台宗	東京都三鷹市井の頭	弁天				居
193	一八九三	四月一〇日から五月九日まで	信州善光寺	天台宗・浄土宗	長野県長野市元善町	如来	浅草田島町誓願寺	浄土宗	東京都台東区西浅草	出
194	一八九三	四月一日から	岐阜県大垣町		岐阜県大垣市	西国三十三ヶ所観音				総・居
195	一八九三	四月	江ノ島神社	神社	神奈川県藤沢市江の島					居
196	一八九三	四月二一日から	堀之内妙法寺	日蓮宗	東京都杉並区堀ノ内	日蓮上人像				居
197	一八九三	六月一日から三〇日間	深川町冬木町弁財天	古義真言宗	東京都江東区冬木	弁財天				居

198	一八九三	六月一三日から六月一九日まで一週間	下谷区谷中妙法寺	日蓮宗	東京都台東区谷中	七裏大善神				居
199	一八九四	四月一日から六月三〇日まで	川崎大師平間寺	真言宗智山派	神奈川県川崎市川崎区	弘法大師像				居
200	一八九四	四月一日から五月三一日まで	信州善光寺	天台宗・浄土宗	長野県長野市元善町	如来				居
201	一八九四	四月一日から四月三〇日まで	静岡県引佐郡奥山村方広寺	臨済宗方広寺派	静岡県浜松市北区引佐町奥山	半僧坊				居
202	一八九四	四月五日から五月五日まで三一日間	下総宗吾霊堂東勝寺	真言宗豊山派	千葉県成田市仲町	宗吾像				居
203	一八九四	四月一四日から七日間	深川安宅秋葉本坊中央寺	曹洞宗	東京都江東区新大橋	三尺坊				居
204	一八九四	五月八日から六月一日まで二五日間	身延山久遠寺	日蓮宗	山梨県南巨摩郡身延町身延	日蓮上人像・七面天女像	深川浄心寺	日蓮宗	東京都江東区平野	出
205	一八九四	六月二七日から一五日間	相州松葉ヶ谷妙法寺	日蓮宗	神奈川県鎌倉市大町	日蓮像	浅草土富店長遠寺	日蓮宗	東京都台東区元浅草	出
206	一八九四	七月一日から八月一日まで	本所区両国元町大徳院 高野山出張所	高野山真言宗	東京都墨田区両国	弘法大師				居
207	一八九四	八月七日	相州松葉ヶ谷妙法寺	日蓮宗	神奈川県鎌倉市大町	日蓮上人像				居
208	一八九五	九月一九日から一〇月八日まで二〇日間	相州龍の口龍口寺	日蓮宗	神奈川県藤沢市片瀬	日蓮上人像	浅草土富店長遠寺	日蓮宗	東京都台東区元浅草	出
209	一八九六	三月二五日から四月二五日まで	静岡県富士郡曽我兄弟守仏不動尊曽我寺（鷹岳山福泉寺）	曹洞宗	静岡県富士市久沢	不動明王	両国回向院	浄土宗	東京都墨田区両国	出
210	一八九六	四月五日から五月四日→五月一五日まで延長	西新井大師総持寺	真言宗智山派	東京都足立区西新井	厄除弘法大師像				居
211	一八九六	四月一〇日から一五日間	川越喜多院	天台宗	埼玉県川越市小仙波町	大師像（天海僧正か）				居
212	一八九六	六月五日から六月一一日まで七日間	柴又帝釈天題経寺	日蓮宗	東京都葛飾区柴又	帝釈天	横浜長者町常清寺	日蓮宗	神奈川県横浜市南区清水ケ丘	出
213	一八九六	九月一七日から一〇日間	千葉県銚子妙福寺	日蓮宗	千葉県銚子市妙見町	聖徳太子作妙見大士	日本橋区浜町清正堂（清正公寺）	日蓮宗	東京都中央区日本橋浜町	出

214	一八九七	四月一日から五月一〇日まで	日本橋区薬研堀町不動尊（川崎大師東京別院）	真言宗智山派	東京都中央区東日本橋	不動明王				居
215	一八九七	四月一〇日から四月二〇日まで	小石川区大塚町本伝寺	日蓮宗	東京都文京区大塚	日蓮上人像				居
216	一八九七	五月一〇日から五月一九日まで	牛込神楽坂善国寺	日蓮宗	東京都新宿区神楽坂	毘沙門天				居
217	一八九七	八月五日から八月二四日まで	甲州小室妙法寺	日蓮宗	山梨県南巨摩郡富士川町小室	消毒日蓮上人像	深川浄心寺	日蓮宗	東京都江東区平野	出
218	一八九八	四月三日から四月五日まで	下総銚子妙福寺	日蓮宗	千葉県銚子市妙見町	妙見大菩薩				居
219	一八九八	四月七日から四月二〇日まで	上総興津釈迦本寺	日蓮宗	千葉県勝浦市興津	釈迦牟尼仏・除厄大菩薩	浅草土富店長遠寺	日蓮宗	東京都台東区元浅草	出
220	一八九八	五月七日から五月二一日まで	小伝馬町祖師堂身延別院	日蓮宗	東京都中央区日本橋小伝馬町	願満日蓮大菩薩				居
221	一八九八	四月五日から三〇日間	美濃国横蔵寺	天台宗	岐阜県揖斐郡揖斐川町谷汲神原	伝教大師親彫の薬師・僧妙心の木乃伊	浅草観音仁王門前荒沢不動	真言宗	東京都台東区浅草仲見世	出
222	一八九八	五月二九日から五日間	中尊寺	天台宗	岩手県西磐井郡平泉町	一字金輪仏				居
223	一八九八	六月一日から六月二八日まで→七月五日まで延長	成田山新勝寺	真言宗智山派	千葉県成田市成田	下総成田奥之院大日如来	深川不動堂	真言宗智山派	東京都江東区富岡	出
224	一八九八	六月一日から六月二八日まで	深川成田不動	真言宗智山派	東京都江東区富岡	不動明王				居
225	一八九八	六月一日から六月二八日まで	深川公園永代寺	高野山真言宗	東京都江東区富岡	厄除弘法大師				居
226	一八九八	六月一〇日から六月三〇日まで	信州善光寺	天台宗・浄土宗	長野県長野市元善町	分身如来	両国回向院	浄土宗	東京都墨田区両国	出
227	一八九八	九月一四日ごろ	池上千束寺（御松庵）	日蓮宗	東京都大田区南千束	日蓮上人像	深川浄心寺	日蓮宗	東京都江東区平野	出
228	一八九九	四月一日から三〇日間	寛永寺不忍弁天堂	天台宗	東京都台東区上野公園	弁天				居
229	一八九九	四月一五日から六月三日まで→六月一五日まで延長	成田山新勝寺	真言宗智山派	千葉県成田市成田	不動明王・奥之院大日如来				居
230	一八九九	五月六日から五月一五日まで	身延山久遠寺	日蓮宗	山梨県南巨摩郡身延町身延	日朝上人像	日本橋区浜町清正堂（清正公寺）	日蓮宗	東京都中央区日本橋浜町	出
231	一八九九	五月二三日から六月一二日まで	小伝馬町祖師堂身延別院	日蓮宗	東京都中央区日本橋小伝馬町	日蓮上人像	深川浄心寺	日蓮宗	東京都江東区平野	出

232-1	一八九九	七月一日から七月三〇日まで↓八月九日まで延長	京都嵯峨清凉寺	浄土宗	京都府京都市右京区嵯峨釈迦堂藤ノ木町	釈迦如来	両国回向院	浄土宗	東京都墨田区両国	出
232-2	一八九九	九月二日から					小石川伝通院	浄土宗	東京都文京区小石川	
233	一八九九	九月	丸山本妙寺（現在は豊島区）	法華宗	東京都文京区本郷丸山	二十八品画像				居
234	一九〇〇	三月一二日から一〇日間	浅草土富店大黒堂蓮光寺（現在は杉並区）	日蓮宗	東京都台東区浅草	開運出世子安大黒尊天				居
235	一九〇〇	四月一〇日から五月三一日まで	信州善光寺	天台宗・浄土宗	長野県長野市元善町	前立本尊				居
236	一九〇〇	四月一八日から四月二二日まで	東葛飾郡我孫子村延寿院	真宗宗豊山派	千葉県我孫子市寿	薬師如来				居
237	一九〇〇	四月二日から四月二六日まで二二日間	身延山久遠寺	日蓮宗	山梨県南巨摩郡身延町身延	日蓮上人像・七面天女像	深川浄心寺	日蓮宗	東京都江東区平野	出
238	一九〇〇	三月二五日から二〇日間↓四月三〇日まで延長	小湊誕生寺	日蓮宗	千葉県鴨川市小湊	日蓮上人像	大原祖師堂	日蓮宗	千葉県夷隅郡大多喜町多古町多古	出
239	一九〇〇	四月六日から四月二〇日まで一五日間	武州川越本行院	真言宗智山派	埼玉県川越市久保町	不動明王・両童子				居
240	一九〇〇	四月六日から五月五日まで三〇日間	高輪泉岳寺	曹洞宗	東京都港区高輪	義士の遺物				居
241	一九〇〇	六月一九日	京橋区銀座一丁目料理店松田裏寒山寺	臨済宗	東京都中央区銀座					居
242	一九〇〇	七月二三日から八月六日まで一五日間	愛甲郡上依知梅山妙伝寺	日蓮宗	神奈川県厚木市上依知	星峰天拝日蓮大菩薩	浅草区北松山町玉泉寺	日蓮宗	東京都台東区松が谷	出
243	一九〇〇	九月二八日から一〇日間	大相模村西方不動	真言宗智山派	埼玉県南埼玉郡宮代町和戸	不動明王				居
244	一九〇一	四月	上野公園清水堂	天台宗	東京都台東区上野公園					居
245	一九〇一	四月一日から四月二八日まで	南多摩郡七生村金剛寺	真言宗智山派	東京都日野市高幡	不動明王				居
246	一九〇一	四月一八日から四月二四日まで	武州高尾山薬王院	真言宗智山派	東京都八王子市高尾町					居
247	一九〇一	四月	浅草寺仁王門前大行院	天台宗	東京都台東区浅草	大黒天				居
248	一九〇一	四月	浅草永住町長遠寺	日蓮宗	東京都台東区元浅草					居

249-1	一九〇一	七月二四日から八月二四日まで	京都本国寺	日蓮宗	京都府京都市山科区御陵大岩	釈迦像・日蓮立像	深川浄心寺	日蓮宗	東京都江東区平野	出
249-2	一九〇一	八月一八日、一九日					品川海徳寺	日蓮宗	東京都品川区南品川	
250	一九〇一	九月	房州三十四ヶ所観音		千葉県南房総市ほか	観音				総・居
251	一九〇一	九月一五日から	芝公園緑山不動尊	浄土宗	東京都港区芝	不動明王				居
252	一九〇二	四月八日から四月一五日	市ヶ谷谷町七番地教恩寺		東京都新宿区	不動明王				居
253	一九〇二	四月九日から五月二八日まで五〇日間	成田山新勝寺	真言宗智山派	千葉県成田市成田	不動明王・両童子				居
255	一九〇二	四月一五日から五月二五日まで	小湊誕生寺	日蓮宗	千葉県鴨川市小湊	日蓮上人像				居
256	一九〇二	四月一五日から五月一九日まで	新井薬師梅照院	真言宗豊山派	東京都中野区新井	薬師如来				居
257	一九〇二	四月二二日から五〇日間	芝山仁王尊観音教寺	天台宗	千葉県山武郡芝山町芝山	宝物				居
258	一九〇二	五月一二日から五月二八日まで	牛込神楽坂善国寺	日蓮宗	東京都新宿区神楽坂	毘沙門天				居
259	一九〇三	四月一〇日から五月一〇日まで	信州善光寺	天台宗・浄土宗	長野県長野市元善町					居
260	一九〇三	三月一一日から五〇日間	奈良県吉野郡大峯山龍泉寺	真言宗醍醐派	奈良県吉野郡天川村洞川	役行者像	吉野村		奈良県吉野郡吉野町	出
261	一九〇三	四月一日から五月三〇日まで六〇日間→六月二〇日まで延長	浅草寺	天台宗	東京都台東区浅草	観音				居
261	一九〇三	四月二一日、二二日	北豊島郡石神井村字谷原東高野山長命寺	真言宗豊山派	東京都練馬区高野台	弘法大師像				居
262	一九〇三	四月二一日	武州高尾山薬王院	真言宗智山派	東京都八王子市高尾町					居
263	一九〇三	六月一三日から	信州善光寺	天台宗・浄土宗	長野県長野市元善町	如来	両国回向院	浄土宗	東京都墨田区両国	出
264	一九〇三	七月一七日、一八日	千葉寺	真言宗豊山派	千葉県千葉市中央区千葉町	観音				居
265	一九〇三	七月	荏原郡南品川字番場本宗寺（本光寺か）		東京都品川区南品川					居

266	一九〇四	三月二一日から四月二一日まで	府内八十八ヶ所弘法大師霊場		東京都	弘法大師像				総・居
267	一九〇四	四月一一日から五月二〇日まで四〇日間	川崎大師平間寺	真言宗智山派	神奈川県川崎市川崎区	弘法大師像				居
268	一九〇四	五月二日まで延長	下総観福寺	真言宗豊山派	千葉県香取市牧野	山倉山大六天王	浅草観音仁王門前荒沢不動	真言宗	東京都台東区浅草仲見世	出
269	一九〇四	七月一九日から七月二一日まで三日間	成田山新勝寺	真言宗智山派	千葉県成田市成田	不動明王				居
270	一九〇五	四月一日から	江ノ島神社	神社	神奈川県藤沢市江の島	弁天				居
271	一九〇五	六月一四日、一五日	府下小松川善通寺（一九一五年江戸川区平井に移転）	浄土真宗本願寺派	東京都江戸川区	阿弥陀如来				居
272	一九〇五	七月九日から七月一一日まで三日間	成田山新勝寺	真言宗智山派	千葉県成田市成田	不動尊				居
273	一九〇六	四月一日から五月二〇日まで	信州善光寺	天台宗・浄土宗	長野県長野市元善町	如来				居
274	一九〇六	四月二一日から	北豊島郡石神井村字谷原東高野山長命寺	真言宗豊山派	東京都練馬区高野台	弘法大師像				居
275	一九〇六	七月二〇日から一〇月三〇日まで	千葉県安房一国三十四番観世音	真言宗	千葉県鴨川市平塚	観音				総・居
276	一九〇六	一〇月一四日から一〇月二一日まで	横浜大岡川村瑞応山弘明寺	高野山真言宗	神奈川県横浜市南区弘明寺町	十一面観音				居
277	一九〇六	一一月一〇日から一一月三〇日まで三週間	成東波切不動尊	真言宗智山派	千葉県山武市成東	不動明王				居
278	一九〇七	三月一六日から三週間	浅草区松葉町霊梅院	臨済宗妙心寺派	東京都台東区谷中	奥山半僧坊大権現				居
279	一九〇七	三月二一日から四月二〇日まで	芝増上寺	浄土宗	東京都港区芝公園	黒本尊				居
280	一九〇七	四月一六日から四月二九日まで	伊豆修善（禅）寺	曹洞宗	静岡県伊豆市修善寺	弘法大師				居
281	一九〇七	四月一日から三〇日間	浅草寺	天台宗	東京都台東区浅草	観音				居

282	一九〇七	三月二九日から五月二日まで	芝山仁王尊観音教寺	天台宗	千葉県山武郡芝山町芝山	仁王尊	浅草仲見世寿命院	天台宗	東京都台東区浅草	出
283	一九〇七	四月六日から五月一五日まで四〇日間	西新井大師総持寺	真言宗豊山派	東京都足立区西新井	弘法大師像				居
284	一九〇七	四月六日から	千葉県東葛飾郡中山法華経寺	日蓮宗	千葉県市川市中山	日蓮上人像・鬼子母神像				居
285	一九〇七	四月一〇日から四月二四日まで	巣鴨高岩寺	曹洞宗	東京都豊島区巣鴨	地蔵尊				居
286	一九〇七	四月一七日から五月三〇日まで	上州新田郡太田町大光院	浄土宗	群馬県太田市金山町	呑龍上人	小石川伝通院	浄土宗	東京都文京区小石川	出
287	一九〇七	四月一七日から五月一七日まで	小石川護国寺	真言宗豊山派	東京都文京区大塚	如意輪観音				居
288	一九〇七	四月二一日より五月一九日まで	信州善光寺	天台宗・浄土宗	長野県長野市元善町	如来	浅草田島町誓願寺	浄土宗	東京都台東区西浅草	出
289	一九〇七	四月二一日、二二日	北豊島郡石神井村字谷原東高野山長命寺	真言宗豊山派	東京都練馬区高野台	弘法大師像				居
290	一九〇七	九月一三日から三日間	上州新田郡太田町大光院	浄土宗	群馬県太田市金山町	呑龍上人				居
291	一九〇八	四月三日、四日	鎌倉円覚寺	臨済宗円覚寺派	神奈川県鎌倉市山ノ内	北条時宗像				居
292	一九〇八	一〇月	信州善光寺	天台宗・浄土宗	長野県長野市元善町					居
293	一九〇八	一〇月一一日から一一月三日まで	長野県上高井郡須坂町北向山寿泉院	曹洞宗	長野県須坂市須坂上町	豊太閤護持仏大建碑				居
294	一九〇九	四月三日から四月一七日まで	埼玉県川越町喜多院	天台宗	埼玉県川越市小仙波町	両大師（慈恵大師〈元三大師〉・慈眼大師〈天海僧正〉）				居
295	一九〇九	五月四日から五月一九日まで	池上本門寺	日蓮宗	東京都大田区池上	日蓮上人像	浅草土富店長遠寺	日蓮宗	東京都台東区元浅草	出
296	一九〇九	四月二一日、二二日	北豊島郡石神井村字谷原東高野山長命寺	真言宗豊山派	東京都練馬区高野台	弘法大師像				居
297	一九〇九	八月一日から九月一九日まで	武州高尾山薬王院	真言宗智山派	東京都八王子市高尾町					居

298	一九〇九	九月	海上郡本銚子町和田波斬不動尊宝山寺	真言宗	千葉県銚子市植松町	不動明王				居
299	一九〇九	一〇月一日から一〇月一七日まで	下総宗吾霊堂東勝寺	真言宗豊山派	千葉県成田市宗吾	宗吾霊像				居
300	一九〇九	九月二一日から	上州新田郡太田町大光院	浄土宗	群馬県太田市金山町	呑龍上人				居
301	一九一〇	三月二一日	芝白金光台院	浄土宗	東京都港区高輪	工藤家地蔵尊				居
302	一九一〇	四月一〇日から一五日間	埼玉県北埼玉郡不動岡不動尊総願寺	真言宗智山派	埼玉県加須市不動岡	不動明王				居
303	一九一〇	四月二三日から二日間	埼玉県浦和町玉蔵院	真言宗豊山派	埼玉県さいたま市浦和区	地蔵尊				居
304	一九一〇	四月二八日から五月一二日まで一五日間	目黒不動瀧泉寺	天台宗	東京都目黒区下目黒	不動明王				居
305	一九一〇	五月一六日から五月二二日まで	上渋谷慈雲山長泉寺	曹洞宗	東京都渋谷区神宮前	人肌観音・高輪観音・恵比寿大黒				居
306	一九一〇	一〇月一日から一〇月七日まで	叡山横川開山堂	天台宗	滋賀県大津市坂本本町	元三大師				居
307	一九一一	三月三日	上州新田郡太田町大光院	浄土宗	群馬県太田市金山町	呑龍上人				居
308	一九一一	四月一日から五〇日間	江ノ島神社	神社	神奈川県藤沢市江の島					居
309	一九一一	一〇月一四日から一〇月一八日まで五日間	雑司ヶ谷鬼子母神法明寺	日蓮宗	東京都豊島区雑司ヶ谷	鬼子母神				居
310	一九一一	一〇月八日から一〇月一五日まで	埼玉県粕壁在一之割付円福寺	浄土宗	埼玉県春日部市一ノ割	呑龍上人				居
311	一九一二	四月一日から五月二〇日まで	信州善光寺	天台宗・浄土宗	長野県長野市元善町					居
312	一九一二	四月一日から四日間	茨城県真壁郡雨引山楽法寺	真言宗豊山派	茨城県桜川市本木	観世音菩薩				居
313	一九一二	四月一六日まで（遠忌による開帳）	築地本願寺	浄土真宗本願寺派	東京都中央区築地					居
314	一九一二	五月一日から五月二八日まで	大雄山最乗寺	曹洞宗	神奈川県南足柄市大雄町	道了薩埵				居

315	一九一二	五月一七日、一八日	上渋谷慈雲山長泉寺	曹洞宗	東京都渋谷区神宮前	恵比須・大黒				居
316	一九一二	六月三〇日から三日間	日光山興雲律院	天台宗	栃木県日光市萩垣面	善光寺分身如来				出
317	一九一二	五月二日前後一週間	奈良東大寺	華厳宗	奈良県奈良市雑司町					居
318	一九一三	六月二一日から六月三〇日まで→七月一七日まで→七月三〇日まで延長	紀州那智補陀落山青岸渡寺	天台宗	和歌山県東牟婁郡那智勝浦町那智山	観音	両国回向院	浄土宗	東京都墨田区両国	出
319	一九一三	八月六日から八月二〇日まで一五日間	身延山久遠寺	日蓮宗	山梨県南巨摩郡身延町身延	日蓮上人像・七面天女像	深川浄心寺	日蓮宗	東京都江東区平野	出
320	一九一三	一〇月一三日から	壺阪寺	真言宗豊山派	奈良県高市郡高取町壺阪	観音	浅草田島町誓願寺	浄土宗	東京都台東区西浅草	出
321	一九一四	四月二一日から五月二〇日まで三〇日間	川崎大師平間寺	真言宗智山派	神奈川県川崎市川崎区	弘法大師像				居
322	一九一四	六月一日から六月一五日まで→六月二二日まで延長	深川成田不動	真言宗智山派	東京都江東区富岡	不動明王				居
323	一九一四	九月一五から九月二一日まで	越後国北蒲原郡安田孝順寺	真宗大谷派	新潟県阿賀野市保田	親鸞聖人自作木像	浅草東本願寺	真宗大谷派	東京都台東区西浅草	出
324	一九一五	四月一日から	浅草寺	天台宗	東京都台東区浅草	観音				居
325	一九一五	三月二八日から五月二八日まで六二日間	成田山新勝寺	真言宗智山派	千葉県成田市成田	不動明王・両童子				居
326	一九一五	四月二一日から五月一〇日まで	君津郡真言宗各寺院		千葉県木更津市、君津市、富津市、袖ケ浦市					総・居
327	一九一五	五月一六日まで	柴又帝釈天題経寺	日蓮宗	東京都葛飾区柴又	帝釈天				居
328	一九一六	四月六日から五月二五日まで	近江石山寺	東寺真言宗	滋賀県大津市石山寺	観世音				居
329	一九一七	七月九日、一〇日	日本橋白木屋呉服店	百貨店	東京都中央区日本橋	聖観音				居
330	一九一八	四月一日から五月二〇日まで	信州善光寺	天台宗・浄土宗	長野県長野市元善町	前立本尊				居
331	一九一八	四月一五日から四月二一日まで一週間	武州川口町善光寺	真言宗智山派	埼玉県川口市舟戸町					居
332	一九一八	六月一三日から	伊豆伊東仏現寺	日蓮宗	静岡県伊東市物見が丘		浅草土富店長遠寺	日蓮宗	東京都台東区元浅草	出

333	一九一九	四月一日から三〇日間	浅草寺	天台宗	東京都台東区浅草	観音				居
334	一九二〇	三月二一日	川崎大師平間寺	真言宗智山派	神奈川県川崎市川崎区	弘法大師像				居
335	一九二〇	四月一〇日から四月二三日まで	堀之内妙法寺	日蓮宗	東京都杉並区堀ノ内	日蓮上人像				居
336	一九二三	二月二二日	西新井大師総持寺	真言宗豊山派	東京都足立区西新井	弘法大師像				居
337	一九二三	六月一日から一週間	小石川表町善光寺	浄土宗	東京都文京区小石川	如来				居
338	一九二三	七月九日、一〇日	日本橋白木屋呉服店	百貨店	東京都中央区日本橋	白木観音				居
	関東大震災									
339	一九二四	二月一九日	栃木県足利郡筑波村大字県観音堂		栃木県足利市	観音				居
340	一九二四	三月二〇日から五月二〇日まで六二日間	信州善光寺	天台宗・浄土宗	長野県長野市元善町	前立本尊				居
341	一九二四	九月一三日から九月二三日まで	東七面山本迹寺	日蓮宗	神奈川県足柄下郡箱根町箱根		日本橋区小伝馬町村雲別院	日蓮宗	東京都中央区日本橋小伝馬町（現在は茨城県取手市稲）	出
342	一九二五	一月一日	芝金杉円珠寺	日蓮宗	東京都港区芝	稲荷				居
343	一九二五	七月九日、一〇日	日本橋白木屋呉服店	百貨店	東京都中央区日本橋	白木観音				居
344	一九二五	四月五日から	洛東山科醍醐寺	真言宗醍醐派	京都府京都市伏見区醍醐東大路町	観音				居
345	一九二五	九月二五日から一〇月四日まで一〇日間	宇都宮家秘蔵（正法護国会主催、読売新聞社後援）	日蓮宗		日蓮上人蒙古調伏の大旗曼荼羅	浅草区松葉町本覚寺	日蓮宗	東京都台東区松が谷	出
346	一九二五	九月二六日から	滋賀県坂田郡大原村観音寺	天台宗	滋賀県米原市朝日	伝教大師像				居
347	一九二六	四月八日から四月一五日まで	埼玉県入間比企七十二薬師龍福寺	真言宗智山派	埼玉県比企郡ときがわ町玉川	薬師如来				居
348	一九二六	四月一八日が中日	京都鞍馬寺	天台宗（一九四七年より鞍馬弘教）	京都府京都市左京区鞍馬本町	毘沙門天				居
349	一九二六	四月二一日	西新井大師総持寺	真言宗智山派	東京都足立区西新井	弘法大師像				居

350	一九二六	七月九日、一〇日	日本橋白木屋呉服店	百貨店	東京都中央区日本橋	白木観音				居
351	一九二七	四月八日	日本橋白木屋呉服店	百貨店	東京都中央区日本橋	白木観音				居
352	一九二七	七月一八日まで	芝魚籃坂魚籃寺	浄土宗	東京都港区三田	魚籃観世音				居
353	一九二七	九月二四日	寛永寺不忍弁天堂	天台宗	東京都台東区上野公園	弁財天				居
354	一九二八	四月六日から五月六日まで一カ月間	近江石山寺	東寺真言宗	滋賀県大津市石山寺	本尊秘仏勅封観音				居
355	一九二八	四月一六日から五月二〇日まで	西国三十三観音		京都府・大阪府・滋賀県・奈良県・兵庫県・和歌山県・岐阜県	観音	比叡山	天台宗	滋賀県大津市坂本本町	総・出
356	一九二八	四月一日から四月三〇日まで一カ月間	鎌倉札所三十三ヶ所		神奈川県鎌倉市	観音				総・居
357	一九二八	七月四日から八月一五日まで	越中高山妙教寺	日蓮宗	富山県	日蓮上人像	立正博覧会（上野公園）		東京都台東区	出
358	一九二八	七月九日、一〇日	日本橋白木屋呉服店	百貨店	東京都中央区日本橋	白木観音				居
359	一九二八	一〇月一四日から一一月一八日まで三六日間	西国札所		京都府・大阪府・滋賀県・奈良県・兵庫県・和歌山県・岐阜県					総・居
360	一九二九	四月一日から	江ノ島神社	神社	神奈川県藤沢市江の島	弁天				居
361	一九二九	四月一〇日から	西新井大師総持寺	真言宗智山派	東京都足立区西新井	弘法大師像				居
362	一九二九	六月一日から一〇日間	柴又帝釈天題経寺	日蓮宗	東京都葛飾区柴又	帝釈天				居
363	一九三〇	七月九日、一〇日	日本橋白木屋呉服店	百貨店	東京都中央区日本橋	白木観音				居
364	一九三一	四月二九日まで	鎌倉松葉ヶ谷長勝寺	日蓮宗	神奈川県鎌倉市材木座	寺宝	新宿四谷ほてい屋	百貨店	東京都新宿区	出
365	一九三二	七月九日、一〇日	日本橋白木屋呉服店	百貨店	東京都中央区日本橋	白木観音				居
366	一九三三	一月八日から一月二七日まで	米沢善光寺（堂森善光寺、出羽善光寺）	真言宗豊山派	山形県米沢市万世町堂森		上野不忍池畔の産業会館		東京都台東区	出
367	一九三三	四月一日から五月二〇日まで	浅草寺	天台宗	東京都台東区浅草	観音				居
368	一九三三	一〇月	願慶寺（吉崎御坊）	真宗大谷派	福井県あわら市吉崎	嫁威し肉付の面	九州		福岡県ほか	出

369	一九三四	四月	川崎大師平間寺	真言宗智山派	神奈川県川崎市川崎区	弘法大師像				居
370	一九三四	五月三日から五月一二日	上州新田郡太田町大光院	浄土宗	群馬県太田市金山町	呑龍上人				居
371	一九三四	六月一三日から六月二七日まで	熊本本妙寺	日蓮宗	熊本県熊本市西区花園	加藤清正像	白木屋五階ギャラリー	百貨店	東京都中央区日本橋	出
372	一九三四	七月九日、一〇日	日本橋白木屋呉服店	百貨店	東京都中央区日本橋	白木観音				居
373	一九三五	六月一日から六月一〇日まで一〇日間	信州善光寺	天台宗・浄土宗	長野県長野市元善町	釈迦如来	上野公園自治会館		東京都台東区	出
374	一九三五	七月九日、一〇日	日本橋白木屋呉服店	百貨店	東京都中央区日本橋	白木観音				居
375	一九三五	一〇月一〇日から一一月一一日まで	西国三十三札所		京都府・大阪府・滋賀県・奈良県・兵庫県・和歌山県・岐阜県		東横・京浜沿線		神奈川県・東京都	総・出
376	一九三六	一月一日から	高野山金剛峯寺	高野山真言宗	和歌山県伊都郡高野町高野山	大黒天	東京芝日本榎高野山別院	高野山真言宗	東京都港区高輪	出
377	一九三六	三月二〇日から五月二〇日まで六二日間	信州善光寺	天台宗・浄土宗	長野県長野市元善町	如来				居
378	一九三六	七月九日、一〇日	日本橋白木屋呉服店	百貨店	東京都中央区日本橋	白木観音				居
379	一九三六	八月一四日	陸軍省内裏庭市杵島姫神社	神社	東京都新宿区市谷本村町	弁天				居
380	一九三七	三月一八日から三月二七日まで	洛東山科醍醐寺	真言宗醍醐派	京都府京都市伏見区醍醐東大路町	薬師如来	本所区横網町震災記念堂		東京都墨田区横網	出
381	一九三七	毎月一日、一七日	御成門停車場約半丁臼井邸	個人宅	東京都港区西新橋	弁財天				居
382	一九三七	一〇月一日から一一月二日まで	坂東三十三札所		神奈川県・埼玉県・東京都・群馬県・栃木県・茨城県・千葉県	観音	東横電鉄沿線（祐天寺・九品仏・金蔵寺）京浜電鉄沿線（弘明寺・總持寺・川崎大師）東京市電沿線（護国寺・浅草寺）		神奈川県・東京都	総・出

383	一九三八	三月二八日から五月二八日まで六二日間	成田山新勝寺	真言宗智山派	千葉県成田市成田	不動明王				居
384	一九三八	七月九日、一〇日	日本橋白木屋呉服店	百貨店	東京都中央区日本橋	白木観音				居
385	一九三九	七月九日、一〇日	日本橋白木屋呉服店	百貨店	東京都中央区日本橋	白木観音				居
386	一九四〇	七月九日、一〇日	日本橋白木屋呉服店	百貨店	東京都中央区日本橋	白木観音				居
387	一九四〇	一〇月三日から一週間	小諸町郊外国宝布引観世音釈尊寺	天台宗	長野県小諸市	観音				居
×-5	一九四一	時局下物資統制に伴い、参詣者を迎える準備が出来ないため無期延期。	信州善光寺	天台宗・浄土宗	長野県長野市元善町	如来				×
388	一九四一	四月一日から	江ノ島神社	神社	神奈川県藤沢市江の島	黄金弁財天				居
389	一九四一	七月九日、一〇日	日本橋白木屋呉服店	百貨店	東京都中央区日本橋	白木観音				居
390	一九四二	七月九日、一〇日	日本橋白木屋呉服店	百貨店	東京都中央区日本橋	白木観音				居
391	一九四二	一一月一二日、一三日	目黒不動瀧泉寺	天台宗	東京都目黒区下目黒	不動明王				居
392	一九四三	一一月一二日、一三日	目黒不動瀧泉寺	天台宗	東京都目黒区下目黒	不動明王				居

【備考】「種別」欄の「居」＝居開帳、「出」＝出開帳、「総・居」＝複数の主体による居開帳、「総・出」＝複数の主体による出開帳を指す。

第二節　近代開帳年表（出典）

	出典				
1	『読売』一八七四年一二月一六日、朝刊二頁				
2	『読売』一八七五年五月二三日、朝刊一頁	『読売』一八七五年六月三日、朝刊二頁			
3	『読売』一八七五年三月二五日、朝刊一頁				
4	『読売』一八七五年三月二九日、朝刊二頁				
5	『読売』一八七五年五月七日、朝刊一頁	『読売』一八七五年五月一九日、朝刊一頁	『読売』一八七五年六月三日、朝刊二頁	『読売』一八七五年六月七日、朝刊一頁	『読売』一八七五年六月一〇日、朝刊二頁
5	『読売』一八七五年六月一五日、朝刊二頁	『読売』一八七五年六月一七日、朝刊二頁	『読売』一八七五年七月二日、朝刊一頁	『読売』一八七五年七月二四日、朝刊一頁	
6	『読売』一八七五年五月二五日、朝刊一頁	『読売』一八七五年七月二日、朝刊一頁			
7	『読売』一八七五年六月二九日、朝刊二頁				
8	『読売』一八七五年七月三〇日、朝刊一頁	『読売』一八七五年九月二三日、朝刊一頁			
9	『読売』一八七五年一〇月七日、朝刊一頁				
10	『読売』一八七五年一一月五日、朝刊一頁				
11	『読売』一八七五年一一月一九日、朝刊一頁				

12	『読売』一八七六年一月八日、朝刊一頁				
13	『読売』一八七六年三月八日、朝刊二頁				
14	『読売』一八七五年一〇月一五日、朝刊一頁	『読売』一八七五年一〇月二三日、朝刊一頁	『読売』一八七六年三月四日、朝刊一頁	『読売』一八七六年三月二三日、朝刊二頁	『読売』一八七六年四月一三日、朝刊三頁
	『読売』一八七六年四月二四日、朝刊三頁	『読売』一八七六年六月一四日、朝刊三頁	『読売』一八七六年六月一四日、朝刊三頁	『読売』一八七六年六月二〇日、朝刊一頁	
15	『読売』一八七六年三月一九日、朝刊三頁				
16	『読売』一八七六年三月二七日、朝刊三頁	『読売』一八七六年四月一九日、朝刊三頁	『読売』一八七六年四月二一日、朝刊二頁		
17	『読売』一八七六年四月六日、朝刊一頁				
18	『読売』一八七六年四月一〇日、朝刊二頁				
19	『読売』一八七六年五月一日、朝刊三頁				
20	『読売』一八七六年五月五日、朝刊二頁				
21	『読売』一八七六年五月一一日、朝刊三頁	『読売』一八七六年五月二五日、朝刊一頁	『読売』一八七六年七月五日、朝刊三頁		
22	『読売』一八七六年五月二二日、朝刊一頁	『読売』一八七六年五月二五日、朝刊二頁			
23	『読売』一八七六年六月一三日、朝刊一頁				
24	『読売』一八七六年六月一七日、朝刊二頁				
X-1	『読売』一八七六年六月一九日、朝刊三頁	『読売』一八七六年六月二四日、朝刊一頁			

25	『読売』一八七六年六月二七日、朝刊三頁				
26	『読売』一八七七年三月二三日、朝刊一頁	『読売』一八七七年五月一二日、朝刊二頁			
27	『読売』一八七七年四月二日、朝刊二頁	『読売』一八七七年四月一八日、朝刊二頁			
28	『読売』一八七七年四月七日、朝刊一頁	『読売』一八七七年一〇月三一日、朝刊二頁			
29	『読売』一八七七年一一月一七日、朝刊一頁	『読売』一八七八年四月二日、朝刊三頁	『読売』一八七八年五月二日、朝刊三頁		
30	『読売』一八七七年四月一七日、朝刊一頁	『読売』一八七八年三月一〇日、朝刊二頁	『読売』一八七八年五月七日、朝刊三頁	『読売』一八七八年六月五日、朝刊二頁	
31	『読売』一八七八年三月二〇日、朝刊一頁				
32	『読売』一八七八年四月四日、朝刊三頁				
33	『朝日』一八七九年二月二日、朝刊一頁				
34	『読売』一八七八年四月二六日、朝刊一頁				
35	『読売』一八七八年一〇月一三日、朝刊二頁				
36	『読売』一八七九年二月一六日、朝刊二頁				
37	『朝日』一八七九年三月三〇日、朝刊一頁				
38	『読売』一八七八年一二月一三日、朝刊二頁	『読売』一八七九年五月一五日、朝刊三頁			
39	『朝日』一八七九年三月三〇日、朝刊一頁				

40	『朝日』一八七九年三月一日、朝刊二頁				
41	『読売』一八七九年四月一九日、朝刊二頁				
42	『読売』一八七九年四月二六日、朝刊二頁				
43	『読売』一八七九年五月二二日、朝刊二頁				
44	『朝日』一八七九年四月一九日、朝刊二頁				
45	『朝日』一八七九年八月一五日、朝刊二頁				
×-2	『読売』一八八〇年一〇月二日、朝刊二～三頁	『読売』一八八〇年一〇月一五日、朝刊四頁			
46	『朝日』一八八〇年二月一三日、朝刊一頁	『朝日』一八八〇年二月一七日、朝刊一頁	『朝日』一八八〇年二月二〇日、朝刊二頁	『朝日』一八八〇年四月一五日、朝刊一頁	
47	『朝日』一八八〇年四月一〇日、朝刊二頁				
48	『読売』一八八〇年一〇月五日、朝刊四頁（浄心寺）				
49	『朝日』一八八〇年一〇月一二日、朝刊一頁				
50	『朝日』一八八〇年一一月一一日、朝刊一頁				
51	『朝日』一八八一年四月一三日、朝刊二頁				
52	『読売』一八八一年四月一日、朝刊二頁	『読売』一八八一年五月六日、朝刊二頁	『読売』一八八一年五月二九日、朝刊二頁		
53	『読売』一八八二年二月九日、朝刊三頁	『読売』一八八二年五月一八日、朝刊一頁			

54	『読売』一八八二年九月五日、朝刊二頁				
55	『読売』一八八二年九月二二日、朝刊三頁	『読売』一八八二年九月二六日、朝刊三頁			
56	『読売』一八八二年一一月二八日、朝刊四頁（目黒不動）				
57	『読売』一八八二年九月二二日、朝刊三頁	『読売』一八八三年三月六日、朝刊四頁（浅草勧業場）	『読売』一八八三年三月一三日、朝刊二頁	『読売』一八八三年四月七日、朝刊二頁	『読売』一八八三年四月一四日、朝刊二頁
	『読売』一八八三年四月二九日、朝刊二頁	『読売』一八八三年四月二九日、朝刊三頁			
58	『読売』一八八三年四月一三日、朝刊二頁				
59	『読売』一八八三年九月一六日、朝刊三頁	『読売』一八八三年一〇月七日、朝刊三頁	『読売』一八八三年一〇月一九日、朝刊三頁		
60	『朝日』一八八四年三月一日、朝刊四頁（北野太融寺）	『朝日』一八八四年五月一日、朝刊四頁（北野太融寺）	『朝日』一八八四年五月六日、朝刊四頁（北野太融寺）	『朝日』一八八四年五月二八日、朝刊四頁（北野太融寺）	『朝日』一八八四年六月六日、朝刊四頁（北野太融寺）
	『朝日』一八八四年六月七日、朝刊四頁（北野太融寺）				
61	『読売』一八八三年三月二七日、朝刊二頁	『読売』一八八四年四月四日、朝刊三頁	『読売』一八八四年四月一一日、朝刊三頁	『読売』一八八四年五月一日、朝刊四頁（平間寺執事）	『読売』一八八四年五月二日、朝刊四頁（平間寺執事）
	『読売』一八八四年五月一五日、朝刊三頁				
62-1	『読売』一八八四年四月一三日、朝刊二頁	『読売』一八八四年五月四日、朝刊二頁			
62-2	『読売』一八八四年九月三日、朝刊二頁				
62-3	『読売』一八八四年九月二六日、朝刊三頁	『読売』一八八四年一〇月一八日、朝刊二頁			
63	『読売』一八八四年四月二〇日、朝刊四頁（内国通運会社）	『読売』一八八四年四月二四日、朝刊四頁（成田山執事）	『読売』一八八四年四月二五日、朝刊四頁（成田山執事）	『読売』一八八四年四月二六日、朝刊四頁（成田山執事）	『読売』一八八四年四月二七日、朝刊四頁（成田山執事）
	『読売』一八八四年四月二九日、朝刊四頁（成田山執事）	『読売』一八八四年四月三〇日、朝刊四頁（成田山執事）	『読売』一八八四年五月一日、朝刊四頁（成田山執事）		

64	『朝日』一八八五年一月一八日、朝刊四頁（南殿順興寺）	『朝日』一八八五年一月二〇日、朝刊四頁（南殿順興寺）	『朝日』一八八五年一月二一日、朝刊四頁（南殿順興寺）	『朝日』一八八五年一月二二日、朝刊四頁（南殿順興寺）	『朝日』一八八五年一月二三日、朝刊四頁（南殿順興寺）
65	『読売』一八八四年一二月三日、朝刊四頁（成田山新勝寺）	『読売』一八八四年一二月六日、朝刊四頁（成田山新勝寺）	『読売』一八八四年一二月七日、朝刊四頁（成田山新勝寺）	『読売』一八八四年一二月一六日、朝刊四頁（成田山新勝寺）	『読売』一八八四年一二月一七日、朝刊四頁（成田山新勝寺）
	『読売』一八八四年一二月二四日、朝刊四頁（成田山新勝寺）	『読売』一八八四年一二月二七日、朝刊四頁（成田山新勝寺）	『読売』一八八五年四月一七日、朝刊二頁	『読売』一八八五年四月一七日、朝刊三頁	『読売』一八八五年四月二五日、朝刊二頁
	『読売』一八八五年四月二九日、朝刊三頁	『読売』一八八五年五月一五日、朝刊三頁	『読売』一八八五年五月一六日、朝刊二頁	『読売』一八八五年五月二一日、朝刊二頁	『読売』一八八五年五月二六日、朝刊四頁（成田山開帳場）
	『読売』一八八五年五月二八日、朝刊四頁（成田山開帳場）	『読売』一八八五年五月三一日、朝刊四頁（成田山開帳場）	『読売』一八八五年六月九日、朝刊四頁（成田山開帳場）	『読売』一八八五年六月一〇日、朝刊二頁	『読売』一八八五年六月一一日、朝刊四頁（成田山開帳場）
	『読売』一八八五年六月一二日、朝刊四頁（成田山開帳場）	『読売』一八八五年六月一七日、朝刊三頁（投書含む）	『読売』一八八五年六月一九日、朝刊三頁		
66	『読売』一八八五年一月七日、朝刊二頁				
67-1	『読売』一八八五年二月八日、朝刊二頁	『読売』一八八五年三月一七日、朝刊三頁	『読売』一八八五年三月一八日、朝刊二頁	『読売』一八八五年三月二八日、朝刊三頁	『読売』一八八五年五月一五日、朝刊三頁
67-2	『読売』一八八五年五月一〇日、朝刊三頁				
68	『読売』一八八五年四月一六日、朝刊四頁（不老山薬王寺）	『読売』一八八五年四月一七日、朝刊四頁（不老山薬王寺）	『読売』一八八五年四月一八日、朝刊四頁（不老山薬王寺）	『読売』一八八五年四月一九日、朝刊四頁（不老山薬王寺）	『読売』一八八五年四月二一日、朝刊四頁（不老山薬王寺）
69-1	『読売』一八八五年二月五日、朝刊四頁（身延山）	『読売』一八八五年四月一七日、朝刊三頁	『読売』一八八五年五月三一日、朝刊二頁		
69-2	『読売』一八八五年六月四日、朝刊二頁				
69-3	『読売』一八八五年六月一二日、朝刊二頁				
70	『読売』一八八五年五月六日、朝刊二頁	『読売』一八八五年五月六日、朝刊四頁（真光寺）	『読売』一八八五年六月四日、朝刊四頁（真光寺）		
71	『読売』一八八五年五月二八日、朝刊三頁				

72	『朝日』一八八五年三月二〇日、朝刊四頁（大和国神社宝物展覧会）	『朝日』一八八五年三月二二日、朝刊四頁（大和国神社宝物展覧会）	『朝日』一八八五年三月二四日、朝刊四頁（大和国神社宝物展覧会）	『朝日』一八八五年三月二五日、朝刊四頁（大和国神社宝物展覧会）	『朝日』一八八五年三月二六日、朝刊四頁（大和国神社宝物展覧会）
73	『朝日』一八八五年三月二〇日、朝刊四頁（大和国神社宝物展覧会）	『朝日』一八八五年三月二二日、朝刊四頁（大和国神社宝物展覧会）	『朝日』一八八五年三月二四日、朝刊四頁（大和国神社宝物展覧会）	『朝日』一八八五年三月二五日、朝刊四頁（大和国神社宝物展覧会）	『朝日』一八八五年三月二六日、朝刊四頁（大和国神社宝物展覧会）
74	『朝日』一八八五年三月二〇日、朝刊四頁（大和国神社宝物展覧会）	『朝日』一八八五年三月二二日、朝刊四頁（大和国神社宝物展覧会）	『朝日』一八八五年三月二四日、朝刊四頁（大和国神社宝物展覧会）	『朝日』一八八五年三月二五日、朝刊四頁（大和国神社宝物展覧会）	『朝日』一八八五年三月二六日、朝刊四頁（大和国神社宝物展覧会）
75	『朝日』一八八五年三月二〇日、朝刊四頁（大和国神社宝物展覧会）	『朝日』一八八五年三月二二日、朝刊四頁（大和国神社宝物展覧会）	『朝日』一八八五年三月二四日、朝刊四頁（大和国神社宝物展覧会）	『朝日』一八八五年三月二五日、朝刊四頁（大和国神社宝物展覧会）	『朝日』一八八五年三月二六日、朝刊四頁（大和国神社宝物展覧会）
76	『朝日』一八八五年三月二〇日、朝刊四頁（大和国神社宝物展覧会）	『朝日』一八八五年三月二二日、朝刊四頁（大和国神社宝物展覧会）	『朝日』一八八五年三月二四日、朝刊四頁（大和国神社宝物展覧会）	『朝日』一八八五年三月二五日、朝刊四頁（大和国神社宝物展覧会）	『朝日』一八八五年三月二六日、朝刊四頁（大和国神社宝物展覧会）
77	『朝日』一八八五年三月二〇日、朝刊四頁（大和国神社宝物展覧会）	『朝日』一八八五年三月二二日、朝刊四頁（大和国神社宝物展覧会）	『朝日』一八八五年三月二四日、朝刊四頁（大和国神社宝物展覧会）	『朝日』一八八五年三月二五日、朝刊四頁（大和国神社宝物展覧会）	『朝日』一八八五年三月二六日、朝刊四頁（大和国神社宝物展覧会）
78	『朝日』一八八五年三月二〇日、朝刊四頁（大和国神社宝物展覧会）	『朝日』一八八五年三月二二日、朝刊四頁（大和国神社宝物展覧会）	『朝日』一八八五年三月二四日、朝刊四頁（大和国神社宝物展覧会）	『朝日』一八八五年三月二五日、朝刊四頁（大和国神社宝物展覧会）	『朝日』一八八五年三月二六日、朝刊四頁（大和国神社宝物展覧会）
79	『朝日』一八八五年三月二〇日、朝刊四頁（大和国神社宝物展覧会）	『朝日』一八八五年三月二二日、朝刊四頁（大和国神社宝物展覧会）	『朝日』一八八五年三月二四日、朝刊四頁（大和国神社宝物展覧会）	『朝日』一八八五年三月二五日、朝刊四頁（大和国神社宝物展覧会）	『朝日』一八八五年三月二六日、朝刊四頁（大和国神社宝物展覧会）
80	『朝日』一八八五年三月二〇日、朝刊四頁（大和国神社宝物展覧会）	『朝日』一八八五年三月二二日、朝刊四頁（大和国神社宝物展覧会）	『朝日』一八八五年三月二四日、朝刊四頁（大和国神社宝物展覧会）	『朝日』一八八五年三月二五日、朝刊四頁（大和国神社宝物展覧会）	『朝日』一八八五年三月二六日、朝刊四頁（大和国神社宝物展覧会）
81	『朝日』一八八五年三月二〇日、朝刊四頁（大和国神社宝物展覧会）	『朝日』一八八五年三月二二日、朝刊四頁（大和国神社宝物展覧会）	『朝日』一八八五年三月二四日、朝刊四頁（大和国神社宝物展覧会）	『朝日』一八八五年三月二五日、朝刊四頁（大和国神社宝物展覧会）	『朝日』一八八五年三月二六日、朝刊四頁（大和国神社宝物展覧会）
82	『朝日』一八八五年四月二九日、朝刊四頁（吉野山）	『朝日』一八八五年四月三〇日、朝刊四頁（吉野山）			

83	『朝日』一八八五年五月五日、朝刊四頁（清涼寺世話方）	『朝日』一八八五年五月六日、朝刊二頁	『朝日』一八八五年五月六日、朝刊四頁（清涼寺世話方）	『朝日』一八八五年五月七日、朝刊四頁（清涼寺世話方）	
84	『読売』一八八五年九月三〇日、朝刊二頁	『読売』一八八五年一〇月八日、朝刊二頁			
85	『読売』一八八六年一月八日、朝刊三頁	『読売』一八八六年三月二三日、朝刊四頁（熊本本妙寺出張所）	『読売』一八八六年三月二四日、朝刊四頁（熊本本妙寺出張所）	『読売』一八八六年四月一日、朝刊四頁（熊本本妙寺出張所）	
86	『読売』一八八六年一月一三日、朝刊二頁	『読売』一八八六年三月一八日、朝刊二頁	『読売』一八八六年三月三〇日、朝刊三頁	『読売』一八八六年四月六日、朝刊四頁（音羽護国寺）	『読売』一八八六年四月九日、朝刊四頁（音羽護国寺）
	『読売』一八八六年四月二五日、朝刊三頁	『読売』一八八六年五月一二日、朝刊二頁			
87	『読売』一八八六年一月一九日、朝刊二頁	『読売』一八八六年一月二一日、朝刊四頁（成田山新勝寺）	『読売』一八八六年一月二四日、朝刊四頁（成田山新勝寺）	『読売』一八八六年一月二六日、朝刊四頁（成田山新勝寺）	『読売』一八八六年一月二七日、朝刊四頁（成田山新勝寺）
	『読売』一八八六年一月二八日、朝刊四頁（成田山新勝寺）	『読売』一八八六年二月二日、朝刊四頁（成田山新勝寺）	『読売』一八八六年四月七日、朝刊四頁（成田山執事）	『読売』一八八六年四月一〇日、朝刊四頁（成田山執事）	『読売』一八八六年四月一一日、朝刊四頁（成田山執事）
	『読売』一八八六年四月一三日、朝刊四頁（成田山執事）	『読売』一八八六年四月一四日、朝刊四頁（成田山執事）	『読売』一八八六年四月一五日、朝刊四頁（成田山執事）	『読売』一八八六年四月一六日、朝刊四頁（成田山執事）	『読売』一八八六年四月二七日、朝刊四頁（成田山新勝寺）
	『読売』一八八六年四月二八日、朝刊四頁（成田山新勝寺）	『読売』一八八六年四月三〇日、朝刊四頁（成田山新勝寺）	『読売』一八八六年五月一日、朝刊四頁（成田山新勝寺）	『読売』一八八六年五月二日、朝刊四頁（成田山新勝寺）	『読売』一八八六年五月四日、朝刊四頁（成田山新勝寺）
	『読売』一八八六年五月五日、朝刊四頁（成田山新勝寺）				
88	『読売』一八八六年一月二六日、朝刊二頁	『読売』一八八六年四月二一日、朝刊三頁	『読売』一八八六年四月三〇日、朝刊四頁	『読売』一八八六年五月二二日、朝刊二頁	
89	『読売』一八八六年三月一七日、朝刊四頁（東勝寺宗吾堂執事）	『読売』一八八六年三月二一日、朝刊四頁（東勝寺宗吾堂執事）	『読売』一八八六年三月二四日、朝刊四頁（東勝寺宗吾堂執事）		
90	『朝日』一八八六年三月二〇日、朝刊四頁（藤次寺）	『朝日』一八八六年三月二七日、朝刊四頁（藤次寺）	『朝日』一八八六年五月二日、朝刊四頁（藤次寺）		
91	『読売』一八八六年三月一九日、朝刊三頁				
92	『読売』一八八六年五月七日、朝刊三頁				

93	94	95	×-3	96	97			98	99	100	101	×-4	102	
『読売』一八八六年五月九日、朝刊三頁	『読売』一八八六年五月二七日、朝刊二頁	『読売』一八八六年六月三日、朝刊二頁	『読売』一八八六年七月二七日、朝刊四頁（萱谷寺）	『読売』一八八六年一二月四日、朝刊三頁	『読売』一八八七年三月三日、朝刊二頁	『読売』一八八七年三月二四日、朝刊四頁（弁天堂執事）	『読売』一八八七年四月一二日、朝刊二頁	『読売』一八八七年三月三一日、朝刊二頁	『朝日』一八八七年三月二七日、朝刊三頁（大念仏寺執事）	『読売』一八八七年四月八日、朝刊二頁	『読売』一八八七年四月一九日、朝刊二頁	『朝日』一八八七年五月二八日、朝刊四頁（太融寺）	『読売』一八八七年五月二四日、朝刊二頁	『読売』一八八七年六月二一日、朝刊二頁
			『読売』一八八六年七月二八日、朝刊四頁（萱谷寺）	『読売』一八八七年五月六日、朝刊二頁	『読売』一八八七年三月二〇日、朝刊二頁	『読売』一八八七年三月二五日、朝刊四頁（弁天堂執事）	『読売』一八八七年四月二七日、朝刊二頁		『朝日』一八八七年四月二日、朝刊二頁			『朝日』一八八七年五月三一日、朝刊四頁（善光寺執事）	『読売』一八八七年六月一一日、朝刊二頁	
			『読売』一八八六年七月二九日、朝刊四頁（萱谷寺）		『読売』一八八七年三月二〇日、朝刊四頁（弁天堂執事）	『読売』一八八七年三月二六日、朝刊四頁（弁天堂執事）	『読売』一八八七年五月一〇日、朝刊二頁		『朝日』一八八七年四月一七日、朝刊一頁				『読売』一八八七年六月一四日、朝刊二頁	
			『読売』一八八六年八月一五日、朝刊四頁（萱谷寺）		『読売』一八八七年三月二三日、朝刊二頁	『読売』一八八七年三月二九日、朝刊四頁（弁天堂執事）	『朝日』一八八七年四月二一日、朝刊二頁						『読売』一八八七年六月一五日、朝刊四頁（池上本門寺世話人）	
					『読売』一八八七年三月二三日、朝刊四頁（弁天堂執事）	『読売』一八八七年三月三〇日、朝刊四頁（弁天堂執事）							『読売』一八八七年六月一九日、朝刊二頁	

103	『朝日』一八八七年六月四日、朝刊二頁				
104	『読売』一八八七年六月一〇日、朝刊二頁				
105	『朝日』一八八七年八月一六日、朝刊三頁（竹生島）	『朝日』一八八七年八月一七日、朝刊四頁（竹生島）	『朝日』一八八七年八月一九日、朝刊三頁（竹生島）		
106	『朝日』一八八七年八月二七日、朝刊三頁（能福寺）	『朝日』一八八七年八月二八日、朝刊四頁（能福寺）	『朝日』一八八七年八月三一日、朝刊三頁（能福寺）		
107	『読売』一八八七年九月一六日、朝刊三頁				
108	『朝日』一八八八年四月一八日、朝刊四頁（中山寺）	『朝日』一八八八年四月二一日、朝刊四頁（中山寺）			
109	『読売』一八八八年二月七日、朝刊四頁（高尾山執事）	『読売』一八八八年二月九日、朝刊四頁（高尾山執事）	『読売』一八八八年二月一〇日、朝刊四頁（高尾山執事）	『読売』一八八八年三月二七日、朝刊一頁	『読売』一八八八年四月一五日、朝刊二頁
	『読売』一八八八年四月二二日、朝刊二頁	『読売』一八八八年四月二六日、朝刊二頁	『読売』一八八八年五月一六日、朝刊三頁	『読売』一八八八年五月一六日、朝刊三頁	『読売』一八八八年五月一九日、朝刊三頁
	『読売』一八八八年五月二九日、朝刊四頁（深川高尾山開帳場執事）	『読売』一八八八年五月三〇日、朝刊四頁（深川高尾山開帳場執事）			
110	『読売』一八八八年五月三一日、朝刊四頁（根来山執事）	『読売』一八八八年六月一日、朝刊四頁（根来山執事）	『読売』一八八八年六月二日、朝刊四頁（根来山執事）	『読売』一八八八年六月三日、朝刊四頁（根来山執事）	『読売』一八八八年六月五日、朝刊四頁（根来山執事）
111	『読売』一八八八年二月二三日、朝刊三頁				
112	『読売』一八八八年二月二八日、朝刊二頁				
113	『読売』一八八八年三月一八日、朝刊四頁（善光寺）	『読売』一八八八年三月二二日、朝刊四頁（善光寺）	『読売』一八八八年三月二五日、朝刊四頁（善光寺）	『読売』一八八八年四月一日、朝刊三頁（善光寺）	『読売』一八八八年四月五日、朝刊四頁（善光寺）
114	『読売』一八八八年三月二五日、朝刊三頁	『読売』一八八八年四月一二日、朝刊三頁	『読売』一八八八年五月一六日、朝刊三頁	『読売』一八八八年六月二〇日、朝刊三頁	
115	『読売』一八八八年三月三〇日、朝刊四頁（薬王寺）	『読売』一八八八年三月三一日、朝刊四頁（薬王寺）			

116	『読売』一八八八年四月一八日、朝刊二頁				
117	『読売』一八八八年四月二九日、朝刊三頁	『読売』一八八八年五月二日、朝刊二頁	『読売』一八八八年五月二二日、朝刊三頁		
118	『読売』一八八八年五月一日、朝刊四頁（大乗寺世話人）				
119	『読売』一八八八年五月二二日、朝刊三頁				
120	『朝日』一八八八年五月一五日、朝刊四頁				
121	『朝日』一八八八年五月二九日、朝刊四頁				
122	『読売』一八八八年六月一三日、朝刊四頁（広隆寺）	『読売』一八八八年六月一三日、朝刊四頁（聖徳太子開帳事務所）	『読売』一八八八年六月一四日、朝刊四頁（聖徳太子開帳事務所）	『読売』一八八八年六月一五日、朝刊四頁（広隆寺）	『読売』一八八八年六月一五日、朝刊四頁（聖徳太子開帳事務所）
	『読売』一八八八年六月一六日、朝刊四頁（広隆寺）	『読売』一八八八年六月二一日、朝刊四頁	『読売』一八八八年六月二二日、朝刊四頁	『読売』一八八八年六月二三日、朝刊四頁（広隆寺）	『読売』一八八八年七月三一日、朝刊二頁
	『朝日』一八八八年九月五日、朝刊三頁				
123	『朝日』一八八八年七月二五日、朝刊四頁				
124	『読売』一八八八年七月三一日、朝刊四頁（済松寺）				
125	『読売』一八八八年八月一七日、朝刊二頁				
126	『読売』一八八八年九月七日、朝刊二頁	『朝日』一八八八年九月九日、朝刊三頁			
127	『読売』一八八八年九月八日、朝刊三頁	『朝日』一八八八年九月八日、朝刊三頁			
128	『読売』一八八九年三月一九日、朝刊三頁				

129	130	131	132	133	134	135	136	137	138	139	140		141		
『読売』一八八九年四月五日、朝刊三頁	『読売』一八八九年四月二七日、朝刊三頁	『読売』一八八九年五月三日、朝刊三頁	『読売』一八八九年五月三日、朝刊三頁	『朝日』一八八九年六月五日、朝刊四頁	『読売』一八八九年五月二三日、朝刊三頁	『読売』一八八九年八月一〇日、朝刊四頁（薬師堂）	『読売』一八八九年八月二八日、朝刊二頁	『朝日』一八八九年九月二二日、朝刊四頁	『読売』一八八九年九月一七日、朝刊三頁	『読売』一八九〇年一月二日、朝刊三頁	『読売』一八八九年一二月三一日、朝刊三頁	『朝日』一八九〇年三月二〇日、朝刊三頁（高尾山執事）	『読売』一八九〇年二月九日、朝刊三頁	『読売』一八九〇年四月二一日、朝刊三頁	『朝日』一八九〇年三月二日、朝刊四頁（高輪泉岳寺）
	『読売』一八八九年五月四日、朝刊三頁				『読売』一八八九年五月二八日、朝刊三頁	『朝日』一八八九年八月九日、朝刊四頁（薬師堂）	『朝日』一八八九年八月一五日、朝刊四頁				『読売』一八九〇年三月一二日、朝刊四頁（高尾山執事）		『読売』一八九〇年三月三日、朝刊四頁（高輪泉岳寺）	『読売』一八九〇年五月一三日、朝刊三頁	『朝日』一八九〇年三月五日、朝刊四頁（高輪泉岳寺）
	『読売』一八八九年五月三〇日、朝刊三頁				『読売』一八八九年六月一四日、朝刊三頁	『朝日』一八八九年八月一〇日、朝刊三頁（薬師堂）					『読売』一八九〇年三月一九日、朝刊四頁（高尾山執事）		『読売』一八九〇年三月一七日、別刷一頁（高輪泉岳寺）	『読売』一八九〇年五月一六日、朝刊三頁	『朝日』一八九〇年三月一六日、朝刊三頁（高輪泉岳寺）
	『朝日』一八八九年五月三〇日、朝刊四頁				『朝日』一八八九年五月二二日、朝刊四頁						『朝日』一八八九年一二月二七日、朝刊四頁		『読売』一八九〇年四月三日、朝刊三頁（高輪泉岳寺）	『読売』一八九〇年五月二一日、朝刊三頁	『朝日』一八九〇年三月一八日、朝刊三頁（高輪泉岳寺）
					『朝日』一八八九年六月四日、朝刊四頁						『朝日』一八九〇年三月一九日、朝刊四頁（高尾山執事）		『読売』一八九〇年四月一四日、朝刊三頁	『朝日』一八九〇年三月二日、朝刊四頁	『朝日』一八九〇年三月一九日、朝刊三頁（高輪泉岳寺）

141	『朝日』一八九〇年三月二〇日、朝刊三頁（高輪泉岳寺）	『朝日』一八九〇年三月二三日、朝刊三頁（高輪泉岳寺）	『朝日』一八九〇年四月一日、朝刊三頁（高輪泉岳寺）	『朝日』一八九〇年四月二日、朝刊三頁（高輪泉岳寺）	『朝日』一八九〇年五月二一日、朝刊四頁
142	『読売』一八九〇年三月一一日、朝刊三頁				
143	『読売』一八九〇年三月一一日、朝刊三頁	『朝日』一八九〇年二月一一日、朝刊四頁			
144	『読売』一八九〇年三月一一日、朝刊三頁				
145	『読売』一八九〇年三月一一日、朝刊三頁				
146	『朝日』一八九〇年三月一六日、朝刊三頁				
147	『読売』一八九〇年三月一一日、朝刊三頁				
148	『読売』一八九〇年三月一八日、朝刊二頁	『読売』一八九〇年四月二日、朝刊三頁	『読売』一八九〇年四月二〇日、朝刊三頁	『読売』一八九〇年四月二五日、朝刊三頁	『読売』一八九〇年五月四日、別刷一頁（芝増上寺開帳事務所）
	『読売』一八九〇年五月六日、別刷一頁（芝増上寺開帳事務所）	『読売』一八九〇年五月八日、別刷一頁（芝増上寺開帳事務所）	『読売』一八九〇年五月一一日、朝刊三頁	『読売』一八九〇年五月二九日、朝刊三頁	『読売』一八九〇年六月五日、別刷一頁（芝増上寺開帳事務所）
	『読売』一八九〇年七月一三日、朝刊三頁	『朝日』一八九〇年三月一八日、朝刊四頁	『朝日』一八九〇年四月一七日、朝刊四頁	『朝日』一八九〇年四月一八日、朝刊四頁	『朝日』一八九〇年四月二四日、朝刊四頁
	『朝日』一八九〇年四月二六日、朝刊四頁	『朝日』一八九〇年四月二七日、朝刊四頁	『朝日』一八九〇年五月四日、朝刊四頁（芝増上寺開帳事務所）	『朝日』一八九〇年五月六日、朝刊四頁（芝増上寺開帳事務所）	『朝日』一八九〇年五月八日、朝刊三頁（芝増上寺開帳事務所）
	『朝日』一八九〇年六月六日、朝刊三頁（芝増上寺開帳事務所）	『朝日』一八九一年九月三〇日、朝刊三頁			
149	『朝日』一八九〇年三月一八日、朝刊四頁				
150	『読売』一八九〇年四月九日、朝刊四頁（平間寺執事）	『読売』一八九〇年四月一五日、別刷一頁（平間寺執事）			

151	『読売』一八九〇年五月四日、別刷一頁				
152	『読売』一八九〇年五月八日、朝刊三頁	『朝日』一八九〇年六月八日、朝刊二頁			
153	『朝日』一八九〇年一〇月五日、朝刊三頁				
154	『朝日』一八九一年一月一四日、朝刊四頁				
155	『読売』一八九〇年一一月九日、朝刊三頁	『読売』一八九一年四月二四日、朝刊四頁（成田山新勝寺）	『朝日』一八九一年三月三日、朝刊一頁	『朝日』一八九一年三月三日、朝刊四頁（成田山新勝寺）	『朝日』一八九一年三月四日、朝刊三頁（成田山新勝寺）
	『朝日』一八九一年三月五日、朝刊三頁（成田山新勝寺）	『朝日』一八九一年四月二四日、朝刊四頁（成田山新勝寺）	『朝日』一八九一年四月二六日、朝刊三頁（成田山新勝寺）	『朝日』一八九一年四月二六日、朝刊四頁	『朝日』一八九一年四月二八日、朝刊四頁（成田山新勝寺）
156	『読売』一八九一年三月一六日、朝刊一頁	『朝日』一八九一年三月一三日、朝刊四頁			
157	『朝日』一八九一年三月一五日、朝刊一頁				
158	『読売』一八九一年五月二五日、朝刊三頁	『読売』一八九一年五月三日、朝刊三頁	『朝日』一八九一年五月八日、朝刊四頁		
159-1	『読売』一八九〇年一一月二一日、朝刊三頁	『読売』一八九一年七月一一日、朝刊三頁	『読売』一八九一年七月一四日、朝刊四頁（きかい大人形）	『読売』一八九一年七月二七日、朝刊三頁	『読売』一八九一年八月三日、朝刊三頁
	『読売』一八九一年八月二七日、朝刊三頁	『読売』一八九一年八月三一日、朝刊三頁	『読売』一八九一年九月五日、朝刊三頁	『朝日』一八九〇年一二月九日、朝刊二頁	『朝日』一八九一年五月二一日、朝刊三頁
	『朝日』一八九一年六月二五日、朝刊四頁	『朝日』一八九一年七月九日、朝刊四頁	『朝日』一八九一年七月一一日、朝刊四頁	『朝日』一八九一年七月一五日、朝刊四頁（きかい大人形）	『朝日』一八九一年七月二九日、朝刊四頁
	『朝日』一八九一年八月二二日、朝刊三頁	『朝日』一八九一年八月二七日、朝刊六頁（清涼寺執事）	『朝日』一八九一年八月二八日、朝刊六頁（清涼寺執事）	『朝日』一八九一年八月二九日、朝刊五頁（清涼寺執事）	
159-2	『読売』一八九一年九月五日、朝刊三頁	『読売』一八九一年九月七日、朝刊三頁	『読売』一八九一年九月二七日、朝刊三頁	『朝日』一八九一年九月五日、朝刊三頁	『朝日』一八九一年九月一二日、朝刊三頁
159-3	『読売』一八九一年九月二九日、朝刊三頁				

159-4	『読売』一八九一年九月二九日、朝刊三頁				
159-5	『読売』一八九一年九月二九日、朝刊三頁				
159-6	『読売』一八九一年九月二九日、朝刊三頁				
159-7	『読売』一八九一年九月二九日、朝刊三頁	『読売』一八九一年一一月一〇日、朝刊三頁			
159-8	『読売』一八九一年九月二九日、朝刊三頁	『朝日』一八九一年一二月一三日、朝刊三頁			
160	『読売』一八九一年五月三日、朝刊三頁	『読売』一八九一年六月七日、朝刊三頁	『読売』一八九一年六月八日、朝刊三頁	『朝日』一八九一年五月八日、朝刊四頁	『朝日』一八九一年六月二日、朝刊四頁
161	『読売』一八九一年五月二四日、朝刊二頁				
162	『読売』一八九一年七月一一日、別刷二頁	『読売』一八九一年九月一二日、朝刊四頁（高岩寺）	『読売』一八九一年九月一三日、別刷一頁		
163	『読売』一八九一年九月一二日、朝刊三頁				
164	『朝日』一八九二年三月四日、朝刊六頁（天龍寺）				
165	『読売』一八九二年三月六日、別刷一頁	『読売』一八九二年三月一七日、朝刊四頁（本願寺別院）	『朝日』一八九二年三月一六日、朝刊六頁（本願寺別院）		
166	『朝日』一八九二年三月一三日、朝刊三頁				
167	『朝日』一八九二年三月二〇日、朝刊六頁（熊谷寺）	『朝日』一八九二年三月二二日、朝刊六頁（熊谷寺）	『朝日』一八九二年三月二三日、朝刊六頁（熊谷寺）	『朝日』一八九二年三月二七日、朝刊三頁	
168	『朝日』一八九二年三月二七日、朝刊六頁（大光院執事）				
169	『読売』一八九二年三月一三日、朝刊三頁				

170	『読売』一八九二年三月二三日、朝刊三頁				
171	『読売』一八九二年三月三〇日、朝刊三頁	『読売』一八九二年四月三日、別刷一頁	『朝日』一八九二年三月三〇日、朝刊五頁		
172	『読売』一八九二年四月二二日、朝刊三頁				
173	『読売』一八九二年五月一二日、朝刊三頁	『読売』一八九二年五月二一日、別刷一頁	『読売』一八九二年六月一〇日、朝刊三頁	『読売』一八九二年七月一一日、朝刊二頁	『読売』一八九二年七月一五日、朝刊三頁
	『読売』一八九二年七月二五日、朝刊二頁	『読売』一八九二年七月二六日、朝刊三頁	『朝日』一八九二年四月二四日、朝刊三頁	『朝日』一八九二年五月一七日、朝刊三頁	『朝日』一八九二年六月九日、朝刊六頁（芝山執事）
	『朝日』一八九二年六月一〇日、朝刊五頁（芝山執事）	『朝日』一八九二年六月一一日、朝刊三頁（芝山執事）			
174	『朝日』一八九二年五月二四日、朝刊六頁（観福寺）	『朝日』一八九二年五月二五日、朝刊六頁（観福寺）	『朝日』一八九二年五月二六日、朝刊六頁（観福寺）	『朝日』一八九二年六月九日、朝刊六頁（山倉山執事）	『朝日』一八九二年六月一〇日、朝刊五頁（山倉山執事）
	『朝日』一八九二年六月一一日、朝刊五頁（山倉山執事）	『朝日』一八九二年七月二九日、朝刊六頁（山倉山観福寺檀家総代五名）			
175	『読売』一八九二年六月一六日、朝刊三頁				
176	『読売』一八九二年八月一九日、朝刊二頁				
177-1	『読売』一八九二年八月二四日、朝刊二頁	『読売』一八九二年八月二七日、朝刊三頁	『読売』一八九二年九月二日、朝刊二頁	『読売』一八九二年九月五日、朝刊二頁	『読売』一八九二年一〇月二六日、朝刊二頁
177-2	『読売』一八九二年一一月一日、朝刊二頁				
178	『読売』一八九二年九月三日、朝刊二頁				
179	『読売』一八九二年九月一三日、朝刊二頁				
180	『読売』一八九二年九月一三日、朝刊二頁				

181	『読売』一八九二年九月一三日、朝刊二頁				
182	『読売』一八九二年九月一五日、朝刊三頁	『読売』一八九二年九月一九日、朝刊三頁			
183	『読売』一八九二年九月一九日、朝刊三頁				
184	『読売』一八九二年一〇月三日、朝刊四頁（観明寺）				
185	『読売』一八九二年一二月八日、朝刊二頁				
186	『読売』一九〇二年一二月八日、朝刊二頁				
187	『読売』一八九三年一月七日、朝刊二頁				
188	『読売』一八九三年三月一三日、朝刊二頁	『読売』一八九三年三月一六日、朝刊三頁	『読売』一八九三年四月一三日、朝刊二頁	『朝日』一八九三年三月一二日、朝刊三頁	
189	『朝日』一八九三年三月一四日、朝刊三頁				
190	『読売』一八九二年九月一日、朝刊二頁	『読売』一八九二年九月四日、朝刊二頁	『読売』一八九二年一〇月四日、朝刊三頁	『読売』一八九二年一〇月一七日、朝刊三頁	『読売』一八九二年一二月二日、朝刊三頁
	『読売』一八九二年一二月六日、朝刊三頁	『読売』一八九二年一二月一二日、朝刊二頁	『読売』一八九三年三月一一日、朝刊三頁	『読売』一八九三年三月一三日、朝刊二頁	『読売』一八九三年三月一四日、朝刊三頁
	『読売』一八九三年三月二三日、朝刊二頁	『読売』一八九三年三月三一日、朝刊三頁	『読売』一八九三年三月三一日、朝刊四頁（いさみ新聞社）	『読売』一八九三年四月一日、朝刊一頁	『読売』一八九三年四月一日、朝刊二頁
	『読売』一八九三年四月二日、朝刊二頁	『読売』一八九三年四月一三日、朝刊二頁	『読売』一八九三年四月一五日、朝刊二頁	『読売』一八九三年四月二六日、朝刊三頁	『読売』一八九三年四月二八日、朝刊三頁
	『読売』一八九三年四月三〇日、朝刊三頁	『読売』一八九三年五月一一日、朝刊二頁	『読売』一八九三年五月一六日、朝刊三頁	『読売』一八九三年五月一九日、朝刊三頁	『読売』一八九三年五月二四日、朝刊三頁
	『読売』一八九三年五月二五日、朝刊三頁	『読売』一八九三年六月三日、別刷一頁	『朝日』一八九三年三月三一日、朝刊六頁（いさみ新聞社）	『朝日』一八九三年四月一日、朝刊三頁	『朝日』一八九三年四月五日、朝刊三頁

190	『朝日』一八九三年四月二七日、朝刊三頁	『朝日』一八九三年五月二日、朝刊三頁	『朝日』一八九三年五月一二日、朝刊三頁	『朝日』一八九三年五月二四日、朝刊三頁	『朝日』一八九三年六月二日、朝刊三頁
190	『朝日』一八九三年六月二〇日、朝刊三頁				
191	『朝日』一八九三年三月三〇日、朝刊三頁				
192	『読売』一八九三年三月一五日、朝刊二頁	『朝日』一八九三年二月三日、朝刊三頁	『朝日』一八九三年三月一五日、朝刊三頁		
193	『読売』一八九三年四月五日、朝刊三頁	『読売』一八九三年四月一一日、朝刊二頁	『朝日』一八九三年四月九日、朝刊三頁	『朝日』一八九三年四月九日、朝刊六頁（信州善光寺東京万人講世話人〈開帳否定〉）	『朝日』一八九三年四月一一日、朝刊六頁（信州善光寺東京万人講世話人〈開帳否定〉）
193	『朝日』一八九三年四月一二日、朝刊六頁（信州善光寺東京万人講世話人〈開帳否定〉）	『朝日』一八九三年四月一四日、朝刊六頁（信州善光寺東京万人講世話人〈開帳否定〉）	『朝日』一八九三年四月一五日、朝刊五頁（信州善光寺東京万人講世話人〈開帳否定〉）		
194	『読売』一八九三年四月一二日、朝刊二頁	『朝日』一八九三年三月二四日、朝刊三頁			
195	『読売』一八九三年四月一六日、朝刊三頁				
196	『読売』一八九三年二月五日、朝刊二頁	『読売』一八九三年四月二二日、朝刊二頁	『朝日』一八九二年一二月二三日、朝刊三頁	『朝日』一八九三年三月八日、朝刊三頁	『朝日』一八九三年三月三〇日、朝刊三頁
196	『朝日』一八九三年四月三〇日、朝刊三頁				
197	『朝日』一八九三年五月二八日、朝刊六頁（冬木弁財天）	『朝日』一八九三年六月二三日、朝刊三頁			
198	『読売』一八九三年五月二五日、朝刊三頁				
199	『朝日』一八九四年二月四日、朝刊三頁	『朝日』一八九四年三月二〇日、朝刊六頁（平間寺執事）	『朝日』一八九四年三月二二日、朝刊五頁（平間寺執事）	『朝日』一八九四年三月二三日、朝刊六頁（平間寺執事）	
200	『読売』一八九四年二月七日、朝刊三頁	『読売』一八九四年二月二七日、朝刊三頁	『読売』一八九四年四月一五日、別刷一頁	『朝日』一八九四年二月二五日、朝刊一頁	『朝日』一八九四年三月一八日、朝刊三頁

200	『朝日』一八九四年四月三日、朝刊一頁	『朝日』一八九四年四月一七日、朝刊二頁			
201	『朝日』一八九四年二月一一日、朝刊三頁				
202	『朝日』一八九四年三月二〇日、朝刊六頁（宗吾霊堂事務所）	『朝日』一八九四年三月二二日、朝刊六頁（宗吾霊堂事務所）	『朝日』一八九四年三月二四日、朝刊六頁（宗吾霊堂事務所）	『朝日』一八九四年三月二七日、朝刊六頁（宗吾霊堂事務所）	『朝日』一八九四年三月二八日、朝刊六頁（宗吾霊堂事務所）
	『朝日』一八九四年三月二九日、朝刊五頁（宗吾霊堂事務所）	『朝日』一八九四年三月三〇日、朝刊五頁（宗吾霊堂事務所）			
203	『朝日』一八九四年四月一五日、朝刊三頁				
204	『読売』一八九四年四月四日、朝刊三頁				
205	『朝日』一八九四年六月二四日、朝刊三頁				
206	『読売』一八九四年七月二日、朝刊三頁				
207	『読売』一八九四年八月九日、朝刊三頁				
208	『朝日』一八九五年九月一七日、朝刊三頁				
209	『読売』一八九六年三月二六日、朝刊三頁	『読売』一八九六年四月一一日、朝刊三頁	『朝日』一八九六年三月二四日、朝刊六頁（両国回向院）	『朝日』一八九六年三月二六日、朝刊四頁	『朝日』一八九六年四月二四日、朝刊四頁
210	『朝日』一八九四年三月一三日、朝刊四頁	『朝日』一八九六年三月一八日、朝刊六頁（総持寺執事）	『朝日』一八九六年三月一九日、朝刊六頁（総持寺執事）	『朝日』一八九六年三月二二日、朝刊五頁（総持寺執事）	『朝日』一八九六年四月二日、朝刊五頁（総持寺執事）
	『朝日』一八九六年四月五日、朝刊五頁（総持寺執事）	『朝日』一八九六年五月五日、朝刊四頁			
211	『読売』一八九六年四月八日、朝刊三頁				

212	『朝日』一八九六年六月四日、朝刊六頁（柴又題経寺執事）				
213	『朝日』一八九六年九月一五日、朝刊四頁				
214	『朝日』一八九七年三月一七日、朝刊三頁				
215	『朝日』一八九七年四月九日、朝刊三頁				
216	『朝日』一八九七年五月一日、朝刊三頁	『朝日』一八九七年五月二五日、朝刊八頁			
217	『読売』一八九七年八月二日、朝刊六頁	『朝日』一八九七年八月一日、朝刊四頁			
218	『朝日』一八九八年三月二〇日、朝刊四頁				
219	『朝日』一八九八年三月二〇日、朝刊四頁				
220	『朝日』一八九八年三月二〇日、朝刊四頁				
221	『読売』一八九八年四月四日、朝刊三頁	『朝日』一八九八年三月二七日、朝刊五頁			
222	『朝日』一八九八年四月一六日、朝刊三頁	『朝日』一八九八年五月一日、朝刊三頁			
223	『読売』一八九八年五月一四日、朝刊四頁	『読売』一八九八年五月一四日、朝刊五頁（成田山新勝寺執事）	『読売』一八九八年五月三〇日、朝刊三頁	『読売』一八九八年六月二八日、朝刊六頁（成田山開帳場）	『朝日』一八九八年五月一四日、朝刊八頁（成田山新勝寺執事）
	『朝日』一八九八年五月一五日、朝刊五頁	『朝日』一八九八年五月二五日、朝刊八頁（成田山新勝寺執事）	『朝日』一八九八年五月一六日、朝刊八頁（成田山新勝寺執事）	『朝日』一八九八年五月一七日、朝刊八頁（成田山新勝寺執事）	『朝日』一八九八年五月二三日、朝刊五頁
	『朝日』一八九八年五月二八日、朝刊五頁	『朝日』一八九八年六月五日、朝刊五頁	『朝日』一八九八年六月二〇日、朝刊五頁		

224	『読売』一八九八年五月一四日、朝刊四頁	『読売』一八九八年五月一四日、朝刊五頁（成田山新勝寺）	『朝日』一八九八年五月三〇日、朝刊四頁	『朝日』一八九八年六月二日、朝刊五頁	『朝日』一八九八年六月五日、朝刊五頁
	『朝日』一八九八年六月二八日、朝刊七頁（成田山新勝寺執事）	『朝日』一八九八年七月七日、朝刊四頁			
225	『読売』一八九八年五月二六日、朝刊三頁	『朝日』一八九八年五月二六日、朝刊七頁（永代寺執事）	『朝日』一八九八年五月二七日、朝刊八頁（永代寺執事）		
226	『読売』一八九八年五月二〇日、朝刊四頁	『読売』一八九八年六月六日、朝刊六頁（両国回向院）	『読売』一八九八年六月二八日、朝刊四頁	『朝日』一八九八年六月六日、朝刊八頁（両国回向院）	『朝日』一八九八年六月一四日、朝刊五頁
	『朝日』一八九八年六月二一日、朝刊五頁	『朝日』一八九八年六月二七日、朝刊五頁	『朝日』一八九八年六月二九日、朝刊四頁		
227	『朝日』一八九八年九月三日、朝刊五頁				
228	『読売』一八九九年一月一一日、朝刊四頁	『読売』一八九九年三月一八日、朝刊四頁	『読売』一八九九年三月二八日、朝刊四頁	『読売』一八九九年四月一七日、朝刊一頁	『朝日』一八九九年一月一二日、朝刊五頁
	『朝日』一八九九年三月八日、朝刊四頁	『朝日』一八九九年三月二〇日、朝刊四頁	『朝日』一八九九年三月二八日、朝刊八頁（上野公園弁天堂世話人）	『朝日』一八九九年三月二九日、朝刊八頁（上野公園弁天堂世話人）	『朝日』一八九九年三月三〇日、朝刊五頁
229	『読売』一八九九年三月八日、朝刊四頁	『読売』一八九九年四月九日、朝刊二頁（総武・成田鉄道）	『読売』一八九九年四月一二日、朝刊四頁（新勝寺）	『読売』一八九九年四月二二日、朝刊四頁	『読売』一八九九年六月二日、朝刊五頁（新勝寺）
	『読売』一八九九年六月二日、朝刊六頁（総武・成田鉄道）	『朝日』一八九九年一月九日、朝刊四頁	『朝日』一八九九年一月一四日、朝刊四頁	『朝日』一八九九年三月七日、朝刊四頁	『朝日』一八九九年三月一六日、朝刊三頁
	『朝日』一八九九年四月九日、朝刊二頁	『朝日』一八九九年四月一二日、朝刊八頁（総武・成田鉄道）	『朝日』一八九九年四月一二日、朝刊八頁（新勝寺）	『朝日』一八九九年四月一三日、朝刊八頁（新勝寺）	『朝日』一八九九年四月一三日、朝刊八頁（総武・成田鉄道）
	『朝日』一八九九年四月一四日、朝刊三頁（新勝寺）	『朝日』一八九九年四月一四日、朝刊七頁（総武・成田鉄道）	『朝日』一八九九年六月二日、朝刊八頁（新勝寺）	『朝日』一八九九年六月二日、朝刊八頁（総武・成田鉄道）	『朝日』一八九九年六月三日、朝刊八頁（新勝寺）
	『朝日』一八九九年六月三日、朝刊八頁（総武・成田鉄道）	『朝日』一八九九年六月四日、朝刊八頁（総武・成田鉄道）			

230	『朝日』一八九九年四月一日、朝刊五頁				
231	『読売』一八九九年五月二二日、朝刊三頁	『読売』一八九九年五月二六日、朝刊四頁	『朝日』一八九九年五月二二日、朝刊五頁	『朝日』一八九九年五月二三日、朝刊五頁	
232-1	『読売』一八九九年六月二七日、朝刊五頁（嵯峨清涼寺）	『読売』一八九九年六月三〇日、朝刊四頁	『読売』一八九九年七月一一日、朝刊四頁	『読売』一八九九年七月二八日、朝刊四頁	『朝日』一八八九年六月二九日、朝刊八頁（嵯峨清涼寺）
	『朝日』一八九九年七月一日、朝刊五頁	『朝日』一八九九年七月一日、朝刊八頁（嵯峨清涼寺）	『朝日』一八九九年七月一二日、朝刊四頁		
232-2	『読売』一八九九年九月六日、朝刊四頁	『朝日』一八九九年九月六日、朝刊五頁			
233	『読売』一八九九年九月二五日、朝刊三頁				
234	『朝日』一九〇〇年三月五日、朝刊五頁				
235	『朝日』一八九九年一一月七日、朝刊四頁	『朝日』一九〇〇年三月五日、朝刊五頁	『朝日』一九〇〇年四月八日、朝刊一頁	『朝日』一九〇〇年四月一一日、朝刊五頁	『朝日』一九〇〇年四月一九日、朝刊五頁
236	『読売』一九〇〇年二月一七日、朝刊四頁				
237	『読売』一九〇〇年三月二八日、朝刊四頁	『読売』一九〇〇年四月三日、朝刊三頁	『読売』一九〇〇年四月二六日、朝刊四頁	『朝日』一九〇〇年三月二八日、朝刊五頁	『朝日』一九〇〇年四月二九日、朝刊五頁
238	『読売』一九〇〇年四月一五日、朝刊五頁（誕生寺執事）	『読売』一九〇〇年四月一六日、朝刊六頁（誕生寺執事）	『朝日』一九〇〇年二月一三日、朝刊一頁	『朝日』一九〇〇年三月五日、朝刊五頁	『朝日』一九〇〇年三月二七日、朝刊五頁
	『朝日』一九〇〇年四月一日、朝刊八頁（総武・房総鉄道）	『朝日』一九〇〇年四月三日、朝刊八頁（総武・房総鉄道）	『朝日』一九〇〇年四月八日、朝刊五頁	『朝日』一九〇〇年四月一五日、朝刊三頁（誕生寺執事）	『朝日』一九〇〇年四月一六日、朝刊八頁（誕生寺執事）
	『朝日』一九〇〇年四月一七日、朝刊七頁（誕生寺執事）				
239	『朝日』一九〇〇年三月六日、朝刊四頁	『朝日』一九〇〇年四月二日、朝刊八頁（川越成田山本行院）	『朝日』一九〇〇年四月五日、朝刊三頁（朝日新聞による日付訂正）	『朝日』一九〇〇年四月七日、朝刊五頁	

240	『朝日』一九〇〇年四月七日、朝刊五頁				
241	『読売』一九〇〇年六月一九日、朝刊四頁	『朝日』一九〇〇年六月一九日、朝刊四頁	『朝日』一九〇〇年六月二一日、朝刊五頁		
242	『朝日』一九〇〇年七月八日、朝刊五頁				
243	『読売』一九〇〇年九月二七日、朝刊四頁				
244	『朝日』一九〇〇年三月一一日、朝刊五頁				
245	『読売』一九〇一年三月一九日、朝刊一頁 『朝日』一九〇一年四月五日、朝刊七頁（高幡山金剛寺執事）	『朝日』一九〇一年三月三〇日、朝刊三頁	『朝日』一九〇一年三月三〇日、朝刊八頁（高幡山金剛寺執事）	『朝日』一九〇一年四月一日、朝刊八頁（高幡山金剛寺執事）	『朝日』一九〇一年四月三日、朝刊八頁（高幡山金剛寺執事）
246	『朝日』一九〇一年四月一五日、朝刊七頁（高尾山）	『朝日』一九〇一年四月一六日、朝刊五頁	『朝日』一九〇一年四月一七日、朝刊八頁（高尾山）		
247	『読売』一九〇一年四月一六日、朝刊四頁	『朝日』一九〇一年四月一六日、朝刊四頁			
248	『読売』一九〇一年四月一九日、朝刊四頁				
249-1	『読売』一九〇一年八月一三日、朝刊四頁	『朝日』一九〇一年七月二〇日、朝刊四頁	『朝日』一九〇一年七月二二日、朝刊三頁		
249-2	『読売』一九〇一年八月一三日、朝刊四頁				
250	『朝日』一九〇一年九月二七日、朝刊五頁				
251	『朝日』一九〇一年九月二八日、朝刊五頁				
252	『朝日』一九〇二年五月一五日、朝刊五頁				

253	『読売』一九〇二年三月一六日、朝刊六頁	『読売』一九〇二年三月二四日、朝刊三頁	『読売』一九〇二年三月二九日、朝刊六頁（成田山新勝寺）	『朝日』一九〇二年三月一七日、朝刊四頁	『朝日』一九〇二年三月二四日、朝刊五頁
253	『朝日』一九〇二年三月二八日、朝刊七頁	『朝日』一九〇二年三月二九日、朝刊八頁（成田山新勝寺）	『朝日』一九〇二年三月三〇日、朝刊八頁（成田山新勝寺）	『朝日』一九〇二年四月一六日、朝刊八頁（総武・成田鉄道）	
254	『読売』一九〇二年四月一二日、朝刊四頁	『読売』一九〇二年五月七日、朝刊四頁	『朝日』一九〇二年四月一一日、朝刊四頁	『朝日』一九〇二年四月一八日、朝刊四頁（房州小湊誕生寺小松原山外国内寺院一同）	『朝日』一九〇二年四月二〇日、朝刊四頁（房州小湊誕生寺小松原山外国内寺院一同）
254	『朝日』一九〇二年四月二四日、朝刊四頁	『朝日』一九〇二年四月二八日、朝刊五頁			
255	『朝日』一九〇二年四月一日、朝刊七頁（新井薬師寺）	『朝日』一九〇二年四月二日、朝刊四頁（新井薬師寺）	『朝日』一九〇二年四月二一日、朝刊四頁		
256	『朝日』一九〇二年四月一七日、朝刊四頁				
257	『読売』一九〇二年五月八日、朝刊四頁	『読売』一九〇二年五月一九日、朝刊三頁	『朝日』一九〇二年五月一九日、朝刊四頁		
258	『朝日』一九〇三年一月二四日、朝刊一頁				
259	『朝日』一九〇二年四月一四日、朝刊五頁				
260	『読売』一九〇三年三月一七日、朝刊四頁	『読売』一九〇三年三月二一日、朝刊五頁	『読売』一九〇三年三月二五日、朝刊四頁	『読売』一九〇三年三月三一日、朝刊四頁	『読売』一九〇三年五月二三日、朝刊四頁
260	『朝日』一九〇三年三月四日、朝刊五頁	『朝日』一九〇三年三月一二日、朝刊五頁	『朝日』一九〇三年三月一七日、朝刊五頁	『朝日』一九〇三年三月二一日、朝刊四頁	『朝日』一九〇三年三月二二日、朝刊五頁
260	『朝日』一九〇三年三月三一日、朝刊五頁	『朝日』一九〇三年四月二日、朝刊四頁	『朝日』一九〇三年四月六日、朝刊五頁	『朝日』一九〇三年四月二七日、朝刊四頁	『朝日』一九〇三年五月二三日、朝刊四頁
260	『朝日』一九〇三年六月二〇日、朝刊四頁				
261	『読売』一九〇三年四月一九日、朝刊六頁	『朝日』一九〇三年四月一八日、朝刊五頁			

262	『朝日』一九〇三年四月一九日、朝刊四頁				
263	『朝日』一九〇三年五月三一日、朝刊三頁	『朝日』一九〇三年六月二〇日、朝刊三頁			
264	『朝日』一九〇三年七月一八日、朝刊四頁				
265	『朝日』一九〇三年七月二四日、朝刊三頁				
266	『読売』一九〇四年三月二日、朝刊三頁				
267	『読売』一九〇四年四月一〇日、朝刊三頁	『朝日』一九〇四年四月八日、朝刊四頁	『朝日』一九〇四年四月一一日、朝刊八頁（平間寺執事）	『朝日』一九〇四年四月一四日、朝刊八頁（平間寺執事）	『朝日』一九〇四年四月一七日、朝刊八頁（平間寺執事）
	『朝日』一九〇四年五月一七日、朝刊八頁（川崎大師）				
268	『朝日』一九〇四年四月二二日、朝刊八頁（観福寺執事）	『朝日』一九〇四年四月二三日、朝刊八頁（観福寺執事）	『朝日』一九〇四年四月二四日、朝刊八頁（観福寺執事）		
269	『読売』一九〇四年七月一六日、朝刊三頁	『朝日』一九〇四年七月一六日、朝刊四頁			
270	『朝日』一九〇五年四月一日、朝刊六頁				
271	『朝日』一九〇五年六月一五日、朝刊六頁				
272	『朝日』一九〇五年七月二日、朝刊七頁				
273	『読売』一九〇六年三月一五日、朝刊三頁	『読売』一九〇六年四月五日、朝刊三頁	『朝日』一九〇五年一二月一五日、朝刊四頁	『朝日』一九〇六年二月一三日、朝刊六頁	『朝日』一九〇六年三月四日、朝刊六頁
	『朝日』一九〇六年三月一三日、朝刊二頁	『朝日』一九〇六年三月一五日、朝刊六頁	『朝日』一九〇六年四月二日、朝刊二頁	『朝日』一九〇六年四月六日、朝刊六頁	『朝日』一九〇六年四月二一日、朝刊七頁（犀北館）
	『朝日』一九〇六年五月八日、朝刊二頁	『朝日』一九〇六年五月二九日、朝刊六頁			
274	『読売』一九〇六年四月一八日、朝刊三頁				

275	『朝日』一九〇六年八月三〇日、朝刊六頁				
276	『朝日』一九〇六年一〇月一二日、朝刊六頁				
277	『朝日』一九〇六年一一月一五日、朝刊七頁				
278	『読売』一九〇七年三月一五日、朝刊三頁	『朝日』一九〇七年三月一五日、朝刊七頁			
279	『読売』一九〇七年三月一五日、朝刊三頁	『読売』一九〇七年四月九日、朝刊三頁	『朝日』一九〇七年二月二二日、朝刊八頁	『朝日』一九〇七年三月二二日、朝刊六頁	
280	『朝日』一九〇七年三月一八日、朝刊七頁				
281	『朝日』一九〇七年三月九日、朝刊六頁	『朝日』一九〇七年四月一日、朝刊六頁			
282	『朝日』一九〇七年三月九日、朝刊六頁	『朝日』一九〇七年三月二九日、朝刊六頁			
283	『朝日』一九〇七年二月四日、朝刊七頁	『朝日』一九〇七年二月二三日、朝刊六頁	『朝日』一九〇七年三月五日、朝刊六頁	『朝日』一九〇七年四月八日、朝刊四頁	
284	『朝日』一九〇七年四月一九日、朝刊六頁				
285	『朝日』一九〇七年三月五日、朝刊六頁				
286	『読売』一九〇七年五月七日、朝刊三頁	『朝日』一九〇七年四月一三日、朝刊六頁	『朝日』一九〇七年四月一六日、朝刊六頁	『朝日』一九〇七年四月一七日、朝刊六頁	『朝日』一九〇七年四月一九日、朝刊六頁
287	『朝日』一九〇七年四月二三日、朝刊四頁				
288	『朝日』一九〇七年四月二二日、朝刊六頁	『朝日』一九〇七年五月五日、朝刊六頁			
289	『読売』一九〇七年四月一六日、朝刊三頁	『朝日』一九〇七年四月一六日、朝刊六頁			

290	『朝日』一九〇七年九月一三日、朝刊七頁				
291	『朝日』一九〇八年四月六日、朝刊三頁				
292	『朝日』一九〇八年七月二九日、朝刊二頁				
293	『朝日』一九〇八年一〇月九日、朝刊六頁				
294	『朝日』一九〇九年三月三〇日、朝刊五頁	『朝日』一九〇九年四月三日、朝刊五頁			
295	『読売』一九〇九年四月一七日、朝刊四頁	『読売』一九〇九年四月二七日、朝刊三頁	『朝日』一九〇九年四月二七日、朝刊五頁	『朝日』一九〇九年五月一日、朝刊七頁（池上本門寺執事）	『朝日』一九〇九年五月六日、朝刊五頁
296	『読売』一九〇九年四月一七日、朝刊四頁				
297	『読売』一九〇九年八月六日、朝刊二頁（高尾山）	『朝日』一九〇九年八月八日、朝刊七頁（高尾山）			
298	『朝日』一九〇九年九月一六日、朝刊四頁				
299	『読売』一九〇九年九月九日、朝刊一頁（東勝寺執事）	『読売』一九〇九年九月一〇日、朝刊二頁	『読売』一九〇九年九月一二日、朝刊三頁	『朝日』一九〇九年九月九日、朝刊一頁（東勝寺執事）	『朝日』一九〇九年九月九日、朝刊五頁
	『朝日』一九〇九年九月一一日、朝刊六頁（東勝寺執事）	『朝日』一九〇九年九月一三日、朝刊一頁（東勝寺執事）	『朝日』一九〇九年九月三〇日、朝刊四頁		
300	『読売』一九〇九年九月二五日、朝刊三頁				
301	『読売』一九一〇年三月二一日、朝刊三頁				
302	『朝日』一九一〇年四月九日、朝刊四頁				
303	『朝日』一九一〇年四月二二日、朝刊四頁				

304	『読売』一九一〇年四月二五日、朝刊三頁	『朝日』一九一〇年四月二六日、朝刊五頁			
305	『読売』一九一〇年五月一三日、朝刊三頁	『読売』一九一〇年五月二一日、朝刊三頁	『朝日』一九一〇年五月一四日、朝刊五頁		
306	『読売』一九一〇年九月一三日、朝刊一頁				
307	『読売』一九一一年二月二〇日、朝刊三頁	『朝日』一九一一年二月二〇日、朝刊五頁			
308	『朝日』一九一一年四月七日、朝刊七頁（岩本楼）	『朝日』一九一一年四月二二日、朝刊七頁（岩本楼）			
309	『読売』一九一一年一〇月一三日、朝刊三頁				
310	『朝日』一九一一年一〇月八日、朝刊五頁				
311	『朝日』一九一一年九月九日、朝刊五頁	『朝日』一九一一年一一月二三日、朝刊五頁	『朝日』一九一二年三月九日、朝刊五頁	『朝日』一九一二年三月一九日、朝刊五頁	『朝日』一九一二年三月二一日、朝刊五頁
	『朝日』一九一二年三月三一日、朝刊六頁	『朝日』一九一二年四月一日、朝刊五頁	『朝日』一九一二年四月二日、朝刊五頁	『朝日』一九一二年四月三日、朝刊五頁	『朝日』一九一二年四月二六日、朝刊五頁
	『朝日』一九一二年五月七日、朝刊五頁	『朝日』一九一二年五月二一日、朝刊五頁			
312	『朝日』一九一一年三月一六日、朝刊三頁				
313	『朝日』一九一二年四月一七日、朝刊二頁				
314	『読売』一九一二年五月三日、朝刊三頁	『朝日』一九一二年五月四日、朝刊五頁	『朝日』一九一二年五月七日、朝刊五頁		
315	『読売』一九一二年五月一四日、朝刊三頁				
316	『朝日』一九一二年六月二三日、朝刊一頁（日光律院善光寺）				

317	『朝日』一九一三年二月二六日、朝刊四頁				
318	『読売』一九一三年六月一二日、朝刊三頁	『読売』一九一三年七月二一日、朝刊三頁	『朝日』一九一三年七月一二日、朝刊五頁	『朝日』一九一三年七月二〇日、朝刊七頁	
319	『読売』一九一三年七月二八日、朝刊三頁	『読売』一九一三年七月二九日、朝刊三頁	『読売』一九一三年八月四日、朝刊三頁	『読売』一九一三年八月八日、朝刊三頁	『朝日』一九一三年八月四日、朝刊五頁
	『朝日』一九一三年八月七日、朝刊五頁				
320	『読売』一九一三年一〇月一四日、朝刊三頁				
321	『読売』一九一三年一〇月三〇日、朝刊三頁				
322	『読売』一九一四年五月二二日、朝刊七頁	『読売』一九一四年六月二日、朝刊七頁	『読売』一九一四年六月一二日、朝刊五頁	『読売』一九一四年六月二三日、朝刊七頁	『朝日』一九一四年六月一〇日、朝刊一頁（成田不動堂）
	『朝日』一九一四年六月一〇日、朝刊七頁				
323	『朝日』一九一四年八月一六日、朝刊七頁				
324	『読売』一九一五年四月二日、朝刊七頁				
325	『読売』一九一五年四月二六日、朝刊一頁（成田鉄道）	『読売』一九一五年四月二九日、朝刊五頁	『朝日』一九一四年一二月一七日、朝刊三頁	『朝日』一九一五年三月一一日、朝刊三頁	『朝日』一九一五年三月一三日、朝刊三頁
	『朝日』一九一五年三月二〇日、朝刊一頁（成田山新勝寺）	『朝日』一九一五年三月二一日、朝刊六頁（成田山新勝寺）	『朝日』一九一五年三月二二日、朝刊七頁（成田山新勝寺）	『朝日』一九一五年三月二四日、朝刊三頁	『朝日』一九一五年三月二五日、朝刊一頁（成田鉄道）
	『朝日』一九一五年三月二七日、朝刊三頁	『朝日』一九一五年三月二九日、朝刊三頁	『朝日』一九一五年四月一日、朝刊三頁	『朝日』一九一五年四月七日、朝刊三頁	『朝日』一九一五年四月八日、朝刊三頁
	『朝日』一九一五年四月二五日、朝刊一頁（成田鉄道）	『朝日』一九一五年四月二九日、朝刊三頁	『朝日』一九一五年五月九日、朝刊三頁	『朝日』一九一五年五月二一日、朝刊三頁	『朝日』一九一五年五月二三日、朝刊一頁（成田鉄道）
	『朝日』一九一五年五月二九日、朝刊三頁				

326	『朝日』一九一五年四月一〇日、朝刊三頁				
327	『朝日』一九一五年五月一五日、朝刊七頁（柴又帝釈天）	『朝日』一九一五年五月一六日、朝刊七頁（柴又帝釈天）			
328	『朝日』一九一六年四月五日、朝刊七頁				
329	『読売』一九一七年七月九日、朝刊五頁				
330	『朝日』一九一八年三月一八日、朝刊五頁	『朝日』一九一八年四月二日、朝刊五頁			
331	『読売』一九一八年三月二四日、朝刊五頁				
332	『朝日』一九一八年六月八日、朝刊七頁				
333	『読売』一九一九年三月二八日、朝刊五頁	『朝日』一九一九年四月七日、朝刊五頁	『朝日』一九一九年五月五日、朝刊五頁		
334	『読売』一九二〇年三月二二日、朝刊七頁				
335	『読売』一九二〇年四月一一日、朝刊五頁				
336	『朝日』一九二三年二月二一日、夕刊二頁				
337	『読売』一九二三年五月三〇日、朝刊四頁	『朝日』一九二三年五月三一日、朝刊五頁			
338	『朝日』一九二三年七月九日、朝刊四頁（白木屋）				
339	『朝日』一九二四年二月二一日、夕刊二頁				
340	『朝日』一九二四年三月六日、夕刊一頁	『朝日』一九二四年三月一五日、朝刊三頁	『朝日』一九二四年三月二一日、夕刊二頁	『朝日』一九二四年三月三一日、朝刊二頁	『朝日』一九二四年四月二二日、朝刊三頁

341	『読売』一九二四年九月一五日、朝刊七頁				
342	『朝日』一九二四年一二月二九日、朝刊七頁（円珠寺）				
343	『読売』一九二五年七月八日、朝刊五頁	『朝日』一九二五年七月九日、朝刊六頁			
344	『朝日』一九二五年三月二五日、夕刊二頁				
345	『読売』一九二五年九月二一日、朝刊二頁（主催：正法護国会・後援：読売新聞社）	『読売』一九二五年九月二三日、朝刊二頁（主催：正法護国会・後援：読売新聞社）	『読売』一九二五年九月二四日、朝刊二頁（主催：正法護国会・後援：読売新聞社）	『読売』一九二五年九月二四日、朝刊七頁	『読売』一九二五年九月二五日、朝刊二頁（主催：正法護国会・後援：読売新聞社）
	『読売』一九二五年九月三〇日、朝刊二頁（主催：正法護国会・後援：読売新聞社）	『読売』一九二五年一〇月三日、朝刊三頁（主催：正法護国会・後援：読売新聞社）			
346	『読売』一九二五年九月二五日、朝刊五頁				
347	『朝日』一九二六年四月八日、朝刊六頁				
348	『読売』一九二六年四月一九日、朝刊九頁				
349	『朝日』一九二六年四月二一日、朝刊一〇頁				
350	『読売』一九二六年七月九日、朝刊七頁	『朝日』一九二六年七月九日、朝刊一〇頁			
351	『読売』一九二七年四月八日、朝刊七頁				
352	『読売』一九二七年七月一〇日、朝刊三頁				
353	『読売』一九二七年九月二五日、朝刊七頁				

354	『読売』一九二八年三月六日、朝刊三頁				
355	『読売』一九二八年三月二七日、朝刊三頁				
356	『読売』一九二八年四月一日、朝刊三頁				
357	『読売』一九二八年七月四日、朝刊四頁				
358	『読売』一九二八年七月九日、夕刊五頁（白木屋）				
359	『読売』一九二八年九月八日、朝刊四頁				
360	『朝日』一九二九年四月一一日、夕刊二頁				
361	『読売』一九二九年四月二九日、朝刊七頁				
362	『読売』一九二九年五月二五日、朝刊八頁				
363	『読売』一九三〇年七月九日、朝刊六頁（白木屋）				
364	『読売』一九三一年四月一八日、朝刊六頁（ほてい屋）				
365	『読売』一九三二年七月九日、夕刊三頁（白木屋）				
366	『朝日』一九三二年一二月一〇日、朝刊一一頁	『朝日』一九三三年一月八日、夕刊二頁			
367	『読売』一九三三年三月一七日、朝刊七頁	『朝日』一九三三年四月一日、朝刊九頁	『朝日』一九三三年四月二日、夕刊二頁		
368	『読売』一九三三年一〇月二五日、朝刊七頁				

369	『読売』一九三四年四月一四日、朝刊七頁（京浜電鉄）			
370	『読売』一九三四年五月一日、朝刊七頁（東武鉄道）			
371	『朝日』一九三四年六月一三日、夕刊二頁（主催：清正公三二五年祭奉賛会・後援：熊本県、熊本市）			
372	『読売』一九三四年七月九日、朝刊六頁（白木屋）			
373	『朝日』一九三五年五月一〇日、夕刊二頁	『朝日』一九三五年六月一日、朝刊三頁（主催：東京奉賛会・後援：東京市）	『朝日』一九三五年六月二〇日、夕刊二頁	
374	『朝日』一九三五年七月七日、朝刊七頁（白木屋）	『朝日』一九三五年七月八日、朝刊五頁（白木屋）		
375	『朝日』一九三五年一〇月六日、夕刊一頁（西国三十三札所）	『朝日』一九三五年一〇月一七日、夕刊一頁（西国三十三札所）	『朝日』一九三五年一〇月二七日、夕刊一頁（西国三十三札所）	『朝日』一九三五年一一月二日、朝刊七頁（西国三十三札所）
376	『朝日』一九三五年一二月七日、朝刊一三頁			
377	『読売』一九三六年三月二〇日、朝刊七頁	『読売』一九三六年三月二二日、夕刊一頁	『朝日』一九三六年三月二〇日、朝刊六頁	
378	『朝日』一九三六年七月五日、夕刊七頁（白木屋）			
379	『読売』一九三六年八月一五日、夕刊二頁	『朝日』一九三六年八月一五日、夕刊二頁		
380	『朝日』一九三七年三月二七日、夕刊三頁			
381	『朝日』一九三七年七月一〇日、夕刊三頁			

382	『朝日』一九三七年九月六日、朝刊一〇頁（主催：坂東札所聯合会・後援：東京市、東京横浜電鉄、京浜電鉄）	『朝日』一九三七年九月一三日、朝刊七頁（主催：坂東札所聯合会・後援：東京市、東京横浜電鉄、京浜電鉄）	『朝日』一九三七年一〇月一日、朝刊三頁（主催：坂東札所聯合会・後援：東京市、東京横浜電鉄、京浜電鉄）		
383	『読売』一九三八年三月二八日、夕刊二頁（京成電車）	『読売』一九三八年四月三日、夕刊一頁（京成電車）	『読売』一九三八年四月一七日、夕刊二頁（京成電車）	『読売』一九三八年四月二八日、夕刊二頁（京成電車）	『読売』一九三八年五月一五日、夕刊二頁（京成電車）
	『読売』一九三八年五月二八日、夕刊二頁（京成電車）	『読売』一九三八年三月二八日、夕刊二頁（京成電車）	『朝日』一九三八年三月二九日、夕刊二頁		
384	『朝日』一九三八年七月九日、夕刊七頁（白木屋）				
385	『朝日』一九三九年七月九日、朝刊七頁（白木屋）				
386	『読売』一九四〇年七月九日、夕刊四頁（白木屋）				
387	『朝日』一九四〇年一〇月三日、夕刊三頁				
X-5	『読売』一九四一年三月一二日、朝刊七頁				
388	『読売』一九四一年四月一〇日、朝刊三頁				
389	『読売』一九四一年七月九日、夕刊二頁（白木屋）	『朝日』一九四一年七月九日、夕刊二頁（白木屋）	『朝日』一九四一年七月一〇日、朝刊六頁（白木屋）		
390	『読売』一九四二年七月八日、朝刊四頁（白木屋）				
391	『読売』一九四二年一一月五日、朝刊三頁（目黒不動尊）	『読売』一九四二年一一月一一日、朝刊三頁（目黒不動尊）	『朝日』一九四二年一一月六日、夕刊二頁（目黒不動尊）	『朝日』一九四二年一一月一一日、朝刊四頁（目黒不動尊）	
392	『読売』一九四三年一一月二日、朝刊三頁（目黒不動尊）	『読売』一九四三年一一月九日、朝刊三頁（目黒不動尊）	『朝日』一九四三年一一月四日、朝刊二頁（目黒不動尊）		

【備考】網かけ部分は広告、括弧内は広告主を示す。

第三節『禅道』掲載の禅会一覧表（六三会）

	禅会名	宗派	所在	指導者	講本	登場回数
1	下谷見性会（小石川）	臨済	下谷区稲荷町広徳寺 ↓小石川区戸崎町三八（一九一九年一月）	峰尾大休老師 ↓峰尾宗悦老師（一九一七年九月）	大慧語録	114
2	両忘会	臨済	谷中天王寺町両忘庵	釈宗活老師	碧巌集、槐安国語、臨済録	112
3	牛込見性会	臨済	牛込区河田町月桂寺	月桂華岳老師	大慧書	80
4	実践会	臨済	小石川白山前町龍雲院	宮路宗海老師	寒山詩、仏光録	80
5	至道会	臨済	小石川区茗荷谷一番地至道庵	釈宗演老師 ↓間宮英宗老師（一九二〇年九月）	維摩経、臨済録	75
6	輔教会	臨済	下谷区天王寺町両忘庵	釈宗活老師	無尽灯論	75
7	禅道会	臨済	本郷区帝国大学赤門前喜福寺	釈宗演老師	碧巌集	71
8	婦人道話会 ↓早川家婦人会（一九二一年二月）	臨済	麴町区下二番町早川千吉郎氏邸	釈宗演老師 ↓間宮英宗老師（一九二〇年九月）	観音経、四十二章経	58
9	雪山会	臨済	神田美土代町二ノ一専門道場	中原鄧州老師	無門関、毒語心経	57
10	徹心会及明徳会 ↓明徳会（一九一八年七月）	臨済	浅草松葉町海禅寺	釈宗演老師	臨済録	57
11	禅話会	臨済	北品川町二三八清徳寺	菅原時保老師	毒語心経	55
12	四谷見性会	臨済	四谷笹寺	棲悟宝嶽老師	臨済録	53
13	真風会	臨済	神田東松下岡田乾児方 ↓本郷赤門前喜福寺（一九二一年一一月）	飯田欓隠居士	毒語心経、槐安国語、息耕録	48
14	興禅護国会	臨済	本郷区湯島麟祥院	宮路宗海老師 菅原時保老師	臨済録、正宗賛	46
15	静座会	臨済	下谷区二長町五二心学参前舎	早野柏蔭居士	碧巌録	46

16	碧巌会	臨済	日比谷三井集会所	釈宗演老師	碧巌集	45
17	長谷寺・参禅会 ↓正宗会（一九一六年一一月） ↓会名なし（一九二三年二月）	曹洞	麻布笄町長谷寺	原田祖岳老師	正法眼蔵心不可得巻、禅家亀鑑、無門関、伝光録、五位説不能語、碧巌録	43
18	黙笑会	臨済	麻布桜田町川北徳三郎氏邸	菅原時保老師	一鹹味	41
19	洞上参禅会（秋野老師）	曹洞	上渋谷長泉寺	秋野孝道老師	従容録	40
20	瑞光会	臨済	牛込区富久町八番地道林寺	中原鄧州老師	臨済録	39
21	修証会	曹洞	麻布本村町円沢寺	原田祖岳老師	従容録、五位説不能語	39
22	家庭法話 ↓安田館法話（一九一九年六月） ↓家庭法話会（一九二一年六月）	臨済	神田区猿楽町三ノ三安田館	釈宗演老師 ↓間宮英宗老師（一九二〇年九月） ↓棲梧宝嶽老師（一九二一年六月）	通俗法話、家庭法話	39
23	宗参寺	曹洞	牛込区弁天町宗参寺	山田孝道老師	学道用心集、原人論	38
24	洞上参禅会（山田老師）	曹洞	上渋谷長泉寺	山田孝道老師 ↓横尾賢宗老師（一九一九年四月）	碧巌集	37
25	少林会	曹洞	府下東大久保観音庵	原田祖岳老師	講本ナク老師ノ垂示アリ	37
26	普覚会	臨済	高輪東禅寺	宮路宗海老師	大慧書	35
27	洞門禅学研究会	曹洞	本郷真砂町有信館	上田祥山老師	碧巌集	34
28	吉祥寺	曹洞	本郷駒込吉祥寺	山田孝道老師	垂示一則、六祖壇経、参同契	34
29	少林会（白山道場）	臨済	小石川白山道場	松原蟠龍老師	寒山詩	33
30	洞門気楽会	曹洞	深川区御船蔵前中央寺禅堂	上田祥山老師	臨済録、小室六門	31
31	正法会	曹洞	浅草金龍寺	原田祖岳老師	従容録	31
32	拈華会	曹洞	小石川区茗荷谷町三六林泉寺	嶽尾来尚老師	従容録（坤）	29
33	明道会	臨済	九段坂明信館本部高野邸	菅原時保老師	碧巌集	24
34	藤凉会（海蔵寺）	黄檗	赤坂区青山四丁目海蔵寺	高津柏樹老師	宗統録、伝心法要	23
35	明道会	臨済	谷中初音町全生庵	見性宗般老師	一鹹味	22
36	檗派藤凉会	黄檗	（春）向島弘福寺 （秋）白金瑞祥寺	高津柏樹老師	宗統録	21
37	正覚会	臨済	本郷麟祥院	釈宗演老師	大慧書	20

38	明徳会	臨済	浅草松葉町海禅寺	阪上宗詮老師	息耕開筵普説	18
39	禅学研究会	曹洞	上渋谷長泉寺	山田孝道老師	碧巌集	18
40	洞門福聚会	曹洞	京橋本港町南山堂	上田祥山老師	観音経	18
41	参禅指月会	曹洞	浅草橋場町総泉寺	原田祖岳老師		17
42	仏心会	曹洞	九段坂仏教倶楽部	山田孝道老師 忽滑谷快天老師	金剛経 禅学講	16
43	慈眼会	曹洞	京橋本港町南山堂	上田祥山老師	観音経	14
44	曹渓会	曹洞	本郷区帝国大学赤門前	秋野孝道老師	従容録	14
45	安心会	臨済	芝区宇田川町七小笠原医院	太田晦巌老師	無門関	11
46	禅学会（功運寺）	曹洞	芝区聖坂功運寺	原田祖岳老師	碧巌録	10
47	去来会	臨済	浅草松葉町海禅寺	釈宗演老師	臨済録	8
48	福昌寺	曹洞	市外下渋谷福昌寺	山田孝道老師	学道用心集、禅道綱要垂示	8
49	横浜少林会	臨済	神奈川県横浜市本町野村洋三郎氏邸	釈宗演老師	無尽灯論	6
50	道生会	臨済	下谷区谷中全生庵	見性宗般老師	六祖壇経ヲ提唱接心修行	5
51	曹渓会（林泉寺）	曹洞	小石川区茗荷谷町二六林泉寺	秋野孝道老師	従容録	5
52	無声会	臨済	神奈川県戸塚町無声会	釈宗演老師	無門関	5
53	至道庵	臨済	小石川茗荷谷町一	菅原時保老師 石橋妙峰老師	提唱　竹田黙雷老師（臨済録）	3
54	研究会（赤坂豊川稲荷）	曹洞	赤坂区見附上豊川稲荷	山田孝道老師	従容録	3
55	明徳会	臨済	九段坂明信館本部高野氏邸	菅原時保老師	碧巌集	2
56	一瀾会	臨済	麹町区丸の内朝鮮銀行内	釈宗演老師	禅会一瀾	2
57	至誠会	臨済	小石川区茗荷谷一ノ一至道庵	古川堯道老師	大慧書	2
58	洞門夏期講習会	曹洞	神奈川県箱根仙石原長安寺	日置黙仙老師 村上博士　鷲尾博士等出席		1
59	正覚会（海禅寺）	臨済	浅草区松葉町海禅寺	釈宗演老師	息耕録	1
60	観音庵	曹洞	市外東大久保観音庵	原田祖岳老師	講本無ク老師ノ垂示アリ	1
61	法音寺	曹洞	麻布区今井寺法音寺	山田孝道老師	坐禅儀	1

62	直指会	臨済	長野県飯田町大雄寺	釈宗演老師	碧巌録	1
63	老松会	臨済	千駄谷中館方	飯田欓隠居士	槐安国語	1

【備考】（1）所在について、東京以外の場合は県を記載した。（2）指導者について、原文の禅宗僧侶の称号には「師」「老師」「禅師」などの記載があるが、禅師号との混同を避けるため原則として「老師」に統一した。

第四節　『大乗禅』掲載の禅会一覧表（五四〇会）

	禅会名	宗派	所在	指導者	講本	登場回数
北海道　19						
1	札幌禅学会	曹洞宗	札幌市中央寺	尾崎文英老師 補講岡崎義英老師 ↓坐禅指導　同寺住職橘成典老師（一九三九年一〇月） 聖典講義　同寺院代笠原全明老師	学道用心集、四十二章経、碧巌録、修証義	92
2	空知仏教一徳会	曹洞宗	雨竜郡多度志駅前禅宗寺	山下無門老師	修証義	84
3	師団禅学・禅道会	臨済宗妙心寺派	旭川師団北鎮小学校	三浦承天老師	臨済録	43
4	五葉会	臨済宗妙心寺派	小樽市公会堂	三浦承天老師	寒山詩闡提記聞	41
5	永山禅道会	臨済宗妙心寺派	上川郡永山大道寺	三浦承天老師	碧巌集	38
6	小樽鈴蘭会	曹洞宗	小樽市龍徳寺書院	石田義道老師	典座教訓	38
7	北海禅学・禅道会 ↓北海道禅学会 （一九二八年一月）	臨済宗妙心寺派	札幌市外円山 瑞龍寺	三浦承天老師	碧巌集	37
8	小樽無耳会	曹洞宗	北海タイムス三階ホール	石田義道老師	碧巌録	34
9	帯広禅学・禅道会	臨済宗妙心寺派	帯広町小学校	三浦承天老師	碧巌録	31
10	函館禅学会	曹洞宗	函館市末広町東部事務所	光吉彦虎老師（高龍寺布教師）	学道用心集	24
11	参禅会（空知郡）	臨済宗	空知郡美唄炭山第一号クラブ内	三浦蒼雲老師	臨済録	17
12	参禅会（小樽三菱倶楽部）	臨済宗妙心寺派	小樽三菱倶楽部	三浦承天老師	碧巌録	10

13	浦賀仏教婦人会	曹洞宗	浦賀町 光照寺内	関融禅老師、高橋玄浄老師、菅野全孝老師	修証義（関）外、二師随意	10
14	小樽大衆会	曹洞宗	小樽市緑町 正法寺	荻野一山老師、鈴木徳隣老師	仏教教理史、坐禅儀、参禅あり	3
15	禅学会（札幌中央寺、原田祖岳）	曹洞宗	札幌市 中央寺	原田祖岳老師		2
16	小樽信女会	曹洞宗	会員宅巡回	石田義道老師	修証義	2
17	禅道五葉会	臨済宗妙心寺派	小樽三菱倶楽部	三浦承天老師	碧巌録	2
18	瀧川参禅会	曹洞宗	空知郡瀧川区興禅寺	芳村良範老師	碧巌録	1
19	釧路禅学会	曹洞宗	釧路市定光寺	水野童龍老師	証道歌	1
青森県	3					
20	宗徳寺参禅会	曹洞宗	弘前市西藤森町宗徳寺	黒瀧精一老師	信心銘	97
21	仏教樹徳会	曹洞宗	板柳町龍淵寺	川村坦応老師	碧巌録	62
22	自然会	曹洞宗	三戸郡小中野町役場内	岩見対山居士、山浦武夫居士	修証義	3
岩手県	8					
23	大慈寺会・禅学会	曹洞宗	遠野町大慈寺	大矢戒淳老師	学道用心集	135
24	花巻町禅学会	曹洞宗	花巻町宗青寺	佐藤大峯老師（直日照井悠孝老師）		26
25	盛岡見心会	曹洞宗	盛岡市外北山報恩寺	佐藤大鱗老師	従容録	25
26	参同（道）会（願成寺）	曹洞宗	一関町願成寺	広島文雄老師、本田羽嶽老師	従容録（広島）坐禅儀（本田）	24
27	大野修証義講	曹洞宗	九戸郡大野村大正寺	菊地哲禅師	修証義	15
28	盛岡（禅道）仏心会	曹洞宗	盛岡市外北山報恩寺	服部大円老師	証道歌	6
29	金剛経会（願成寺）	曹洞宗	一関町願成寺	広島文雄老師、本田羽嶽老師	金剛経	6
30	沼宮内禅道会	曹洞宗	沼宮内町	服部大円老師	参同契	2

宮城県　5						
31	仙台坐禅会→仙台接心会（一九三七年一一月）	曹洞宗	仙台市荒町皎林寺	石龍文堂老師	宝鏡三昧	154
32	仙台維摩会	曹洞宗	仙台市荒町昌伝庵	大石堅童老師	碧巌集、正法眼蔵	81
33	研修教団	曹洞宗	角田町長泉寺	奥野設宗老師	従容録、四十二章経、原人論、信心銘、修証義	68
34	読経修証会（仙台市皎林寺）	曹洞宗	仙台市荒町皎林寺	石龍文堂老師	修証義法話、お経読方稽古	49
35	仙台仏心会	曹洞宗	仙台市土樋松源寺 仙台市東二番町仙台仏教会館	高橋喜仙老師、東海禅孝老師、 大石堅童老師、東海禅孝老師	修証義（高橋）、 観音経（東海）、碧巌集	8
秋田県　8						
36	秋田大乗禅会（大乗禅秋田支社）	曹洞宗	秋田郡土崎町蒼龍寺	佐藤実英老師	普勧坐禅儀	165
37	暁天坐禅会（満福寺）	曹洞宗	増田町満福寺	古川幡龍老師	参同契、宝鏡三昧	104
38	秋田土曜参禅会	曹洞宗	秋田市寺町妙覚寺、 土崎港町蒼龍寺	徳武文爾老師、佐藤実英老師	伝光録	104
39	正覚坐禅会・禅学会	曹洞宗	刈和野町曹洞院	徳武文爾老師（毎月一回入室参禅）	観音経	38
40	参禅会（補陀寺）	曹洞宗	秋田市外松原補陀寺	徳武文爾老師	証道歌	2
41	秋田大乗会	曹洞宗	秋田市寺町中央院	金澤雪澄老師	坐禅儀　学道用心集	1
42	大乗禅土崎支社	曹洞宗	土崎町 蒼龍寺	原田祖岳老師	坐禅儀（午前） 修証義（午後） 司会者：佐藤実英老師	1
43	宝泉寺講習会	曹洞宗	西音内町宝泉寺	原田祖岳老師	修証義	1
山形県　1						
44	米沢両忘会	臨済宗円覚寺派	米沢市北寺町関興庵内両忘禅窟	早川鉄嶺居士	至道無難仮名法語	58

福島県	4					
45	平禅学会	曹洞宗	平町磐城銀行楼上	栗山泰音老師	正法眼蔵、観音経、遺経	34
46	坐禅会（普応寺）	臨済宗円覚寺派	須賀川町普応寺	竹田義山老師、小川義山禅師	臨済録	24
47	太陽参禅会	曹洞宗	梁川町興国寺	嶽尾俊明老師	坐禅用心記	8
48	大乗会（長楽寺）	曹洞宗	福島市船場、長楽寺内	原田祖岳老師	修証義	2
茨城県	8					
49	水鉄会	臨済宗円覚寺派	水戸市水戸駅構内職員集会所	朝比奈宗源老師	無門関	15
50	鹿島修養団	曹洞宗	鹿島郡鹿島町小学校内	笠間禅石居士	碧巌録	12
51	禅学会（金泉寺）	曹洞宗	行方郡津澄村金泉寺	笠間修文居士、寺内泰三老師	碧巌集（笠間）、普勧坐禅儀（寺内）、従容録	11
52	瑞祥禅学会	曹洞宗	下妻町林翁寺	石黒天海老師	修証義（並ニ打坐）	7
53	女子修養会	曹洞宗	鹿島郡波野村神向寺	笠間修文老師	観音経、般若心経	6
54	常陸居士会	曹洞宗	行方郡津灯村禅学館	笠間修文居士	従容録	4
55	碧巌会（鹿島）	曹洞宗	鹿島郡鹿島町小学校内	笠間禅石居士	碧巌録	2
56	仏学会（鹿島）	曹洞宗	鹿島郡波野村神向寺	笠間修文老師	碧巌録、無門関	1
栃木県	8					
57	足利禅道会	臨済宗国泰寺派	足利市禅徳寺	峰尾大休老師、雲照寺戒光師、雲関窟釈大眉老師	臨済録（峰尾）、六祖壇経（戒光）、無門関、禅海一瀾、十牛図	55
58	那須般若道友会	臨済宗	大田原那須般若道場	渡辺喝山居士	碧巌録	48
59	足利禅道婦人会	臨済宗国泰寺派	足利市通七丁目水月堂道場	釈大眉老師	観音経普門品	25
60	静修会	曹洞宗	足利市長林寺	原田祖岳老師、高田儀光老師	碧巌集、碧巌集（原田）、入信提要（高田）、修証義	17
61	鹿沼参禅会	曹洞宗	鹿沼町長谷川唯一郎氏邸	白金修文老師	従容録	5

62	禅道会（善徳寺）	臨済宗円覚寺派	足利市善徳寺	峰尾大休老師	臨済録（夜間静座）	2
63	桐生道友会（真言）	真言宗豊山派	小俣町鶏足寺	小林正盛師	阿字観（真言禅）	1
64	大田原道友会	臨済宗	下野那須郡大田原町洞泉院内	釈定光老師	信心銘	1
群馬県　9						
65	前橋龍海院禅会	曹洞宗	前橋市紅雲町龍海院	吉村雄鳳老師	普勧坐禅儀	112
66	前橋浄信会	曹洞宗	前橋市紅雲町龍海院内	吉村雄鳳老師	修証義、禅話	79
67	中之条禅学会	曹洞宗 （三宝教団教祖）	吾妻郡中之条町 町田崇山氏方	安谷量衡老師	普勧坐禅儀、典座教訓	21
68	前橋修養会	曹洞宗	前橋商業会議所楼上	吉村雄鳳老師	普勧坐禅儀	16
69	桐生道友会	曹洞宗	桐生市今泉養泉寺	原田祖岳老師	碧巌集	6
70	参禅会（伊勢崎町）	臨済宗円覚寺派	伊勢崎町亦川荘内呆蛙童	（泉龍寺）志佐鳳州老師		5
71	前橋行余会	曹洞宗	前橋市紅雲町龍海院内	吉村雄鳳老師	正法眼蔵	2
72	禅会（桐生市蜂屋）	曹洞宗	桐生市蜂屋真陽宅	原田祖岳老師	碧巌集	1
73	碧巌会（長林寺）	曹洞宗	足利市長林寺	原田祖岳老師	碧巌集	1
埼玉県　6						
74	専門道場接心会（平林寺） ↓平林坐禅会 （一九二九年一月） ↓平林寺接心 （一九三六年七月）	臨済宗円覚寺派	大和田 平林寺	峰尾大休老師	仏光録第二巻、仏光録第八巻	93
75	仏慈報恩婦人会	曹洞宗	大宮町東光寺	江川太禅師	修証義	22
76	秩父参禅会	曹洞宗	秩父町慈眼寺	嶽尾来尚老師	無門関	10
77	精神修養会	曹洞宗	大宮町外普門院	植村仙崖老師、阿部唯一老師	般若心経（植村） 修証義（阿部）	2
78	水曜参禅会	曹洞宗	川越市養寿院	金剛秀一老師	証道歌	1

79	禅道会（川越市山本氏邸）	臨済宗円覚寺派	川越市宮下町山本氏邸	峰尾大休老師（平林寺僧堂師家）	碧巌集第一巻	1
千葉県　16						
80	千葉医科大学参禅会	曹洞宗	千葉市千葉寺一二一〇川村幾三氏宅 ↓千葉医科大学会館（一九三七年九月）	和賀康躬老師	修証義、弁道話	92
81	両忘協会（葛飾郡） ↓八幡法要会 （一九三四年一〇月）	臨済宗円覚寺派	千葉県東葛飾郡八幡町一二一七 両忘協会道場	釈宗活老師	仏光録	81
82	両忘協会（市川市） ↓両忘禅協会 （一九四〇年六月）	臨済宗円覚寺派	市川市国分新山 両忘協会本部道場	大峡竹堂居士（提唱） 立田英山居士（参禅）	十牛図、槐安国語	55
83	白浜無門会 ↓白浜坐禅会 （一九三九年一二月）	曹洞宗	安房郡白浜町 万願寺	赤木祖関老師 ↓赤木良碩老師（一九三九年一二月）	修証義	44
84	安房禅道会	臨済宗	館山北條町六軒町 財団法人善導会	大橋徹眼居士	無門関（独参、問答あり）	19
85	報恩会	曹洞宗	香取郡新島龍泉寺	笠間修文居士	修証義	2
86	禅道会 （北条町、大石正己）	臨済宗	安房郡北條町 善導会館	大石正己居士	無門関	2
87	参禅会（田本氏）	曹洞宗	保田町田本氏方	原田祖岳老師		1
88	参禅会（地蔵院）	曹洞宗	安房郡会呂村地蔵院	原田祖岳老師		1
89	高塚山夏季参禅会	曹洞宗	房州七浦村 大聖院	発心寺僧堂単頭、小堂老師 満願寺住職、赤木祖関老師		1
90	安房禅学会	曹洞宗	北条町	佐々木珍龍老師	碧巌録	1
91	禅道会（善導会館）	曹洞宗	安房郡北条町善導会館	佐々木珍龍老師	観音経	1
92	安房一夜接心会	臨済宗建長寺派	館山北條町六軒町 財団法人善導会	宮田東珉老師	臨済録	1

93	房州夏季坐禅会	曹洞宗	安房郡田原町真福寺	太地玄亀老師		1
94	夏期修養会	曹洞宗	白浜町満願寺	原田雪水老師		1
95	修証義講習会（日本寺）	曹洞宗	保田町日本寺	原田祖岳老師	修証義	1
東京都 178						
96	如是会（代々木倶楽部）	臨済宗	代々木字本村八幡神社境内代々木倶楽部 ↓赤坂区青山浦町二ノ七三宝窓寺 （一九三三年四月） ↓渋谷区代々木本村町八幡神社境内代々木倶楽部（一九三三年一一月）	中西葉舟居士	六祖壇経、碧巌集	191
97	一如会	臨済宗円覚寺派	品川仙台坂 町田徳之助氏邸	古川堯道老師（円覚寺管長） ↓浄智寺朝比奈宗源老師 （一九二五年一一月） 大石正己居士、朝比奈宗源老師 （一九三〇年一月）	寒林貽宝、般若心経、宗門無尽灯論、禅談、無門関、禅海一瀾、坐禅和讃	183
98	暁天坐禅会（海禅寺） ↓大雄坐禅会 （一九四一年一〇月）	臨済宗	浅草区松葉町一二一 海禅寺	棲梧宝嶽老師	臨済録（毎朝五時より七時まで坐禅あり、年中無休）	154
99	興禅護国会	臨済宗建長寺派	本郷区龍岡町三十六麟祥院 小石川区茗荷谷町至道庵 （一九二六年三月） ↓小石川区茗荷谷町徳雲寺 （一九三七年四月） ↓本郷区駒込浅草嘉町八六徳源院 （一九四三年二月）	菅原時保老師、飯田欓隠老師 （一九二七年六月） ↓特別講演鶴見祐輔氏 （一九二九年九月） ↓飯田老師休講の時は峰尾大休老師 （一九三〇年四～九月） ↓霄絶学老師（一九三二年五月） ↓宮田東眠老師（一九三三年六月） ↓朝比奈宗源老師（一九三六年三月）	臨済録、興禅護国論、碧巌集、無門関、講後問答商量	148

100	両忘協会 ↓両忘協会谷中法要（一九三四年一〇月）	臨済宗	下谷区天王寺町三四 両忘庵	釈宗活老師・耕雲庵立田英山居士（一九二八年七月） ↓大峡竹堂居士（提唱）（一九三一年三月）	大慧武庫、無尽灯論、仏光録、四部録、毒語註心経、大慧書	118
101	少林会（全龍寺）	曹洞宗	東京市外西大久保一七八全龍寺	原田祖岳老師	伝光録、従容録	115
102	見性会（小石川是照院）	臨済宗円覚寺派	小石川区戸崎町 是照院	平林寺峰尾大休老師 ↓峰尾宗悦老師（一九三一年四月）	大慧武庫、碧巌録、仏光国師語録（仏光録）、金剛経	110
103	鉄会提唱	臨済宗円覚寺派	品川駅構内品川車掌所倶楽部	朝比奈宗源老師	碧巌録	93
104	善処坐禅会	曹洞宗	王子区稲村町鳳生寺	石黒天海老師	普勧坐禅儀	89
105	金風会	臨済宗	小石川区原町六一大原般若艸堂	鈴木雪哉老師、鈴木寿山老師	観音経	86
106	補教会 ↓輔教会法話 （一九三四年一〇月）	臨済宗円覚寺派	下谷区谷中天王寺町三四	釈宗活老師	観音経	85
107	鉄心会	臨済宗円覚寺派	品川駅構内鉄道職員集会所鉄道倶楽部	朝比奈宗源老師	碧巌録、無門関	80
108	石樵会	臨済宗	牛込区市ヶ谷富久町八道林寺内または 乃木山道場	平松亮卿老師	碧巌集	78
109	釈迦牟尼会（武蔵野般若道場） ↓般若道場接心 （一九三八年五月）	臨済宗	武蔵野吉祥寺町井之頭公園プール上北 武蔵野般若道場	釈定光老師 ↓芋坂光龍居士 （一九三三年九月）	信心銘、十牛図、無門関	69
110	新大乗会	曹洞宗	東京市外吉祥寺町大正通り 武蔵野クラブ ↓杉並区西高井戸一丁目新大乗会本部 （一九三七年一一月）	安谷宗虔老師、古川碓悟老師、 島村芳村老師、中根環堂老師	普勧坐禅儀（安谷）、聖徳太子十七憲法（古川）、六方礼経（島村）、新大乗禅（古川）、維摩経講話（中根）、禅学提唱（古川）、聖徳太子十七憲法（古川）	64
111	禅東院禅学会	曹洞宗系	八王子市本町禅東院	大石俊一老師	証道歌	64
112	第三日曜坐禅会	曹洞宗	王子下十条一〇四一禅宗会館	安谷宗虔老師		63

113	釈迦牟尼会（資生堂講話会）	臨済宗	京橋区宗十郎町 資生堂寄宿舎	釈定光老師	維摩経	59
114	釈迦牟尼会（不破医院龍門道場）	臨済宗	赤坂区福吉町 不破医院内	釈定光老師	臨済録、金剛経	58
115	正眼会（長谷寺）	曹洞宗	麻布区笄町長谷寺内	原田祖岳老師	坐禅儀、注心経	54
116	八王子仏心会	曹洞宗	八王子台町 信松院	大森知言老師（駒澤大学教頭）、保坂玉泉老師 ↓岡田宜法老師（一九二八年四月）	碧巌録 正法眼蔵行持巻 仏向上事巻、永平聖訓、法華経	53
117	青松寺禅学会（第一杉村）	曹洞宗	芝区愛宕町青松寺	杉村哲夫老師	随時講本選択	52
118	青松寺禅学会（第二青龍）	曹洞宗	芝区愛宕町青松寺	青龍虎法老師	従容録	52
119	青松寺禅学会（第三石黒）	曹洞宗	芝区愛宕町青松寺	石黒天海老師	無門関	51
120	黙笑会 ↓禅学会・川北株式店（一九三一年三月）	臨済宗建長寺派	日本橋区青物町 川北株式店	菅原時保老師	毒語心経	51
121	宗教講話会	曹洞宗	市外目黒三田 大倉邦彦氏邸	原田祖岳老師（一日） 今成覚禅老師（二一日）	無門関（原田） 学道用心集（今成）	49
122	小石川（東京）釈迦牟尼会	臨済宗	小石川区原町六十一（大原般若道場）	釈定光老師	碧巌集及び般若心経、碧巌集、毒語心経（大原道場） 維摩経（資生堂）臨済録、金剛経（龍門道場）	48
123	足立坐禅会	曹洞宗	足立区千住大川町八〇坐禅道場	石黒法龍老師		47
124	是心禅学会	曹洞宗	渋谷町福昌寺	中根環堂老師	講演及び坐禅	46
125	七福坐禅会	曹洞宗	足立区梅田町七福会通り 七福禅閣	石黒天海老師	般若心経	46
126	正覚会	臨済宗円覚寺派	牛込区河田町月桂寺	東海裕山老師	碧巌録	45
127	是心参禅会	曹洞宗	渋谷区中通り一ノ一六 福昌寺	中根環堂老師	碧巌録（坐禅の指導、座談会等あり）、現成公案	43

128	吉祥寺禅会（沢木興道）	曹洞宗	本郷区駒込吉祥寺	沢木興道老師	永嘉大師証道歌	43
129	老松会（飯田欓隠）	曹洞宗	麻布区笄町長谷寺	飯田欓隠老師	碧巌集、鉄笛倒吹、従容録	41
130	金剛道会	曹洞宗	芝区三田南寺町 仙翁寺	浜地天松居士 中野東英老師	金剛経講義（浜地）、損翁老人見聞録宝永記（中野）	41
131	真風会（吉祥寺）	曹洞宗	本郷駒込吉祥寺町吉祥寺	飯田欓隠老師	槐安国語、従容録	40
132	祥雲会（麻布龍沢寺）	曹洞宗	麻布区宮村町龍沢寺	福井天草老師	参禅並びに提唱	37
133	至誠会	臨済宗円覚寺派	小石川区茗荷谷町一 至道庵	古川尭道老師	槐安国語、大慧書、臨済録、毒語心経	36
134	天地之公道会	曹洞宗	足立区梅田町七福禅関	石黒天海老師	無門関、坐禅、質疑応答	36
135	本所公道会	曹洞宗	本所区東駒形二丁目一七 小川医院	石黒天海老師		31
136	拈華会	曹洞宗	小石川区茗荷谷町二六林泉寺	嶽尾来尚老師	従容録（土）、無門関（日）	30
137	ひねもす坐禅会	曹洞宗	赤坂区青山高樹町一八 太地玄亀師方	太地玄亀老師	坐禅と読経と提唱	29
138	正信弁道会 ↓第一（一九三七年八月）	曹洞宗	豊島区長崎南町三ノ三八七四 菊地敬作氏方	安谷宗虔老師	伝光録	29
139	正信同愛会禅会（同愛会）	曹洞宗	麹町区丸ノ内三ノ四 生命保険会社協会講堂	原田祖岳老師	正法眼蔵弁道話	28
140	暁天坐禅会 ↓（太地）坐禅会 （一九四一年一月）	曹洞宗	赤坂区青山高樹町十八 太地玄亀師方	太地玄亀老師	大慧書	28
141	曹源会	曹洞宗	浅草区松葉町曹源寺	原田祖岳老師	白隠禅師坐禅和讃、観音経	27
142	梅檀林禅学会	曹洞宗	本郷区駒込吉祥寺町 吉祥寺	佐藤泰舜老師 原田祖岳老師	大乗起信論（初回）、碧巌集（原田）、起信論、八宗綱要（佐籐）、五位説	25

143	正信弁道会（第二）	曹洞宗	板橋区練馬南町一ノ三三八五亀山馨氏方	安谷宗虔老師	伝光録	25
144	同愛会禅会	曹洞宗	神田区一ツ橋通り中央仏教会館	原田祖岳老師	証道歌（第一講）	24
145	早稲田大学参禅会	曹洞宗	小石川区茗荷谷町二六林泉寺内	嶽尾来尚老師	学道用心集、従容録	22
146	暁天坐禅会（王子禅宗館）	曹洞宗	王子下十条一〇四一禅宗会館	安谷宗虔老師		22
147	東禅寺直指会（高輪）	臨済宗	芝区高輪東禅寺	霄絶学老師	碧巌集	21
148	光明禅学会	曹洞宗	浅草区山谷町東禅寺	安谷量衡老師	発願文、略看経法	21
149	渋谷大乗婦人会（福昌寺）	曹洞宗	渋谷区中通り一ノ一六福昌寺	中根環堂老師	講話、詠歌、読経会	22
150	正信坐禅会	曹洞宗	牛込区市谷左内町三中島利之氏邸	太地玄亀老師		21
151	禅会（江戸川）	臨済宗	江戸川平井東洋求道協会	照井文亮師	禅関一瀾	21
152	千駄ヶ谷参禅会・禅会	曹洞宗	府下千駄ヶ谷町三九八瑞円寺	飯田欓隠老師	無門関、学道用心集、五位頌	21
153	道友会（東京）	臨済宗	小石川区白山前町龍雲院↓小石川区白山前町七九・白山道場（一九二七年五月）	釈戒光老師↓釈定光老師（一九二八年一一月）	碧巌集、宗門無尽灯論	20
154	禅学会・参禅会（池袋祥雲寺）	曹洞宗	東京市外池袋祥雲寺	忽滑谷快天老師（駒澤大学学長）	伝心法要、坐禅儀、六祖壇経	22
155	坐禅法話会（小原謙太郎邸）	曹洞宗	淀橋区柏木町三ノ三九六小原謙太郎氏邸	安谷宗虔老師	修証義	20
156	坐禅の会（大雲会↓赤坂）	曹洞宗	杉並区高円寺三ノ三〇一長龍寺内大雲会拈華寮、赤坂区青山高樹町一八、太地玄亀師方	太地玄亀老師	読経、提唱もある予定	20
157	慈恵大学参禅会	曹洞宗	芝区愛宕町慈恵医科大学武道場	和賀康躬老師	般若心経（坐禅、質問）	19
158	八王子参禅会	曹洞宗	八王子市本町禅東院	大石俊一老師	大般若経理趣分その他	19
159	大雲会読経座談会	曹洞宗	淀橋区柏木町三ノ三九六小原謙太郎氏邸	質疑　原田祖岳老師御出席応答	修証義、その他	19

160	中野見性会 ↓中野坐禅会 （一九三六年一〇月）	臨済宗妙心寺派	東中野昭和通り 龍興寺	峰尾宗悦老師	臨済録	19
161	正信参禅会	曹洞宗	淀橋区柏木町三ノ三九六 小原謙太郎氏邸	安谷宗虔老師	修証義	18
162	中央大学参禅会	曹洞宗	神田区駿河台中央大学第五十二号室	和賀康躬老師	礼拝得髄（坐禅、質問）	17
163	円通寺参禅会	曹洞宗	荒川区南千住町六ノ二四円通寺	乙部呑海老師	行持　坐禅指導並びに禅話	17
164	法話坐談会 （木村泰太郎邸）	曹洞宗	牛込区市谷田町三ノ二〇 木村泰太郎氏邸	太地玄亀老師	坐禅和讃	17
165	法話坐談会（高橋邸）	曹洞宗	豊島区西巣鴨二丁目二五七〇 高橋氏邸	太地玄亀老師	食事経	17
166	月窓寺坐禅会	曹洞宗系	中央線吉祥寺駅北二町月窓寺	石黒法龍老師		16
167	講話会（中野龍興寺）	臨済宗円覚寺派	東中野大塚龍興寺	峰尾大休老師	観音経講話	16
168	東京禅道会	臨済宗国泰寺派	下谷区谷中三崎町天龍院	釈大眉老師	荊棘叢談、宗門無尽灯論	15
169	観泉寺禅学会	曹洞宗	杉並区今川町三六観泉寺	青龍虎法老師	学道用心集	14
170	鉄会接心	臨済宗円覚寺派	麻布区天現寺橋前天現寺	朝比奈宗源老師	毒語心経	14
171	月桂寺参禅会	臨済宗円覚寺派	牛込区河田町月桂寺	東海裕山老師	碧巌録	13
172	朝日禅学会	曹洞宗	西巣鴨あさひ通り白泉寺内	大洞良雲老師	修証義	13
173	精神鍛錬術講習会	曹洞宗	浅草区北松山町東岳寺	石黒天海老師		13
174	欓隠会	曹洞宗	渋谷区千駄ヶ谷町瑞円寺	伊牟田文雄老師	無門関	13
175	目黒見性会（目黒坐禅会）	臨済宗妙心寺派、 黄檗宗	目黒区下目黒 五百羅漢寺	峰尾宗悦老師	観音経、西国霊場御詠歌、 講話	12
176	足立坐禅会の各会	曹洞宗	足立区千住大川町八〇坐禅道場	石黒天海老師、世話人・小針金三郎氏		12
177	金剛無我相講習会	曹洞宗系	赤坂区伝馬町三丁目十六番地	浜地天松居士	金剛経	12
178	禅学・禅会同参会	曹洞宗	小石川区水道端町日輪寺	原田祖岳老師	普勧坐禅儀、洞上五位説	11

179	釈迦牟尼会（鈴木雪哉邸）→大原般若道場（一九三一年五月）	臨済宗	東京市原町 鈴木雪哉氏邸	釈定光老師	碧巌集及び毒語心経	11
180	丸ノ内倶楽部禅話会	曹洞宗	丸ビル六階豊原氏内	飯田欓隠老師	碧巌集	11
181	正信婦人会→道場婦人会（一九四二年一〇月）	曹洞宗	荏原郡豊町四ノ一三九 大雲会道場	原田祖岳老師		11
182	禅心会	曹洞宗	芝区高輪泉岳寺	中根環堂老師	証道歌	11
183	参禅修養会	曹洞宗	板橋区練馬南町一丁目三三八五 亀山氏方	安谷宗虔老師	宗教とは何ぞや	11
184	大雲会坐禅例会	曹洞宗	小石川区小日向台町大雲道場	原田祖岳老師	無門関	10
185	正法眼蔵提唱	曹洞宗	荏原郡豊町四ノ一三九 大雲会道湯	原田祖岳老師	正法眼蔵	10
186	慧照会	曹洞宗	麻布区一本松町賢崇寺	飯田欓隠老師	臨済録	10
187	老松会（原田）	曹洞宗	麻布区笄町長谷寺	原田祖岳老師	正法眼蔵、碧巌集、坐禅儀	9
188	参禅会（荏原、大雲会）	曹洞宗	荏原郡豊町四ノ一三九 大雲会道場	原田祖岳老師	碧巌録	9
189	大雲会座談会	曹洞宗	芝区三田豊岡町一八慈眼寺		観音経	9
190	大乗起信論講座	曹洞宗	麻布区笄町長谷寺	衛藤即応先生（推薦者・原田祖岳老師）	大乗起信論	9
191	東京明徳会（関）	臨済宗天龍寺派	下谷区谷中天龍院内→牛込区簞笥町六（一九二七年六月）	雲関窟老師、関精拙老師	未定、各大学生坐禅入室、無尽灯論（講本は会に用意あり）	9
192	禅友会（渋谷瑞円寺）	曹洞宗	渋谷区千駄ヶ谷町二丁目瑞円寺	井上義光老師	信心銘、碧巌録	8
193	微笑会（東淵寺）	臨済宗妙心寺派	下谷泄端七軒町 東淵寺	今津洪嶽老師	無門関（講前静坐、講後質問）	8

194	古鏡会（志賀氏邸）	曹洞宗	大井町庚塚四九二六 富山志賀氏邸	今成覚禅老師	典座教訓	8
195	参禅会（至道庵）	臨済宗円覚寺派	小石川区茗荷谷町至道庵	古川堯道老師	仏光録、臨済録	7
196	般若心経禅話会	曹洞宗	足立区南千住三丁目九番地 小針金三郎氏邸	石黒法龍老師	般若心経	7
197	婦人禅話会 （荒川区曹洞宗布教所）	曹洞宗	荒川区尾久町十一丁目 曹洞宗布教所	石黒天海老師		7
198	聴松会	臨済宗	牛込区富久町八番地	聴松軒平松亮卿老師	碧巌集毎夜午後六時より七 時まで	7
199	参禅修養会（菊地邸）	曹洞宗	豊島区長崎南町三ノ三八七 菊地敬作氏方	安谷宗虔老師	南無帰依三宝経	7
200	参禅修養会（亀山邸）	曹洞宗	板橋区練馬南町一ノ三三八五 亀山馨氏方	安谷宗虔老師	南無帰依三宝経	7
201	萃蔵会	臨済宗向嶽寺派	本郷区駒込蓬莱町勝林寺	向嶽寺派管長勝部敬学老師	臨済録	7
202	東洋大学栽松会	臨済宗向嶽寺派	小石川区白山前町白山道場	向嶽寺派管長勝部敬学老師	臨済録	7
203	あけぼの会	臨済宗妙心寺派	荒川区南千住町二ノ三 尾崎玉全氏邸	峰尾宗悦老師	御詠歌	7
204	観音経講話会	臨済宗円覚寺派	下谷区谷中天王寺町三四	釈宗活老師	観音経	7
205	講話会（小西薬店）	臨済宗円覚寺派	日本橋区本町小西薬	峰尾大休老師	観音経講話	7
206	日本橋見性会	臨済宗妙心寺派	日本橋区本町二小西新兵衛氏邸	峰尾宗悦老師	観音経	6
207	参禅会（吉祥寺）	曹洞宗	本郷区駒込吉祥寺町吉祥寺	原田祖岳老師	碧巌集	6
208	至道会（本郷麟祥院）	臨済宗円覚寺派	本郷区龍岡町三十一麟祥院	古川堯道老師	碧巌録	6
209	栴檀寮禅話会	臨済宗円覚寺派	本郷区駒込吉祥寺境内栴檀寮	古川碓道老師	普勧坐禅儀	6
210	明道会	臨済宗円覚寺派	神田駿河台明治大学講堂	雲関窟大眉老師	禅海一瀾	6
211	実参会（金地院）	臨済宗南禅寺派	芝公園二十一号地金地院	足利紫山老師	無門関	6

212	本所坐禅会	曹洞宗	本所区東駒形一ノ二四電車通り 大川善九郎氏宅	石黒天海老師	南無帰依三宝経	6
213	暁天坐禅会と説教	曹洞宗	王子区豊島町九一二白雲閣	安谷宗虔老師		6
214	明徳会（樓梧）	臨済宗	牛込区簞笥町六	棲梧宝嶽老師	無門関	6
215	杉並参禅会	曹洞宗	杉並区高円寺三丁目三ノ三松応寺	原田祖岳老師		5
216	中野参禅会	曹洞宗	中野区昭和通二ノ一四	原田祖岳老師		5
217	参禅会（富山志賀氏邸）	曹洞宗	大井町庚塚四九二六 富山志賀氏邸	今成覚禅老師 ↓原田祖岳老師（一九三〇年一一月）	典座教訓、正法眼蔵	4
218	梅檀仏典研究会	曹洞宗	本郷区駒込吉祥寺町吉祥寺	末永真海老師（駒澤大学教授）	本性経	4
219	釈迦牟尼会東京分会	臨済宗 寺院は曹洞宗	牛込区改代町一一 田中寺	釈定光老師	十牛図	4
220	開単記念提唱 ↓大雲寺禅会	曹洞宗	荏原郡豊町四ノ一三九 大雲会道場	原田祖岳老師	碧巌録（打坐、独参）	4
221	大雲会大接心会	曹洞宗	荏原郡豊町四ノ一三九 大雲会道場	原田祖岳老師	無門関	4
222	古鏡会（原田）	曹洞宗	大井町庚塚四九二六富山志賀氏邸	原田祖岳老師	正法眼蔵	4
223	古鏡会（今成）	曹洞宗	大井町庚塚四九二六富山志賀氏邸	今成覚禅老師	正法眼蔵枯木龍吟	4
224	大乗会（日輪寺）	曹洞宗	小石川区水道端町日輪寺	原田祖岳老師	坐禅儀	3
225	青松寺日曜坐禅会	曹洞宗	芝区愛宕町青松寺	石黒法龍老師	無門関	3
226	接心団禅学提唱	臨済宗	牛込区市ヶ谷富久町八乃木山道場		碧巌集、観音経	2
227	千住見性会	臨済宗妙心寺派	荒川区南千住町二ノ三一尾崎玉全氏邸	峰尾宗悦老師	観音経、西国霊場御詠歌	2
228	日本大学参禅会（秋野）	曹洞宗	牛込区左内町長泰寺内	秋野孝道老師	正法眼蔵弁道話	2
229	日本大学参禅会（寺田）	曹洞宗	牛込区左内町長泰寺内	寺田有全老師	坐禅儀	2
230	参禅会（武藤松次氏邸）	曹洞宗	東京府矢口村根岸武藤松次氏邸	今成覚禅老師	弁道話	2

231	夏期参禅会（小原謙太郎氏邸）	曹洞宗	淀橋区柏木町三ノ三九六 小原謙太郎氏邸	安谷宗虔老師、太地玄亀老師	普勧坐禅儀、坐禅儀	2
232	至道会（小石川）	臨済宗円覚寺派	小石川区茗荷町一 至道庵	古川堯道老師 →間宮英宗老師（一九三一年二月）	大慧書	2
233	修証義会（丸ノ内生命保険会社協会）	曹洞宗	丸ノ内三ノ四、生命保険会社協会大講堂	原田祖岳老師	修証義（講本進呈）	2
234	読経練習会（太地玄亀）	曹洞宗	赤坂区青山高樹町一八 太地玄亀師方	太地玄亀老師		2
235	日曜坐禅会（青松寺）	曹洞宗	芝区愛宕町青松寺	石黒天海老師		2
236	微笑会（大森倶楽部）	曹洞宗	大森区大森駅前大森倶楽部	嶽尾来尚老師	無門関	2
237	日大禅学会	曹洞宗	牛込区左内町長泰寺内	秋野孝道老師、寺田有全老師	正法眼蔵、修証義	2
238	日本大学渓山会	曹洞宗	牛込区左内町 長泰寺	嶽尾来尚老師（一二日） 秋野孝道老師（一九日）	坐禅儀（嶽尾） 修証義（秋野）	2
239	日本倶楽部禅話会	臨済宗	麹町区丸ノ内 日本倶楽部	今井福山老師	武禅録第一巻将軍機縁章（一八日） 碧巌録耳目抄（一九日）、参禅記（下巻）	2
240	正道会	臨済宗妙心寺派	小石川区白山前町龍雲院	山本玄峰老師	宗門無尽灯論	1
241	少林会（龍雲院）	臨済宗	小石川区白山前町龍雲院	松原盤龍老師	槐安国語	1
242	布薩会	曹洞宗	芝区愛宕町青松寺	佐藤鉄額老師		1
243	總持寺参禅会（東京）	曹洞宗	芝公園八号地總持寺出張所	新井石禅老師	碧巌集	1
244	日本倶楽部禅学会	曹洞宗	麹町区丸内有楽町日本倶楽部	秋野孝道老師	従容録	1
245	参禅会（白山道場）	臨済宗	小石川区白山前町七九白山道場	霄絶学老師	碧巌集	1
246	参禅会（牛込乃木山道場）	臨済宗	牛込区富久町八乃木山道場	平松亮卿老師	碧巌集	1
247	参禅会（大倉邦彦氏邸）	曹洞宗	市外目黒三田大倉邦彦氏邸	原田祖岳老師	修証義	1

248	安禅会	曹洞宗	大井町原五二六〇倉成氏邸	飯田欓隠老師	碧巌集	1
249	禅道会（東京日輪寺）	曹洞宗	小石川区茗荷谷二十六日輪寺	原田祖岳老師	普勧坐禅儀	1
250	至道会（豊島区）	臨済宗円覚寺派	豊島区駒込三ノ四中島国光方	古川堯道老師	碧巌録	1
251	禅学会（麟祥院）	曹洞宗 寺院は臨済宗	本郷区龍岡町 麟祥院	飯田欓隠老師、大石大典居士	碧巌集	1
252	赤坂釈迦牟尼会	臨済宗	赤坂区福吉町一番地石破佐久郎氏方	釈定光老師	無尽灯論	1
253	釈迦牟尼会冬季参禅会	臨済宗	青山、日本青年館	釈定光老師	碧巌集	1
254	武蔵野般若道場日曜講義	臨済宗	武蔵野吉祥寺町井之頭公園プール上北 武蔵野般若道場	芋坂光龍居士	無門関	1
255	東京釈迦牟尼会 （麹町不破氏方）	臨済宗	麹町区永田町二ノ八六不破氏方	釈定光老師	碧巌集	1
256	釈迦牟尼会 （常田重克氏邸）	臨済宗	麹町下六番町二九常田重克氏方	釈定光老師	円覚経	1
257	労働禅堂		東京芝区仲門前町一ノ十	本多跋参氏	労働禅	1
258	無門会（牛込法身寺）	臨済宗南禅寺派	牛込区原町法身寺	足利紫山老師	無門関	1
259	大井禅会（倉成邸）	曹洞宗	東京府荏原郡大井町大井五二六〇番地 倉成邸	飯田欓隠老師	正法眼蔵	1
260	実参会（服部氏邸）	臨済宗南禅寺派	日本橋区堀江町服部氏邸	足利紫山老師	無門関	1
261	大雲会道場開単記念禅会	曹洞宗	渋谷区中通り一ノ一六福昌寺	原田祖岳老師	修証義（打坐、独参、総参）	1
262	修証義大講習会	曹洞宗	世田谷区玉川等々力町三ノ七一二 能率道場	原田祖岳老師	現成公案	1
263	食養道指導会	曹洞宗	小石川区小日向台町一ノ六三 大雲会道場	原田祖岳老師（坐禅） 桜沢如一氏（食養道）		1
264	修証義講習会	曹洞宗	小石川区小日向台町一ノ六三 大雲会道場	原田祖岳老師	修証義	1

265	正法眼蔵提唱会	曹洞宗	芝三田仙翁寺	岸沢惟安老師	正法眼蔵	1
266	土曜坐禅会（喜福寺）	曹洞宗	本郷区帝国大学赤門前喜福寺	高階瓏仙老師	洞山大師五位説	1
267	海禅寺春季大接心	臨済宗	浅草区松葉町一二一番地海禅寺	棲梧宝嶽老師	大慧書（続稿）	1
268	暁天読経会	曹洞宗	渋谷区中通り一ノ一六福昌寺	中根環堂老師		1
269	地蔵法話会	曹洞宗	荒川区三河島町博善社前地蔵院	石黒天海老師		1
270	坐禅法話会（七福禅閣）	曹洞宗	足立区梅田町七福会大通り七福禅閣	石黒法龍老師	法話あり	1
271	参禅読経修養会（菊地啓作氏方）	曹洞宗	豊島区長崎南町三ノ三八七 菊地啓作氏方	安谷宗虔老師		1
272	修証義大講習会（正信同愛会主催）	曹洞宗	麴町区丸ノ内三ノ四 生命保険会社協会講堂	原田祖岳老師	修証義（講本進呈）	1
273	金剛経講話会（京橋）	曹洞宗系	京橋区南紺屋町浜地法律事務所	浜地天松居士	金剛経	1
神奈川県　16						
274	總持寺禅学会	曹洞宗	鶴見町 大本山總持寺	水野虎渓老師、寺田有全老師、嶽尾来尚老師、岡本碩翁老師、秋野孝道老師	碧巌録（水野）維摩経（寺田）従容録、六祖壇経、信心銘、頌古提唱、証道歌	119
275	大沢庵参禅・禅学会	臨済宗	横浜市磯子区岡村町 大沢庵	塚越至純老師	宗門無尽灯論下巻（提唱前後打坐独参及び総参）	65
276	金剛経講話（大船）	曹洞宗系	大船駅	浜地天松居士	金剛経	21
277	鶴禅会	曹洞宗	横浜市鶴見区下末吉町二一二三 柳沢大悠氏邸	和賀康躬老師	修証義	17
278	少林会（横浜）	臨済宗天龍寺派	横浜市中区宿町三ノ五四 新堀源兵衛氏邸	雲関窟老師	禅海一瀾三十則	13
279	至道会（横浜円覚寺）	臨済宗円覚寺派	横浜市中区久保山円覚寺	古川堯道老師	碧巌録	12
280	直指会接心（横浜円覚寺）	臨済宗円覚寺派	横浜市中区久保山円覚寺	古川堯道老師	碧巌録	9
281	禅話会（川崎牧雲庵）	臨済宗	川崎市大宮町牧雲庵	小野寺石牛居士	廓庵和尚十牛図	9

282	一味会（鎌倉建長寺）	臨済宗建長寺派	鎌倉建長寺	菅原時保老師	碧巌録	7
283	禅会（横浜市小沢製作所）	臨済宗	横浜市鶴見区潮田小沢製作所	照井文亮老師	禅関策進	5
284	總持寺夏期参禅会	曹洞宗	鶴見總持寺坐禅堂	新井石禅老師、嶽尾来尚老師、無辺光照老師、伊藤道海老師、沢木興道老師		4
285	西有寺仏心・禅学会	曹洞宗	横浜市中村町西有寺	岡本碩翁老師、大塚香巌老師、久我絶学老師	従容録（岡本）修証義（大塚）、洞上五位	4
286	總持寺日曜参禅会	曹洞宗	總持寺参禅堂	嶽尾来尚老師、水野虎渓老師	従容録、碧巌録	2
287	日曜坐禅会（円覚寺）	臨済宗円覚寺派	鎌倉円覚寺	古川堯道老師	碧巌録（早晨並びに夕暮、参禅）	1
288	夏期学生大接心（鎌倉円覚寺）	臨済宗円覚寺派	北鎌倉円覚寺内居士林	毒狼老大老師	禅関策進提唱	1
289	聴松会（横浜）	臨済宗	横浜市本覚寺下在郷軍人会会場	平松亮卿老師	無門関	1
新潟県	5					
290	長岡禅学会	曹洞宗	長岡市神田町安善寺	行持　一時間坐禅、普勧坐禅儀読経、坐談		12
291	高浜町参禅会	曹洞宗	刈羽郡高浜町龍泉寺	小林白巌老師	碧巌集、遺教経	9
292	伝道会（東光寺）	曹洞宗	刈羽郡二田村東光寺	小林白巌老師	四十二章経	7
293	越南禅道会接心会	臨済宗円覚寺派	南魚沼郡石打村関興寺	釈大眉老師	初祖達磨大師機縁三則	3
294	和田伝道会	曹洞宗	和田村東光寺内	小林白巌老師	学道用心集、遺教経	2
富山県	3					
295	富山大乗実践会	曹洞宗	富山市海岸寺	渡辺玄宗老師	観音経	69
296	一夜碧巌会	曹洞宗	高岡市繁久寺	渡辺玄宗老師	碧巌録（参禅入室）	69
297	富山参禅会	曹洞宗	富山市光厳寺	関頑牛老師	碧巌集	21
石川県	7					

298	大乗実践会（金沢大乗寺）	曹洞宗	金沢市長坂町大乗寺僧堂	渡辺玄宗老師	碧巌集（参禅、入室）	91
299	石川県仏教婦人会	曹洞宗	金沢市小立野天徳院	渡辺玄宗老師	観音経（参禅、入室）	71
300	長久寺修禅会	曹洞宗	金沢市長久寺	渡辺玄宗老師	宗門無尽灯論と参禅入室	31
301	暁天坐禅会（全昌寺）	曹洞宗	大聖寺町全昌寺	渡辺玄宗老師	伝光録	17
302	金沢参禅会	曹洞宗	金沢市八坂町松山寺	増田雪巌老師、伊井野天真老師	従容録	9
303	修道会（金沢市）	臨済宗国泰寺派	金沢市西町観音堂事栄昌庵	梅田瑞雲老師（前国泰寺管長）		7
304	自得会	曹洞宗	金沢市西町四番丁一四栄昌庵	渡辺玄宗老師	宝鏡三昧、	7
福井県　13						
305	古鏡会（福井）	曹洞宗	福井市川上町通安寺内	今成覚禅老師	碧巌録、修証義	32
306	発心寺接心会	曹洞宗	小浜町外発心寺	原田祖岳老師、飯田欓隠老師		9
307	谷樵会（福井）	曹洞宗	遠敷郡口名田村大智寺	福永昇龍老師	正法眼蔵及び参同契	3
308	磨甎会（孝顕寺）	曹洞宗	福井市孝顕寺	飯田欓隠老師	無門関	2
309	修証義講習会（発心寺）	曹洞宗	小浜町外発心寺	大雲祖岳老師		2
310	小浜参禅会	曹洞宗	小浜町習田氏邸	飯田欓隠老師	碧巌集	1
311	発心寺婦人参禅会	曹洞宗	小浜町外発心寺	原田祖岳老師	修証義	1
312	発心寺接心会（龍海院）	曹洞宗	小浜町龍海院	吉村雄鳳老師	観音経	1
313	修証義会（発心寺）	曹洞宗	小浜町外発心寺	原田祖岳老師	修証義	1
314	宝鏡会	曹洞宗	小浜町会田勤五郎氏邸	飯田欓隠老師	碧巌集	1
315	禅会（慈眼庵）	曹洞宗	大飯郡本郷村、慈眼庵			1
316	眼蔵会（永平寺）	曹洞宗	大本山永平寺	丘球学老師	正法眼蔵神通巻	1
317	短期授戒会（発心寺）	曹洞宗	小浜町外発心寺	原田祖岳老師		1
山梨県　5						

318	伝嗣院禅学会	曹洞宗	中巨摩郡榊村 伝嗣院	山田仙遊老師	拈評三百則、講後打坐、坐禅儀	51
319	中央禅定会	臨済宗	甲斐恵林寺	棲梧宝嶽老師	雪宝明覚大師祖英集	30
320	禅学会（山梨宝憧院）	曹洞宗	山梨県東山梨郡岡部村宝憧院	大森禅戒老師	なし	3
321	警察官吏の修禅	臨済宗	東山梨郡松里村慧林寺 興禅護国道場	指導 道源禅士、講師 棲梧軒		1
322	国民精神文化講習	臨済宗	東山梨郡松里村慧林寺 興禅護国道場	棲梧軒	無字妙経	1
長野県 8						
323	直指会	臨済宗妙心寺派	伊那郡飯田町 大雄寺	石川良忠老師 ↓不打室挙邦老師（一九二九年三月）	四部録、博山禅警語	55
324	福田耕道会	曹洞宗	松本市外入山辺徳聖寺	谷川徹禅老師	坐禅及び講話（禅学）	31
325	岩松院坐禅会	曹洞宗	上高井郡住村岩松院	渡辺徳仙老師	正法眼蔵随聞記	14
326	無門会（長福寺）	臨済宗妙心寺派	屋代町長福寺	徳武文爾老師	無門関	5
327	直指会接心会	臨済宗	伊那郡飯田町大雄寺	楼梧宝嶽老師	臨済録	1
328	両忘協会諏訪支部	臨済宗円覚寺派	信州上諏訪 西来禅荘	釈宗活老師	大慧武庫、無尽灯論 司会：東京谷中両忘協会	1
329	根本禅定会	臨済宗	信州飯山正受庵	棲梧軒賢嶽老師	正受老人崇行録	1
330	碩水夏期修道会	曹洞宗	東筑摩郡坂北村 碩水寺	宮坂喆宗老師	講題 行的生活の指針とその具体策	1
岐阜県 2						
331	参禅会（岐阜正林寺）	臨済宗	揖斐町正林寺	今井福山老師	回向清規講評	1
332	江湖会（岐阜県妙勝寺）	曹洞宗	揖斐郡池田村妙勝寺	原田祖岳老師		1
静岡県 54						

333	大乗仏教婦人会	曹洞宗	静岡市安西一丁目 瑞光寺	岸沢惟安老師、柴田普門老師	金剛般若経、信心銘夜塘水、般若心経	86
334	永江院参禅会	曹洞宗	掛川町在永江院	永江金栄老師	参禅後、修証義講話	66
335	浜松禅学会（天林寺）	曹洞宗	浜松市下池川町 天林寺	飯田欓隠老師、井上義光老師 →井上義光老師（一九三七年一一月） →井上義衍老師（一九四〇年一月）	講演及び坐禅	66
336	独尊会（龍光寺）	曹洞宗	袋井市町龍光寺	永江金栄老師	碧巌録、参同契	61
337	沼津輪読会	臨済宗	沼津市桃郷自蹊庵 宇野秀吉氏邸	長尾大学老師	新訳仏教聖典講前静坐講後 質問	54
338	天林寺暁天会	曹洞宗	浜松市天林寺	柳原泰延老師	修証義	52
339	三光紡績工場修養会	曹洞宗	静岡市長沼三光紡績講堂	大嶽正教老師	六方礼経	43
340	沼津禅道会	臨済宗妙心寺派	沼津市外大中寺	釈敬俊老老師	六祖法宝壇経	38
341	禅学・道宣揚会（清源院）	曹洞宗	富士川町第一道場清源院	水口一枝老師	修証義	38
342	修証会（真如寺）	曹洞宗	掛川町真如寺	高階瓏仙老師	修証義	36
343	東電参禅会	曹洞宗	浜松市天林寺	榊原泰延老師	従容録	31
344	禅学・禅道講座（沼津大中寺）	臨済宗妙心寺派	沼津市外金岡 大中寺	釈大眉老師	毒語注心経、四十二章経、十牛図	30
345	禅学講習会（瑞光寺）	曹洞宗	静岡市安西一丁目瑞光寺	柴田普門老師	修証義、坐禅儀	26
346	沼津修養会	臨済宗妙心寺派	沼津市 東方寺	山本玄峰老師、天岫接三老師	毒語心経（山本） 維摩経（天岫）	26
347	大道会（安寧寺）	臨済宗妙心寺派	浜名郡雄踏町山崎安寧寺	釈天香老師	無門関	25
348	興岳寺参禅会	曹洞宗	小笠郡浜地村 興岳寺	近藤聞桂老師 雨宮悦成老師	観音経（近藤） 般若心経（雨宮）	22
349	沼津淑徳講話会	臨済宗	沼津市真砂町女子商業学校	長尾大学老師	宗演禅師家庭憲	22
350	禅学研究会	曹洞宗	田方郡川西村古奈長温寺	川口義明老師、小笠原金龍老師	参同契、修証義	22

351	袋井高女修養会	曹洞宗	磐田郡袋井高等女学校	大嶽正教老師	典座教訓	20
352	坐禅会（福応寺）	臨済宗妙心寺派	富士市郡今泉村福応寺	釈大眉老師	坐禅和讃、主心お婆粉挽歌	19
353	洗心会（梅蔭寺）	臨済宗妙心寺派	清水市下清水梅蔭寺	古川大航老師	碧巌録、観音経	16
354	錦繍会	曹洞宗	島田町 渡辺忠五郎氏方	猪飼孝順老師	仏教要義、家庭法語、 仏説父母恩重経	16
355	警察禅会	臨済宗	沼津警察署講堂	長尾大学老師	般若心経講、講前静坐	15
356	修証義会（源光院）	曹洞宗	安倍郡有度村七ツ星 源光院	長沢孝瀾老師	修証義	12
357	熱海禅学会	曹洞宗	伊豆熱海町門田医院	嶽尾来尚老師	無門関	10
358	直心会	曹洞宗	志太郡島田町快林寺内	岸沢惟安老師	学道用心集	9
359	山梨女学校修養会	曹洞宗	周智郡山梨女学校	大嶽正教老師	六方礼経	8
360	参禅会（浜松方広寺）	臨済宗南禅寺派	浜松市方広寺出張所	足利紫山老師		5
361	参禅会（静岡臨済寺）	臨済宗南禅寺派	静岡市臨済寺	足利紫山老師		5
362	島田女学校修養会	曹洞宗	志太郡島田女学校	大嶽正教老師	修証義	5
363	学校禅会	臨済宗	田方郡内浦校	長尾大学老師	般若心経	5
364	金谷町禅学会	曹洞宗	金谷町 洞善院	岸沢惟安老師、児玉祖虔老師	碧巌集（岸沢） 修証義（児玉）	4
365	熱海禅道会	臨済宗妙心寺派	熱海町医王寺	雲関窟釈大眉老師	四十二章経	4
366	修証義会（養勝村）	曹洞宗	榛原郡初倉村養勝寺内	岩堀栄秀老師	修証義	4
367	独尊会（海蔵寺）	曹洞宗	周智郡久努西村海龍寺	大場道賢老師	碧巌集	4
368	仏光家庭禅会	臨済宗	沼津市八幡町岩淵病院	長尾大学老師	坐禅和讃	4
369	仏光坐禅会	臨済宗	沼津市静浦永昌寺	長尾大学老師	白隠禅坐師禅和讃	4
370	斯道会	曹洞宗	静岡市外洞慶院	岸沢惟安老師	永平正宗調	3
371	仏教坐禅会（沼津永昌寺）	臨済宗	沼津市静浦永昌寺	長尾大学老師	坐禅和讃	3

372	観音会	曹洞宗	志太郡大長村静居寺内	猪飼孝順老師	観音経	3
373	釈迦牟尼会夏期講習会	臨済宗	駿東郡富岡村不二般若道場	釈定光老師	碧巌集、維摩経	2
374	不二般若道場接心会	臨済宗	駿東郡富岡村 不二般若道場	釈定光老師	碧巌集、円覚経	2
375	参禅会（可睡齋）	曹洞宗	遠州可睡齋	秋野孝道老師、大場道賢老師（助講）	修証義、勝曼概論	1
376	修証義会（貞心寺）	曹洞宗	清原町貞心寺	原田祖岳老師	修証義	1
377	仏教研究会（金剛寺）	曹洞宗	磐田郡具付町金剛寺	大場道賢老師	般若心経	1
378	仏教婦人会（慶昌寺）	曹洞宗	磐田郡福高村慶昌寺	大場道賢老師	修証義	1
379	万松婦人会	曹洞宗	周智郡山梨町足立純一郎氏邸	秋野孝道老師、大場道賢老師（助講）	修証義	1
380	雄踏町接心会	臨済宗妙心寺派	浜名郡雄踏町山崎安寧寺	釈天香老師	無門関	1
381	静岡大乗接心会	曹洞宗	静岡市□□□□光院（不鮮明）	岸沢惟安老師	普勧坐禅儀（会費一円、申込所静岡市土太夫町稲森昌氏か或いは静岡市外北安東六四西村茂夫氏方）	1
382	耕心会（心岳寺）	曹洞宗	志太郡稲葉村心岳寺内	吉岡鉄禅老師	従容録、修証義	1
383	錦心会	曹洞宗	島田町日本絹織工場内	猪飼孝順老師	父母恩重経	1
384	特別提唱会	曹洞宗	浜松市天林寺	安谷宗虔老師		1
385	大道会（妙栄寺）	臨済宗	浜名郡妙栄寺	釈政光居士	無門関	1
386	禅道宣揚会（宗清寺）	曹洞宗	富士川町第二道場宗清寺	大嶽賢宗老師	典座教訓	1
愛知県	8					
387	洞雲院禅学会・親禅会	曹洞宗	知多郡阿久比村洞雲院	大塚洞外老師	従容録、講後打坐、坐禅儀	89
388	見性会（名古屋）	臨済宗妙心寺派	名古屋市広小路通り島田町角川崎第百銀行支店	関蘆山老師（碧松軒）	禅関策進、息耕録	47
389	守誠会、禅話会（名古屋富田博士邸）	臨済宗妙心寺派	名古屋市住吉町二丁目 富田博士邸	関蘆山老師	禅関策進	36

390	無得会、修養会（名古屋杉村町）	臨済宗妙心寺派	名古屋市杉村町瀬戸電沿線 円文寺	関蘆山老師	無門関	36
391	三州猿投修身会	曹洞宗	西加茂郡猿投村大悲殿	岡島魯宗老師	般若心経	35
392	禅話会（名古屋伊藤邸）	臨済宗妙心寺派	名古屋市西区大舟町 伊藤由太郎氏邸	関蘆山老師	禅関策進	32
393	徹心会	臨済宗	名古屋市中区広路新福寺内	担雪軒老大師	毒語心経	3
394	夏期参禅会（愛知泉龍院）	曹洞宗	南設楽郡千郷村泉龍院	原田祖岳老師	修証義	1
三重県 5						
395	神都禅道会	曹洞宗	宇治山田市一之木町大岩象三郎氏邸	石橋真栄老師	碧巌集、学道用心集	86
396	津市禅道会	曹洞宗	津市栄町四天王寺	鈴木天山老師、石橋真栄老師	碧巌集、正法眼蔵	28
397	禅話・禅学会（三重養泉寺）	曹洞宗	松阪町 養泉寺	釜田黙雄老師、阿部義禅老師、今西大龍老師	修証義（釜田）参同契（阿部）、宝鏡三昧、注心経	25
398	四天王寺禅道会	曹洞宗	津市栄町四天王寺	鈴木天山老師	碧巌集	14
399	芝蛇会	曹洞宗	松阪町 養泉寺鳳凰閣	阿部義禅老師、釜田黙雄老師	正法眼蔵、帰依三宝之巻、典座教訓	9
滋賀県 2						
400	力用会	臨済宗	近江伊香立村、港泉寺	破鞋道人	園悟心要、禅門法語集	4
401	禅会（滋賀県守山）	曹洞宗	守山	飯田欓隠老師		1
京都府 13						
402	禅話会（京都広瀬氏邸）	臨済宗仏通寺派	京都市河原町二条下ル前 貴族院議員広瀬氏別邸	山崎益洲老師	臨済録	120
403	桂林寺天香会	曹洞宗	舞鶴町桂林寺	三川啓明老師	碧巌録	64
404	向上会（京都）	曹洞宗	船井郡上和知村地蔵院	内藤素道老師	修証義	58
405	京都参玄会	臨済宗方広寺派	京都市寺町通り丸太町上ル 財団法人山口仏教会館禅苑道場	間宮英宗老師	六祖壇経	49

406	京都維摩会	臨済宗相国寺派	京都市上京区相国寺事務所	山崎大耕老師、小畠文鼎老師	大慧書（山崎）源海一瀾（小畠）	32
407	通信禅会		舞鶴局会議室	児玉至玄老師	般若心経	24
408	黄檗真風会	黄檗宗	京都市上京区鞍馬口通閑田院	山田玉田老師	臨済録	12
409	永興寺二七五十会	曹洞宗	京都市山科町永興寺	村上素道老師	正法眼蔵	4
410	谷樵会（京都）	曹洞宗	深谷法泉寺	福永昇龍老師	正法眼蔵	2
411	上林禅道会	臨済宗天龍寺派	何鹿野上林村金剛寺	関精拙老師、日種譲山老師	坐禅儀（提唱）処世訓（講話）	2
412	黄檗法王会	黄檗宗	京都市上京区鞍馬口通閑田院	山田玉田老師	六祖法実檀経	2
413	禅道会（京都大龍寺）	臨済宗方広寺派	何鹿郡中上林村大龍寺	間宮英宗老師		1
414	修証義大会（京都智源寺）	曹洞宗	宮津町智源寺	原田祖岳老師	修証義	1
大阪府	23					
415	大阪参禅・禅学会（義士の寺）	曹洞宗	大阪市天王寺区六万体町義士の寺	村山素道老師（軍隊布教師）村山広道老師	伝光録、学道用心集	180
416	大乗禅慧会	曹洞宗	大阪市天王寺区夕陽丘町浄春寺	加藤晃堂老師、片岡正龍老師、佐藤泰舜老師	坐禅儀、遺教経	93
417	自泉会	曹洞宗	岸和田市岸城町自泉舎館	河合真英老師	信心銘	80
418	大阪達磨会	曹洞宗	大阪市南区六万体町鳳林寺	飯田欓隠老師 ↓伊牟田文雄老師（一九三四年五月）	碧巌集及び正法眼蔵 ↓無門関（土）碧巌集（日）、空谷集、証道歌（一九二九年一〇月）	56
419	仏教婦人救護会（大阪支部）	曹洞宗	大阪市天王寺区夕陽丘町浄春寺	片岡正龍老師	修証義	50
420	大広寺土曜打坐会	曹洞宗	池田市五月山大広寺	奥村洞鱗老師、西田月樵老師		31
421	向上会（大阪）、向上会接心	臨済宗仏通寺派	大阪市東区高津中寺町法雲寺内	山崎益洲老師	無門関、四部録、金剛経	28

422	大同会、大道会	臨済宗仏通寺派	大阪市外天下茶屋大阪	積翠軒清隠老師、南宗寺清隠大老師↓山崎益洲老師（一九二八年五月）	碧巌集、金剛経	26
423	自成会	臨済宗東福寺派	大阪市東成区林寺町東福寺別院	尾関行応老師	碧巌集	10
424	弘徳禅学会	曹洞宗	大阪市住吉区阪南町弘徳教会	村山広道老師	従容録	9
425	大阪参禅会（月江院）	曹洞宗	大阪市難波元町月江院	村上素道老師	宏智頌古称提及坐禅↓弁道話（一九三一年七月）	7
426	雲門会	曹洞宗	大阪市外中津町下三番堀口武舟氏宅↓大阪難波元町鉄眼寺	飯田欓隠老師	碧巌集	5
427	大阪大雲会	曹洞宗	大阪市北区東寺町栗東寺	原田祖岳老師	白隠禅師坐禅和讃（昼）修証義講話（夜）	5
428	石崎家参禅会	曹洞宗	大阪市外小坂石崎氏邸	村上素道老師	無門関	4
429	青松社	曹洞宗	大阪市西区新町仏教奉仕会館	村上素道老師	正法眼蔵	4
430	白雲会	臨済宗妙心寺派	大阪市北区西寺町寒山寺	平元徳宗老師、栢厳老師（妙心寺僧堂師家）	臨済録	2
431	参禅会（月江院）	曹洞宗	大阪南区難波元町月江院	山口玩渓老師	大悲呪	2
432	禅学講話会（義士の寺）	曹洞宗	大阪市天王寺区六万体町義士の寺	久保田実宗老師（永平寺副監院）	未定	2
433	大乗会（月江院）	曹洞宗	大阪市難波元町月江院	山田孝道老師	弁道話	1
434	大阪運門会	曹洞宗	大阪市下三番町堀口武舟氏邸	飯田欓隠老師	碧巌集	1
435	大阪修証義会	曹洞宗	大阪市北区東寺町栗東寺	原田祖岳老師	修証義	1
436	大阪泉会	曹洞宗	大阪市南区心斎橋南詰西入豊田留吉氏邸	村上素道老師	唯識論述記講義及び坐禅	1
437	大阪青松社	曹洞宗	大阪市南区錦屋町豊田省三氏邸	村上素道老師	禅戒抄及坐禅、礼仏	1
兵庫県 21						
438	慶徳寺大徹会	曹洞宗	加東郡大門駅河合慶徳寺	河合真英老師	信心銘、夜塘水	82

439	満福寺例会案内	曹洞宗	神戸市林田区海運町 万福寺	毎月一〇日午後七時、持田閑堂老師、毎月一七日午後七時、志保見道雲老師、毎月二九日午後七時、宮崎奕保老師	無門関（持田）修証義（志保）普勧坐禅儀（宮崎）	61
440	修道会（神戸祥龍寺）→祥龍寺修道会（一九四〇年二月）	臨済宗妙心寺派	神戸市灘区六甲篠原 祥龍寺	五葉愚渓老師	禅関策進提唱並びに参禅	54
441	鉄牛禅会	曹洞宗	氷上郡幸世局区内円通禅堂	若生国栄老師	碧巌録提唱（入室参禅あり）	52
442	満福寺禅会	曹洞宗	神戸市林田区海運町満福寺	志保見道雲老師	修証義	46
443	般若林参禅会	曹洞宗	神戸市羽坂通般若林	秦慧昭老師	従容録	14
444	継風会	曹洞宗	御影町禅昌寺	飯田欓隠老師	無門関	8
445	証道会（兵庫心月院）	曹洞宗	有馬郡三田町心月院	飯田欓隠老師、原田祖岳老師	証道歌	5
446	神戸修養会→禅学講会（一九二五年二月）	曹洞宗	神戸小学校修養室	飯田欓隠老師	正法眼蔵、碧巌集、宝鏡三昧	5
447	神戸求道会	臨済宗方広寺派	神戸市荒田町三丁目自肯院神港倶楽部	間宮英宗老師（方広寺派管長）	臨済録	4
448	芦屋参禅婦人会	曹洞宗	芦屋松岡氏邸	村上素道老師	正法眼蔵山水経	4
449	松岡家参禅会	曹洞宗	芦屋松岡氏邸	村上素道老師	正法眼蔵現成公案	4
450	山本家同族会	曹洞宗	山芦屋山本氏邸	村上素道老師	正法眼蔵	4
451	野田家同族会	曹洞宗	山芦屋野田氏邸	村上素道老師	普賢行願賛	4
452	山口家参禅婦人会	曹洞宗	浜戸屋山口氏邸	村上素道老師	金剛般若経	4
453	上西講演会		神戸市海岸通上西商会	井上秀天老師	四十二章経	2
454	芦屋参禅会	曹洞宗	芦屋山牛野田吉兵衛氏邸	村上素道老師	正法眼蔵弁道話	1
455	禅学会（姫路）	曹洞宗	姫路市景福寺	原田祖岳老師	不明	1
456	禅学会（姫路景福寺）	曹洞宗	姫路市 景福寺	原田祖岳老師	碧巌集　司会者：青山梵龍老師	1

457	禅会（神戸市歓喜寺）	曹洞宗	神戸市春日野歓喜寺	原田祖岳老師	碧巌集	1
458	禅会（兵庫県円通寺）	曹洞宗	神崎郡豊富村円通寺	原田祖岳老師	碧巌集	1
奈良県	**2**					
459	御所町修養会	曹洞宗	御所町信用組合	村山広道老師	碧巌録	75
460	法王殿禅学講座	曹洞宗	五条町 法王殿事務所	有沢玄齢老師、平松光山老師	学道用心集（有沢） 修証義（平松）	9
鳥取県	**2**					
461	道交会（鳥取）	曹洞宗	倉吉町大岳院	中村雲超老師	遺教経、修証義	27
462	仏心会（鳥取）	曹洞宗	西伯郡余子村	石田哲明老師	参同契	1
島根県	**4**					
463	永明寺磨甎会（島根）	曹洞宗	鹿足郡津和野町 永明寺	島田弘舟老師、萩野魯童老師 ↓水上興基老師（一九三一年八月）	般若心経、碧巌集、証道歌、普勧坐禅儀	115
464	向上会（島根）	曹洞宗	鹿足郡畑迫西光寺	萩野魯堂老師	般若心経	21
465	修養会（島根）	曹洞宗	鹿足郡畑迫西光寺	萩野魯堂老師	修証義	1
466	禅学提唱会（日笠寺）	曹洞宗	邑智郡谷住郷村日笠寺	岸沢惟安老師	隰州古仏頌古称提、修証義	1
岡山県	**2**					
467	両忘協会中国支部	臨済宗妙心寺派	岡山市小橋町国清寺	立田英山居士	毒語注心経	2
468	至道会（岡山）	臨済宗	倉敷町脇本医院内	小西千崖老師	無門関	2
広島県	**4**					
469	禅学会（広島国泰寺）	曹洞宗	広島市小国国泰寺	井上義光老師、原田祖岳老師	維摩経、伝心法要、円覚経	61
470	広島高師禅学会	曹洞宗	高等師範学校内	井上義光老師	修証義、参同契、禅家亀鑑	58
471	広島維摩会	臨済宗仏通寺派	広島市新川場町金龍寺	円山雪庭老師（仏通寺派管長）	無尽灯論（後参禅）	32
472	禅学会（呉神応院）	曹洞宗	呉市清水通り神応院	井上義光老師	信心銘提唱	18

山口県　13						
473	山口耕道会	曹洞宗	山口町瑠璃光寺内 →山口市永福寺 （一九三〇年六月） →大殿小路龍福寺内 （一九三一年一〇月）	飯田欓隠老師（代講、江沢、品川両師） 江沢白道老師、品川雷応老師	坐禅儀、弁道話、祇園正儀、 無尽灯論力弁	163
474	東光寺参禅会	曹洞宗	下関市豊前田町東光寺	品川雷応老師	宗門無尽灯論、禅関策進	33
475	永福寺証道会	臨済宗南禅寺派	下関市観音崎町永福寺	前南禅寺派管長赤井義勇老師	臨済録	25
476	暁星会	曹洞宗	萩町海潮寺	木村隆法師、桂黙要老師	従容録、講話、八宗綱要	22
477	証道会（下関永福寺）	臨済宗南禅寺派	下関市観音崎町永福寺内	窪田南溟老師	首楞厳経	16
478	下関耕道会	曹洞宗	下関市豊前田町東光寺	品川雷応老師	宗門無尽灯論	11
479	大乗会（宇部郵便局）	曹洞宗	宇部市西区郵便局楼上	江沢白道老師	般若心経	10
480	享徳会	曹洞宗	阿武郡萩町享徳寺	河武雪童老師	修証義	6
481	修禅会（正福寺）	曹洞宗	厚挟町正福寺内	江沢白道老師	弁道話	4
482	萩禅会	臨済宗南禅寺派	萩町 徳隣寺	碓井承秀老師 桂黙要、木村隆法の両師	無門関、無門関（桂） 日本仏教史（木村）	3
483	道話会（婦人之部） 婦人道話会	曹洞宗	萩町 海潮寺	木村隆法老師	観音経、仏所行讃	3
484	萩道会	臨済宗南禅寺派	萩町 徳隣寺	碓井承秀老師、木村隆法老師	無門関 演題：仏教の地位	2
485	修証会（桂光院）	曹洞宗	阿武郡地福桂光院内	谷洞水老師	修証義、従容録	1
愛媛県　13						
486	松巌会	臨済宗 （本山修験）	波止浜町 西宝院	八木泰洲老師	無門関、入室参禅	42
487	修養会（愛媛貯蓄銀行）	臨済宗	今治市八木屋町貯蓄銀行内	八木泰洲老師	十牛図	28

488	大乗会（愛媛高昌寺）	曹洞宗	喜多郡内子町 高昌寺	今川勇輝老師、磯部良雄老師、 有田大宗老師	坐禅儀、修証義	27
489	維摩会（宇和島市）	臨済宗妙心寺派	宇和島市仏海寺	河野宗寛老師	無門関	25
490	松山禅道会	臨済宗	松山市東雲町三宝寺	八木泰洲老師	十牛図	17
491	無説会 （愛媛金子村小学校）	曹洞宗	新居郡金子村 金子小学校内	佐伯道隆老師	従容録	15
492	如法修養会	臨済宗妙心寺派	大洲町如法寺	松尾琢宗老師	四部録	13
493	無説会（新居浜町）	曹洞宗	新居浜町惣開	佐伯道隆老師	修証義	11
494	長円寺婦人会	曹洞宗	松山市台坂町長円寺	光吉彦虎老師、江戸黙禅老師	修証義	7
495	修証会（村田不動庵）	曹洞宗	新居郡金子村新田不動庵	佐伯道隆老師	修証義	7
496	参禅会及婦人会 （新居浜町）	曹洞宗	新居郡新居浜町原地 住友鉱業所倶楽部	松浦百英老師、佐伯道隆老師	碧巌集	4
497	禅友会（泉川村）	曹洞宗	新居郡泉川村会員宅	佐伯道隆老師	洞上五位頌	3
498	禅学会（金子村小学校）	曹洞宗	新居郡金子村小学校	佐伯道隆老師	従容録	2
福岡県　4						
499	興禅護国会（福岡）	臨済宗	福岡市御供所町聖福寺専門道場	龍淵謙道老師	四部録	24
500	柳河禅道会（福厳寺）	黄檗宗	福岡市柳河福厳寺	橋口誠軒居士	禅海一瀾	7
501	両忘協会鎮西支部	臨済宗	小倉市馬借町宗源寺	立田英山居士	禅海一瀾、宗門無尽灯論	5
502	福岡仏心会	曹洞宗	福岡市材木町安国寺	高階瓏仙老師	金剛経	2
佐賀県　3						
503	唐津洗心会	臨済宗南禅寺派	唐津近松寺	前南禅寺派管長赤井義勇老師	六祖壇経	52
504	佐賀禅道会	曹洞宗	佐賀市養老院 佐賀市与賀町聖徳太子館	沢木興道老師	証道歌、典座教訓、礼拝得髄之巻、学道用心集	5

505	禅道会（佐賀市聖徳太子館）	曹洞宗	佐賀市 聖徳太子館	沢木興道老師	大智偈頌	2
長崎県 9						
506	長崎禅学・禅道会	臨済宗建仁寺派	長崎市桜馬場春徳寺	青地徹定居士	円覚経（及び参禅）	26
507	諫早参禅会	曹洞宗	諫早町 天祐寺	柱樹亮仙老師 →大機道人（一九三五年九月）	古則	20
508	長崎参禅会	曹洞宗	長崎市出来大工町 光雲寺	柱樹亮仙老師 →大機道人（一九三五年九月）	古則、提唱並びに参禅、禅関三百則上巻	19
509	海雲参禅会 海運山参禅会	曹洞宗	長崎市 晧臺寺	中村応隆老師 →青龍虎法老師（一九二六年一二月）	宝鏡三昧及び坐禅、信心銘、従容録、修証義	14
510	島原参禅会	曹洞宗	島原町武徳殿	大機道人老師	禅関三百則上巻	12
511	加津佐参禅会	曹洞宗	加津佐町信用組合	大機道人老師	禅関三百則上巻	12
512	口ノ津参禅会	曹洞宗	口ノ津町玉峰寺	大機道人老師	禅関三百則上巻	11
513	深海参禅会	曹洞宗	北高来郡深海勝良重友氏宅	柱樹亮仙老師	古則	9
514	佐世保護国会	曹洞宗	佐世保市福石護国院	谷口虎山、西田隆芳、向鈍英各老師	般若心経、修証義、仏教要義	3
熊本県 4						
515	禅学会（山鹿町小学校）		鹿本郡山鹿町小学校	笠間石汀居士	碧巌録、山鹿素行禅録抜粋	21
516	熊本坐禅会	臨済宗	熊本市内坪井町高等予備黌壺渓塾	三関浩巌老師（養賢僧堂師家）	無門関	14
517	熊本信楽会	曹洞宗	熊本市熊電倶楽部	大機道人老師	禅関三百則上巻	14
518	大慈寺摂心会・接心会	曹洞宗	飽託郡日吉村大慈寺	綱木賢明老師	永平家訓	10
大分県 1						

519	夏季参禅会（豊崎村泉福寺）	曹洞宗	東国東郡豊崎村泉福寺	嶽尾来尚老師	修証義	1
宮崎県 1						
520	都城市禅道会	臨済宗	宮崎郡都城市林隆久氏宅	橋口誠軒居士	禅海一瀾	7
鹿児島県 3						
521	鹿児島碧巌会（中村病院）	臨済宗	鹿児島市千石馬場中村病院内	橋口誠軒居士	碧巌集	15
522	夜明会	臨済宗	志布志市町大慈寺	橋口誠軒居士	禅海一瀾	8
523	碧巌会（日当山）	臨済宗	始良郡日当山	橋口誠軒居士	碧巌集	7
樺太 3						
524	同慶寺坐禅会	曹洞宗	樺太真岡町同慶寺	桐畑童仁老師	碧巌録	36
525	実行会	曹洞宗	樺太小野登呂村曹洞宗駐在布教所内	浅生田大英老師	坐禅儀、修証義	16
526	大泊仏心会	曹洞宗	樺太大泊港楠渓寺	小倉俊丈老師	伝光録	7
台湾 3						
527	台北維摩会、維摩会	曹洞宗	台北市東門町曹洞宗別院	水上興基老師	碧巌集、従容録	39
528	修養会（台北）	曹洞宗	台北市東門町曹洞宗別院	水上興基老師	修証義	17
529	婦人修養会	曹洞宗	台北市東門町曹洞宗別院	水上興基老師	修証義	17
朝鮮 6						
530	参禅修養会（朝鮮禅宗寺）	曹洞宗	朝鮮新義州本町禅宗寺	伊達道覚老師	無門関、修証義、金剛経、四十二章経、十牛図	43
531	弘誓会（朝鮮）	曹洞宗	朝鮮鉄原曹洞宗布教所内	仁生廓仙老師、池田道秀老師	維摩経、観音経	16
532	福寿会（朝鮮）	曹洞宗	朝鮮福渓鉄道病院内	池田道秀老師	観音経	16
533	道交会（朝鮮）	曹洞宗（曹渓宗）	朝鮮群山府綿江寺	長岡玄鼎老師	般若心経、修証義、参同契、坐禅の要義（打坐）	4
534	総泉寺仏心会	曹洞宗	朝鮮釜山総泉寺	古川幡龍老師	従容録	1

535	微妙会	曹洞宗	朝鮮扶余曹洞宗布教所	丸山玄洞老師（主任）	証道歌、修証義	1
満州 5						
536	開原参禅会	曹洞宗	南満州開原開原寺	小池全道老師	碧巌録、金剛経、証道歌、維摩経、従容録、寿量品	55
537	撫順修養会	曹洞宗	満州撫順新町日曜奉行場	武内敬美老師	観音経、般若心経	14
538	撫順非思量仏心会	曹洞宗	南満州撫順新町禅昌寺	武内敬美老師	観音経、般若心経	6
539	眼横鼻直禅会	曹洞宗	撫順東参三番町空力行	武内敬美老師	心経、坐禅儀、観音経	1
540	坐禅会	曹洞宗	満州長春町大正寺	海野俊巌老師	修証義	1

【備考】（1）所在について、原文は都道府県記載の有無が混在していたが、本節では都道府県の記載は削除した。（2）指導者について、原文の禅宗僧侶の称号には「師」「老師」「禅師」などの記載があるが、禅師号との混同を避けるため原則として「老師」に統一した。

第五節　仏前結婚式一覧表（一二七件）

	西暦	月	日	新郎	新郎属性	新婦	新婦属性	場所	地域	導師・戒師・式師・司婚者・式長	宗派	出典
1	一八七九	1	20	淡路屋	陶器商	いく	陶器商の娘	大阪道頓堀	大阪	日蓮宗僧侶	日蓮宗	『朝日新聞』一八七九年一月二六日、二～三頁
2	一八八九	3	23	田島象二	新聞記者	熊谷そめ子				長山虎壑	臨済宗	「仏式の婚礼」（『婦人教会雑誌』一七号、一八八九年六月）、二六頁
3	一八九一	3	30	萩原政太	町会議員	中村まさ	士族の娘	長野県信濃国上水内郡長野町三八四番地朝陽館浄聖殿	長野	「僧侶の立会ひしと否とは知る由なかれども」との記載	浄土真宗	「仏教式婚姻」（『婦人教会雑誌』四一号、一八九一年六月）、一九頁
4	一八九二	1	15	青田節	西勝寺檀家	岡田セイ		播磨国神東郡船津村西勝寺	兵庫	後藤祐護	浄土真宗	「仏式の婚姻表白文」（『婦人雑誌』五三号、一八九二年六月）、二三～二四頁
5	一八九二	6	6	藤井宣正	僧侶	井上瑞枝	僧侶の娘	東京白蓮社会堂	東京	島地黙雷	浄土真宗本願寺派	「仏教新婚式」（『三宝叢誌』九九号、一八九二年六月）、四一～四二頁
6	一八九二～九五			田中信吉	海軍			田中の自宅	東京	島地黙雷	浄土真宗本願寺派	島地黙雷（雨田老衲名義）「仏式婚礼」（『三宝叢誌』一四二号、一八九六年一月）、四～七頁
7	一八九二～九五			伊藤長治郎	富豪					島地黙雷	浄土真宗本願寺派	
8	一八九五	12	22	村松賢良	僧侶	藤本仲子	海軍軍人の娘			島地黙雷	浄土真宗本願寺派	
9	一八九六	5		日野居龍	僧侶	松田阿佐保子	僧侶の娘	美濃国武儀郡関町光明寺	岐阜	島地黙雷	浄土真宗本願寺派	「仏式結婚」（『法之雨』一〇一編、一八九六年五月）、四〇～四一頁

10	一八九八	6	18	福井藤五郎	立正安国会会員	根岸スワ子	立正安国会会員	藤崎布教所	大阪	角田智洞	立正安国会	「式長任命告示」（『妙宗』七号、一八九八年八月）、三二頁
11	一八九八	12	12	保坂麗山	立正安国会会員	柳田春子	立正安国会会員	大阪会堂	大阪	河合智目	立正安国会	「式長任命」（『妙宗』二編一号、一八九九年二月）、三八頁
12	一八九九	3	30	レーン・フヲクス・ピット	心理研究会の会頭。妖怪学に於いては有名	レデーエデス・ドーグラス	侯爵令嬢	ロンドンナイトブリヂ聖保羅寺	ロンドン			「英国に於ける仏教」（『仏教』一五一号、一八九九年六月）、二三八～二三九頁
13	一八九九	5	11	杉原重敏	仏教信者	小西ふじ子	仏教信者	大阪福島妙徳寺	大阪	岡田徳栄	黄檗宗	「仏式の婚礼」（『禅学』五巻三号、一八九九年六月）、三六頁
14	一九〇二	5	18	来馬琢道	僧侶	里見たつ	浄土宗寺院の娘 日本女子大二年	浅草万隆寺	東京	玉置広道	曹洞宗	『東京朝日新聞』一九〇二年五月二九日、朝刊七頁・「仏教式婚儀次第（新仏教的儀式制定に関する新案）」など記事三本（『仏教』一八四号、一九〇二年六月）、二〇〇～二一二頁
来馬琢道以後												
15	一九〇二	6	24	刀根福太郎	信徒			東京市養育院教会堂	東京	山下現有	浄土宗	「結婚供養式」（『浄土教報』四九四号、一九〇二年七月六日）、九頁
16	一九〇二	8		藤田良信	僧侶					梶宝順	浄土宗	「第二の仏教式婚儀」（『仏教』一八七号、一九〇二年九月）、三四〇頁
17	一九〇三	10	6	小川冨雄	医師	大塚せつ	病院長の娘	神奈川町旭村建功寺	神奈川	桝野宏道	曹洞宗	「神奈川県教信（仏式の結婚）」（『宗報』一六五号、一九〇三年一一月一日）、一一～一二頁
18	一九〇七	12	17	古沢京三郎	信徒	古沢あい	信徒	芝増上寺	東京	堀尾貫務	浄土宗	「縁山に於ける仏教式結婚の嚆矢」（『浄土教報』七七九号、

19	一九〇七	12	17	佐々木文之助	信徒	古沢さく	信徒	芝増上寺	東京	堀尾貫務	浄土宗	一九〇七年一二月二三日)、四頁・「増上寺の仏教結婚式」(『警世新報』一三三号、一九〇八年一月)、四五~四六頁
20	一九〇八	1	30	龍江義信	僧侶	五十嵐清子		築地本願寺	東京	島地黙雷	浄土真宗本願寺派	『読売新聞』一九〇八年一月三一日、朝刊三頁・「龍江氏の仏式結婚」(『警世新報』一三六号、一九〇八年二月)、四六~四七頁・「築地本願寺仏式結婚」(『通俗仏教新聞』六九七号、一九〇八年二月五日)、一三頁
21	一九〇八	3	7	妻木直良	僧侶	早見民子		築地本願寺	東京	島地黙雷	浄土真宗本願寺派	宝閣善教「仏式結婚の一例」(『警世新報』一三九号、一九〇八年四月一日)、二四~二七頁・同(『婦人雑誌』二三巻六編、一九〇八年六月)、三~一〇頁
22	一九〇八	11	1	大谷尊重	僧侶	九条紝子	僧侶の娘	京都本願寺大谷廟鴻の間	京都	大谷光瑞	浄土真宗本願寺派	『東京朝日新聞』一九一〇年一〇月一五日、朝刊五頁、同一〇月二六日、朝刊二頁、同一一月四日、朝刊三頁
23	一九〇八	11	22	増田寅三郎	商人	永松くに子		オークランド市仏教教会	オークランド	藤井黙乗・内田晃融	浄土真宗本願寺派	「米国仏式結婚礼(本紙口絵の解)」(『婦人雑誌』二四巻二編、一九〇九年二月三日)、二頁・「海外の仏式結婚」(『警世新報』一五六号、一九〇九年一二月一五日)、四六頁・「海外の仏式結婚」(『通俗仏教新聞』七四三号、一九〇九年一二月二三日)、一三頁
24	一九〇九	1	9	中沢善久	僧侶	山崎豊子		仏祖代々の霊前		梶宝順夫妻媒酌	浄土宗	「結婚式」(『浄土教報』八三五号、一九〇九年一月一八日)、五頁

25	一九〇九	8	26	天岫接三	僧侶	江守静江		沼津町東方寺	静岡	釈宗演	臨済宗妙心寺派	「新報」(『通俗仏教新聞』七八〇号、一九〇九年九月八日)、一四頁・「禅僧の仏式結婚」(『警世』一六六号、一九〇九年一〇月一日)、七八頁
26	一九〇九	11	19	百田貞次	工学博士	調操子		築地正覚寺	東京	佐竹智応	浄土真宗本願寺派	「百田工学士仏式結婚」(『婦人雑誌』二四巻一二編、一九〇九年一二月)、一三~一六頁
27	一九一〇	11		松原至文	僧侶	和浪さよ	和浪久右衛門の娘	三重光明寺	三重		浄土真宗本願寺派	「日曜附録婚礼号」(『朝日新聞』(大阪)一九一一年一月一五日)、附録二頁
28	一九一〇	12	11	加藤庸三	音楽学校卒	筏井カノ	技芸学校卒	両国回向院	東京	道重信教	浄土宗	「仏式結婚」(『浄土教報』九三七号、一九一一年一月一日)、四頁
29	一九一二	1	14	小林正盛	僧侶	知久ふく		早稲田南蔵院	東京	釈慶淳	真言宗豊山派	千雲万水棲「小林雨峰兄の結婚式に列するの記」(『加持世界』一二巻二号、一九一二年二月)、四七~五〇頁・「小林雨峰氏の結婚式餘聞」(『加持世界』一二巻三号、一九〇二年三月)、四四頁
30	一九一三	12	25	田中秀一郎	大連郵便局員	山田はる子		大連　天神町曹洞宗常安寺	大連	森口師	曹洞宗	「大連だより　仏前の結婚式」(『通俗仏教新聞』一〇〇七号、一九一四年一月二一日)、一三頁
31	一九一四	12	25	山本恵太郎	信徒			和歌山県東牟婁郡高池町祥源寺	和歌山	閑栖宮裡宏道	臨済宗妙心寺派	「寺院に於て仏式結婚」(『正法輪』三三一号、一九一五年二月一日)、二〇頁
32	一九一五	11	1	臨大出身 西谷俊応	僧侶	西谷澤子	高女出身	伊予国華厳寺	愛媛	防州高山寺住職重岡金嶺師の媒酌	臨済宗妙心寺派	「西谷俊応師華燭の典を挙ぐ」(『正法輪』三四九号、一九一五年一二月一日)、一九頁

33	一九一六	4	28	宮沢説賢	僧侶	長谷川君子	医者の姪	芝増上寺黒本尊宝前	東京	老法主台下 渡辺主筆媒酌人	浄土宗	「仏式結婚」(『浄土教報』一二一三号、一九一六年四月二八日)、八頁・「大本山増上寺に於ける結婚式」(『浄土教報』一二一四号、一九一六年五月五日)、一四頁
34	一九一六	4	29	久慈慈光	僧侶	文子	京城高等女学校卒	京城開教院本尊前	京城	桑門僧正司会	浄土宗	「朝鮮に於ける仏式結婚」(『浄土教報』一二二六号、一九一六年六月二日)、七~八頁
35	一九一六	11	21	斉藤仙峰	僧侶	柿崎ゆう子		浅草仏教青年伝道館	東京	来馬琢道	曹洞宗	『読売新聞』一九一六年一一月二〇日、朝刊四頁・同一一月二二日、朝刊四頁・「仏式結婚の実例」(『仏教新聞』一一四九号、一九一六年一二月一日)、一九~二〇頁
36	一九一六	12	上旬	岡部氏	医師			浅草仏教青年伝道館	東京	式師 渡辺海旭 司会 安藤嶺丸	浄土宗	「仏式結婚差定」(『浄土教報』一二四九号、一九一七年一月一日)、三六頁・来馬琢道「仏教結婚式次及私解」(『伝道』三〇〇号、一九二三年三月)、一一~一六頁
37	一九一六	12	27	金子善太郎	御園白粉(化粧品店)店員	荒井安子		芝増上寺	東京		浄土宗	「目出き仏式結婚」(『浄土教報』一二四九号、一九一七年一月一日)、三六頁・「浄土宗式結婚」(『仏教新聞』一一五四号、一九一七年一月二〇日)、二一頁
38	一九一六	12	27	直沢栄司	御園白粉(化粧品店)店員	大杉百合子		芝増上寺	東京		浄土宗	「浄土宗式結婚」(『仏教新聞』一一五四号、一九一七年一月二〇日)、二一頁
39	一九一七	8	16	中西雄洞	社会事業家	師範出身の着実の婦人		小石川伝通院	東京	式師 野澤俊冏 媒酌 淑徳女学校長 萩原夫妻	浄土宗	「中西雄洞氏の結婚」(『浄土教報』一二八五号、一九一七年九月二一日)、八~九頁

40	一九一七	10	10	浄土宗樺太会教区泊居教会所主任伊藤俊光	僧侶	青森県弘前市新寺町荒木関重吉二女久子		豊原開教院	樺太	式師　阿部栄全 媒酌　豊原町深谷喜一郎夫妻	浄土宗	「開教区に於ける仏式結婚」(『浄土教報』一二九〇号、一九一七年一〇月二六日)、一二頁
41	一九一八			大谷光暢	僧侶	久邇宮智子		大師堂祖師前	京都		真宗大谷派	「新法主は仏式結婚」(『仏教新聞』一一九七号、一九一八年四月一日)、一四頁
42	一九一八	4	3	小林文学士	華頂女学校教頭	西野いつ子	東京職業女子学校卒	知恩院勢至堂	京都	司会　華頂女学校幹事長福原隆成	浄土宗	「花の盛りに仏式結婚」(『仏教新聞』一一九八号、一九一八年四月一〇日)、一六頁
43	一九一八	4	27	檀信徒総代川口寛之次男法学士寛三	信徒	浄土宗会議員大谷泰鳳次女三重子	僧侶の娘	八王子市大横町極楽寺	東京	戒師　阿川貫珠	浄土宗	「浄土宗式結婚」(『浄土宗報』一三一八号、一九一八年五月一〇日)、七〜八頁
44	一九一八	4	28	有明清阿居士の令息達次郎	信徒	飯野栄子		増上寺黒本尊前	東京	主宰　堀尾大僧正 司会　千葉秀胤師	浄土宗	「仏式結婚」(『浄土教報』一三一七号、一九一八年五月三日)、八頁
45	一九一八	4	28	常院法嗣資新良隆則	僧侶	唯心院住職金輪賢誡長女君子	僧侶の娘	大和高市郡真菅村称名院	奈良	導師　称名寺住職	浄土宗	「大和最初の仏式結婚」(『浄土教報』一三三一号、一九一八年五月三一日)、一五頁
46	一九一八	5	1	酒匂長楽寺住職乃美堯夫	僧侶	田中タカ子	大船名門の出	小田原大蓮寺如来前	神奈川	戒師　戸松住職 司会　本多行厳 媒酌　水谷宣隆	浄土宗	「仏式結婚」(『浄土教報』一三六七号、一九一九年五月三〇日)、一三頁
47	一九一八	10		佐々木育山	僧侶	土田いそ子	素封家の娘	秋田県平鹿郡浅舞龍泉寺	秋田		曹洞宗	「仏式結婚」(『仏教新聞』一二一七号、一九一八年一〇月二〇日)、一四頁
48	一九一九	4	11	河合得	信徒	大木育子	豪農の娘	仏教館背後の考寿院本堂	東京	高田道見	法王教(曹洞宗)	「仏式結婚法」(『仏教新聞』一二三五号、一九一九年四月二〇日)、八頁
49	一九一九	12	29	近藤義次	高等女学校教諭	深井清子	高等小学校教員	長野市の新郎自宅	長野	虎石庵主水科善祐 媒酌　早川繁夫	浄土宗	「高女教諭の仏式結婚」(『浄土教報』一三九四号、一九二〇年一月一日)、一五頁

50	一九二〇	2	7	土屋観道	僧侶					山崎弁栄	浄土宗	山崎弁成編「ミオヤの光二九 統摂の巻」（山崎弁栄『ミオヤの光 三巻 弁栄聖者御遺稿』〈ミオヤの光社、一九八九年〉）、三三七〜三三九頁
51	一九二〇	5	28	千葉県君津郡正源寺住職井村泰全	僧侶	市内某実業家息女京華高女出身某令嬢	京華高校出身	増上寺黒本尊前	東京	戒師 堀尾貫務 指導 渡辺海旭	浄土宗	「縁山にて仏式結婚」（『浄土教報』一四一五号、一九二〇年六月四日）、九頁
52	一九二〇	6	12	三輪政一（華城）	僧侶	下山松枝	吉岡弥生の高弟	芝増上寺	東京	堀尾貫務	浄土宗	「増上寺に於ける仏式結婚」（『浄土教報』一四一七号、一九二〇年六月一八日）、一三頁・堀尾貫務「仏式結婚に就いて」（『中央仏教』四巻八号一九二〇年八月）、三三〜三四頁
53	一九二〇	7	27	難波常三郎	海軍中佐	星ひで子		芝天徳寺	東京	戒師 天徳寺貫主大谷愍成	浄土宗	「海軍将校の仏式結婚」（『浄土教報』一四二四号、一九二〇年八月六日）、一四頁
54	一九二〇	11	15	吉原自覚	僧侶	江崎喜久代		芝増上寺	東京	堀尾貫務	浄土宗	『読売新聞』一九二〇年一一月六日、朝刊四頁・同一一月一三日、朝刊四頁
55	一九二〇	11	18	末永家	会社員			芝増上寺	東京	堀尾貫務	浄土宗	「増上寺と仏式結婚」（『浄土教報』一四三八号、一九二〇年一二月一二日）、八頁
56	一九二〇	11	21	吉水家	会社員			芝増上寺	東京	堀尾貫務	浄土宗	
57	一九二〇	12	6	山中家	信徒			芝増上寺	東京	堀尾貫務	浄土宗	
58	一九二一	1	16			女子大学桜楓会託児所主任田村久恵	託児所主任	芝増上寺	東京	堀尾貫務	浄土宗	「年末の仏式結婚」（『浄土教報』一四四三号、一九二〇年一二月一七日）、一一頁
59	一九二一	1	20	某会社員	会社員			芝増上寺	東京	堀尾貫務	浄土宗	
60	一九二一	1	16	祐天寺巌谷俊興	僧侶	山本千代子	信徒	祐天寺	東京	媒酌 祐天寺檀家総代島崎七郎夫妻	浄土宗	「新春の仏式結婚」（『浄土教報』一四四七号、一九二一年一月二一日）、八頁

61	一九二一	2	24	白子冏	素封家	友松円諦令妹 美津枝	僧侶の妹	芝増上寺	東京	堀尾貫務	浄土宗	「増上寺の仏式結婚」(『浄土教報』一四五二号、一九二一年二月二五日)、九頁
62	一九二一	2	25	田村大吉	資産家	山市キク子		芝増上寺	東京	堀尾貫務	浄土宗	
63	一九二一	7	5	満鉄特派 名越隆成	僧侶	酒井歌子	医者の娘、教師	小田原大蓮寺仏殿	神奈川	司式 渡辺海旭 媒酌 大蓮寺戸松学暹	浄土宗	「名越隆成氏の結婚」(『浄土教報』一四六六号、一九二一年七月八日)、一二頁
64	一九二一	7		杉本定秀	僧侶	恒子		円覚寺塔頭雲頂庵尊前	神奈川	古川堯道	臨済宗円覚寺派	「仏式結婚」(『禅道』一四三号、一九二一年八月)、五三頁
65	一九二一	9	19	高尾家	実業家					司式 野沢僧正	浄土宗	「仏式結婚」(『浄土教報』一四七六号、一九二一年九月二三日)、六頁
66	一九二二	1	5	曹洞宗出身 新郷法灌	僧侶	真宗大谷派寺院出身 渡辺清子	僧侶の娘	芝増上寺	東京	戒師 渡辺海旭 媒酌人 曹洞宗法泉寺中川白龍	浄土宗	「新年の初頭を飾る芽出度き縁山の仏式結婚——曹、真、浄三宗の聯合の式」(『浄土教報』一四八八号、一九二二年一月一三日)、一一頁
67	一九二二	2	17	森富士衛	信徒	上田区の妻		岐阜県瑞巌寺	岐阜	岡部洪宗	臨済宗妙心寺派	「仏徒結婚式」(『正法輪』五〇〇号、一九二二年三月一五日)、一七～一八頁(大阪京都沼津の地方は仏式結婚流行との記載あり)
68	一九二二	4	23	鄉家屯布教師 高田琇光	僧侶	蘇家屯 一条養太郎令妹萃子		満州撫順	満州	戒師 長春寺主任 福田闡正 司会 名越隆成	浄土宗	「撫順で本宗式の結婚」(『浄土教報』一五〇〇号、一九二二年五月一二日)、一六頁
69	一九二二	10	24	麻布遍照寺法資 小川秀善	僧侶	城水きん子		麻布遍照寺仏前	東京	司会 八百谷順応	浄土宗	「小川秀善氏の結婚」(『浄土教報』一五二二号、一九二二年一〇月二七日)、一四頁
70	一九二二			麻布長善寺住職 香澤梵成	僧侶	同泉寺 堀江勝江	僧侶の娘	麻布長善寺	東京	媒酌 八百谷順応	浄土宗	「香澤梵成氏結婚」(『浄土教報』一五二八号、一九二二年一二月一五日)、一三頁

71	一九二二			重願寺 大谷秀旭	僧侶	府下真言宗智山派小林氏令嬢ふで子	僧侶の娘	江東重願寺仏前	東京	戒師　渡辺海旭	浄土宗・真言宗	「大谷秀旭氏結婚」(『浄土教報』一五二八号、一九二二年一二月一五日)、一三頁
72	一九二三	2	1	橋本芳郎	信徒	山脇くめ子	山脇常次郎二女	静岡県庵原郡江尻町江浄寺	静岡	司会　鶴谷誠隆	浄土宗	「地方寺院の仏式結婚」(『浄土教報』一五三三号、一九二三年二月一六日)、九頁
73	一九二三	5						神田中央仏教会館	東京	渡辺海旭	浄土宗	「中央会館と仏式結婚」(『仏教新聞』一三八四号、一九二三年六月一〇日)、一五頁
74	一九二三	5	12	堤辰郎	慶應義塾医科大学教授	山上利子	僧侶の娘	神田中央仏教会館	東京	忽滑谷快天	曹洞宗	「仏式結婚――参考の為に掲ぐ」(『第一義』二七巻六号、一九二三年六月)、三〇～三四頁
75	一九二三	5	29	今村水飴社員 佐野惣一	会社員	吉崎八重子		芝増上寺	東京	司会　大谷愍成	浄土宗	「増上寺の仏式結婚」(『浄土教報』一五四三号、一九二三年六月一五日)、一一頁
関東大震災												
76	一九二三	10～9		宮地伸一の息子	医者の息子			浅草萬隆寺	東京	来馬琢道	曹洞宗	来馬琢道『禅的体験　街頭の仏教』(仏教社、一九三四年)、二〇頁・来馬琢道「仏教結婚式及私解」(来馬琢道『来馬琢道著作集』駒澤大学図書館蔵の自家製本、年代不明)
77	一九二三	11	12	三井清治	自由新聞社長三井氏息子	五味一子	陸軍経理学校教師の娘	四谷寺町西念寺	東京	立案　中谷在禅 司会　西島義豊	浄土宗	「城西教団と仏式結婚」(『浄土教報』一五九六号、一九二四年一一月二八日)、一〇頁
78	一九二三	12	23	野原春光	山本春挙の門人(画家)			京都妙心寺内の春光院	京都	戒師　日吉全識 声明師　川上孤山	臨済宗妙心寺派	「妙心寺山内で仏式結婚の試み」(『中外日報』七二八七号、一九二三年一二月二六日)、三頁・「本山式の仏式結婚」(『正法輪』五四四号、一九二四年一月一五日)、三三頁

79	一九二四	12	28	尾張松音寺住職荻野諦賢	僧侶	横井たね子		尾張松音寺	愛知	司会　琵琶伝道宗家　平山哲堂	浄土宗	「尾張の仏前結婚」（『浄土教報』一六〇二号、一九二五年一月三〇日）、九頁
80	一九二五	4	3	文学士　石井俊瑞	大学教授	商船学校主席教授大成丸船長浅井孝爾氏令嬢	大学教授の娘	芝増上寺	東京	司式　渡辺海旭	浄土宗	「縁山に於ける二組の俊才結婚式」（『浄土教報』一六一一号、一九二五年四月一七日）、九頁
81	一九二五	4	12	文学士　西沢道寛	高校教師	東洋大学出身　山田香織	東洋大卒	芝増上寺	東京	増上寺法主	浄土宗	
82	一九二五	4	25	宗教大学教授　原聖道	大学教授	仙台の素封家松下氏の令嬢節子	素封家の娘	芝増上寺	東京	司式　渡辺海旭　媒酌　浅井孝爾	浄土宗	「原聖道教授の結婚」（『浄土教報』一六一三号、一九二五年五月八日）、一〇頁
83	一九二五	4	28	マハナヤ学園長　長谷川良信	僧侶	小学校教諭　小早川りつ子	小学校教師	小石川伝通院	東京	司式　渡辺海旭	浄土宗	「長谷川良信氏の結婚」（『浄土教報』一六二二号、一九二五年七月六日）、一〇頁
84	一九二五	9	5	宗務所教学部管事　神谷秀瑞	僧侶	横浜高女出身　三浦まさ子	横浜高女卒	天徳寺	東京	司式　大谷慇成　媒酌　里見義隆夫妻	浄土宗	「神谷秀瑞氏の結婚」（『浄土教報』一六三一号、一九二五年九月一四日）、九頁
85	一九二五	10	17	慈光学園並びに浄土教報主筆　岩野真雄	僧侶	東京女子師範出身、東洋大学　酒巻喜久代	東洋大生	小石川伝通院	東京	司式　渡辺海旭　媒酌　原田霊道夫妻	浄土宗	「岩野真雄の結婚」『浄土教報』一九三七号、一九二五年一〇月二六日、一〇頁
86	一九二五	11	7	中央大学生　只越広哉	大学生	八百谷順応氏令妹美津江		四谷一行院	東京	司会　原善久	浄土宗	「八百谷順応氏令妹の結婚」（『浄土教報』一六四一号、一九二五年一一月三〇日）、一〇頁
87	一九二六	1	31	法学士　毛利与一	法学士	長久子		塔頭龍泉庵	京都	釈仏海	臨済宗妙心寺派	「仏前結婚式」（『正法輪』五九四号、一九二六年二月一五日）、一三頁
88	一九二六			藤本真光	僧侶			高野山大師教会	和歌山		高野山真言宗	片山熊男「藤本真光師等の仏前結婚を礼讃し化石教家の戯論を糺す」（『六大新報』一二一六号、一九二七年五月八日）、七～九頁

89	一九二七	2		和田升瑞	僧侶					佐々木教純	真言宗豊山派	疋田精俊「仏式婚姻儀式について」（仏教民俗学会編『仏教と儀礼』国書刊行会、一九七七年）、二八六頁
90	一九二七	11	9	称名寺成実僧正子弟橋下賢翁	僧侶	横須賀市聖徳寺伊藤僧正内室の令姪近藤葉子	僧侶の娘	鎌倉称名寺	神奈川	戒師 水谷僧正 媒酌 大長寺梅原夫妻	浄土宗	「鎌倉称名寺の新しい仏式結婚」（『浄土教報』一七三六号、一九二七年一一月一八日）、七頁
91	一九二七	12	17	ハンプレース	仏教徒	フォークナー		ロンドンホースフェリー・フォークナー自宅	ロンドン	マーチ、パーキン、ガロウェー	浄土真宗	河崎顕了「ハンプレース氏の佛式結婚」（『欧米伝道記』破塵閣書房、一九二九年）、三七〇～三七六頁
92	一九三〇					ウリフ		ロンドン「ときわ」の清室	ロンドン	石田義道司会	曹洞宗	石田義道「ロンドンに於ける仏教の実際的傾向」（『禅の生活』九巻一一号、一九三〇年一一月）、六八～六九頁
93	一九三〇					カセリン		ロンドン「ときわ」の清室	ロンドン	石田義道司会	曹洞宗	
94	一九三〇	3	3	大正大学出身山田弁信	僧侶	萩野浜子		川崎市小川町教安寺	神奈川	媒酌 野呂弁充、太田角三郎	浄土宗	「山田弁信氏の結婚」（『浄土教報』一八四四号、一九三〇年三月二三日）、一三頁
95	一九三〇	5	2	京都黒谷西雲院大正大学卒竹中乗雲	僧侶	大阪市宝国寺前住職故北村憲成愛嬢幸子	僧侶の娘	大阪市宝国寺	大阪	戒師 藪内彦瑞 媒酌 前田聴瑞夫妻	浄土宗	「竹中乗雲氏の結婚」（『浄土教報』一八五三号、一九三〇年五月二五日）、八頁
96	一九三一	5	13	小橋麟瑞	僧侶				東京	誡師 望月信享 司会 伝通院執事木村玄俊	浄土宗	「新しい仏式結婚 小橋君の式典に参列して」（『浄土教報』一八五五号、一九三〇年六月八日）、三頁
97	一九三一	7	5	京都黒谷顕岑院資白崎厳成	僧侶				京都	媒酌 漆葉見龍夫妻	浄土宗	「白崎氏の結婚披露」（『浄土教報』一九〇七号、一九三一年七月一二日）、一二頁
98	一九三一	8	1	朝鮮浄土宗教会所主任谷口龍詮	僧侶	下郡初代		釜山知恩寺	釜山	戒師 太田秀山 媒酌 朝鮮方魚津教会所主任塚本豊隆夫妻	浄土宗	「愈々出たり飛行機結婚」（『浄土教報』一九〇九号、一九三一年七月二六日）、一〇頁

99	一九三一	12	13	金岡勝緑	記者	足利実践女学校教諭 佐藤	高校教師	駒澤高等女学校講堂の仏前	東京	式主 忽滑谷快天（媒酌人 高田儀光）	曹洞宗	「金岡氏の吉報」（『達磨禅』一五巻一二号、一九三一年一二月）、六二頁
100	一九三二	2	4	藤沢家				大阪大蓮寺	大阪	戒師 大蓮寺秋田師 司会 上田顕光	浄土宗	「光明主義の「仏式結婚」大阪で実演大成功を収む」（『浄土教報』一九三六号、一九三二年二月二八日）、七頁
101	一九三二	2	15	仏教会館主				台中	台湾	保坂玉泉	曹洞宗	保坂玉泉「台湾通信」（『達磨禅』一六巻三号、一九三二年三月）、七頁
102	一九三二	4	28	不断光院檀家 原田清吾	信徒	江夏綾子	神道を信仰する家			戒師 小橋麟瑞 媒酌 鹿児島実業学校副校長酒匂正己夫妻	浄土宗	小橋麟端「仏式結婚に就て——特に檀信徒を中心として」（『浄土教報』一九四五号、一九三二年五月二二日）、四頁
103	一九三二	6	23	山口県周防富田町称明寺 野間俊孝	僧侶	房子				戒師 三戸上人	浄土宗	「野間俊孝氏結婚さる」（『浄土教報』一九五一号、一九三二年七月一〇日）、一一頁
104	一九三二	10	30	増永霊鳳	僧侶	岡田宜法の娘 岡田菊枝	僧侶の娘	駒澤高等女学校講堂	東京	忽滑谷快天 媒酌 山上曹源夫妻	曹洞宗	「増永霊鳳師のお目出度」（『達磨禅』一六巻一一号、一九三二年一一月）、六二～六三頁
105	一九三三			伊藤祐弌	名古屋高等商業学校教授	石塚房江				媒酌 藤田寛随夫妻	浄土宗	「伊藤祐一氏の結婚」（『浄土教報』一九八五号、一九三三年四月二三日）、一〇頁
106	一九三四	1	26	望月信亨博士徒弟 栗田龍彦	僧侶	青森県来迎寺住職小鹿愍随養女 せつ子	僧侶の娘	霊山寺大殿		戒師 岩崎僧正 媒酌 大正大学教授岩崎敲玄夫妻	浄土宗	「栗田龍彦氏結婚」（『浄土教報』二〇二三号、一九三四年二月四日）、九頁
107	一九三四	2	1	大島康清		三室忠子				忽滑谷快天	曹洞宗	成田大兆「忽滑谷快天博士式主の仏式結婚を見て」（『洞上公論』一一一号、一九三四年三月）、五～六頁

108	一九三四	3	31	南千住西光寺住職笠原立定子息笠原真応	僧侶	角南俊子	ピアノ研究者	芝公園三縁亭	東京	媒酌　松田次郎夫婦	浄土宗	「笠原真応氏結婚」(『浄土教報』二〇三〇号、一九三四年三月二五日)、九頁・「笠原真応氏の結婚」(『浄土教報』二〇三一号、一九三四年四月一日)、八頁
109	一九三四	4	5	西宮市法安寺住職阿部栄全令息阿部常栄	僧侶 大正大学出身	小石川一行院住職八木信剛第三女富美枝	僧侶の娘			媒酌　望月信享夫妻	浄土宗	「正大英文科出身の阿部常栄氏結婚」(『浄土教報』二〇三四号、一九三四年四月二二日)、七～八頁
110	一九三四	5		大正大学哲学科出身大館信鏡		東京府下砧村慶元寺山田承元氏長女静子	僧侶の娘				浄土宗	「大館信鏡氏結婚」(『浄土教報』二〇三七号、一九三四年五月一三日)、一〇頁
111	一九三六	2	4	豊橋市関屋町観音寺中西義雄	僧侶	寿子				高瀬承厳、佐藤弁仁の尽力	浄土宗	「中西義雄氏結婚す」(『浄土教報』二一二四号、一九三六年二月二三日)、一〇頁
112	一九三六	5	30	大阪上宮中学校教諭宮城実映	教師	山口県立宇部高女出身小林百合子	高女出身	山口称名寺	山口	媒酌　称名寺谷村淳成	浄土宗	「宮城貫映氏の結婚」(『浄土教報』一九三六年六月七日、二一三九号)、一二頁
113	一九三六	7	30	長谷川良信	僧侶			小石川伝通院	東京		浄土宗	「長谷川良信氏結婚す」(『浄土教報』二一四八号、一九三六年八月九日)、一〇頁
114	一九三六	10	3	東京浅草西光院　若松隆道長男克道	僧侶	東京市板橋乗蓮寺先住小川大昇令嬢濤子	僧侶の娘	板橋乗蓮寺	東京	司会者　深川心行寺鈴木在念 媒酌　大正大教授久保田量遠	浄土宗	「小川大昇氏令嬢の結婚」(『浄土教報』二一五八号、一九三六年一〇月一八日)、一二頁
115	一九三六	11	10	千葉県舟橋浄勝寺住職田中周光	僧侶						浄土宗	「田中周光氏の結婚」(『浄土教報』二一六四号、一九三六年一一月二九日)、九頁
116	一九三七	2	1	今城珀山	僧侶	増田ちづ子		熱海温泉寺	静岡	天岫接三	臨済宗妙心寺派	「熱海温泉寺仏前結婚式」(『正法輪』八五七号、一九三七年二月一日)、五一頁

117	一九三七			尹泳白	蓄音器屋	高普出のインテリ女性		忠清南道扶余東本願寺	扶余	同寺主任大円恒明	真宗大谷派	「朝鮮開教初の鮮人仏前結婚扶余東本願寺」（『中外日報』一一二四七号、一九三七年二月二〇日）、三頁
118	一九三七	5	7			東京本郷駒込蓬莱町十方寺坂田良弘四女仁子	僧侶の娘		東京		浄土宗	「坂田良弘氏息女の結婚」（『浄土教報』二二八七号、一九三七年五月一六日）、八頁
119	一九三七	6	27	金子信応	僧侶	静岡県原町西念寺柴山察堯二女宜江	僧侶の娘	東京芝白金光台院	東京	媒酌　秋葉夫妻	浄土宗	「金子全応氏令息の結婚」（『浄土教報』二二九三号、一九三七年六月二七日）、九頁
120	一九三八	2	3	浄福寺檀徒武安琢次	信徒	京都西陣水野千恵子		広島県賀茂郡早田原村風早浄福寺	広島	伊藤華岳媒酌　宇治木三郎夫妻	臨済宗妙心寺派	「仏前結婚式　伊藤華岳師戒師で」（『正法輪』八七六号、一九三八年三月一日）、二〇頁
121	一九三九	1	15	三重県度会郡島津村甘露寺副住職高柳宗範	僧侶	和歌山県東牟婁郡高池町祥源寺住職宮裡義明長女嘉寿子	僧侶の娘	一三日祥源寺一四日甘露寺	三重和歌山	間宮英宗	臨済宗妙心寺派	「間宮老師が結婚式へ　村民一致協力の挙式」（『正法輪』八八九号、一九三八年二月一日）、三三頁
122	一九三九	2	26	武安静人（浄福寺総代）の令息武安勇	陸軍	来福寺住職那須大乗師の令嬢那須久代	僧侶の娘	広島県沼隈郡神村本願寺派来福寺書院	広島	妙心寺派浄福寺住職伊藤華岳・靖子夫人媒酌	浄土真宗本願寺派臨済宗妙心寺派	「超スピードに仏式結婚挙行媒酌伊藤華岳師夫妻」（『正法輪』八九一号、一九三九年四月一日）、二六頁
123	一九三九	3	27	岩井宗義	僧侶	川上久子	工学博士の娘	中野区昭和通龍興寺	東京	峰尾禅師戒師	臨済宗妙心寺派	「龍興寺の仏式結婚――峰尾禅師戒師の許に」（『大乗禅』一六巻四号、一九三九年四月）、七六～七七頁
124	一九三九	6	18	韓永錫	朝鮮半島出身	本完伊の姪崔朱任	朝鮮半島出身	福井市西蓮寺	福井	波多野正雄	天台宗	「半島人の旧慣破り　福井西別院で仏前結婚式」（『中外日報』一一九五七号、一九三九年六月三〇日）、三頁

125	一九四〇	2	20	金公祥	朝鮮半島出身	柳英蘭	北京生まれ	北京東城内務部町東本願寺別院本堂	北京	出雲路善尊（北京覚生女子中学校学監）	真宗大谷派	「北京東別院本堂で国際的仏前結婚縁結びの名もうれし出雲路さんの司婚で」（『中外日報』一二一五五号、一九四〇年二月二七日）、三頁
126	一九四〇	4	5	町田徳治	居士	下郷壽子		品川仙台坂町田氏別邸	東京	媒酌　正金銀行頭取大久保利賢夫婦	興禅護国会	「町田家の婚儀」（『大乗禅』一七巻四号、一九四〇年四月）、七八頁（最初神前に礼拝、仏前に於いて式典）
127	一九四〇	10	15	釜山知恩寺住職太田秀山法嗣霊山	僧侶			釜山知恩寺本尊前	釜山		浄土宗	「結婚披露費を節して研究室に寄付　太田秀山氏の美挙」（『浄土教報』二三四六号、一九四〇年一二月八日）、八頁

初出一覧

序　章

「近代仏教研究における儀礼」（『駒澤大学仏教学部論集』五〇号、二〇一九年一〇月）

「近代仏教研究の「儀礼」をいかに再現するか」（『近代仏教』三〇号、二〇二三年五月）

第一章

「近代日本における葬儀をめぐる対立――仏教系雑誌の記事を中心として」（『駒澤大学大学院仏教学研究会年報』五二号、二〇一九年五月）

第二章

「近代日本における「施餓鬼」の諸相――明治期を中心に」（『宗教と社会』二四号、二〇一八年六月）

第三章

「寺院から外に出て行く儀礼の変遷――大雄山最乗寺の出開帳」（『宗教研究』九五巻別冊、二〇二二年三月）

第四章

書き下ろし

第五章
「近代日本における禅会の普及に関する考察――『禅道』・『大乗禅』の記事を中心として」
（『近代仏教』二六号、二〇一九年五月）
第六章
「近代曹洞宗の遠忌――鉄道開通後の永平寺と移転後の總持寺」（『宗教研究』九三巻別冊、二〇二〇年三月）
第七章
「明治の仏教者と仏前結婚式」（『駒澤大学大学院仏教学研究会年報』五〇号、二〇一七年五月）
「宗派別仏前結婚式の形成過程」（『駒澤大学大学院仏教学研究会年報』五一号、二〇一八年五月）
「近代日本における神前結婚式の再検討――仏前結婚式との比較を中心として」
（『國學院大學研究開発推進機構　日本文化研究所年報』一六号、二〇二三年九月）
補　論
「近代仏教資料の整備史――儀礼研究の発展に向けて」（『宗教学論集』三八輯、二〇一九年一月）
終　章
書き下ろし

あとがき

本書は、二〇二〇年三月に駒澤大学へ提出した学位請求論文「近代日本における仏教儀礼の変遷――仏教系雑誌に着目して」（駒澤大学図書館機関リポジトリで電子公開済み）をもとに、大幅な加筆・修正を加えたものです。学位請求論文の主査には長谷部八朗先生、副査を池上良正先生・矢野秀武先生にご担当いただきました。大学院時代のご指導、博論審査の過程でいただいたご助言に対して、心より感謝申し上げます。また、鹿嶋みち子氏（当時）をはじめとする駒澤大学図書館員のみなさまには、文献調査・複写依頼など多くのご協力をいただきました。本書の骨格である雑誌資料の複写依頼を快く引き受けてくださったみなさまに、御礼申し上げます。

本書の問題意識は、筆者が大学院に入り、最初に指導を受けた佐藤憲昭先生の影響を大きく受けています。佐藤先生は、本書序章でも挙げた奈良康明先生と佐々木宏幹先生に師事されており、仏教文化の担い手をエリート／マスに分けた場合、後者から仏教文化を読み解く重要性を繰り返し述べておられました。そのご指導を指針として、エリート中心（ビリーフ）研究が多くを占める近代仏教研究において、雑誌や新聞に掲載された儀礼（プラクティス）という切り口から大衆の仏教を検討したいと考えたのが本書です。本書の刊行をもって少しばかり学恩をお返しすることとなれば幸いです。

本書の企画は、佛教大学教授の大谷栄一先生にご推薦いただき、法藏館の丸山貴久氏にご担当いただきました。大谷先生は、近代仏教研究を牽引しておられ、著書の刊行に加え、近代仏教のネットワークを拡大する手腕に尊敬の念を抱いております。一方、丸山氏は近代仏教関連の書籍を多数編集しており、ご担当いただけたことを光栄に感じるとともに、折りに触れて励ましのお言葉をいただきました。本書の刊行のきっかけとなったお二人に感謝申し上げます。

近代仏教研究を通じて出会った碧海寿広氏、大澤絢子氏、君島彩子氏、ユリア・ブレニナ氏、井川裕覚氏の研究成果には、毎回刺激を受けています。みなさまに負けじと、研究を続けてまいります。

吉永進一先生には、短い期間でありましたが、雑誌調査などをご一緒させていただきました。博士論文をお送りした後、二〇一九年一〇月一日にメールにてご連絡をいただきました。そこには、拙論へのアドバイスと、「論文を考えて眠れぬ夜を過ごすのは、次の豊かな成果につながります。もう少し、うなってみてください。幸運をお祈りします！」と励ましの言葉が書かれています。先生には、今もどこかで何かを楽しく研究していてほしいと願っております。

現在所属する武蔵野大学仏教文化研究所、國學院大學日本文化研究所のみなさまには、日々の研究・教育についてご指導いただいており、本書も影響を受けております。

学部卒業後の社会人経験を経て、大学院に入り、僧堂で修行し、現在に至る筆者は、それぞれの場所で出会った先生・老師・同僚のみなさまから、多くのことを学んでいます。すべての方のお名前は挙げませんが、感謝申し上げます。

最後に、惜しみない援助をしてくださいました、両親・祖母・弟に感謝申し上げます。働きもののみなさんは、身近なお手本です。これからも元気に過ごしていただきたく思います。

＊　＊　＊

本来、ここで本書は終わるはずでしたが、校正のさなかに祖母が急逝いたしました。大変恐縮ですが、付言させていただきます。

九二年の生涯の大半を寺院で過ごした祖母は、毎日本尊様にお祈りし、空襲があった際には本尊様を背負って、親がわりであった妹や弟の手を引いて逃げたと言います。そして、寺院にいらっしゃる方に失礼のないようにと、毎朝三時に起床し本堂を清掃、境内の草むしりや庭掃きといった作務も八〇代後半まで継続しておりました。九〇代になってからは、腰や足の痛みから外作務はしなくなりましたが、時間を見つけては室内の掃除をしておりました。

こうした習慣は、大きな行持のように記録に残るようなことではありませんが、訪問した方々の多くは気分良く参拝しており、寺院の護持へ貢献しておりました。いまもどこかで働いているような気がしますが、どこも痛くない状態でいてほしいと思います。合掌。

二〇二四年一一月

武井　謙悟

武井謙悟（たけい　けんご）

1985年神奈川県生まれ。2009年中央大学法学部政治学科卒業後、地方銀行で勤務。同行退職後、2014年駒澤大学大学院人文科学研究科修士課程入学、2020年同博士後期課程修了、博士（仏教学）。

僧堂修行を経て2021年より、駒澤大学・佛教大学・神奈川大学で非常勤講師、武蔵野大学仏教文化研究所、國學院大學研究推進開発機構日本文化研究所で研究員を務める。

2024年、論文「近代日本における合掌観の変遷」が中外日報社主催、第20回涙骨賞奨励賞を受賞。

近代仏教儀礼論序説

二〇二五年四月二五日　初版第一刷発行

著　者　武井謙悟

発行者　西村明高

発行所　株式会社　法藏館
京都市下京区正面通烏丸東入
郵便番号　六〇〇-八一五三
電話　〇七五-三四三-〇〇三〇（編集）
〇七五-三四三-五六五六（営業）

装幀　濱崎実幸
印刷・製本　中村印刷株式会社

ISBN 978-4-8318-5575-6 C3021

索　引

・本文中に登場する主要な語句を、「Ⅰ　人名」「Ⅱ　事項」「Ⅲ　雑誌・新聞」に分けて五十音順に配列した。
・引用文からも一部採録した場合もあるが、註・図表・資料編からは採録を見送った。
・「Ⅰ　人名」においては研究者名も採録したが、本書にとってとくに重要と思われる人物に限定した。また現存者については採録を見送った。
・「Ⅱ　事項」の寺院名については都道府県を記載した。
・「Ⅲ　雑誌・新聞」においては引用文中の出典の場合も採録した。

Ⅰ 人 名

あ行——

赤星隆禅……135, 139
赤松光映……72, 78
秋野孝道……182, 204, 229, 242
姉崎正治……9, 11
新井石禅……21, 177, 179
新居日薩……78
飯田欓隠……194, 197, 198, 205
池田英俊……6, 17, 78, 171, 320
石井研堂……303
石川教正……72
石川照勤……314
石川素童……171, 174, 177, 226, 231, 234, 276〜278, 284
石川力山……17, 18
石津照璽……331
市川清流……74
伊藤道海……131, 132, 136, 138, 139, 144, 249
伊藤道学……131
伊藤博文……75
糸久宝賢……17
井上(藤井)瑞枝……262
井上円了……259, 265, 273, 308, 335
井上哲次郎……20, 94, 95, 191
井ノ口泰淳……306
今川貞三……78
今北洪川……188
岩本勝俊……207
ヴィクター・ターナー……14
上田祥山……194, 201, 203
養鸕徹定……72, 226
内田晃融……274
内山愚童……17
宇野円空……9〜11, 16
瓜生岩子……81, 182
英照皇太后……41
榎本吉之助……135, 139
円月江寂……220
大石堅童……47, 48
大内青巒……57, 69, 72, 77, 165, 188, 191, 204
大久保鉄作……74
大崎行智……72, 78
大沢岳太郎……51, 59, 286
丘宗潭……204
沖津元機……222, 234
奥田宏雲……331, 332
尾佐竹猛……303

か行——

笠間禅石……199, 202
峨山紹碩(大現宗猷国師)……217, 221, 231, 234, 235, 247, 250, 276, 284
梶宝順……266, 270
柏原祐泉……6, 320
春日潜庵……221
片岡健吉……49
加藤覚……45
加藤章一……13
加藤精神……304

加藤咄堂……189
加藤文雅……53
加藤正之……74
仮名垣魯文……75
金子政吉……135
神谷大周……81
川上都喜子……145
菊磨王……42
岸沢惟安……204
北野元峰……240, 242
木戸孝允……40
空海……67, 121, 124, 218
楠本正隆……125, 126
久保田彦作……77
栗山泰音……245
来馬(里見)たつ……265, 266, 287
来馬琢道……25, 203, 204, 258〜260, 265〜270, 276, 278, 284, 287
瑩山紹瑾(常済大師)……217, 222, 223, 225, 231, 235, 244, 245, 249, 250
月舟宗胡……152, 155
剣幕長兵衛……134, 135
小泉八雲……52
上坂倉次……304
孤雲懐奘(道光普照国師)……217, 221, 225, 226, 231, 239, 244, 249, 250
後醍醐天皇……131, 244〜247, 249〜251
小林正盛……231
五来重……12, 13
近藤信夫……303

さ行——

西園寺公望……206
最澄……72, 218
斎藤月岑……114
斉藤仙峰……268
斎藤実……206
酒井得元……163〜165, 331
境野黄洋……204
佐々木宏幹……17, 18, 205
沢木興道……207
C・E ガルスト……54
シタケルベルグ……94
渋沢栄一……80
島崎藤村……52
島地大等……172, 262
島地黙雷……4, 40, 259, 263, 264, 269, 273, 284, 308
下山松枝……270
釈雲照……8
釈定光……199
釈宗演……25, 190, 193〜196, 205, 209
釈宗活……188
釈黙笑……138, 139
昭憲皇太后……101
聖徳太子……121, 125
シルヴァン・レヴィ……304
親鸞……127, 217, 218, 251, 335
菅原時保……194
杉浦譲……78
杉村縦横(楚人冠)……191
鈴木恵淳……80
鈴木大拙……190, 195
鈴木充美……54
瀬木博尚……303
関無学……72, 78
妹尾義郎……331

た行——

大正天皇……41, 282
高岡増隆……72, 78
高木兼寛……282, 283
高木由紀子……331
高崎直承……333, 335
高崎直道……333
高志大了……81
高田道見……22, 52〜54, 57, 59, 101
高津柏樹……191
武田泰道……174
竹中信常……10, 11, 13, 15, 16
武部伸策……135, 136
田島象二……261
伊達自得……78
建野郷三……128

田中舎身……89
田中智学……259, 262, 269, 281, 284
棚瀬襄爾……10, 11
谷口虎山……239
圭室諦成……333
田村英子……177, 179, 181
近角常観……316
千葉満定……271, 272
辻善之助……303
津田真道……5
土屋観道……271
妻木直良……273
程明道……21
道元（承陽大師）……21, 25, 151, 152, 154, 217, 219, 221, 225, 226, 228, 229, 231, 240, 244, 249, 250
道了薩埵……130, 132, 135, 136, 143, 144, 146, 182
徳重浅吉……304
禿氏祐祥……304
徳富蘇峰（猪一郎）……191, 195
徳冨蘆花……52
友松円諦……304, 335
鳥尾得庵……188
呑龍上人……129

な行――

長井真琴……43
中江兆民……51
中島観琇……258, 259, 270
長嶋源次郎……135
中田薫……303
中西逸平……136
中西葉舟……199, 202
中野晴介……304
中野隆元……272
中村生雄……286, 287
中村広道……99
中村康隆……13
中村タケ……45
長山虎壑……261
夏目漱石……52
奈良康明……17, 18
成島柳北……69, 74
南浦紹明……138
西有穆山……204
西村遠里……124
日蓮……121, 124, 138, 261, 281, 284
如浄……151, 152, 154
忽滑谷快天……277
ネボガトフ……91, 92, 94
乃木希典……283
野間清治……138, 143

は行――

浜口雄幸……142
浜地八郎……199, 202, 203
早野柏蔭……194
原田祖岳……194, 197～199, 205, 206
原坦山……335
万仞道坦……220
日置黙仙……172
日野居龍……265
日野霊瑞……72
百丈懐海……208
平賀源内……124
平田篤胤……40
平塚らいてう……188
平出鏗二郎……50
平松理英……88
ファン・ヘネップ……14
福沢静阿……70
福沢諭吉……38, 75
福泉東洋……200, 203
福田行誡……8, 127
福地源一郎……69, 77
福山黙童……226
藤井宣正……259, 260, 262～265, 269, 273, 308
藤井草宣……303
藤井正雄……13, 16, 68
藤井黙乗……274
藤田茂吉……69, 72
藤田良信……258, 270
藤村操……194
ブルノー・ペツォールド……172

古野清人……10
宝閣善教……273, 274
法然……127, 218
穂積重遠……303
堀尾貫務……99, 270, 271

ま行——

槇村正直……128
増山顕珠……305
松永材……43
間宮英宗……194
丸山鶴吉……136
卍山実弁……72, 78
卍山道白……152, 155
三沢智証……131
三田村鳶魚……336, 337
峰尾大休……208
宮地宗海……191
宮武外骨……303
三輪政一……270
武藤叟……331
村上専精……303
村上素道……199
村田寂順……91, 92, 94, 95
村松賢良……264, 265
明治天皇……181
面山瑞方……152
本居宣長……40
森田悟由……171, 174
門鶴……219

や行——

安谷量衡……198, 199
柳川啓一……11, 14
柳田国男……12, 13, 35, 98
山岡鉄舟……188
山崎弁栄……271
山階宮晃親王……41
山田耕筰……281
山田孝道……191, 194
山田桃岳……207
山田霊林……331〜333
山本覚馬……56
唯我韶舜……69, 76〜78
融峰本祝……220
由利宜牧……188
余語翠厳……131
吉田久一……6, 19, 20, 78, 299〜302, 320
吉永進一……8, 306, 315, 329, 330
吉野作造……303

ら行・わ行——

了庵慧明……130
嶺巌英峻……219
鷲尾順敬……191, 303
渡辺海旭……270
渡辺楳雄……331

II 事 項

あ行——

足尾銅山鉱毒事件……267
安政大地震……100
池上本門寺(東京都)……97, 218
上野松坂屋……143
盂蘭盆(会)……4, 68, 92, 103, 304
『盂蘭盆経』……74
雲巌寺(栃木県)……207
永源寺(愛知県)……207
永代寺(東京都)……119
永福寺(埼玉県)……96
永平寺(福井県)……152, 165, 171, 172, 180, 217〜222, 226, 227, 229, 231, 239, 240, 242, 244, 250
永眠……37, 45, 52〜54, 56, 57, 59
回向院(東京都)……119, 121, 123, 124, 127, 134, 145
江ノ島弁天……116
岡田式静坐法……189
怨親平等……91, 93, 94

か行——

『戒会指南記』……177

可睡斎(静岡県)……182
川崎大師・平間寺(神奈川県)……87, 96, 118, 123, 124, 129, 218, 234
川施餓鬼……69, 84, 91, 98, 101, 103
寛永寺(東京都)……127
菅谷寺(新潟県)……128
関三刹(大中寺・総寧寺・龍穏寺)……220, 221
監寺……130
関東大震災……26, 101, 132, 136, 146, 170, 196, 235, 250, 297, 299, 302, 303, 305, 320, 336
監院……139, 221
『甘露門』……143
吉祥寺(東京都)……207
宮城……138, 139, 143, 146
行幸・行啓……180〜182
『行持軌範』……21, 177, 276, 278
教導職……37, 41, 78, 126, 145
キリスト教……4, 20, 22, 25, 36, 37, 44〜50, 52〜54, 56, 57, 59, 72, 83, 92, 94, 95, 202, 257, 260, 262, 264, 265, 268, 272, 276, 277, 281, 284, 298, 335, 338
儀礼文化学会……13
久遠寺(山梨県)……119, 124
宮内省……136〜139, 142
軍人……102, 103, 129, 206, 239, 264, 282〜284
軍馬祭祀……99, 101
京浜電鉄……237
血脈……151, 152, 170, 176
『血盆経』……177, 181
現世利益……4, 130, 205, 209
建長寺(神奈川県)……206, 209
光華女学校……238
江湖会……152
皇室婚嫁礼……285
光明寺(京都府)……87, 127
高野山大学附属図書館……315
光融館……190
国民精神文化研究所……206
国立国会図書館……115, 313, 314, 316, 321
護国寺(東京都)……117
御征忌……228, 229
国家神道……36, 37, 50, 85
駒澤高等女学校……242
駒澤大学……17, 21, 163, 204, 277, 331
駒澤大学図書館……302, 331
コレラ……100, 128, 145
コロナウイルス……111, 128, 297

さ行——

最乗寺(神奈川県)……24, 25, 111, 114, 129〜146, 182, 249, 338
西信寺(東京都)……98, 99
サラリーマン……210, 211, 337
三三九度……260, 271, 274, 275, 285
讒謗律……69, 74, 77
三陸地震津波……24, 82, 84, 85, 88, 101
ジェンダー……288, 307
四天王寺(大阪府)……121, 125
斯道文庫……305
宗教的情操……208, 210, 331〜333
従軍僧……85, 88, 103
宗統復古運動……152
修養……25, 138, 189, 193〜195, 202, 203, 205〜207, 209, 210
『修証義』……57, 165, 199
巡幸・巡啓……25, 180〜182
『正因縁』……258, 270, 271
正覚会……193
相国寺(京都府)……207
『浄土宗法要儀式大観』……272
『浄土宗法式精要』……271, 272, 284
『正法眼蔵』……165, 220, 302, 331
『従容録』……194
白木屋……118
清規……21
神宮奉斎会……272, 282
真宗各派協和会……275, 284
新勝寺(千葉県)……96, 115, 119, 123, 124, 127, 218
神前結婚式……26, 258, 260, 272, 281〜283, 285, 286
神葬祭……36〜40, 42, 43, 50, 57〜60, 286
神道……9, 16, 22, 39, 40, 42, 43, 49, 50, 72, 74, 101, 103, 126, 257, 272, 276, 285, 286, 300, 338

新仏教徒同志会……5, 50
新聞供養大施餓鬼……24, 69, 70, 72, 75～78, 312
新聞紙条例……69, 74
スポーツ……206, 210
聖書……52, 93
清正公寺（東京都）……119
西南戦争……39, 94
清凉寺（茨城県）……207
清凉寺（京都府）……119, 124, 127
雪山会……191
泉岳寺（東京都）……123, 134
善光寺（長野県）……111, 112, 115, 116, 119, 123, 124, 128, 129, 244
浅草寺（東京都）……69, 115, 116
泉涌寺（京都府）……42
善宝寺（山形県）……130
『禅門宝鑑』……268
葬式仏教……5, 7, 8, 35, 260
總持寺（石川県・神奈川県）……21, 130, 131, 139, 152, 165, 171, 175, 177, 180, 182, 207, 209, 217, 219, 221, 222, 226, 231, 235, 237～239, 242, 245, 247, 250, 251, 276
総授戒運動……154
増上寺（東京都）……57, 98, 99, 127, 270～272, 282, 286
曹洞宗授戒会修行法……163, 165, 168, 169, 177
『曹洞宗全書』……204
曹洞宗大学林……229, 230
曹洞宗両本山大遠忌法会修行法……231, 235, 250
総武鉄道……97
祖師忌改正条例……225, 249

た行――

『第一天を照す』（映画）……242
大学禅会……199
大教院……37, 78, 163
大光院（群馬県）……129
大衆……18, 26, 211, 281, 329, 331, 335～338
『大正大震災大火災』……237, 238, 250
大政翼賛会……43
第二次世界大戦……23, 174, 278
太平洋戦争……68
大法寺（富山県）……206
檀家制度……37, 59
中央仏教社……197
長遠寺（東京都）……119
頂経式……262
勅額……138, 231, 235, 244, 250, 252, 286
ツーリズム……218
築地本願寺（東京都）……101, 281
鶴見高等女学校……238
テレビ……5, 331
伝通院（東京都）……125, 127, 282
天皇制儀礼……137, 146
東京帝国大学……52, 303
東京白蓮社……262, 264
東武鉄道……96, 129

な行――

内地雑居……37, 45, 48, 49, 57, 83, 189, 227, 230, 250
永島式（結婚式）……272, 281
成田山仏教図書館……314
成田鉄道……128
南海鉄道……113
肉食妻帯……202, 287
西新井総持寺・西新井大師（東京都）……118, 129
『日蓮宗法要式』……281, 284
日露戦争……24, 41, 42, 68, 85, 88, 89, 91, 94, 95, 99, 101～103, 129, 193～195
日清戦争……24, 42, 68, 85, 88, 89, 94, 95, 101, 103, 230
日本相撲協会……135, 136
濃尾地震……24, 82～85, 100
乃木神社……272, 282, 283, 286

は行――

廃仏毀釈……5, 36, 38, 223
貝葉書院……190
日比谷大神宮（東京大神宮）……281～283, 286
被服廠跡震災記念堂……143
百貨店……115, 118, 144, 146, 337

ビリーフ……4
副寺……139, 221
深川浄心寺（東京都）……119
福田会……78～81, 127, 145, 182
仏教演説……83, 84, 230
『仏教儀礼辞典』……13, 14, 298
仏教系雑誌……3, 18～24, 26, 35～37, 43, 45, 48, 49, 51, 57, 82, 100, 252, 269, 297～299, 302, 303, 305～309, 313～315, 320, 321, 329～331, 335, 338, 339
佛教大学図書館……315
「仏教夫婦論」……262
仏教民俗学……12, 13, 16
仏教民俗学会……13, 14
『仏祖正伝菩薩戒作法』……152, 154
プラクティス……4, 6, 218, 330
プロテスタント……4, 14, 49
碧巌会……191, 193
『碧巌録（集）』……194, 199, 206
ペット……98～100
放生会……98
房総鉄道……97
報知新聞社……69, 137, 142, 143
『法華経』……94
戊辰戦争……39, 77, 81
発心寺（福井県）……205
本願寺（京都府）……39, 171, 218, 251, 272
本化正婚式……258, 262, 281, 284
本尊奉祀運動……154
『梵網経』……98, 151

ま行――

マルクス主義……144
三井寺（滋賀県）……94, 130
三越呉服店……142, 143
南満州鉄道……138
妙厳寺（愛知県）……130
妙心寺（京都府）……87
妙法寺（東京都）……87
『無門関』……199
『明治維新神仏分離史料』……303
明治神宮……101, 272, 283, 286
明治新聞雑誌文庫……301, 303, 309, 314, 315
明治仏教史編纂所……304, 305
明治文化研究会……303
明六社……5
目黒不動・瀧泉寺（東京都）……129
メディア……3, 7, 19, 21, 23～25, 59, 67, 69, 76, 77, 82, 101, 103, 111, 113, 133, 137, 138, 146, 209, 211, 218, 219, 239, 287, 298, 299, 303, 315, 319, 329～331, 335～337
黙笑会……191

や行・ら行――

薬王寺（千葉県）……97
靖国神社……41
祐天寺（東京都）……123
養育院……78～81, 127, 182
『瓔珞経』……151
吉原公園……143
ラジオ……3, 23, 138, 219, 299, 331, 335
立正安国会（国柱会）……258
龍谷大学（龍谷大学図書館）……299, 304～308
両忘会……188, 191, 193
『臨済録』……194
麟祥院（東京都）……102

Ⅲ　雑誌・新聞

あ行・か行――

『アサヒグラフ』……209～211
『朝日新聞』……45, 96, 98, 100, 101, 114, 115, 126, 128, 129, 249, 260, 312
『大阪朝日新聞』……113
『大阪日日新聞』……113
『海外仏教事情』……306, 307
『加持世界』……309
『家庭之友』……197
『仮名読新聞』（『かなよみ』）……75～77, 312
『吉祥』……176, 239, 241
『岐阜日日新聞』……82
『救済』……308
『九州仏教軍』……307

『求道』……316
『教界時言』……308
『教学週報』……316
『教学新聞』……331
『教義新聞』……309
『共存雑誌』……309
『京都新聞』……92, 94
『京都日出新聞』(『京都新聞』)……92, 93
『キング』……238
『警世新報』……270, 273, 274
『現代仏教』……303, 304, 309, 314
『好古雑誌』……40
『高野山時報』……315
『興隆雑誌』……309
『御遠忌ニュース』……249
『國學院雑誌』……286
『国民新聞』……138
『心の鏡』……307
『國教』……307

さ行――

『傘松』……242
『三宝叢誌』……227, 228, 263, 264
『慈光』……316
『時事新報』……22, 138
『七一雑報』……44
『四明余霞』……83, 92, 93, 268
『ジャパンタイムズ』……138
『宗教研究』……9, 10, 304
『宗教時報』……223, 232～235, 238, 308
『宗報』(真宗大谷派)……308
『宗報』(曹洞宗)……16, 19, 22, 25, 155, 165, 168～171, 173～175, 181, 226～229, 231, 235, 244, 247, 249, 251, 252
『修養』……189, 194, 202
『浄土教報』……36, 42, 45, 80, 85, 270, 271, 282, 283, 316
『正法輪』(改題『臨済時報』)……5, 19, 46, 57, 58, 284
『書物展望』……304
『新愛知』……82
『信界建現』……316
『真言』……315
『真世界』……269
『新仏教』……5, 7, 314, 315, 330
『豆相新聞』……138
『政教時報』……316
『精神界』……308, 330
『青年伝道』……272
『禅学』……190
『禅宗』……190
『禅道』……25, 26, 190, 194～197, 199, 209, 211
『禅の生活』……179, 237, 251, 331～333
『曹洞宗社会課時報』……155, 210
『曹洞宗報』……155, 211, 259, 278

た行・な行――

『大乗禅』……19, 22, 25, 26, 190, 196, 197, 199～201, 203～209, 211, 314
『大法輪』……180, 211, 269, 321
『大雄』(改題『大雄新聞』)……131, 144
『高輪学報』……308
『達磨禅』……195, 201, 309
『中央公論』……307
『中央仏教』……145, 197, 231, 232, 268, 276, 277
『中外日報』……19, 138, 321
『朝野新聞』……22, 74, 76, 312
『通俗仏教新聞』(改題『仏教新聞』)……19, 22, 36, 41, 47, 48, 50～52, 84～87, 90, 91, 94, 95, 101, 102, 304
『帝国新報』……145
『伝燈』……82, 315
『伝道』……172, 268, 334
『伝道会雑誌』……307
『東海新聞』……138
『東海新報』……138
『同学』……82
『東京朝日新聞』……45, 56, 59, 78, 97, 138, 172, 265
『東京絵入新聞』……22
『東京大勢新聞』……138
『東京日日新聞』(『毎日新聞』)……22, 54, 113, 138, 313
『東京民友新聞』……138

『洞上公論』…… 308
『同胞』…… 316
『能仁新報』…… 308
『法之雨』…… 265

は行・ま行――

『反省会雑誌』…… 307
『福音新報』…… 268
『婦人教育雑誌』…… 307
『婦人教会雑誌』…… 19, 307, 308
『婦人雑誌』…… 261, 265, 273, 274, 307
『婦人世界』…… 307
『扶桑新聞』…… 82
『仏教』(全日本真理運動本部)…… 304
『仏教』(仏教学会)…… 265～268, 270, 287, 303
『仏教演説集誌』…… 309
『仏教の世界』…… 316
『米国仏教』…… 316
『報四叢談』…… 309
『北陸婦人教会雑誌』…… 307
『ミオヤの光』…… 271
『道之友』…… 307
『密厳教報』…… 82
『都新聞』…… 138, 312
『明教新誌』…… 19, 22, 36, 38, 40, 41, 57, 69～72, 82, 165, 226, 304, 308, 315, 316, 319

や行・ら行・わ行――

『日出国新聞』…… 308
『夕刊大阪』…… 113
『郵便報知新聞』(『報知新聞』)…… 22, 72, 138, 139, 312
『横浜貿易新報』…… 138
『横浜毎日新聞』…… 74, 138, 312
『読売新聞』…… 22, 48, 56, 57, 91, 96, 98～100, 114, 115, 118, 121, 123～129, 138, 271, 281, 282, 313
『万朝報』…… 52, 53, 138, 312
『龍谷大学論叢』…… 304
『令知会雑誌』…… 307
『歴史公論』…… 304
『六大新報』…… 19, 113, 314, 315
『和融誌』…… 47, 229, 230, 267, 268, 314